2022年第1卷

第69卷

刑法论丛

CRIMINAL LAW REVIEW VOL. 69

高铭暄/学术顾问

赵秉志/主　编

阴建峰/副主编

彭新林　袁　彬　张　磊　苏明月/专业编辑

中文社会科学引文索引（CSSCI）来源集刊

法律出版社
LAW PRESS CHINA
——北京——

图书在版编目(CIP)数据

刑法论丛. 2022年. 第1卷 : 总第69卷 / 赵秉志主编. -- 北京 : 法律出版社, 2023
ISBN 978-7-5197-7875-0

Ⅰ. ①刑… Ⅱ. ①赵… Ⅲ. ①刑法-文集 Ⅳ. ①D914.04-53

中国国家版本馆CIP数据核字(2023)第071343号

刑法论丛(2022年第1卷·总第69卷) **XINGFA LUNCONG (2022 NIAN DI-1 JUAN · ZONG DI-69 JUAN)**	赵秉志 主编	责任编辑 黄倩倩 杨悦芊 装帧设计 李 瞻

出版发行 法律出版社	**开本** A5
编辑统筹 学术·对外出版分社	**印张** 15 **字数** 409千
责任校对 晁明慧	**版本** 2023年7月第1版
责任印制 陶 松	**印次** 2023年7月第1次印刷
经 销 新华书店	**印刷** 北京新生代彩印制版有限公司

地址:北京市丰台区莲花池西里7号(100073)

网址:www.lawpress.com.cn	销售电话:010-83938349
投稿邮箱:info@lawpress.com.cn	客服电话:010-83938350
举报盗版邮箱:jbwq@lawpress.com.cn	咨询电话:010-63939796

书号:ISBN 978-7-5197-7875-0 **定价**:79.00元

凡购买本社图书,如有印装错误,我社负责退换。电话:010-83938349

目录

CONTENTS

[Criminology and Criminal Policy]

〔非法吸收公众存款罪专栏〕

实质解释下非法吸收公众存款罪的限缩适用
——以肯定金融管理秩序的法益价值展开

刘天宏*

目　　次

一、问题的提出

防范化解重大金融风险是国家当下所面对和亟待解决的重大社会问题。非法集资正是极易引发重大金融风险的一种类型。在《刑法》中规制非法集资活动的依据主要是非法吸收公众存款罪。随着互联网金融这一新形式的出现,集资引发重大、系统性的金融风险的概率又大大增加,按照现行法,面向互联网平台的互联网金融活动涉嫌非法吸收

* 武汉大学刑事法研究中心博士研究生。本文系国家社科基金一般项目“刑事立法的新近扩张及其法治限度研究”(项目编号:15BFX051)的阶段性研究成果。

公众存款罪具有天然的契合性。① 在基于金融风险防控的需要和缓解集资参与人不断上访带来社会压力的前提下,从严打击非法集资的刑事政策和立场便具有一定的合理根据和现实基础。然而在严厉打击立场下,部分合法的民间借贷行为、企业集资从事正常生产经营的行为也被裹挟其中。实践中,部分司法机关忽视非法吸收公众存款罪的非法性特征,过于形式地理解非法性,扩张地适用非法性,过度重视利诱性特征和公开性及社会性特征。实践中有这样的做法:案件符合向多数人保本付息的,就可成立犯罪。这种单纯从实质上理解本罪构成要件的做法,不当扩张了本罪的适用。本文认为,只有摒弃对非法吸收公众存款罪机械和过于形式的解释,以刑法文义为前提和指引,正确在实质解释立场下理解本罪的法益并以此指导本罪"四性特征"的司法适用,才能避免本罪被过度扩张适用,沦为单纯打击各类集资行为、挤压民间资本的口袋罪。

二、实质解释下非法吸收公众存款罪法益的反思与匡正

(一)本罪法益的主要观点

关于本罪法益的内涵,主要有四种大的观点,即金融管理秩序法益②(秩序说)、公众资金安全法益(资金安全说)、金融管理秩序法益,以及公众资金安全法益(双重法益说)和其他说。在其中三种大的观

① 参见李永升、胡冬阳:《P2P网络借贷的刑法规制问题研究——以去了近三年的裁判文书为研究样本》,载《政治与法律》2016年第5期。

② 也有人在区分金融管理秩序和国家的金融安全利益的前提下认为,本罪保护的不是金融秩序而是金融安全利益。但本文认为,金融安全利益与金融管理秩序实质上是一致的,因此本文不将金融安全利益单列出来。金融安全利益的论述参见魏昌东:《中国金融刑法法益之理论辨正与定位革新》,载《法学评论》2017年第6期;钱小平:《中国金融刑法立法的应然转向:从"秩序法益观"到"利益法益观"》,载《政治与法律》2017年第5期。

点下又细分为表述不一的细化观点。

在秩序说中,通说认为本罪侵犯的是国家的金融管理秩序。① 此外,有学者认为本罪的秩序是国家的金融市场秩序②,其侧重于金融交易与金融服务,意图避免金融监管本位带来的处罚范围过大、限制民间资本发展的弊端。还有人认为本罪的秩序应当是国家对吸收存款的管理制度、金融信贷秩序等。

虽然秩序说依然是司法实践的主流观点和理论界的通说,但资金安全说在经济自由、破除金融垄断以及法益应当具体明确且应还原为与人相关的利益等的呼吁下,逐渐成为了当前本罪法益的有力的学说。具体来说,资金安全说在当前理论上分为三种:第一是根本否定秩序说的合理性,认为本罪保护的就是公众资金的安全。第二是认为本罪中秩序作为一种制度性法益,只是公众资金安全这一终极法益的中间法益,二者是一种形式与实质的关系。③ 此说似乎已经导向了双重法益说。第三是认为本罪保护的是投资者的财产权益,该说似将公众这一社会性特征剥离,而将本罪的法益仅界定为公民的财产权益。

持双重法益说者,首先肯定了秩序法益的合理性,但基于实践中案发后投资人的权益得不到保障通常血本无归,因而认为本罪法益除了金融管理秩序外还应当有公众现金货币安全。④ 还有学者以公众资金安全法益实际上是秩序法益为理由,认为二者相辅相成,并行不悖。⑤

除以上三种法益观点外,还有其他一些独到的观点,本文统称为其

---

① 参见高铭暄、马克昌主编:《刑法学》(第5版),北京大学出版社、高等教育出版社2011年版,第405页。

② 参见刘丽萍:《非法吸收公众存款罪的法益探求》,载《湖北警官学院学报》2012年第2期。

③ 参见郝艳兵:《互联网金融时代下的金融风险及其刑事规制——以非法吸收公众存款罪为分析重点》,载《当代法学》2018年第3期。

④ 参见林亚刚:《刑法学教义(分论)》,北京大学出版社2020年版,第377页。

⑤ 参见邹玉祥:《P2P网络借贷的刑法管控——以非法吸收公众存款罪的限缩新论为视角》,载《北方法学》2018年第5期。

他说。有人认为,本罪法益为防控化解非正常性金融风险。[①] 但此种法益似乎只是一种建议和对本罪刑事政策和刑法功能的理解,是否能够具备法益的资格和机能存疑。还有人认为,本罪法益应当是基于行为人和集资参与人由于信息不对称所引发的欺诈和高风险。[②] 此种见解实际上与保障公众资金安全具有一致性。

由上述可知,本罪的法益存在一定争论,而只有正确界定本罪的法益,才能正确适用本罪的四性特征进而正确指导实践。本文认为,在遵循文义解释优先、先形式后实质的解释立场下,本罪的法益应当采秩序说,公众资金安全法益并非本罪所保护的法益,而前述观点,无论是双重法益说抑或是资金安全说、其他说中的欺诈高风险说,其核心都是支持本罪的法益是公众资金安全。因此,如何论证本罪的法益是秩序而非资金安全成为了重点和关键。

(二)公众资金安全法益的否定

支持本罪法益为公众资金安全的学者认为,其与秩序或制度法益相比较起来,内涵更为具体明确,容易界定且直接与传统的人的法益(财产)相联系。只有当某种公法益与个人法益具有同质性,能够分解成或者还原成个人法益,促进人类发展的条件且具有重要价值时,才是值得刑法保护的法益。[③] 显然,公众的资金安全是具体的集资参与人的财产的集合,可以分解为个人的财产利益,而这是秩序法益所难以做到的。问题是,集体法益必须能够分解为个人法益这一前提条件是否当然成立且具有正当性？本文认为,这一前提存在缺陷,且本罪法益若界定为公众资金安全则具有下述四个难以克服的弊端。

---

① 参见江海洋:《金融脱实向虚背景下非法吸收公众存款罪法益的重新定位》,载《政治与法律》2019年第2期。

② 参见姜涛:《非法吸收公众存款罪的限缩适用新路径:以欺诈和高风险为标准》,载《政治与法律》2013年第8期。

③ 参见张明楷:《宪法与刑法的循环解释》,载《法学评论》2019年第1期。

其一,公众资金安全法益难以发挥法益之解释论机能,不能正确清晰地区分罪与非罪、此罪与彼罪。法益具有解释论机能。法益的解释论机能,是指法益具有作为犯罪构成要件解释目标的机能,即对犯罪构成要件的解释结论,必须使符合这种犯罪构成要件的行为确实侵犯了刑法规定该犯罪所要保护的法益,从而使刑法规定该犯罪、设立该条文的目的得以实现。[①] 公众资金安全这一法益的界定对本罪构成要件(四性特征)的理解不能起到正确指导认定犯罪的作用。其是在事实上根据办案中实际情况所确定的利益,质言之,由于非法集资活动通常导致集资参与人血本无归,因此公众资金安全处在极度危险不安的状态,所以公众资金安全属于本罪的法益。然而,这种以具体的事实反推证成抽象的法律概念显然是存在问题的:首先,合法的自然人之间的借贷行为同样存在威胁公众资金安全的可能性。依照《民法典》,自然人之间的借款合同是典型的法律所保护的有名合同,债务人向多人举债不还的法律后果和责任自然由违约责任等民事法律责任规制,而如果将非法吸收公众存款罪法益界定为公众资金安全,则显然该向多人借款不还之行为极易陷入刑事处罚之中。[②] 其次,公司企业向自然人、其他企业借款融资用于本企业正常生产经营的情况同样使得公众资金安全处于风险之中,而该种风险与典型的吸收资金放贷相比有时风险更大。"用于生产经营最终造成投资者的损害比率要高于放贷,从资金不同用途的风险考虑,也不应当将用于正常生产经营排除在非吸罪中。"[③]然而如此理解本罪,则使本罪的处罚范围过度扩张,打击面过宽难以彰显刑法最后手段之品格,恐挤占民法、行政法调整的范围,也不

① 参见张明楷:《法益初论》,中国政法大学出版社 2000 年版,第 216 页。

② 最高人民法院 2010 年在《关于审理非法集资刑事案件具体应用法律若干问题的解释》(已于 2022 年被修正)第 1 条第 2 款规定:未向社会公开宣传,在亲友或者单位内部针对特定对象吸收资金的,不属于非法吸收或者变相吸收公众存款。然而,何为亲友和单位内部人尚存疑问,且若行为人向此二类人之外的多数人借款到期不还,则很有可能被认定为犯本罪。

③ 叶良芳:《P2P 网贷平台刑法规制的实证分析——以 104 份刑事裁判文书为样本》,载《辽宁大学学报(哲学社会科学版)》2018 年第 1 期。

利于中小企业融资发展,与国家鼓励支持中小企业和民间直接融资发展的政策相左。最后,公众资金安全法益的确定,使本罪与擅自发行股票、公司、企业债券罪和一般的违反《证券法》的行政违法行为难以区分。《刑法》通过第176条和第179条两个条文分别对以间接融资方式和以直接融资方式实施金融犯罪的行为进行规定,显然二者无论是从金融学角度还是刑法学角度都是不同的行为类型。然而,实践中,正是接受了公众资金安全这一概括的法益,使得本应当为《刑法》第179条所规制之行为被非法吸收公众存款罪所打击。而擅自发行股票、公司、企业债券罪的法定刑较低只有一档,而本罪则由于在严厉打击非法集资活动的刑事政策影响下,《刑法修正案十一(草案)》二审稿将本罪法定刑改为三档,最高刑改为15年有期徒刑。① 有学者指出,以非法吸收公众存款罪处理非法集资活动(包括直接融资和一般行政违法行为),是对该罪名的误用,既不符合法律解释的本身逻辑,也不符合金融现实。②

其二,持公众资金安全法益的学者存在难以逻辑自洽的问题。这表现在两方面:第一,同样是持公众资金安全法益的人,会得出限缩本罪适用和扩张本罪适用甚至将本罪改为非法吸收公众资金罪两种不同的结论。前者如有人认为,一切刑事立法与司法,均以人的需求出发,以人的利益为主。因此本罪的法益应是具有司法可操作性的资金安全。③ 而后者则认为,“非法吸收公众存款罪主要是指犯罪分子非法吸收社会公众手中持有的资金的行为。对这种犯罪行为,相关司法解释要求司法机关关注的重点并非国家对存贷款业务的垄断经营权和特别

---

① 《刑法修正案十一(草案)》二审稿第12条第1款规定:“将刑法第一百七十六条修改为:非法吸收公众存款或者变相吸收公众存款,扰乱金融秩序的,处三年以下有期徒刑或者拘役,并处或者单处罚金;数额巨大或者有其他严重情节的,处三年以上十年以下有期徒刑,并处罚金;数额特别巨大或者有其他特别严重情节的,处十年以上有期徒刑,并处罚金。”

② 参见彭冰:《非法集资活动规制研究》,载《中国法学》2008年第4期。

③ 参见陈思桐:《非法吸收公众存款罪司法过度扩张与纠偏》,载《东北农业大学学报(社会科学版)》2019年第2期。

批准权,而是社会公众的资金安全”[①]。第二,将本罪法益解释为公众资金安全法益的学者,以批判秩序法益过度保护金融垄断、压榨经济自由、挤占中小企业融资发展为立论和出发点,将本罪解释为更具体和保护经济自由的资金安全。然而,本罪法益变为公众资金安全后,其丧失了法益的解释论机能,使得本罪构成要件过度扩张,包含了本不应规制的民间借贷、企业融资和直接融资等行为。这便出现了本来目的是鼓励发展民间资本,而最终的解释结论却是限制了其发展的困局与窘境。这也再次印证本罪法益界定为公众资金安全是不妥当的,其不能得出唯一的解释结论也不能做到内部的逻辑自洽,与立法和限缩解释的目的不符。

其三,从被害人学角度看,本罪的法益界定为公众资金安全法益也并不妥当。所谓犯罪被害人,是指因犯罪而受到损害的人。[②] 一旦集资参与人取得了被害人的地位,不仅在程序法中享有在刑事诉讼中的各项权利,而且在实体法中也同样享有一定的权利。[③] 我国《刑法》第64条规定:犯罪分子违法所得的一切财物,应当予以追缴或者责令退赔;对被害人的合法财产,应当及时返还。这里的责令退赔的对象和及时返还财产的对象都指向的是刑事被害人,如果不具备刑事被害人的地位,也就不再享有如上的实体法和程序法所赋予的相应权利。回到非法吸收公众存款的法益,持公众资金安全说的人认为,正是非法吸收公众存款的犯罪行为才导致了众多集资参与人的财产损失,因此公众资金安全当然是本罪所保护的法益。这种观点表面上看确实符合了前述的“因犯罪而受到损害的人”这一被害人定义,然而细究之下,值得质疑的是,是否所有集资参与人都符合我国刑事被害人的地位呢?其

① 王昌奎:《非法吸收公众存款罪宜改为非法吸收公众资金罪》,载《人民检察》2017年第20期。

② 参见[日]川出敏裕、金光旭:《刑事政策》,钱叶六等译,中国政法大学出版社2016年版,第234页。

③ 我国对被害人的保护和权利的赋予从实体和程序两方面展开,在诉讼法中给予被害人以诉讼参与人之地位,其享有参与诉讼、发表意见、提出附带民事诉讼等权利。而实体法中如《刑法》第64条之规定,对被害人的合法财产,应当及时返还。

实,并非所有的集资参与人都享有被害人的地位。有学者已经意识到这一问题,其认为,由于商业领域尤其是金融领域天然存在风险与投机,刑法不应成为相关交易主体财产受损的担保人。因此,应当区分不同情形认定本罪中的被害人,对非法吸收公众存款罪案件中的主动参与人,应尊重其意思自治并结合金融领域特有的投机规则,不宜作为刑事被害人认定。[①] 本文对这种区分认定被害人的做法持赞成态度。我国最高司法机关虽然在司法解释中没有明确表态被集资者是否属于被害人,但"集资参与人"这一表述显然与诈骗犯罪等"被害人"的表述有一定差距,显然司法机关也并非赞同将所有参与集资者都认定为被害人,而是迫于现实的压力而以司法操作的方式赋予其一定的"权利",退还其部分财产。而国家金融行政管理机关态度则更为明确和强硬,其直接否认了集资参与人的被害人地位。《防范和处置非法集资条例》中第 25 条第 3 款规定:"因参与非法集资受到的损失,由集资参与人自行承担。"由此可见,国家今后对于被集资者的保护(实体和程序)只会更弱,而不会赋予其被害人之地位。[②]

综上所述,在不能将全部案件中的集资参与人认定为刑事被害人的前提下,将本罪的法益界定为公众资金安全显然是站不住脚的。在一部分非法吸收公众存款案件中连被害人都不存在,资金和财产的性质也是非法的,不为法律所保护的,那么其保护的法益则不可能再是由具体的人的财产集合而成的公众资金安全。而只在部分案件存在,其他案件不存在的公众资金安全、公众资金的利益并不能成为本罪具有普遍指导意义的、发挥解释论机能的法益。

其四,公众资金安全法益与金融管理秩序法益一样,也同样具有不明确性和模糊性、抽象性。无论是公众资金安全法益还是金融管理秩序(制度)法益,都属于法益中的集体法益或超个人法益。有别于传统

---

① 参见时方:《非法集资犯罪中的被害人认定——兼论刑法对金融投机者的保护界限》,载《政治与法律》2017 年第 11 期。

② 尽管该条例中也规定了如何向集资参与人清退资金,但是从其条文表述看,国家对其的保护与对刑事被害人的保护相比明显力度要弱很多。

古典刑法理论中以保护个人的具体的法益为核心,集体法益具有高度的抽象性和精神化,其并不具有传统个人法益的现实性和客观性,不具有实体性的法益承载对象。公众资金安全法益同样如此,其尽管与每个集资参与人的财产利益相关联,但并不能直接认为,公众资金安全是集资参与人个人的财产安全的集合。如"财产权益论"者认为,非法吸收公众存款罪所保护的法益在当下应理解为投资人的财产权益。① 持这种观点学者的逻辑前提是,集体法益都可以最终拆解转化为个人法益。然而,实际上,并非所有集体法益都可以向个人法益转换。如在非法经营罪中,我们当然可以认为一个健全的市场经济秩序最终有利于每一个市场参与者的利益,但立法绝非着眼于个人利益而设置这类犯罪,否则就直接安置在侵犯个人利益的犯罪之中了。② 因此,集体法益的存在是有其合理的基础和正当性的,而公众资金安全和金融管理秩序都可以归类于集体法益,因此也都具备了集体法益的精神化、抽象性的特征。只是由于不同的解读,部分学者认为,公众资金安全法益由于与个人具体的利益连接而尤其清晰得多。这其实是一种浮于表面的误读,对于资金安全法益的不足上文已进行多角度阐释,这里想说明的是,由于二者都具备集体法益的抽象性、一定的模糊性的特征(只是抽象程度不同),因此持公众资金安全法益者以抽象不明确的理由来攻击秩序法益论者是不成立的。

最后,公众资金安全法益是在不以刑法文义为前提,只做实质理解下的产物,明显突破了刑法文义,违背罪刑法定原则。本罪中的"存款"显然与一般生活意义上的资金有着本质的不同,即便是在资金前加上公众资金也依然不能将其转化为存款。存款只能是资金下的一种资金类型而已,资金的范围比存款要大得多。而显然,司法机关的态度通过2010~2019年关于惩治非法集资犯罪的四个司法解释(其中2010年的最高人民法院《关于审理非法集资刑事案件具体应用法律若

---

① 参见邹玉祥:《P2P网络借贷的刑法管控——以非法吸收公众存款罪的限缩新论为视角》,载《北方法学》2018年第5期。

② 参见陈家林:《法益理论的问题与出路》,载《法学》2019年第11期。

干问题的解释》已于2022年修正),在描述本罪的对象时都以“资金”代替“存款”,这也使得在司法实践中,本罪打击范围不断扩张。在学理上,将“存款”扩张解释为“资金”与将本罪法益理解为公众资金安全的思路是一致的。持此观点者,以“实质解释”为解释立场,将本罪的法益解释为资金安全,确实在一定程度上正确地认识到了本罪可能带来的金融风险以及给不特定的集资参与人财产带来巨大风险的这一实质。但是,其却错误地理解了实质解释中的实质,至少在以罪刑法定为基本原则的刑法中,只看实质不注重形式是不正确的,这种单纯实质的解释路径极容易突破刑法文义。实质解释强调罪刑法定的所谓“实质侧面”,通过对法律明确性的普遍质疑,牵出目的解释乃至不利于被告的扩大解释等诸多命题。① 形式解释论者对于实质解释论者的批判主要就是集中于,实质解释论者只注重实质而不考虑形式。但真正的实质解释一定是在刑法文义(形式)范围内考虑犯罪的实质和本罪所保护的法益、立法者目的的。对犯罪构成要件的解释不能仅从形式上进行,还要从刑罚法规的适当性的实质层面进行。② 实质解释不仅坚持了罪刑法定的形式侧面,同时坚持了罪刑法定的实质侧面,原则上讲比单纯从文义(形式上)理解刑法条文更加科学合理,然而实质解释论者也时常做突破刑法文义的解释,这是值得警惕的。③ 同理,不能仅仅以实践中许多行为人、企业将资金吸收之后用于生产经营的风险可能比贷款、从事金融活动更高(更高的社会危害性)为由,忽视刑法文义中的“存款”,而将其解读为资金。这已经超出了“存款”的文义射程,不属于扩大解释而属于为刑法所禁止的类推解释。而公众资金安全法益的认识,正是基于这一对本罪过度的实质性理解。

---

① 参见邓子滨:《中国实质刑法观批判》,法律出版社2017年版,第7页。

② 参见刘艳红:《实质刑法观》(第2版),中国人民大学出版社2019年版,第256页。

③ 如张明楷教授对于抢劫罪中“冒充军警人员抢劫”,以真军警抢劫的社会危害性更大为由,将冒充解释为充当,从而使得真军警也符合刑法的规定。参见张明楷:《刑法学(下)》(第5版),法律出版社2016年版,第994页。

(三)金融管理秩序法益的坚持及其正当性

本罪的法益为金融管理秩序尽管是学界的通说,但是却备受诟病。批评的观点总结起来主要有三点。第一,金融管理秩序是金融垄断的代名词,金融管理秩序也是计划经济时代背景下的产物,当下已经难以适应市场经济的发展。而“市场经济的不断发展使得我国的经济状况发生了天翻地覆的变化,市场在资源配置中逐渐占据主导地位,随着经济形势的变化,原先被保护的法益(秩序)如今已经失去保护的正当性”①。第二,金融管理秩序法益过于抽象、模糊,内涵和外延皆不明确,不能发挥法益的立法批判等机能,使得本罪的处罚范围扩张。有学者认为,对于这一法益(秩序法益)的界定,要么语焉不详,要么将其界定为抽象的行政管理秩序(制度),如此模糊的界定,使管理秩序法益日益沦为“口袋法益”。② 并提出应当将行政管理秩序法益还原为实体性法益。第三,金融管理秩序属于以行政机关主导的带有浓厚行政管理色彩的法益,其并不是真正适格的法益,而只是单纯的设定不得违反的行政管理规范,“行为仅侵害行政管理秩序时,即使在行政法上被认为侵害了公法益,但如果没有最终侵害个人法益的,就只是行政违法行为,而不可能成为犯罪行为”③。以上对金融管理秩序法益的批评,虽然在一些方面有其正确性,如金融管理秩序本身与传统的个人法益相比较(如生命、财产)确有其难以克服的抽象性和模糊性,但并不意味着,由于秩序法益的抽象模糊就一定缺乏其作为法益的适格性和正当性。对本罪秩序法益的批判实际上是对其的误读,误把金融管理秩序等同于一切的经济秩序(整体的经济秩序),或误将其等同于单纯的行

---

① 邹玉祥:《P2P 网络借贷的刑法管控——以非法吸收公众存款罪的限缩新论为视角》,载《北方法学》2018 年第 5 期。

② 参见李文吉:《我国刑法中管理秩序法益还原为实体性法益之提倡》,载《河北法学》2020 年第 5 期。

③ 张明楷:《避免将行政违法认定为刑事犯罪:理念、方法与路径》,载《中国法学》2017 年第 4 期。

政管理秩序。刑法具有断片性,如果将社会秩序看作一张大网,刑法的属性和使命决定了其只是选择其中的一些关键性“网点”进行保护。[①]因此,本罪之所以被过度扩张适用,错不在于秩序法益本身,而在对其没有限缩理解,导致法益“泛秩序化”。金融管理秩序的正当性并不能仅仅以“存在即合理”或其已经是通说的既成事实来简单地予以证明,而必须从更深层次来挖掘其合理之处。金融管理秩序之所以有其正当性,原因在于:从形式上看,秩序法益具有集体法益的法益适格性;从内容上看,秩序自身具有法益内容的利益性;从法理上看,秩序法益与法定犯具有理论上的契合性;从价值上看,秩序法益具有宪法上所保护的价值性;从司法适用与解释上看,只要对本罪的金融管理秩序法益进行限缩理解,其并不会扩张本罪的适用。

第一,从形式上看,秩序法益具有集体法益的法益适格性。所谓集体法益,不同的文献表述为整体法益、超个人法益、公共法益、社会法益等。[②] 其是与古典刑法学保护个人具体的法益的核心相区分的一种法益类型。这类法益在我国《刑法》分则第二章危害公共安全罪、第三章破坏社会主义市场经济秩序罪和第六章妨害社会管理秩序罪中大量出现。多表现为公共安全、经济秩序和社会管理秩序等抽象的、针对不特定对象的内容。因此,本罪的金融管理秩序法益从现行法的实然角度看,具有合法性和一定合理性。不仅在我国,在国外,经济秩序这种超个人法益也在立法中得到承认。如在德国,国民经济及其各个分支(比如财政经济、金融经济等)中,逃漏捐税、补贴诈骗、竞争犯罪,以及针对银行的信贷诈骗等均受刑法规制,都是超个人法益遭到侵害的实例。[③] 在日本,为了保护现代资本主义经济交易安全和经济交易秩序,规定了伪造货币、伪造有价证券等侵害交易秩序的犯罪。[④] 有学者站

---

① 参见何荣功:《刑法与现代社会治理》,法律出版社2020年版,第290页。

② 参见陈家林:《法益理论的问题与出路》,载《法学》2019年第11期。

③ 参见[德]克劳斯·梯德曼:《德国经济刑法导论》,周遵友译,载赵秉志主编:《刑法论丛》2013年第2卷,总第34卷,法律出版社2013年版。

④ 参见[日]西田典之:《日本刑法各论》(第7版),王昭武、刘明祥译,法律出版社2020年版,第380页。

在传统刑法理论的法益观点认为,只有具体的与人相关联的生命、健康、自由、财产等才属于适格的法益,而经济秩序(制度)具有高度抽象性,秩序和制度本身并不能成为法益,其也不具备法益的立法批判机能。然而,这种以传统观点来说明现实中不断发展的法益的新情况无异于"刻舟求剑"。随着现代社会的发展,刑法除了保护个人法益之外,还需要建构秩序、塑造安全、促进公众认同,集体法益的独立地位已不可否认。① 如果排斥和质疑除个人法益外的其他方面法益的正当性,那么只能是一个乌托邦的存在。因此,必须正视秩序法益的自身法益适格性,并不能因为其抽象、模糊而直接否定了其可以作为法益的资格。经济秩序法益作为独立于个人法益的一种集体法益,其具有传统个人法益所不可替代的必要性和独立性。梯德曼教授认为,集体法益的性质与个人法益不同。经济刑法体系或者其他刑法体系,是可以独立于个人法益所形成的刑法体系。② 因此,经济秩序法益有其自身存在的独立性与必要性。以本文所讨论的非法吸收公众存款罪来看,否定秩序法益的学者认为本罪保护的是集资参与人的财产权益,这种法益的观点虽然具体明确,但明显存在两处问题:其一,如上文所述,如果集资参与人本身的参与行为即违法不值得法律保护,其投入的财产并不能成为刑法所保护的客体,其财产权益也就不会成为刑法所保护的法益;其二,如果本罪的保护法益为个人的财产权益,那么是否直接将其规定在《刑法》分则第五章侵犯财产罪一章更为合适?如果不规定在第五章,那么本罪又如何与侵犯财产罪的法益相区分?这些都是将本罪法益界定为个人财产权益所无法解释的难点。所以,本罪以秩序(制度)作为法益,其在形式上具备成为法益的资格。

第二,从内容上看,秩序自身具有法益内容的利益性。秩序"意指在自然进程和社会进程中都存在某种程度的一致性、连续性和确定性"③。人

① 参见陈家林:《法益理论的问题与出路》,载《法学》2019 年第 11 期。

② 参见陈家林:《法益理论的问题与出路》,载《法学》2019 年第 11 期。

③ [美]E. 博登海默:《法理学:法律哲学与法律方法》,邓正来译,中国政法大学出版社 2017 年版,第 233 页。

类社会需要秩序,在一个法治国家、法治社会中更加需要以法律确定的秩序为国家和社会的经济发展服务。尤其在经济领域,更需要良好的经济秩序来维持经济的有序健康发展,无序的市场经济发展是不可想象的。因此,自从党的十四大把“建立社会主义市场经济体制”确定为中国经济改革的总目标后,无论是经济学界抑或是法学界都提出:市场经济就是法制经济。[①] 而法制强调的就是以规则确立和维护秩序,为经济发展保驾护航。对于将秩序(制度)本身界定为一种利益的观点,有反对者认为,秩序本身不具有利益性,其只是实现其他利益如个人法益的一种前提或前置性条件。认为非法吸收公众存款罪保护的是双重法益的学者也认为,这里的金融管理秩序并不是真正值得保护的法益,而是通过维护金融市场的监管秩序来保证社会公众的财产安全,或认为“本罪的金融秩序法益并不具有绝对的价值,其出发点和落脚点都在于背后所要保护的社会公共利益,准确地说就是金融安全”[②]。该观点实际上是忽视了秩序法益自身所具有的价值和利益属性,认为其只是保护其他利益的工具而已,失之偏颇。实际上,“秩序”本身就是一种“利益”,利益是能够满足人们需要的东西,当某种状态所反映的是人们所需求的,它便是“利益”。[③] 良好的市场经济秩序当然是我们当前社会经济发展所需要的一种利益,这是毋庸置疑的,经济秩序的内涵是随着时代和社会发展不断流变的,但无论是在计划经济时代还是社会主义市场经济初期发展时代,抑或是“互联网+”背景下的网络经济时代,其都作为一种维持着经济社会有序发展的利益而存在。

具体到非法吸收公众存款罪来看,本罪保护的法益即金融管理秩序下的银行等存款类金融机构吸收存款的金融管理秩序也在不同时代有着相对不同的含义。在计划经济时代,政府主导的以银行为主体,输

---

① 参见刘平:《法治与法治思维》,上海人民出版社 2013 年版,第 389 页。

② 邹玉祥:《P2P 网络借贷的刑法管控——以非法吸收公众存款罪的限缩新论为视角》,载《北方法学》2018 年第 5 期。

③ 参见涂龙科、李萌:《左支右绌、捉襟见肘的经济刑法法益》,载魏昌东、顾肖荣主编:《经济刑法》,上海社会科学院出版社 2018 年版。

送资金发展工业生产的秩序就是本罪当时所保护的法益。改革开放以来,国家对非公有制经济鼓励、支持和引导的政策以及出台落实各项举措大力发展民间资本等,企业间的拆借、融资、民间借贷等具有融资性质的民间行为逐步放开,得到法律保护。① 因此,此时非法吸收公众存款的秩序法益也应当有所变化,不能将单纯的吸收资金从事正常生产和经营的情况也包含于这种秩序中。同样,在当前金融与互联网相结合以及国家严打非法集资活动、P2P 频繁爆雷的背景之下,也不应随意扩张本罪秩序所保护的范围,将民法、行政法、证券法等调整的合法行为、行政违法行为所侵犯的秩序一并纳入本罪之中。但对于充当甚至试图取代银行的信用中介角色,吸收公众存款用于投资放贷或从事其他金融活动,严重扰乱本罪所保护的经济秩序的行为,应依法论处,不应以经济自由为由放纵犯罪。

第三,从法理上看,秩序法益与法定犯具有理论上的契合性。“刑法理论要更加正视法定犯时代的到来。”②在刑法理论上,法定犯与自然犯存在诸多的区分。而在论述二者区别时,多以是否侵害法益或是否单纯违反秩序等为标准。如认为,以侵害个人利益为前提,直接引起社会、国家损害的犯罪是自然犯,不以侵害个人法益为前提所引起的社会、国家损害的犯罪是法定犯。又如违反、侵害或威胁法益的犯罪是自然犯,违反公共秩序的犯罪是法定犯。③ 由此不难看出,法定犯是以一定的秩序为前提和依据的,秩序是其存在的基础,其与秩序具有理论上的契合性。对于非法吸收公众存款罪这一经济犯罪的构成要件的理解,要依据《商业银行法》《非法金融机构和非法金融业务活动取缔办法》以及其他金融行政管理法规所确立的金融行政管理秩序加以认定。本罪空白罪状的设置也体现出了法定犯的成立需要以前置行政法

① 如在 2020 年 8 月 18 日最高人民法院审判委员会通过的《审理民间借贷案件适用法律若干问题的规定》中第 1 条规定:本规定所称的民间借贷,是指自然人、法人和非法人组织之间进行资金融通的行为。明显认可了企业间、企业和个人间的资金融通行为属于合法的民事行为,受法律保护。

② 储槐植:《要正视法定犯时代的到来》,载《检察日报》2007 年 6 月 7 日。

③ 参见张明楷:《外国刑法纲要》(第 3 版),法律出版社 2020 年版,第 47 页。

规范的违反为前提这一特点。“作为经济犯罪构成要件要素之一的‘违反××法律、法规’(一般违法),与该行为总体上所违反的刑法规范(刑事法规),共同构成了经济犯罪具有的双重违法结构模式。”①因此,本罪作为法定犯,具有二次违法性的特征。从犯罪成立的角度看,非法性特征是本罪作为法定犯的当然逻辑前提,也是最重要的特征。如果行为人的行为并不违反本罪所指向的前置行政法规范,那么其因为并不具备二次违法性,即使行为人的行为符合利诱性特征,承诺了保本付息且向不特定多数人吸收了资金,依然不能成立本罪。而从本罪的法益保护角度看,由于本罪的成立与否与是否违反前置金融行政管理规范紧密相关,因此,将本罪的法益界定为金融管理秩序也并无不妥,这是法定犯属性下的自然结论。有学者认为,如此界定本罪法益,实则是回到了犯罪的本质上单纯的规范违反,这与法益保护这一基本共识相违背。如前文所述,如果秩序可以看作一种利益,而该利益也属于刑法所保护的,那么其就可以作为法益,且集体法益中秩序法益(制度)在各国刑法中存在已经是不争的事实,不能仅以其内容抽象模糊为由而拒绝其成为法益的内容。因此,本罪由于具有法定犯的属性,其与传统的侵害个人具体法益的自然犯之间存在明显的区别,其中之一就是法益的不同。因此不能照搬个人法益的自然犯,非要给本罪的法益强行解读为侵害了个人法益,这种做法有“张冠李戴”之嫌。

第四,从价值上看,秩序法益具有宪法上所保护的价值性。传统刑法学中以个人具体利益为法益的观点认为,个人的具体法益是存在于刑法规定之前的,是一种实体性的利益,如人的生命、健康、财产等。而集体法益或秩序法益所难以解决的问题也是被诟病的地方在于其法益中的内容——秩序或制度并非存在于刑法规定之前,也并不如个人法益一般具体明确。因此,秩序法益被认为并不属于真正意义上的法益,其实际上是立法者通过法律进行人为创造的概念,经济犯罪的本质实际并非法益侵害而是前置经济行政法规范的规范违反,秩序也不同于生命、财产等以人的具体利益为基础那样具有正当性。因此,要使得秩

① 孙国祥:《集体法益的刑法保护及其边界》,载《法学研究》2018年第6期。

序成为经济犯罪及非法吸收公众存款罪的法益,必须寻找其作为法益价值的正当性。秩序法益的正当性在于其具有宪法所保护的价值,其以宪法为基础具有正当性。不能以传统的个人法益的正当性标准如以人的利益为内容、具体明确等标准来衡量作为集体法益的秩序,二者属于不同的法益类型。但是,二者可以统一于宪法之下,宪法性法益的概念可以有效解决秩序法益的价值性和正当性的问题。罗克辛教授也正是看到了传统法益观的狭隘和不足之处,在批判的基础上提出了宪法性法益的概念,即"法益是在以个人及其自由发展为目标进行建设的社会整体制度范围之内,有益于个人及其自由发展的,或者是有益于这个制度本身功能的一种实现或者目标设定"①。从宪法性法益的概念中不难看出,传统的个人法益当然符合宪法性法益,而秩序或制度法益只要具备与人的利益(以个人及其自由发展为目标)相关联和在宪法所保护的社会整体制度范围之内就具备了成为法益的宪法性价值和正当性。在我国《宪法》中,秩序法益同样符合这两点要求。具体来说,其一,我国《宪法》第51条规定:中华人民共和国公民在行使自由和权利的时候,不得损害国家的、社会的、集体的利益和其他公民的合法的自由和权利。这一规定说明集体法益在宪法上的正当性。公民的自由和权利的行使是有一定限度的,其不能破坏或扰乱到国家和社会的利益,也即国家通过法律所规定的在社会生活中的政治、经济、文化等领域的秩序与利益。在我国《宪法》第15条第3款中规定:国家依法禁止任何组织或者个人扰乱社会经济秩序。这更直接地说明了宪法上对经济秩序保护的价值性。其二,我国《宪法》规定了国家尊重和保障人权,并且规定了公民享有的各项权利包括财产权利,这为刑法对公民各项合法利益的保护提供了宪法的基础。而经济秩序法益并不是多数人财产利益的简单集合,其虽然不能直接还原为个人的财产利益,但其应当与个人的法益相关联,如果一种秩序或制度与个人的利益毫无关联,那么其并不具备法益的价值和成为法益的资格。

---

① [德]克劳斯·罗克辛:《德国刑法学总论》(第1卷),王世洲译,法律出版社2005年版,第15页。

第五,从司法适用与解释上看,只要对本罪的金融管理秩序法益进行限缩理解,其并不会扩张本罪的适用。金融管理秩序法益被批评最多的地方就在于其内涵不明确,抽象模糊导致本罪的处罚范围被扩大。但是本罪被过度扩张的原因并不在于"秩序"本身的问题,而在于对秩序法益的泛化理解。如在司法实践中,将民间借贷、企业融资、直接融资的"民法秩序"、"行政法秩序"和"证券法秩序"纳入刑法调整。此外,单纯的行政管理的"程序秩序"和只保护部分主体的非整体性秩序(金融垄断)也都不属于本罪应有的金融管理秩序范围。因此,将以上这些"秩序"从本罪的法益中"驱逐"出去,防止本罪的法益"泛秩序化"是保证本罪不会过度扩张的正确做法,下文将进行具体论述。

三、实质解释下金融管理秩序法益的理解与适用

实质解释的大致思路是"解释一个犯罪的构成要件,首先必须明确该犯罪的保护法益,然后在刑法用语可能具有的含义内确定构成要件的具体内容"①。从中可以发现,一个犯罪的构成要件的范围是由该罪所保护的法益和该罪由刑法规定的具体的文义两部分共同控制的。因此,在理解和适用非法吸收公众存款罪的构成要件的范围时,不能只注重法益保护而忽视刑法文义,上文中所述的,将公众资金安全视为本罪保护的法益的观点,实际上就是只重视了本罪对于社会不特定公众资金安全所造成的威胁,而忽视了条文中"存款"的文义,这种将"存款"等同于"资金"的做法,尽管保护了公众的资金安全,但存在类推之嫌,违反罪刑法定原则。因此,本文认为,本罪在实质解释下,以不改变刑法文义为前提,以保护的法益为指导,解释本罪的构成要件才是正确的做法。本罪的法益在"存款"的文义下应当是国家金融管理秩序中对银行等存款类金融机构吸收存款的金融管理秩序。本罪适用过度扩张的根源,不在于秩序不能成为法益,而在于秩序中存在了过多的不适当且不具有刑法保护的正当性的内容,即造成了法益保护的"泛秩序

① 张明楷:《实质解释论的再提倡》,载《中国法学》2010年第4期。

化”。因此,解决本罪适用过度扩张的方法并不是动摇现有的金融管理秩序法益的立场,而是要在金融管理秩序法益的基础上,对其中不具有正当性的秩序内容进行驱逐和清理,使得本罪保护的“秩序”具备刑法上的正当性。具体的方法,可以从金融管理秩序的本体维度、纵向维度和横向维度三个方面进行。

(一)本体维度:排除内部管理秩序和行政程序性秩序

金融管理秩序的本体维度的着眼点在于金融管理秩序自身内部的构造。由于本罪是典型的法定犯(行政犯),具有二次违法的特征,即先违反前置行政法规范再违反刑法规范。而在这其中,违反前置行政法规是本罪对“秩序”的第一次违反,也即行为仅违反了行政秩序,而金融行政管理规范中多包含基于行政法的功能和目的而特有的行政秩序。实践中,部分只侵害了本罪“行政秩序”而并未进一步侵害刑法中的“金融管理秩序”的行为也被认定为本罪,原因就在于一些司法机关未能正确认识到本罪的“二次违法”和双重违反秩序性的特征,这些行政秩序在刑法中并不具备正当性,应当被刑法所剔除。“行政秩序创设的目的是通过行政手段在公民需求和社会资源之间进行调控,以帮助公民实现自身利益的最大化。这体现了一种管理的思想,其评价的标准是公民是否服从管理,服从管理即合法,不服从管理即不合法。”①因此,行政相对人的服从和有效管理是行政法所追求的内容,而刑法则并不以公民服从和高效管理为内容,动用刑法的唯一标准是法益有无受到侵害或遭受侵害的危险。行政法和刑法的这种本质的不同导致了二者所保护的“秩序”也当然不同。行政法中存在大量的关于行政机关内部的管理规范和外部的对行政相对人的程序性的规范,这些规范所保护的内部管理秩序和外部程序性秩序都只属于行政秩序,不能成

① 王志远、董文哲:《论行政犯的犯罪本质——基于行政犯入罪逻辑的思考》,载《河北法学》2021年第2期。

为刑法中“金融管理秩序”这一刑法所保护的秩序的内容。

第一,内部管理秩序不能成为金融管理秩序的内容。针对具有吸收存款资格的金融机构是否可以成为本罪主体这一问题,有学者认为,由于其具有吸收存款的资格,一般不成立本罪,但如果其以擅自提高利率的方式吸收公众存款,扰乱了金融管理秩序也应以本罪论处。此外,经营范围包括存贷款业务的金融机构,也可能成立变相吸收公众存款,因为其未经依法许可不能以存款外的名义吸收资金。① 该观点实际上是过于重视行政机关的许可对于本罪成立与否的影响,而“许可”(修正前的司法解释规定为“批准”)属于典型的带有行政管理色彩的行为,应当对其进行刑法语境下的限制解释。已经具备吸收公众存款资格的金融机构擅自提高利率吸收存款或者不以吸收存款为名义向社会公众吸收资金的行为,并不会侵害到刑法所保护的“金融管理秩序”,而且也不会侵害到公众的资金安全。由于其具备吸存资格,其已经被置于银保监会的监管之下,同时也存在如存款准备金、存款保险金等系列制度保障,几乎不存在无法兑付的爆雷风险。因此对上述情况,只是单纯地违反了金融行政管理机构的内部管理秩序,依照《商业银行法》给予行政处罚即可。②

第二,针对行政相对人纯粹的程序性秩序不能成为刑法金融管理秩序所保护的内容。我国对于法定犯的刑法规定和司法解释规定中隐藏着大量的只保护程序性秩序的内容,对于这些内容我们应当仔细甄别,不能将刑法变为一部只是处罚更严厉的“行政管理法”。实践中,单纯的行政程序性利益存在于刑法之中,将刑法异化为行政法的做法并不少见。如将砍伐已经自然枯死的树木或者砍伐应当砍伐的树木但

---

① 参见张明楷:《刑法学(下)》,法律出版社 2016 年版,第 780 页。

② 《商业银行法》第 74 条第 1 款第 3 项规定了对于商业银行违反规定提高或者降低利率以及采用其他不正当手段,吸收存款,发放贷款的由国务院银行业监督管理机构责令改正,并依据情节给予罚款、责令停业整顿或吊销其经营许可证的行政处罚。另规定构成犯罪的,依法追究刑事责任,但本文认为这一规定并未明确何种情形追究刑事责任,且该行为并未侵犯刑法所保护的“金融管理秩序”。

仅因未办理采伐许可证的行为定性为滥伐林木罪①;将虽具备执业医师资格但未经注册,取得医疗机构执业许可证的行医行为定性为非法行医罪②;将未经粮食主管部门许可,收购玉米的行为定性为非法经营罪。③ 这些案件的问题在于,司法者将行政法中的程序利益作为刑法所保护的法益,将侵犯程序性秩序的行为定性为犯罪是不妥当的。单纯的行政程序所体现和蕴含的乃是基于行政管理之便利需要的效率价值,而效率这一价值在《刑法》中并无一席之地。刑法作为法益保护法,只有当行为具有严重的社会危害性,对法益造成了重大的损害,动用刑法保护才具有正当性。而单纯侵犯程序性秩序的行为并不具备严重的社会危害性和法益侵害性。回归到非法吸收公众存款罪,对于具备吸收存款资格的机构,不能仅因为其违反了批准程序就轻易将其入罪,对于 P2P 网贷平台,也不能仅因为其违反了《网络借贷信息中介机构业务活动管理暂行办法》的备案手续,而将未备案但仅从事借贷中介业务的行为定性为吸收公众存款。对于吸收公众存款的判断仍然要坚持实质标准,淡化"批准"的形式标准,即从吸收资金的行为是否形成资金池,归集资金、资金是否用于货币资本经营等方面考察。

(二)纵向维度:刑事秩序与民事秩序的分层

"经济秩序也是区分层次和领域的,不同层次和领域的经济秩序地位和重要性也存在差别。"④从纵向维度看,即是要将秩序法益分层,刑法并非保护法益的唯一手段,刑法以外的法律规范、法律之外的社会

---

① 参见曹毅:《树木虽已枯死 采伐仍须持证》,载《人民法院报》2008 年 11 月 7 日。

② 参见《刑事审判参考》第 283 号案例:周兆钧被控非法行医案。

③ 参见内蒙古自治区巴彦淖尔市临河区人民法院刑事判决书,(2016)内 0802 刑初 54 号。

④ 何荣功:《刑法与现代社会治理》,法律出版社 2020 年版,第 303 页。

规范,也都发挥着维持秩序、保护法益的任务。[①] 因此,根据法律体系中不同法律的位阶,法对秩序的维护可以通过民法、行政法、刑法这三种基本的部门法来进行。相对应地形成了民法秩序、行政法秩序和刑法秩序,不同秩序的性质、目的和法律后果均不相同。违反了民法秩序的行为侵犯的是民法的公平交易、诚实信用原则,通过民法的违约责任、损害赔偿和恢复原状等特定法律责任的履行即可实现民法对私权保护的目的;违反行政法秩序的行为侵犯的是行政机关所维护的社会公共利益以及其他行政相对人的权利,通过行政处罚、行政强制等行政责任即可实现行政法的社会管理的目的;而刑法相较于前面二者而言最为特殊,由于刑法是一个国家最为严厉的法律,除发动战争外,一个国家所做的任何决定都不如决定将哪些行为通过刑法予以禁止。[②] 因此,刑法所保护的秩序应当是"秩序中的秩序",即该秩序应当具备其他法律难以周延保护只能动用刑法保护的特征,该秩序也应当是蕴含着重大的利益,一旦其遭到侵害,损害将是巨大的,此时以最严厉的手段——刑罚维护该秩序才具有正当性。

2020 年 7 月 20 日最高人民法院、国家发展和改革委员会《关于为新时代加快完善社会主义市场经济体制提供司法服务和保障的意见》指出:"规范金融市场投融资秩序。依法严惩非法集资犯罪行为,坚决守住不发生系统性金融风险的底线。"非法集资犯罪的治理效果与金融市场的稳健发展息息相关。非法集资犯罪(主要指非法吸收公众存款罪)正是因为其行为侵害了重大的国家金融管理秩序,极易引发系统性金融风险,导致金融空转、金融脱实向虚,扰乱正常的金融秩序,因此以最严厉的刑罚对其打击具备刑法上的正当性。相反,对于行为人将资金用于生产经营等实体经济或将资金用于企业周转、偿还企业债务以及符合民间借贷的民法规定的行为,其并没有侵害到重大的国家

① 参见付立庆:《论刑法介入财产权保护时的考量要点》,载《中国法学》2011 年第 6 期。

② 参见[美]道格拉斯·胡萨克:《过罪化及刑法的限制》,姜敏译,中国法制出版社 2015 年版,第 5 页。

金融管理秩序,其行为也不具备引发金融风险乃至系统性金融风险的可能性。司法实践中,如行为人向多数人筹集资金用于自己企业的物资购置、资金周转,用于学校的教育设施和教学的开支等。这些行为虽然表面上符合2010年最高人民法院《关于审理非法集资刑事案件具体应用法律若干问题的解释》(2022年已修正)中构成非法吸收公众存款罪的特征,即行为人有未经依法许可的非法性、保本付息的利诱性、向(不特定)多数人借款的社会性和公开性;但从实质上看,前述案件中行为人的行为并未具备非法性特征,其行为也并不符合本罪的规范保护目的。非法吸收公众存款罪作为破坏金融管理秩序的犯罪,其本质上应当是对金融秩序的破坏从而引发金融风险乃至系统性金融风险的后果,因此打击此类行为的目的在于防范化解金融风险,避免脱离国家监管的金融空转、金融脱离实体经济的现象出现。因此,从这一规范保护目的也可以论证,行为人将吸收的资金用于正常的企业维护和生产经营的行为并未扰乱金融管理秩序,其并未使得资金脱离实体经济,反而促进了实体经济的发展,是国家所倡导的行为。如果行为人向多数人或企业的借款到期未还,应当依照《民法典》和民间借贷的相关司法解释的规定,让行为人依法承担违约责任。不能因为行为人所借款项数额大、牵涉人员范围广就以公众资金安全遭受到重大威胁和风险为由,认为行为人触犯了非法吸收公众存款罪,扰乱了金融秩序。多数人的财产和资金安全≠公众资金安全≠金融安全。行为人即便将资金投入生产经营后"亏本",其对借款人的资金难以及时返还的损害后果也是属于民法所调整的范围,侵害的是民事秩序而非易引发金融风险的刑事秩序。

(三)横向维度:排除直接融资方式的证券类犯罪

在金融学中,一般来讲,货币资金从供给者(盈余部门)流向需求者(短缺部门)有两种方式:直接融资和间接融资。直接融资是指资金盈余部门与短缺部门分别作为最后贷款者和最后借款者,直接协商、实现资金融通的金融行为。而间接融资指的是资金盈余部门与短缺部门之间通过金融中介机构,间接实现资金融通的金融行为。它是由两笔独立的交易构成的,两笔交易在法律上相互独立。[①] 由此可见,资金融通的两种方式即直接和间接融资在法律上是性质完全不同的两种类型,在我国《刑法》对于行为人以直接融资和间接融资方式实行的犯罪也分别以两个独立罪名加以规定。前者以《刑法》第179条擅自发行股票和公司、企业债券罪加以规制,而后者以《刑法》第176条非法吸收公众存款罪加以规定。二者虽然同属于我国《刑法》分则第三章第四节破坏金融管理秩序罪,但是其侵犯的具体的金融秩序并不相同。以直接融资方式实行的擅自发行股票和公司、企业债券罪侵犯的是刑法所保护的公司法秩序、证券法秩序,其对应的前置规范是《公司法》和《证券法》。而以间接融资方式实行的非法吸收公众存款罪则对应的是银行和存款类金融机构的存款秩序,由我国《商业银行法》主要规定该内容。因此,两者侵犯的秩序从横向维度看,既不是交叉关系,也不是包含关系和从属关系,而应当是平行关系。二者共同构成了我国的资金融通体系。对于投资者资金安全的保障,直接融资方式以发行股票、债券为代表,其是通过法律规定,施加给证券发行主体(融资主体)以披露义务,令其真实、充分地对自身信用、资产等状况向投资者公开披露而达成的[②];而间接融资方式是以商业银行为信用中介,并辅之以国家的监管和相应制度如存款准备金制度、存款保险制度,降低投资者的存款难以按期兑付的风险。二者的融资方式、风险回避手段和整体的制度架构都不相同。

而在司法实践中,显然这两个罪名并未呈现出这种平行关系,而是非法吸收公众存款罪包含了擅自发行股票、公司、企业债券罪,并且非法吸收公众存款罪在实践中的适用范围被不断扩大并被冠以非法集资犯罪之名,变成了非法集资的代名词。这使得非法吸收公众存款罪的适用过度扩张而挤压了其他罪名的正确适用空间。因此,有学者认为,

---

① 参见马瑞华、王莉莉主编:《金融学》,海洋出版社2018年版,第66~67页。

② 我国《证券法》第19条第1款规定:"发行人报送的证券发行申请文件,应当充分披露投资者作出价值判断和投资决策所必需的信息,内容应当真实、准确、完整。"

以非法吸收公众存款罪处理非法集资活动，是对该罪名的误用，既不符合法律解释的本身逻辑，也不符合金融现实。①

所以，应当将以直接融资方式为要件的证券类犯罪从非法吸收公众存款罪中剔除出去，将其保护的合法有序开展的发行股票、债券的秩序从吸收存款的秩序中排除。如此，才能使得非法吸收公众存款罪不会被过度扩张适用，其保护的秩序法益也更加清晰明确，不至于同非法集资相混同。

Application of the Limitation of the Crime of Illegal Absorption of Public Deposits under Substantive Interpretation

—Start with the legal value of affirming the order of financial management

LIU Tianhong

[内容摘要]非法吸收公众存款罪在司法实践中存在被过度扩张适用的现状，这主要表现为部分司法机关在从严打击非法集资活动的立场下，过于机械地理解本罪的非法性、利诱性、公开性与社会性特征以及本罪法益，形成了保本付息+不特定多数人或多数人即可定罪的模式。这将合法民间借贷、企业融资从事生产经营的行为也一并作为犯罪进行打击。这种做法与不能正确理解本罪的法益与构成要件有关。从文义看，本罪的“存款”明显区别于“资金”。本罪的法益应当是国家金融管理秩序中对银行等存款类金融机构吸收存款的金融管理秩序，而不是公众资金的安全。秩序作为法益有一定的正当性不应轻易否认，这不仅与通说相符也符合本罪法定犯的特征，对秩序的正确解读应当从本体、横向和纵向三个维度出发，将不具备法益内容的内部管理秩序、行政程序秩序、民事秩序和直接融资秩序从本罪的秩序法益中驱逐。

[关键词]非法集资；实质解释；秩序；集体法益；公众资金安全

① 彭冰：《非法集资活动规制研究》，载《中国法学》2008年第4期。

Abstract: The crime of illegally absorbing public deposits has been over-expanded in judicial practice. This is mainly manifested in the fact that some judicial organs, under the stance of severely cracking down on illegal fund-raising activities, have too mechanically understood the illegality, attractiveness, and openness of this crime. Together with the social characteristics and the legal benefits of this crime, a model of guaranteed capital and interest + unspecified majority or majority can be convicted. This will also crack down on legal private lending and corporate financing for production and operation as a crime. This approach is related to the inability to correctly understand the legal benefits and constitutive elements of this crime. From the perspective of the text, the "deposit" of this crime is obviously different from "funds". The legal benefit of this crime should be the financial management order of deposit-taking financial institutions such as banks in the national financial management order, not the safety of public funds. The legitimacy of order as a legal benefit should not be easily denied. This is not only consistent with the general theory but also in line with the characteristics of the legal offense of this crime. The correct interpretation of order should be based on the three dimensions of body, horizontal and vertical, and will not have legal benefit content. The internal management order, administrative procedure order, civil order and direct financing order are expelled from the legal interests of the crime.

Keywords: illegal fundraising; substantive explanation; order legal interest; collective legal interest; public fund safety

互联网融资非法吸收公众存款罪中被告人认定

石家慧*

目　次

一、引　言

以P2P网贷为例的互联网融资，在本质上是互联网与民间借贷相融合的产物。① 现今大部分互联网融资公司一般都同时发展线上线下业务，借助互联网、媒体、金融产品推介会等方式吸引潜在投资者投资。

---

* 德国科隆大学法学博士，四川大学法学院助理研究员，四川省"实证法学与智慧法治"重点实验室成员。

① 参见姜涛：《互联网金融所涉犯罪的刑事政策分析》，载《华东政法大学学报》2014年第5期。P2P是英文person-to-person（或peer-to-peer）的缩写，意即个人对个人，是一种将小额资金聚集起来借贷给有资金需求的个人或企业的一种民间小额借贷模式。参见非法集资犯罪问题研究课题组等：《涉众型非法集资犯罪的司法认定》，载《国家检察官学院学报》2016年第3期。

然后再由公司进行再投资,赚取的金额支付投资者利息。该种融资形式因为灵活性高且门槛低而吸引了大量闲置资金,促进市场繁荣,本无可厚非。并且借助互联网传播优势,此类融资公司的集资能力较传统经营模式大大提高,动辄几百万元,多者上亿元。但是由于初期缺乏监管,公司经营不善以及犯罪分子趁机敛财等问题,网贷平台集中爆发提现危机,对金融秩序造成恶劣影响。在 2018 年 6 月 1 日至 7 月 12 日全国有 108 家网贷平台"爆雷"。① 其中有些公司违法经营、擅自使用投资资金等行为可能构成犯罪。例如,2015 年 e 租宝案件,被爆非法集资 500 亿元。随着监管细则的出台,交易规模逐渐收紧。据报道,四川省于 2019 年集体退出了 38 家 P2P 网贷平台。② 截至 2019 年 12 月底,P2P 网贷平台数量仅为 343 家,相比 2018 年年底减少了 678 家。③ 2019 年全年网贷行业成交量达到了 9645.11 亿元,相比 2018 年全年网贷成交量(17,948.01 亿元)减少了 46.26%。④ 2020 年以来,网贷机构清退力度不断加大。例如,北京市发展和改革委员会在官方网站发布的《关于北京市 2020 年国民经济和社会发展计划上半年执行情况的报告》提到,北京强化互联网金融风险专项整治。

随着政府对网贷行业整顿力度的不断加强,行业也越发正规。但是金融公司犯罪问题依然存在,其通常所涉罪名为集资诈骗罪和非法吸收公众存款罪。近年来中国刑法学界对于刑法介入此类金融犯罪的限度和方式也多有讨论⑤,但是对被告人身份认定这一追诉的前提条

---

① 参见《42 天 104 家 P2P 爆雷! 7 万亿资产、上千万受害人卷入! 爆雷之后真的有晴天吗?》,载凤凰网财经频道 2018 年 7 月 19 日,https://finance.ifeng.com/c/7efbm964V6S。

② http://www.gov.cn/xinwen/2019-04/30/content_5387929.htm,访问时间:2023 年 3 月 25 日。

③ https://www.qianzhan.com/analyst/detail/220/200228-52105968.html,访问时间:2023 年 3 月 25 日。

④ https://www.qianzhan.com/analyst/detail/220/200228-52105968.html,访问时间:2023 年 3 月 25 日。

⑤ 例如,参见邓超:《互联网金融发展的刑法介入路径探析——以 P2P 网络借贷行为的规制为切入点》,载《河北法学》2019 年第 5 期。

件却讨论甚少。此类犯罪涉案人员在整个犯罪过程中扮演的角色并不如传统暴力类犯罪那样明确。融资公司一般都以法人形式存在,内部具有相对完整的架构层级。内部人员处于不同层级当中,不同层级的员工具有不同的分工,行为的具体内容可能有区别,而且对于自身行为的性质的认识也是不尽相同的①。以非法吸收公众存款罪为例,该罪中单个人员通常具有多重身份,可能既是集资参与人也是证人,部分集资参与人还可能拉拢、介绍、吸收别人的资金,如果金额超过入罪标准,那么他们也可能成为被告人。这种身份的不确定性不仅会造成侦查起诉过程中实际操作不规范,而且涉案人员的诉讼权利也难以保障。所以,确定犯罪嫌疑人或被告人范围是对融资公司相关人员进行追诉的前提条件,也是实践中的难点之一。更早明确追诉人员范围不仅能够做到精准打击犯罪,而且利于司法机关集中力量,节省司法成本。鉴于此,本文将以非法吸收公众存款罪为例,结合罪刑法定原则重点讨论融资公司非法吸收公众存款罪中被告人身份的认定。

二、单位犯罪规则的适用问题

《刑法》第 176 条规定了非法吸收公众存款罪,其第 2 款明确规定单位可以成为该罪主体。融资公司一般都是合法注册的法人,那么在确认被告人时首先就需要考虑相关法人是否作为单位犯罪处理。

至于融资公司是否满足成立单位犯罪的条件②则需要分两种情况进行分析。第一种情况是公司成立之初就是为了经营融资业务,但是却以违法方式进行融资。③ 此时不宜认定为单位犯罪,而是应该按照自然人犯罪处理。2019 年最高人民法院、最高人民检察院、公安部《关

① 参见毛玲玲:《经济犯罪中共同犯罪问题的解决路径》,载《上海政法学院学报(法治论丛)》2017 年第 6 期。

② 参见《最高人民法院关于审理单位犯罪案件具体应用法律有关问题的解释》,法释〔1999〕14 号;《全国法院审理金融犯罪案件工作座谈会纪要》,法〔2001〕8 号。

③ 参见黄芳:《非法集资定罪困局之解析》,载《法律适用(司法案例)》2018 年第 24 期。

于办理非法集资刑事案件若干问题的意见》[①]做出了类似规定。第二种情况则是公司成立之时另有主要营业范围,如房地产等[②],或是公司具有融资担保资质,但是后期超出允许营业的范围,无资质地吸收了公共存款。[③] 那么此时则可以考虑成立单位犯罪。《关于办理非法集资刑事案件若干问题的意见》也再次强调:"单位实施非法集资犯罪活动,全部或者大部分违法所得归单位所有的,应当认定为单位犯罪"。

法院判决也证实了这种认定方法。以非法吸收公众存款罪为例,在威科先行数据库中输入关键词"非法吸收公众存款罪、单位",共检索出203份判决书,其中43份判决书与单位犯罪无关[④],其余160份判决中,单位被认定为被告并涉嫌非法吸收公众存款罪。[⑤] 通过被告单位名称可以看出,除45个被告单位从事与金融相关业务外,如投资担保公司[⑥],大部分被告单位从事各种非金融业务,涉及房地产、塑业[⑦]、

① 高检会〔2019〕2号。其中第二节是关于单位犯罪的认定。"单位实施非法集资犯罪活动,全部或者大部分违法所得归单位所有的,应当认定为单位犯罪。个人为进行非法集资犯罪活动而设立的单位实施犯罪的,或者单位设立后,以实施非法集资犯罪活动为主要活动的,不以单位犯罪论处,对单位中组织、策划、实施非法集资犯罪活动的人员应当以自然人犯罪依法追究刑事责任。"

② 例如,于永忠、单位鹤岗市于生房地产开发有限公司非法吸收公众存款、逃税二审刑事裁定书,(2019)黑04刑终24号;被告单位黑龙江豪庭房地产开发有限公司、被告人李佳峰犯集资诈骗、非法吸收公众存款、单位行贿罪一案二审刑事裁定书,(2018)黑刑终1号。

③ 例如,被告人黄利华、黄某某、被告单位湖南华友融资担保有限责任公司非法吸收公众存款一案一审刑事判决书,(2018)湘0211刑初213号。

④ 该43份判决书因诸如"伪造公司、企业、事业单位"中的"单位"字样而被检索出,但是并无单位被告人。

⑤ 数据来源:威科先行法律数据库,访问时间:2019年11月6日。这160份判决中,并不都是以P2P的形式进行的非法吸收公众存款。

⑥ 参见沾化金桥投资担保有限公司、韩星彩犯非法吸收公众存款一审刑事判决书,(2019)鲁1603刑初72号。

⑦ 参见于永忠、单位鹤岗市于生房地产开发有限公司非法吸收公众存款、逃税二审刑事裁定书,(2019)黑04刑终24号;单位黑龙江豪庭房地产开发有限公司、李佳峰集资诈骗、非法吸收公众存款、单位行贿二审刑事裁定书,(2018)黑刑终1号。

生态农业开发[①]、私立学校[②]、艺术公司[③]、生物科技[④]以及化工[⑤]等领域。而如果仅仅在该数据库中搜索“非法吸收公众存款罪”，一共检索出151,186份判决书。[⑥] 通过该巨大的数量差异可以看出，绝大部分非法吸收公众存款罪是按照自然人犯罪处理的。作为涉及融资平台非法吸收公众存款罪的典型案件，“e租宝”案件涉及多个法人公司，但是最终涉案人员全部算是自然人实施犯罪。[⑦] 虽然众多公司本身合法成立，但是从事的业务从一开始就是因无资质而是违法的，因此没有认定单位犯罪。

通过对上述两种情况的分析，可以看出，纯粹进行融资业务的公司如果因为没有经营资质而被认定为非法吸收公众存款罪，那么在原则上就排除了单位犯罪。但是如果公司合法从事其他业务，然后进行吸收公众存款，即使该公司同样不具有此类金融资质，却可能成立非法吸收公众存款罪的单位犯罪。针对单位犯罪的判定，《关于办理非法集资刑事案件若干问题的意见》赋予了办案人员自由裁量空间，要求办案人员“根据单位实施非法集资的次数、频度、持续时间、资金规模、资金流向、投入人力物力情况、单位进行正当经营的状况以及犯罪活动的影响、后果等因素综合考虑认定”单位是否构成犯罪。

值得注意的是，2022年新修正的最高人民法院《关于审理非法集

① 参见被告单位运城市某生态农业开发集团有限公司、被告人张天某犯非法吸收公众存款罪一审刑事判决书，(2019)晋0802刑初88号。

② 参见被告单位怀化华美学校、被告人曾华非法吸收公众存款一审刑事判决书，(2018)湘1221刑初30号。

③ 参见单位鹏华公司、胡怀明等非法吸收公众存款罪上诉案，(2018)沪02刑终478号。

④ 参见单位铄洋生物科技(上海)股份有限公司、许某某非法吸收公众存款一审刑事判决书，(2018)沪0117刑初1956号。

⑤ 参见单位上海凯欣化工贸易公司、卜裕栋非法吸收公众存款一审刑事判决书，(2018)沪0117刑初1264号。

⑥ 数据来源：威科先行法律数据库(https://law.wkinfo.com.cn/judgment-documents/)，访问时间：2019年11月6日。

⑦ 李政等非法吸收公众存款一审刑事判决书，(2017)京0106刑初1010号。

资刑事案件具体应用法律若干问题的解释》①,此后《非法集资案件的解释》第 3 条不再就入罪标准区分自然人和单位,即不论单位还是自然人,都按照第 3 条规定的统一入罪标准进行认定。此种修订在一定程度上减轻了司法人员适用法律上的压力,但是仍然要求司法人员对单位犯罪和自然人犯罪进行区分界定,因为这涉及涉案金额计算问题。

三、自然人犯罪中可能的被告人范围

如开篇所述,很多非法吸收公众存款罪案情都十分复杂,组织形式多种多样,涉案人员众多,并不能一概而论何人一定是被告人。某人是否构成犯罪的判断依据是犯罪构成要件。《刑法》第 176 条规定了非法吸收公众存款罪。客观构成要件则为"吸收公众存款或者变相吸收公众存款"。《非法集资案件的解释》第 1 条对该要件做出了较为具体的定义,第 2 条则对符合该条件的行为进行了不穷尽地列举,如以投资入股或是委托理财的方式非法吸收资金。② 在主观构成要件方面,该

① 法释(2022)5 号。其中第 3 条第 1 款规定:"非法吸收或者变相吸收公众存款,具有下列情形之一的,应当依法追究刑事责任:(一)非法吸收或者变相吸收公众存款数额在 100 万元以上的;(二)非法吸收或者变相吸收公众存款对象 150 人以上的;(三)非法吸收或者变相吸收公众存款,给存款人造成直接经济损失数额在 50 万元以上的。"

② "实施下列行为之一,符合本解释第一条第一款规定的条件的,应当依照刑法第一百七十六条的规定,以非法吸收公众存款罪定罪处罚:(一)不具有房产销售的真实内容或者不以房产销售为主要目的,以返本销售、售后包租、约定回购、销售房产份额等方式非法吸收资金的;(二)以转让林权并代为管护等方式非法吸收资金的;(三)以代种植(养殖)、租种植(养殖)、联合种植(养殖)等方式非法吸收资金的;(四)不具有销售商品、提供服务的真实内容或者不以销售商品、提供服务为主要目的,以商品回购、寄存代售等方式非法吸收资金的;(五)不具有发行股票、债券的真实内容,以虚假转让股权、发售虚构债券等方式非法吸收资金的;(六)不具有募集基金的真实内容,以假借境外基金、发售虚构基金等方式非法吸收资金的;(七)不具有销售保险的真实内容,以假冒保险公司、伪造保险单据等方式非法吸收资金的;(八)以投资入股的方式非法吸收资金的;(九)以委托理财的方式非法吸收资金的;(十)以提供'养老服务'、投资'养老项目'、销售'老年产品'等方式非法吸收资金的;(十一)利用民间'会'、'社'等组织非法吸收资金的;(十二)其他非法吸收资金的行为。"

罪要求行为人对上述违法性、公开性、利诱性和社会性具有主观故意。《关于办理非法集资刑事案件若干问题的意见》就犯罪行为主观故意认定方面做出了进一步规定,详细列举了几项需要考虑的证据,即任职情况、职业经历、专业背景、培训经历、本人因同类行为受到行政处罚或者刑事追究情况以及吸收资金方式、宣传推广、合同资料、业务流程等,并要求办案人员结合相关人员的供述,进行综合分析判断。但是在实践中,案件情况和涉及的人员关系往往非常复杂,导致主观故意的认定仍然是一个办案难点和重点,需要根据人员在融资公司中的任职和发挥的作用进行综合考虑。一般涉及以下几种:公司发起人(通常为股东)、法定代表人、业务主管、总监、部门经理、分公司经理(如果存在分公司)、团队经理、业务员、行政、财政出纳等。

(一)公司发起者、领导者和高级管理人员

公司发起者、领导者和高级管理人员一般是指公司股东(一般为发起人员)和法定代表人、总裁以及董事长等。这些人要么在建立公司之初设计了公司的架构,并决定了公司运营目的和业务,要么是在业务开展过程中决定公司发展方向。法院一般推定此类人对公司具有充分的了解。《关于办理非法集资刑事案件若干问题的意见》也规定此类人员是重点惩处对象。

例如,在“e租宝”案件中,虽然各被告人(各涉案公司的总裁或副总裁)对e租宝产品公开性、利诱性、社会性的认识不存在争议,但是部分辩护人根据钰诚集团的规模、媒体宣传等情况主张被告人无法认识到e租宝产品的违法性。法院则根据各被告人在金融业的从业经验推定,这些人应当知晓售卖该金融产品需要相应资质。而各被告人供认明知钰诚集团无金融资质或者未见过金融资质。此外,各个被告人还根据吸收存款的数量获得巨额工资提成,法院由此认定被告人在明知钰诚集团无金融资质的情况下,销售金融产品。[①]

① 参见李政等非法吸收公众存款一审刑事判决书,(2017)京0106刑初1010号。

而在另一个非法吸收公众存款案件中[①],纪某为北京天立鸿资产管理有限公司法定代表人,其与魏某和向某为该公司股东。郭某为总经理兼业务主管,李某某和张某为分公司总经理,刘某为出纳和行政。但是公诉机关仅指控了纪某和李某某非法吸收公众存款罪,而未对魏某和向某提出指控。而郭某、张某和刘某仅被列为证人。限于此,判决也仅仅对纪某和李某某作出了判决。法院认定"被告人纪某作为天立鸿公司的法定代表人、实际经营人,负责管理公司的人、财、物,公司具体事宜都需要经过纪某的同意",从而认定其满足主观构成要件,构成该案主犯。被告人李某某对其经手吸收的302万元公众存款具有主观故意。[②] 一审判决之后,李某某提出上诉,其中一条理由就是应追究其他人员的责任。而北京市第二中级人民法院给出的答复是"本案是否还有其他人员应承担法律责任,应以公诉机关的指控为前提,法院仅就公诉机关指控的事实进行审理"[③]。至于公诉机关为何没有对魏某和向某提出指控判决中并未说明。[④] 但是纪某辩称,投资款都会转给魏某一部分。此外,根据张某等证言,魏某作为大股东还曾召开会议保证公司运作正常,并以其名下房地产保证给集资参与人兑钱。如果证言属实,那么说明魏某对公司运营模式和运营情况充分了解,对非法吸收公众存款起到了促进作用,且从中获取巨额利润。因此,其应该同纪某一样,承担刑事责任。此外,如果魏某转走投资额等相关行为满足《非法集资案件的解释》第7条集资诈骗罪的标准,那么不排除魏某可能构成集资诈骗罪。[⑤]

---

① 参见李某某等非法吸收公众存款一审刑事判决书,(2017)京0101刑初82号。

② 参见李某某等非法吸收公众存款一审刑事判决书,(2017)京0101刑初82号。

③ 李某某等非法吸收公众存款二审刑事裁定书,(2018)京02刑终254号。

④ 张某证言中提到魏某失联。判决未提及在审判之时魏某的状态。

⑤ 向某情况不明,其在该犯罪中发挥何种作用无人提及,因此无法对其行为进行分析。

(二)中层管理人员

本文所指中层管理人员一般是指在单位中除了高层管理人员之外的具有一定管理职能,并能参与部分公司决策的人员,一般为部门经理或是分公司经理等。例如,上面李某某案件中的李某某、张某和郭某。对于中层而言,其主观心态并不一定都是故意,也可能是过失,或是既无故意也无过失。[①] 且其并不一定对公司整个运作模式有充分了解,需要在个案中具体分析。因为非法吸收公众存款罪是故意犯罪,所以在主观上应只追诉主观具有故意的中层管理人员。

仍以李某某案件为例,李某某经过郭某介绍到公司工作,并积极组织团队,拉拢投资,升任分公司总经理。其除工资外,还获得其团队投资的千分之一的业务提成。李某某发展五名"团队长",在团队长之下又发展业务员(集资参与人),可见其对公司的运营模式充分了解。此外,公司要求所有集资参与人与公司签订劳务合同而非投资合同以规避金融监管,李某某对此也照章执行。其应该能够通过该规定察觉出公司业务的违法性,但是仍然积极参与扩大公司非法吸收公众存款的规模。因此李某某对非法吸收公众存款应具有主观故意。法院也认定其对自己经手吸收的302万元公众存款起主要作用。[②] 该认定并无不妥。

另一个分公司经理张某是经李某某介绍到公司工作。根据其证言,张某入职之后将亲戚朋友找到公司做投资,之后级别提升为分公司总经理。此外,张某也发展了自己的团队,续某和王某1。这二人又发展了很多人。其根据公司的宣传向集资参与人确保资金安全。纪某和

---

① 如前所述,虽然大部分非法吸收公众存款罪案件认定为自然人犯罪,但是因其组织经营模式类似单位犯罪,对自然人主观的分析可以参照单位犯罪中的参与人员。其中部分中层管理人员的责任可以参照单位犯罪中的直接责任人员。参见石磊:《单位犯罪适用》,中国人民公安大学出版社2012年版,第121页。

② 参见李某某等非法吸收公众存款一审刑事判决书,(2017)京0101刑初82号。

郭某认为其工作优秀进而决定在齐齐哈尔开分公司,担任分公司总经理。但是因为资金问题,该分公司只经营不到两个月就停业了。观其行为,与李某某并无实质不同,同理可推断出张某具有故意。在客观行为上也符合非法吸收公众存款罪,因此,应该认定张某构成该罪既遂。之后齐齐哈尔分公司未能够正常开展业务(如果吸收的公共存款不足20万元),但是已经算是着手实施,这一行为可以考虑认定非法吸收公众存款罪未遂。既遂吸收未遂,张某应该认定非法吸收公众存款罪既遂,而非仅仅作为证人。

郭某在公司开始进行非法吸收公众存款行为之前就入职公司,是李某某和张某的上司。根据相关证言,郭某参与公司产品策划,担任销售经理,负责组织销售团队拉客户。也就是说,其对公司所售卖的理财产品非常熟悉,那么就应该推断满足主观构成要件。证言中并未提及其是否亲自拉拢客户,对于客观行为如何认定则依赖于共犯理论。但是根据其在公司中的职位和所起的作用,应该予以追诉。

(三)基层人员

基层人员的构成更为复杂。可能包括普通业务员、行政秘书、财务出纳、技术人员等。中高层管理人员往往有相关从业经验,而这些基层员工则可能是毫无金融从业经验的普通公民,可能仅仅为了解决就业、挣到工资或是提成而为公司办事。[①] 所以这些普通业务员并不一定清楚也可能不关心公司是否具有资质。此外,高层管理人员现在也越发精英化和专业化,有些在社会上还具有一定影响力,对于非专业人员具有较强的迷惑性。[②] 对此,司法人员应该认真甄别业务员的主观状态和客观行为,做到主客观相符合。这也符合《关于办理非法集资刑事案件若干问题的意见》中提到的“宽严相济”的刑事政策。

① 参见司伟攀:《非法集资犯罪若干问题研究》,载《法律适用》2017年第5期。

② 参见非法集资犯罪问题研究课题组等:《涉众型非法集资犯罪的司法认定》,载《国家检察官学院学报》2016年第3期。

如果在调查取证过程中,业务员坦白自己知晓公司无资质,或是通过其他涉案人员的证词的相互印证可以确定某业务员知晓公司无资质,那么就可以认定该人员具有非法吸收公众存款罪的主观故意。此外,类似前文对于李某某的主观推断,如果公司的一些要求明显具有违法性或是试图规避法律。例如,吸收到的存款进入私人账户而非公司账户,或是没有正规投资合同等,按照理性第三人的标准,业务员应该能够察觉出公司异常,但是如果其继续按照公司指令工作,那么也可以推断其知晓业务的违法性。根据《关于办理非法集资刑事案件若干问题的意见》第四节所列内容,办案人员综合分析各种情况从而认定犯罪嫌疑人、被告人是否具有非法吸收公众存款的犯罪故意。① 但是在实践中,司法机关仍然很难具有说服力地推断基层人员对非法吸收公众存款罪具有主观故意。该罪的主观内容要求业务员知晓公司不具有资质,公司资质是一个事实问题,且具有一定的隐蔽性。要证明某人是否知晓某件事实是非常困难的。如果业务人员声称相信(或至少无法证明其不相信)公司中高层管理人员所言的盈利方式合法,并相信客户真的能够通过投资获利,那么此时就不满足非法吸收公众存款罪的主观要件。② 尽管《非法集资案件的解释》第 2 条列举了可以认定非法吸收公众存款罪的几种情形,但是这几种情形也并不能具有说服力地推断出相关人员明知公司不具有资质。该解释中第 1 条和第 2 条更类似对客观构成要件的解读,并未提及主观方面。可以看出,最高人民法院试图通过司法解释的方式弱化该罪中主观要件,从而降低法律适用难度。但是恐有违背主客观一致的嫌疑。

更难以证明的则是例如秘书等行政人员。这些人员并没有如业务人员一样“出门跑业务”,没有具体拉拢客户。例如,李某某案中的刘某。其任秘书和出纳,仅仅负责收客户的钱,按照公司安排转账,并保管合同。此时就很难通过刘某行为认定其对公司违法经营是明知的。

---

① 参见高检会〔2019〕2 号。

② 但是这并不能完全排除这些人可能在民事上承担的赔偿责任。具体民事责任参见本文第五节“民事赔偿责任对刑事追诉的补充”。

不能仅以员工实际上提供的帮助行为,就认定其主观上具有共同犯罪故意。[①] 那么按照疑罪从无的原则,就无法对其按照非法吸收公众存款罪进行追诉。

在德国曾有一个案例。德国联邦最高法院在一个涉及以公司形式进行诈骗的案例中[②],判处全职秘书被告人P为诈骗罪的帮助犯。P负责公司与买卖和合同相关的日常事务。此外,其还负责敷衍安抚那些因为没有按照合同收到费用的被害人。判决认定P作为行政是明知或是至少应该是预料到公司在未来无法支付相关费用的,但是直到2010年年初公司仍然一直以高于市场价格售卖车辆并签订广告合同。因此构成诈骗罪的帮助犯。[③] 此处法院就可以从P的行为直接推定其具有诈骗故意。从这个角度而言,李某某案中的刘某在纪某被逮捕前两个月就知道公司已经不能再给集资参与人发放利息了。刘某是否能构成非法吸收公众存款罪的帮助犯也是存在讨论空间的。

在基层人员无法被证明实施了非法吸收公众存款罪的时候,可以根据个案情况考虑是否成立诈骗罪或是集资诈骗罪。虽然诈骗类罪名证明标准要高于非法吸收公众存款罪,但是《非法集资案件的解释》第7条第2款对于如何认定"以非法占有为目的"做出了具体的规定。[④] 也就是说,法官可以明确根据相关人员的行为直接推定其主观内容,客

---

① 参见司伟攀:《非法集资犯罪若干问题研究》,载《法律适用》2017年第5期;李彦林:《当前非法集资犯罪案件存在的若干法律适用问题》,载《中国检察官》2013年第3期。

② 在德国并无"非法吸收公众存款罪"这一罪名,所以此处以有组织的诈骗罪为例。

③ 参见德国联邦最高法院判例:BGH NStZ 2016,280。

④ 《非法集资案件的解释》第7条第2款规定:"使用诈骗方法非法集资,具有下列情形之一的,可以认定为'以非法占有为目的':(一)集资后不用于生产经营活动或者用于生产经营活动与筹集资金规模明显不成比例,致使集资款不能返还的;(二)肆意挥霍集资款,致使集资款不能返还的;(三)携带集资款逃匿的;(四)将集资款用于违法犯罪活动的;(五)抽逃、转移资金、隐匿财产,逃避返还资金的;(六)隐匿、销毁账目,或者搞假破产、假倒闭,逃避返还资金的;(七)拒不交代资金去向,逃避返还资金的;(八)其他可以认定非法占有目的的情形。"

观行为与主观故意之间具有直接对应关系。这反而比确认非法吸收公众存款罪的主观内容更加容易。这是因为非法吸收公众存款罪要求由基层人员的客观行为解读出其是否知晓公司资质这一事实,而这二者之间不必然互相关联。也就是说,无论涉案人员做了什么,其都可能不知晓公司无资质这一事实。

四、集资参与人被害人的认定

现今学界部分观点是完全否认集资参与人是非法吸收公众存款罪的被害人。[①] 该观点主要从五个方面进行了论述。第一点,《非法集资案件的意见》使用了"集资参与人"这一概念,而非被害人。第二点,非法吸收公众存款的行为侵害了我国的金融管理秩序而不是非集资参与人的财产所有权。第三点,对集资款的返还只是为了满足化解社会矛盾、维护社会稳定的需要,并不能成为认定非法吸收公众存款案件集资参与人属于刑事被害人的依据。第四点,对非法吸收公众存款罪案件中的主动参与人,应尊重其意思自治并结合金融领域特有的投机规则,不宜作为刑事被害人认定。[②] 第五点,出于诉讼效率的考量。[③]《关于办理非法集资刑事案件若干问题的意见》第十节赋予了集资参与人或其代表人向法院提出意见和建议的权利,以及经法院准许可以参加或者旁听庭审,但是不能提起附带民事诉讼。这等同于变相否认了集资参与人的被害人身份。

---

① 例如,参见司伟攀:《非法集资犯罪若干问题研究》,载《法律适用》2017 年第 5 期;非法集资犯罪问题研究课题组等:《涉众型非法集资犯罪的司法认定》,《国家检察官学院学报》2016 年第 3 期;时方:《非法集资犯罪中的被害人认定——兼论刑法对金融投机者的保护界限》,载《政治与法律》2017 年第 11 期;郑旭:《非法吸收公众存款罪若干问题研究》,载《上饶师范学院学报》2017 年第 5 期。

② 参见时方:《非法集资犯罪中的被害人认定——兼论刑法对金融投机者的保护界限》,载《政治与法律》2017 年第 11 期。

③ 参见非法集资犯罪问题研究课题组等:《涉众型非法集资犯罪的司法认定》,载《国家检察官学院学报》2016 年第 3 期。

笔者并不赞同完全否认集资参与人的被害人地位。首先,《非法集资案件的意见》和《关于办理非法集资刑事案件若干问题的意见》都赋予了“集资参与人”参与诉讼的权利,这说明司法机关未完全否认其被害人属性。如果能够发展出一套明确的标准对集资参与人这一群体加以区分,那么并不排除部分集资参与人成为被害人。其次,非法吸收公众存款罪的保护客体确实是我国的金融管理秩序。但是我国的金融管理秩序难道不包括对公民投入金融市场的财产进行保护吗?公民的财产权是金融市场存在的基础,没有财产权何谈金融。此外,笔者认为,恰恰是返还集资款的行为证明了集资人的被害人属性。如果不是被害人,那么返还集资款的法律基础是什么?也就是说,如果不是法定的刑事诉讼参与人,那么司法机关以什么理由在刑事诉讼框架下处理“不相干的人”的损失?此时,司法机关应该只能以犯罪所得的名义对相关集资款进行扣押,集资参与人通过民事诉讼请求返还。这样不利于被害人权利的保护,也增加了诉讼成本。至于意思自治的问题,其应该是区分刑民案件之后的后果,而不是将之作为区分刑民案件的理由。例如,甲和乙约定,让乙杀了自己。如果甲因此死亡,乙依然成立故意杀人罪,甲依然是被害人。退一步而言,就算在非法吸收公众存款罪中考虑到集资参与人的意思自治,也要考虑其意思自治是否受到损害,如是否受到蒙蔽。但是在金融涉众案件中,可以考虑让符合条件的集资参与人自愿决定是否愿意成为相关程序的被害人。诉讼效率是一个实际的问题,此问题在集资参与人员众多的情况下尤其突出。但是并不能以实际操作中的困难为由否定应然层面的法律认定。司法实践中的困难可以考虑其他的解决方案,而不是否定集资人的“被害性”。在涉众的非法吸收公众存款罪中,司法机关可以开设专案网页,实时发布案件进展。例如,在不危及侦查起诉的情况下公开案卷等;也可以定时召开案件发布会,与集资参与人面对面交流,消除后者的疑虑。如果增加集资人对于诉讼的参与度,也有利于提高诉讼的公信力,降低集体上访的概率。

全面否认损失大量财产的集资参与人的被害人属性,是违反公众的普适认知的。当然,笔者也并不认为所有集资参与者都是被害人。

所以,解决问题的关键还在于是否可以发展出一套标准对集资参与人分类处理。

笔者将非法吸收公众存款罪中的集资参与人分为三类。第一类集资参与人仅仅自己进行了投资。在融资公司资金链断裂,无法返本付息时,犯罪行为人的行为直接导致了集资参与人的财产损失。此种集资参与人一般应该在非法吸收公众存款罪中被认定为被害人。相应地,其具有向犯罪行为人索赔的权利。在非法吸收公众存款罪的判决书最后,法官一般会同时判决继续追缴被告人违法所得,发还集资参与人,如"e 租宝"案件①,或是判决各个被告人应该退赔集资参与人的金额,如李某某案件。②

第二类集资参与人进行了投资,但是因为投资时间较早或在融资公司资金链断裂前及时收回了本金,实现了"回本",甚至按照约定赚取了一部分利息。如果单纯从金钱损失角度而言,此种集资参与人并未遭受财产损失,甚至有盈利。从直观而言,此种集资参与人貌似没有"被害"。但是如果仅仅依据金钱的损失而认定被害人则会导致刑法对非法吸收公众存款罪中被害人的认定完全取决于融资公司市场发展的偶然性③,这种标准会增加法律的不确定性。

在德国涉及资本诈骗的案件,如庞氏骗局,也涉及这个问题。早期集资参与人可能是获利的,而后期的集资参与人则可能在骗局崩溃后血本无归。德国学界主流观点将不同的诈骗行为分为承诺式诈骗(Eingehungsbetrug)和履约式诈骗(Erfüllungsbetrug)。④ 前者是指在投

---

① 参见李政等非法吸收公众存款一审刑事判决书,(2017)京0106刑初1010号。

② 参见李某某等非法吸收公众存款一审刑事判决书,(2017)京0101刑初82号。

③ See Karl-Ernst Jaath, *Zur Strafbarkeit der Verbreitung unvollständiger Prospekte über Vermögensanlagen*, in: Ernst-Walter Hanack, Peter Rieß und Günter Wendisch (eds.), *Festschrift für Hanns Dünnebier zum 75. Geburtstag*, De Gruyter, 1982, p. 591.

④ 其他形式的诈骗包括非合同式诈骗,如骗取占有。See Urs Kindhäuser, *NK-StGB*, Nomos, 5. Aufl., 2017, § 263, Rn. 313ff.

资合同成立之时,诈骗罪既遂,并产生了损失。① 损失数额根据合同成立的时间点进行计算,而所投资的产品之后在经济市场上的发展趋势则不再考虑。② 至于之后在事实上集资参与人是赚是赔并不影响合同成立之时对诈骗的认定。③ 例如,在期权投资中,可能投资者最终获利但同样存在欺诈。④ 后者是指投资合同签订之后,犯罪行为人却没有履行约定,或是履行的质量低于合同的约定,或是被害人承担了更多的义务。⑤ 此时则根据实际发生支付的情况计算损失。⑥

如果想要将该理论类比用于分析非法吸收公众存款罪中的被害人的财产损失,那么首先要分析融资公司的非法吸收公众存款行为是承诺式的还是履约式的。如前所述,此类公司往往是从一开始就不具有吸收公众存款的资质。也就是说,行为人在与集资参与人签订合同之时(如果投资数额超过 20 万元),行为人的非法吸收公众存款罪的行为就算是既遂了⑦,其非法吸收公众存款的数额就是合同中的投资额。而该投资额则直接来源于集资参与人,那么集资参与人就应该被认定为被害人。即使公司后期如约支付利息,也不能掩盖行为人没有相应资质而吸收公众存款的违法行为。集资参与人之后实际的赚与赔,并不影响行为人非法吸收公众存款罪的成立。从这一角度而言,非法吸

---

① See Wolfgang Joecks, *Studienkommentar-StGB*, C. H. Beck, 13. Aufl., 2021, § 263, Rn. 89ff.; Urs Kindhäuser, *NK-StGB*, § 263, Rn. 316.

② See RGSt 49, 21, 25; BGH NJW 1982, 1165; StV 2011, 726, 727; NStZ 2013, 711, 712.

③ See *Scheu*, JR 1982, 121, 122; Alexander Worms, *Anlegerschutz durch Strafrecht*, Deubner, 1987, p. 191.

④ See *Rochus*, NJW 1981 736, 737.

⑤ See Wolfgang Joecks, *Studienkommentar-StGB*, § 263, Rn. 92ff.; Urs Kindhäuser, *NK-StGB*, § 263, Rn. 327; Samon/Günther, *SK-StGB*, Carl Heymanns, 9. Aufl., 2017, § 263, Rn. 169.

⑥ See Oliver Borchard, *Gehalt und Nutzen des § 264a StGB*, Cuvillier Verlag, 2004, p. 131.

⑦ 如果行为人总计非法吸收公众存款 19 万元,那么行为人则可能仅承担民事责任,而无刑事责任。那么自然不存在被害人。

收公众存款罪更类似履约式的犯罪行为。

中国刑法中的非法吸收公众存款罪与德国的诈骗罪不同之处则在于,德国诈骗罪以被害人财产损失为犯罪构成要件之一,所以在德国,如果认定诈骗罪,必须首先认定财产损失额。而我国《刑法》第176条规定的非法吸收公众存款罪并不以集资参与人的实际财产损失为犯罪构成要件,而是强调行为人的资质缺乏。所以,非法吸收公众存款罪即使在既遂的情况下,也不一定存在财产损失。换而言之,要成为非法吸收公众存款罪的被害人,不一定遭受财产损失。如果行为人尽管非法吸收公众存款,但是却尽心经营,让集资参与人盈利,那么合同中的投资额仍然算是行为人非法吸收公众存款的数额,与入罪和量刑相关,但是不一定就等同被害人的财产损失。[①] 综上所述,即使集资参与人盈利,也应该算是非法吸收公众存款罪中的被害人,只是此时其并不存在财产损失。

还有一种解释方法就是完全按照德国的承诺式诈骗中对财产损失的认定的方法进行,将合同订立之初的投资额视为被害人的财产损失。在一个案件中,新会员支付的金额被行为人支付给之前的老会员作为投资利润、利息等。联邦最高法院曾有判例认定此种骗局中的全部投资金额作为损失额。[②] 判决依据是新会员投资的财产应该被视为"受到威胁的"损失(Gefährdungsschaden)。这种损失是指财产虽然尚未丧失,但是却面临即将丧失的具体威胁。[③] 如果财产马上就要遭受经济上的不利后果,如合同内容会导致被害人丧失财产,那么一般会认定存在丧失的具体威胁。[④] 将即将丧失的财产视为损失的做法也多次被联邦宪法法院认定合宪。在这种骗局中,老会员前期是按照合同约定获利的,有部分会员则回收了部分投资额,而新的会员可能血本无归。而

① See Alexander Worms, *Anlegerschutz durch Strafrecht*, p. 192 – 193.

② See Urs Kindhäuser, *NK-StGB*, § 263, Rn. 319a.

③ See BGH NJW 2002, 905, 907; NStZ-RR 2007, 236, 237.

④ See BGHSt 21, 112, 113; 51, 165, 177; NStZ 1996, 203; 2003, 546, 548; 2004, 264, 265.

骗局何时崩溃完全依赖于偶然性的因素。如前文所述,这种后期发展中的偶然性不应该影响对罪行的认定。签订合同之后行为人对老会员支付回报的行为并不能影响其诈骗罪的定性,而是算作犯罪后的弥补,进而可能会在量刑阶段予以考虑。[①] 而且会员具体收支情况会影响之后的获赔金额。例如,在一个雪球骗局中,集资参与人共投资 15,260.87 欧元。在破产程序开启之前,其共收到 12,782.30 欧元"利润"。民事法院认定的损失为 248,757 欧元。[②] 该"受到威胁的"损失理论可用于非法吸收公众存款罪中行为人不尽心经营,用新集资参与人的投资返还之前集资参与人利息的情况,如前文所提李某某案件。[③] 那此时可以认定投资合同中的投资额即为被害人的财产损失,对于行为人以利息形式返还的部分则认定为行为人对被害人的补偿。被害人投资额与行为人对之进行的补偿之间的差额才是被害人可以求偿的数额。

上述两种解释方法对于实际操作和集资参与人最终应该获赔的数量认定并无影响。如果集资参与人最终是盈利的,那么就算诉讼赋予其被害人的地位,其也因为没有财产损失,或是损失已被补偿而丧失了求偿权,对诉讼不会产生任何影响。此外,这种情况下,集资参与人也没有动力耗时耗力地参加诉讼。

第三类集资参与人不仅自己进行了投资,还拉拢、介绍、吸收别人的资金,超过司法解释规定的入罪门槛的金额(20 万元)。《关于办理非法集资刑事案件若干问题的意见》则否认了"为非法集资活动提供帮助并获取经济利益的单位和个人"作为集资参与人参与诉讼的权利。首先需要考查集资参与人此时的主观要件。具体标准可以参考上一小节关于"基层人员"主观上的认定。集资参与人可能不清楚也不关心公司是否具有资质,或是被公司误导而认为公司具有资质,为了提高返利比例而拉拢、介绍、吸收其他集资参与人。同样,司法机关往往

① 参见德国联邦最高法院判例:BGHSt 53,199。

② 但是因为行为人财产不足以清偿所有负债,因此原告只能按照破产程序确定的比例获得赔偿。

③ 李某某等非法吸收公众存款一审刑事判决书,(2017)京 0101 刑初 82 号。

很难证明其对非法吸收公众存款罪具有主观故意。如果无法证明此类集资参与人对于非法吸收公众存款罪具有主观故意,那么根据疑罪从无原则,不宜对其追诉刑责。此外,在客观要件方面,还需要注意《非法集资案件的解释》第1条规定的例外情况,即未向社会公开宣传,在亲友或者单位内部针对特定对象吸收资金的,不属于非法吸收或者变相吸收公众存款。

五、民事赔偿责任对刑事追诉的补充

如前文分析,因为主客观相符合的原则,在无法证明相关人员主观内容的情况下,无法对其进行刑事追诉。但是,不追究刑责并不排除其可能承担的民事赔偿责任。

追究民事责任和计算求偿额的基础是签订的投资合同。但是,《民法典》第8条规定:"民事主体从事民事活动,不得违反法律,不得违背公序良俗。"非法吸收公众存款罪中签订的合同作为犯罪工具和手段则可能因为违背公序良俗而无效。那么按照一般原则,被害人有权要求行为人返回之前基于此无效合同进行的投资。但是非法吸收公众存款罪的特殊之处在于其通常参与者众多,参与者有些明知或是本应该明知这是一个骗局或是违反公序良俗,但是因高额利益的诱惑仍然参与其中。如果法律支持返还这些人的投资额,那么这些参与者不承担任何损失,这会助长其投机心理,继续支持参与下一个非法吸收公众存款行为,成为犯罪的温床。但是,如果认定其因追求违反公序良俗的利益而签订合同,从而丧失求偿权,那么融资公司中没有被追诉刑责的员工则不用承担任何责任,甚至还可以保留其之前挣到的工资和提成。这是一个两难境地。

德国作为典型的大陆法系国家,同样面临类似情况。德国《民法典》第138条同样规定违反公序良俗的法律行为无效。而庞氏骗局中的投资合同则被公认地违反公序良俗。[①] 因此此类合同无效。这就涉

① 例如,德国联邦最高法院判例:BGH,NJW 2005,3290,3290。

及《民法典》第817条,即如果合同一方明知合同违反法律或是公序良俗,仍然签订合同的,那么其返还请求权被排除。

德国法院就骗局中如何理解并适用上述两条文的关系曾产生分歧。在2005年5月,科隆高院就一个庞氏骗局作出了判决。在本案中,原告向被告支付了1万欧元,并在之后起诉请求返还。科隆高院认为原告是明知这是一个骗局。其参与骗局则是对该骗局的支持,从而令该骗局能够继续维持,使其可以吸引更多人参与。[①] 因此,科隆高院适用《民法典》第817条,排除了原告的求偿权。[②] 此外,科隆高院还强调了个人责任,自愿参与违反公序良俗的合同的,不受法律保护,自担风险。[③] 遭受的损失则应被视为一种处罚。[④] 科隆高院认为这将有利于制止公民参与此类活动。[⑤] 此观点也得到部分学者的支持,认为骗局参与人在明知违反公序良俗但仍然参与的,适用《民法典》第817条,不具有求偿权。[⑥]

但是,在同年11月,德国联邦最高法院就库布伦茨市的一个骗局作出的判决认定,原告具有请求权。[⑦] 其认为仅向被告支付金额的行为并不能说明其直接追逐了违反公序良俗的利益,其更多处于一个被动的地位。[⑧] 众多的参与者中大部分是被发起人利用,从而损失了自己的投资金额。最高法院承认,在此类情况下,《民法典》第138条与《民法典》第817条发生了冲突。如果适用第817条,就意味着"上家"和发起人可以继续持有以违法公序良俗方式获得的利润。这等同于是

---

① See OLG Köln, NJW 2005, 3290, 3290.

② See OLG Köln, NJW 2005, 3290, 3291.

③ See OLG Köln, NJW 2005, 3290, 3292.

④ See OLG Köln, NJW 2005, 3290, 3292.

⑤ See OLG Köln, NJW 2005, 3290, 3291.

⑥ See Adrian Schmidt-Recla, Von Schneebällen und Drehkrankheiten—Vergleichende Überlegungen zur Restitutionssperre des § 817 S. 2 BGB, JZ 2008, p. 60.

⑦ See BGH, NJW 2006, 45.

⑧ See BGH, NJW 2006, 46.

对骗局的邀请。[①] 因此,最高法院认定,应该适用第 138 条,支持原告的求偿权。该观点得到了之后类似判决的支持。2006 年的同类案件中,科隆高院承认了最高法院的判决,更改了自己的观点,认定,虽然合同按照《民法典》第 138 条违反公序良俗,但是也并不能适用第 817 条排除原告求偿权。[②] 其还指出,在民事赔偿上,不区分骗局发起人和参与者,因为赔偿的目的是阻止每一个参与人参与到骗局中。[③] 在另一个案件中,联邦最高法院强调,骗局中的每一个参与人都有权请求上家赔偿,但同时需要赔偿自己的下家。[④] 在该案中,原告向被告支付了 2500 欧元,其又从自己的下家收到了 1250 欧元。联邦最高法院判决,被告需向原告偿还 1250 欧元,而下家遭受的损失则由被告代位承担。[⑤]非法吸收公众存款罪中不被追诉刑事责任但是确实参与了拉拢投资的人的赔偿问题可以借鉴该做法。

---

① See BGH, NJW 2006, 46.

② See OLG Köln, NJW 2006, 3288, 3289 ("Danach ist bei derartigen Spielen nach dem Schneeballsystem ausnahmsweise die Kondiktionssperre gem. § 817 S. 2 BGB nicht anwendbar.").

③ See OLG Köln, NJW 2006, 3288, 3289 (Auch wenn die Bekl. nicht zu den Initiatoren des Schenkkreises zählen, sind sie nicht schutzwürdig. Die der Entscheidung zu Grunde liegende Intention, derartige Spiele zu unterbinden, indem an dem erlangten Geld keine gesicherte Rechtsposition entstehen soll, rechtfertigt keine differenzierte Betrachtung der Spieler und der Initiatoren).

④ See BGH, NJW 2008, 1942, 1943 ("Dementsprechend stand jener anderen Mitspielerin gegen die Kl. ihrerseits ein Bereicherungsanspruch auf Rückerstattung dieser Zuwendung zu. Es gelten insoweit die gleichen Grundsätze wie für den Bereicherungsanspruch der Kl. gegen die Bekl. ,nur mit umgekehrtem Vorzeichen."). 联邦最高法院在 2009 年的判决中再次强调了这一点。BGH, NJW-RR 2009, 345.

⑤ See BGH, NJW 2008, 1942, 1943 („Die Aufrechnung beruhte darauf, dass die Kl. ihrerseits von einer weiteren Teilnehmerin eines, Schenkkreises eine Zuwendung in Höhe von 1250 Euro erhalten hatte. Den Rückforderungsanspruch jener anderen Mitspielerin hatte sich die Bekl. abtreten lassen.").

六、结　语

非法吸收公众存款罪中对被告人的确认与其他犯罪一样,需要严格遵循罪刑法定原则①和疑罪从无原则。只有涉案人员主客观要件都符合《刑法》第176条非法吸收公众存款罪的规定,才能追究相关人员的刑事责任。

本文结合大量案例和融资公司非法吸收公众存款罪的特点,对如何确定非法吸收公众存款罪中涉案人员的被告人身份做了详细的论述并提出了判断标准。一般而言,公司高级管理人员对公司情况和员工的行为充分了解,可以推断出其符合非法吸收公众存款罪主客观要件,应该承担刑责。中层管理人员一般对自己部门或所管业务充分了解,一般可以推断其对自己直接负责的部分承担刑事责任。李某某案即是如此。基层人员和集资参与人情况更为复杂,需要在个案中进行分析。如果不能证明这些人的主观故意,那么按照疑罪从无原则,不宜追究刑责。但是不排除这些人可能承担的民事责任。只有根据涉案人员所起的作用精准甄别其主客观情况,确定各人的涉案金额,才能实现对此类犯罪的精准打击,做到量刑恰当、不枉不纵,做到惩处少数、教育挽救大多数。

The Determination of Defendants in Illegal Collection of Deposits via Internets

SHI Jiahui

[**内容摘要**]互联网融资涉非法吸收公众存款罪中,确定犯罪嫌疑人或被告人范围是对融资公司相关人员进行追诉的前提条件,也是实践中的难点之一。尽早确定犯罪嫌疑人或被告人的范围则能够做到精准打击犯罪,节省司法成本。一般而言,公司高级管理人员对公司情况

① 参见王新:《非法吸收公众存款罪的规范适用》,载《法学》2019年第5期。

和员工的行为充分了解,可以推断出其符合非法吸收公众存款罪主客观要件,应该承担刑责。中层管理人员一般对自己直接负责的部分承担刑事责任。基层人员和集资参与人情况复杂,需要在个案中进行分析。如果不能证明这些人的主观故意,那么按照疑罪从无原则,不宜追究刑责。但是不排除这些人可能承担的民事责任。

[关键词] 互联网融资;非法吸收公众存款罪;被告人认定;共犯;被害人

Abstract: The determination of suspects/defendants in illegal collection of deposits via Internets is the precondition to investigations and charges, which is also a quite difficult issue in practice. To determine the suspect/defendants as early as possible can not only fight the crime more accurately, but also concentrate limited judicial resource and save judicial costs. Generally speaking, top managers are well aware of situations of the business and the staff, therefore it should be assumed that they hold the intention of illegal collection of deposits and commit the crime. Middle level of managers can be in principle assumed to be responsible for the activities that they are in charge of. The criminal liability of the staff at the basic level is more complicated and should be examined in individual cases. If the intention cannot be proved, they should be freed from criminal liability according to the principle nulla poena sine lege, but may bear civil liability to victims.

Keywords: internet finance; illegal collection of deposits; determination of defendants; accomplices; victims

〔中国刑法〕

论犯罪成立标准之下不作为犯的分类及其追诉时效的起算

赵拥军*

目　次

一、问题的缘起

《刑法》第89条规定:"追诉期限从犯罪之日起计算;犯罪行为有连续或者继续状态的,从犯罪行为终了之日起计算。"一般情况下,对于以作为方式的犯罪行为追诉时效的起算不会存在问题,如对于行为犯,从犯罪行为实施之日起计算;对于危险犯,从实施危害行为形成危

* 华东政法大学刑法学博士研究生,上海市徐汇区人民法院员额法官。本文系国家社科基金项目"行政犯入罪机制与出罪路径的实证研究"(项目编号:19BFX067)的阶段性成果。

险状态之日起计算;对于结果犯,则应当从犯罪结果产生之日起计算;对于预备犯、未遂犯、中止犯,从犯罪预备、犯罪未遂、犯罪中止之日起计算。[①] 但是,对于不作为犯,特别是以一定的危害结果的产生才能充足其犯罪构成要件的不作为犯,其犯罪之日的确定以及追诉时效的起算等相关问题,目前理论界并未展开深入的探讨。例如,1999 年 12 月 30 日,某法院作出一审民事判决,判决陶某应当归还金某借款人民币 240 万元及支付利息 129 万余元。因陶某下落不明,该判决经公告送达后生效。2000 年 7 月,金某向法院申请执行。法院于同年 7 月 13 日向陶某寄送执行令,督促其自觉履行法律义务,陶某未履行义务。2003 年 10 月,陶某因犯诈骗罪被刑拘,后被法院判处有期徒刑 6 年 6 个月。2004 年 12 月 1 日,法院执行法官前往监狱提审在此服刑的陶某,告知其上述民事判决生效并已申请执行,要求陶某履行判决确定的义务。2009 年 12 月 2 日,陶某被假释,2010 年 4 月 21 日假释期满。

此后,陶某一直未履行判决确定的义务。2015 年 2 月和 3 月法院依法扣划了陶某名下若干银行账户内的存款人民币共计 50 万余元发还申请执行人,并依法查封了陶某名下车牌号为沪 A 的奥迪小型汽车一辆,经拍卖得款 30 余万元后发还申请执行人。2015 年 11 月,法院冻结陶某持有的某信息技术有限公司股权(工商资料显示陶某认缴出资额 20 万元),冻结陶某持有的某投资管理有限公司股权(工商资料显示陶某认缴出资额 300 万元)。2016 年 2 月,法院冻结陶某持有的某投资咨询有限公司股权(工商资料显示陶某认缴出资额 20 万元)。

一般认为,拒不执行判决、裁定罪中的"拒不执行"是不作为。[②] 该案中应该没有争议的是,陶某于民事判决经公告送达生效后,便产生了执行判决中确定的应当归还金某借款人民币 240 万元及支付利息 129 万余元的义务。此时,尚不能认为陶某构成拒不执行判决罪。因为《刑法》第 313 条规定的拒不执行判决、裁定罪,要求对人民法院的判

---

① 参见刘宪权主编:《刑法学》(第 4 版),上海人民出版社 2016 年版,第 354 页。

② 参见陈兴良:《教义刑法学》(第 3 版),中国人民大学出版社 2017 年版,第 276 页。

决、裁定有能力执行而拒不执行,情节严重。但是,对于陶某是否构成拒不执行判决罪以及何时起算该罪的追诉时效并非没有争议。一种观点认为,2000 年 7 月 13 日,当法院向陶某寄送执行令,督促其自觉履行法律义务而其并未履行义务时,便可以认为是有能力执行而拒不执行,情节严重的情形。另一种观点认为,法院于 2000 年 7 月 13 日向陶某寄送执行令并不意味着其收到,同时其于 2003 年 10 月被刑拘后失去人身自由,可能不具有履行能力;当 2004 年 12 月 1 日,法院执行法官前往监狱提审陶某告知其判决生效并要求陶某履行判决确定的义务时,若此时有证据证明陶某有能力履行,则可以认为是有能力执行而拒不执行,情节严重的情形,但若没有证据证明其在服刑中能够还款,则当 2009 年 12 月 2 日陶某被假释之日,可以认为其具有履行能力而拒不执行,情节严重。再有观点认为,本案中陶某具备履行义务的时间点可以确定,但究竟何时才能构成情节严重并不清楚,即便认为 2000 年 7 月 13 日,或者是 2004 年 12 月 1 日可以视为陶某拒不执行判决情节严重的情形满足之日,进而起算追诉时效,根据本案的案情,其追诉时效只有五年,并且拒不执行判决罪不是连续犯也不是继续犯,因此,从陶某失去人身自由开始到其恢复人身自由时已经过了追诉时效。同样理由,即便认为 2009 年 12 月 2 日陶某的行为满足情节严重开始起算追诉时效至法院开始扣划陶某账户等行为发生时,也已过去了五年。还有观点认为,由于陶某自从判决生效后就产生了还款的义务,该义务一直未被履行,因而该不作为义务只要存在履行的条件就持续存在,所以从 2015 年 2 月法院开始划扣其账户时,可以认为是有能力执行而拒不执行且情节严重的情形,此时开始计算追诉时效。

以上观点可能均存在可被质疑之处,但由此而产生的对拒不执行判决、裁定罪等需要以情节严重为构成要件的不作为犯罪的成立,纯正的不作为犯和不纯正的不作为犯的这种分类在不作为犯追诉时效的计算等方面的价值体现,不作为犯是否也存在连续犯和继续犯及其追诉时效的计算等问题便值得研究。鉴于此,笔者将对不作为犯的上述相关问题展开探讨。

二、不作为犯的犯罪之日的确定

尽管刑法理论中对于“犯罪之日”的理解有多种说法，如有观点认为是犯罪行为实施之日，[①]有观点认为是犯罪行为发生之日，[②]也有观点认为是犯罪行为完成之日，[③]还有观点认为是犯罪行为停止之日，[④]如此等等。但就即成犯而言，不论是将犯罪之日理解为犯罪行为实施之日，还是犯罪行为完成之日等，上述对犯罪之日的不同理解基本上不存在实质性的差异。但是，由于刑法分则对各种犯罪规定的构成要件不同，因而认定犯罪成立的标准也就不同。如危险犯与实害犯最大的不同便在于其不需要以实害结果的发生为必要，只要行为的实施便充足了其构成要件。但实害犯则必须以特定的构成要件即实害结果的发生才能充足其构成要件。进而，对于一些以侵害结果的发生为必要的犯罪行为来说，犯罪行为发生之日，或者是犯罪实施之日、犯罪行为完成之日与犯罪成立之日等表述便会导致追诉时效起算点的不同。例如，一栋大楼的施工单位违反国家规定降低工程质量标准，致使大楼在工程完工十五年之后轰然倒塌并造成十人死亡等后果。应该没有争议的是，此时不能认为工程重大安全事故罪的法定最高刑为 10 年，施工单位降低工程质量标准建设大楼的犯罪行为发生在十五年前，然后根据《刑法》第 87 条认定该案超过追诉时效而不能追究施工单位直接责任人员的刑事责任。因为，《刑法》第 137 条规定的工程重大安全事故

① 参见黄德雄：《刑事追诉时效制度研究》，湘潭大学 2003 年硕士学位论文。

② 参见唐大森主编：《现代刑法学》，安徽人民出版社 1990 年版，第 371 页；转引自曹玉琪：《试论我国追诉时效起算制度》，载《攀枝花学院学报》2016 年第 4 期。

③ 参见高铭暄、马克昌主编：《刑法学》，北京大学出版社、高等教育出版社 2014 年版，第 305 页；转引自曹玉琪：《试论我国追诉时效起算制度》，载《攀枝花学院学报》2016 年第 4 期。

④ 参见胡康生、李福成主编：《中华人民共和国刑法释义》，法律出版社 1997 年版，第 98 页；转引自曹玉琪：《试论我国追诉时效起算制度》，载《攀枝花学院学报》2016 年第 4 期。

罪,其构成要件不仅要求建设单位、设计单位、施工单位、工程监理单位违反国家规定,降低工程质量标准,还需要造成重大安全事故或者后果特别严重的实害结果的发生,所以该案的追诉时效应是从大楼倒塌造成十人死亡等后果的发生时才充足了工程重大安全事故罪的犯罪构成要件,此时才开始计算追诉时效。

可见实害犯的实害结果并非在行为人实施行为的同时或者稍后发生,往往可能在行为发生之后延后很久才发生。进一步而言,有些需要具备相应情节的实害结果犯,其结果满足之要件并不是立法时予以具体明确的,而是由司法解释对数量或者数额等情节予以明确,而这些情节是在行为完成后,随着时间的推移等因素的积累而逐渐满足的,并非一发生实害结果就充足了该罪的构成要件,因此这种充足构成要件的实害结果发生的具体时间点也并非一目了然。例如,2003年7月,某县人力资源和社会保障局工作人员程某利用职务之便,为不符合退休条件的张某、沈某、马某等11人办理了退休手续。张某等11人从2003年12月至2015年8月,非法领取工资,造成了63.2万元的经济损失。关于该案追诉时效如何起算,存在以下不同观点:一是认为应从《刑法》第89条第1款规定的"犯罪之日",即2003年7月起计算;二是认为行为人滥用职权后,负有阻止结果发生的作为义务,其能履行该义务而不履行该义务,导致张某等11人非法领取退休工资的危害结果一直在持续,或者说行为人不作为持续存在,故追诉时效应从2015年8月案发时起算;三是认为追诉时效应从"危害结果发生之日",即2003年12月起算。

《刑法》第397条规定的滥用职权罪也是要求致使公共财产、国家和人民利益遭受重大损失这一特定的实害结果发生为犯罪成立要件的结果犯。显然,只有等到行为人的滥用职权行为致使公共财产、国家和人民利益遭受重大损失的实害结果发生时,才能认为犯罪成立。但该案中的实害结果的发生既不是犯罪行为实施之日的2003年7月,也不是危害结果开始发生之日的2003年12月,更不是危害结果截至案发时的2015年8月,而应根据2012年12月7日公布的最高人民法院、最高人民检察院《关于办理渎职刑事案件适用法律若干问题的解释(一)》第1条中明确的"造成经济损失30万元"时作为该罪的构成要件满足之日,进而开始起算追诉时效。[①] 当然,若有证据显示,该案件中行为人的滥用职权行为实施完毕后,造成恶劣社会影响等其他情形之一的出现要早于造成30万元经济损失的时间,也可以认为追诉时效从造成恶劣社会影响等情形的出现而起算。

因此,将《刑法》第89条中规定的犯罪之日理解为满足刑法分则规定犯罪各自构成要件的犯罪成立之日是妥当合理的。也就是说,我国刑法理论通说认为的犯罪之日应是指犯罪成立之日,即行为符合犯罪构成要件之日。[②] 如此一来,对于不存在连续或者继续状态的一般犯罪而言,无论是行为犯还是结果犯,其构成要件得以满足的犯罪成立之日一般都是明确的,继而其追诉时效的起算点基本上也是清楚的。不过需要注意的是,对于构成要件的实害结果是持续量化增加型的犯罪而言,如前述案例中的滥用职权罪,满足该罪构成要件的实害结果并非一出现就可以认定,而是要通过一定的量的累计达到法定要求时才可以认定为该罪的构成要件结果的出现。同时,对于存在连续或者继续状态的犯罪,其"犯罪行为终了之日"应当理解为终了的犯罪行为之日也需满足该罪构成要件之时。即连续犯的犯罪行为终了之日是指最后的一个独立的犯罪行为完成并满足该罪的构成要件之日;继续犯的犯罪行为终了之日是指处于继续状态的一个犯罪行为的结束并满足该罪构成要件之日。[③]

综上所述,对于作为犯而言,其犯罪之日基本上可依据上述理解而

---

① 参见杨红梅、武宁:《滥用职权结果持续 追诉时效如何起算》,载《检察日报》2016年4月29日,第3版。

② 高铭暄、马克昌主编:《刑法学》(第4版),北京大学出版社、高等教育出版社2010年版,第346页。

③ 有观点认为,《刑法》第89条条文表述为"犯罪行为有连续或者继续状态的",恰好与连续犯和继续犯相契合,该条文经常被认为仅针对连续犯和继续犯适用。将连续状态中"连续"二字简单理解为"连续犯"的做法,忽略了犯罪行为的复杂属性,同时也忽视了连续犯与接续犯、集合犯等类似犯罪的联系和区别。这种做法限缩了《刑法》第89条的适用范围,将接续犯和集合犯等特殊犯罪排除在适用范围之外,易导致该类犯罪在追诉时效适用上的分歧。参见曹玉琪:《试论我国追诉时效起算制度》,载《攀枝花学院学报》2016年第4期。

确定。由于不作为犯与作为犯在造成的法益侵害角度上并无本质的区别,故其犯罪之日的确定也应该以不作为犯的犯罪构成要件的充足为标准。但对于不作为犯而言,行为人在能够履行义务的情况下不履行该义务,使得该义务持续处于不被履行的状态,其犯罪构成要件何时充足便需要研究。此外,由此产生的问题是不作为犯是否在产生作为义务之时就意味着犯罪成立,同时,此种不履行该义务状态是状态犯中的状态,还是继续犯中的状态,会在很大程度上影响追诉时效的起算。因此,这便需要以犯罪成立为标准对不作为犯进行分类之后再作出具体判断。

三、犯罪成立标准之下不作为犯的再分类

刑法理论中,一般将不作为分为纯正的不作为和不纯正的不作为。纯正的不作为是指刑法规定的只能以不作为形式实施犯罪的情形;不纯正的不作为则是指以不作为形式实施的通常以作为形式实施的犯罪的情形。由此对应的便是,由纯正的不作为构成的犯罪称为纯正的不作为犯,[①]由不纯正的不作为构成的犯罪称为不纯正的不作为犯。[②] 由于纯正的不作为犯和不纯正的不作为犯是根据法律规定的构成要件预设是否只能以不作为方式构成的犯罪,与不作为行为是否造成一定的危害结果并无直接的关系。但是,有观点认为,纯正的不作为犯在法律

---

① 如我国《刑法》中规定纯正的不作为犯主要有:《刑法》第129条规定的丢失枪支不报罪,第138条规定的教育设施重大安全事故罪,第139条之一规定的不报、谎报安全事故罪,第161条规定的违规披露、不披露重要信息罪,第261条规定的遗弃罪,第311条规定的拒绝提供间谍犯罪、恐怖主义犯罪、极端主义犯罪证据罪,第313条规定的拒不执行判决、裁定罪,第402条规定的徇私舞弊不移交刑事案件罪,第404条规定的徇私舞弊不征、少征税款罪,第416条规定的不解救被拐卖、绑架妇女、儿童罪,第429条规定的拒不救援友邻部队罪,第445条规定的战时拒不救治伤病军人罪等。参见陈兴良:《教义刑法学》(第3版),中国人民大学出版社2017年版,第276页。

② 参见陈兴良:《教义刑法学》(第3版),中国人民大学出版社2017年版,第276页。

上不以特定危害结果的发生为构成犯罪的条件,而不纯正的不作为犯,在具体犯罪构成的既遂状态,要求具有特定危害结果(如故意杀人罪的既遂要求死亡结果的发生),则不作为行为已造成可能造成的特定的危害结果,是构成犯罪既遂的重要客观标志,即纯正不作为犯的特点在于,只要不履行特定作为义务即可能构成犯罪。该种犯罪形式并不要求实际的危害结果必须发生,也不论实际可能发生何种具体的危害结果。[①] 德国的部分学者从实质上将不作为犯进行分类后,认为真正不作为犯是单纯的不作为即可实现真正不作为犯构成要件的情形,而不真正不作为犯则另要求发生构成要件的结果。[②]

众所周知,确定事物的分类标准需要根据分类的目的进行,在对不作为犯的分类上亦是如此。笔者认为,理论上对不作为犯进行的上述分类,对于厘清不作为犯的犯罪成立之日以及起算追诉时效的相关问题,没有多少实质性的意义。况且,从犯罪构成要件是否充足的角度而言,纯正的不作为犯也并非只要不履行特定作为义务即可能构成犯罪,其同样需要一定实际的危害结果发生才能构成犯罪。如前述观点持有者进一步认为:“遗弃罪,在行为人负有赡养义务并且能够履行时,不履行赡养的作为义务,就符合遗弃罪客观方面遗弃行为的要求,至于被遗弃的对象,可能会流离失所冻饿而亡,也可能被政府或者社会救助机构收留,也可能上述的情形都没有发生。但是,无论发生还是没有发生上述事实,只要评价其‘遗弃的情节恶劣的’,就构成遗弃罪,至于发生何种危害结果,并非认定构成犯罪的必要条件。”[③]

显然,该观点本身便存在相互矛盾的嫌疑。既然认为“遗弃罪,在行为人负有赡养义务并且能够履行时,不履行赡养的作为义务,就符合遗弃罪客观方面遗弃行为的要求”,即按照论者认为的观点,遗弃罪作为纯正的不作为犯,只要不履行作为义务即构成犯罪,就不应再要求满足“情节恶劣”这样的具有结果性质的要素。但毕竟《刑法》第 261 条

---

① 参见林亚刚:《刑法学教义》,北京大学出版社 2014 年版,第 122 页。

② 参见张明楷:《外国刑法纲要》(第 3 版),法律出版社 2020 年版,第 77 页。

③ 林亚刚:《刑法学教义》,北京大学出版社 2014 年版,第 122 页。

规定的遗弃罪在构成要件中明确了“情节恶劣”的要素,同时根据 2015 年 3 月 2 日最高人民法院、最高人民检察院、公安部、司法部《关于依法办理家庭暴力犯罪案件的意见》的规定,具有:(1)对被害人长期不予照顾、不提供生活来源;(2)驱赶、逼迫被害人离家、致使被害人流离失所或者生存困难;(3)遗弃患严重疾病或者生活不能自理的被害人;(4)遗弃致使被害人身体严重损害或者造成其他严重后果等情形,属于《刑法》第 261 条规定的遗弃“情节恶劣”,应当以遗弃罪定罪处罚。从上述列举“情节恶劣”的四种情形来看,除了第(3)点可以认为是只要行为人不履行作为义务即可构成遗弃罪之外,其余几种情形均将一定危害后果作为“情节恶劣”的因素,特别是第(4)点,遗弃致使被害人身体严重损害或者造成其他严重后果的情形明显属于危害结果性要素。

但是,这也并不意味着纯正的不作为犯就不存在仅仅不履行义务就构成犯罪的情形。除了上述遗弃罪中的第(3)种情形之外,如《刑法》第 445 条规定的:“战时在救护治疗职位上,有条件救治而拒不救治危重伤病军人的,处五年以下有期徒刑或者拘役;造成伤病军人重残、死亡或者有其他严重情节的,处五年以上十年以下有期徒刑。”同样的还有《刑法》第 440 条规定:“违抗命令,遗弃武器装备的,处五年以下有期徒刑或者拘役;遗弃重要或者大量武器装备的,或者有其他严重情节的,处五年以上有期徒刑。”[①]尽管战时拒不救治伤病军人罪的后半段法定刑升格中规定“造成伤病军人重残、死亡或者有其他严重情节的,处五年以上十年以下有期徒刑”以及遗弃武器装备罪的法定刑升格中规定“或者有其他严重情节的,处五年以上有期徒刑”这样的危害结果性要素,但其前半段基础刑罚中规定的不作为行为,便仅要求不履行作为义务便可构成该罪。

同时,在被一般认为是不纯正的不作为犯中,也有可能存在仅不履行作为义务便可构成犯罪的情形。如《刑法》第 400 条第 2 款规定,司

---

① 可能有人会认为,《刑法》第 440 条规定的遗弃武器装备罪不是纯正的不作为犯,因为遗弃也可能包含主动丢弃行为。

法工作人员由于严重不负责任,致使在押的犯罪嫌疑人、被告人或者罪犯脱逃,造成严重后果的,处3年以下有期徒刑或者拘役;造成特别严重后果的,处3年以上10年以下有期徒刑。尽管该条将“严重后果”这一危害结果作为犯罪成立的要件,但根据2006年7月26日最高人民检察院《关于渎职侵权犯罪案件立案标准的规定》,涉嫌下列情形之一的均可认定为失职致使在押人员脱逃罪中的“造成严重后果”:(1)致使依法可能判处或者已经判处10年以上有期徒刑、无期徒刑、死刑的犯罪嫌疑人、被告人、罪犯脱逃的;(2)致使犯罪嫌疑人、被告人、罪犯脱逃3人次以上的;(3)犯罪嫌疑人、被告人、罪犯脱逃以后,打击报复报案人、控告人、举报人、被害人、证人和司法工作人员等,或者继续犯罪的……可以发现,尽管也可以将上述(1)、(2)两种情形评价为是一种后果,但从不作为犯不履行作为义务的角度来看,在上述两种情形之下,只要是负有作为义务的行为人没有履行认真监管的作为义务便可以构成该罪,即并不需要不作为行为之外造成诸如上述第(3)种实际意义上的危害后果发生的情形。进而可以认为,此时失职致使在押人员脱逃罪条文要求的造成严重后果只是一种评价性的要素,而并非真正意义上的由于(不作为的)犯罪行为本身之外导致的危害后果。

因此,理论上将不作为犯区分为纯正的不作为犯和不纯正的不作为犯,在对犯罪成立的认定上没有实质性意义,也缺乏一般的指导价值。既无法根据此种区分对不作为犯的犯罪之日进行确定,进而也无法妥当合理地起算其追诉时效。正是由于纯正的不作为犯也并非仅不履行作为义务就可以构成犯罪,仍然需要一定的危害结果;同时不纯正的不作为犯也可以在不履行作为义务后即构成犯罪。所以,以不作为犯的犯罪构成要件是否充足为标准,对不作为犯进行分类,便可以满足不作为犯的犯罪之日的确定,具体如下。

(一)即成型不作为犯

此种类型的不作为犯,刑法并未明文要求以一定的危害结果作为构成要件要素,即指行为人在有能力履行而不履行其所负有的作为义务之时,即满足该罪的犯罪构成要件。如上述提及的《刑法》第445条规定的战时拒不救治伤病军人罪。只要行为人战时在救护治疗职位上,有条件救治而拒不救治危重伤病军人的,便构成该罪而无须其他的危害后果。需要注意的是,本文所称的即成型不作为犯,并不是说该种不作为犯不需要犯罪结果,而是其不作为行为本身便可以评价为一种对法益产生危险或侵害的结果。因此,其与下文的结果型不作为犯之间的关系,在法益侵害角度而言,与行为犯和结果犯之间的关系相类似。①

(二)结果型不作为犯

此种类型的不作为犯,刑法明文要求以"情节严重""情节恶劣""严重后果"等一定的危害后果②为构成要件要素,即行为人在有能力履行而不履行其所负有的作为义务之时,尚不构成该罪,需要由于其不作为行为造成一定的危害后果出现,方才满足该罪的构成要件。尽管刑法明文规定该类型的不作为犯需要一定的危害后果作为犯罪成立的构成要件,但如前文所述,事实上在该类不作为犯中,有部分是在负有作为义务的行为人有能力履行而没有履行义务时,所谓的危害后果便同时出现而构成该罪。因此,为了方便犯罪之日的确定,对这种结果型不作为犯便可以分为结果即时型不作为犯和结果延后型不作为犯两种类型。

① 也就是说,行为犯也需要造成法益侵害的结果或者现实危险,但行为和行为造成的法益侵害或者现实危险的结果同时发生而已。而结果犯则意味着行为和行为造成的法益侵害或者现实危险的结果之间并非同步发生。

② 这里所谓的"危害后果",纵观上下文,在大部分情况下此种危害后果即为一般认为的与危害行为本身相互独立的实际意义上的结果,但在部分情况下的此种危害后果仅仅只是一种评价意义上的结果,即可能是危害行为本身就可以被评价为是一种危害后果。如前文提及的遗弃罪中,遗弃患严重疾病或者生活不能自理的被害人便属于情节恶劣,进而构成遗弃罪。

1. 结果即时型不作为犯

指刑法明文要求的该种不作为犯的危害后果在负有作为义务的行为人有能力履行而没有履行义务时便即时出现。如上文提及的当行为人遗弃患严重疾病或者生活不能自理的被害人之时,便属于情节恶劣进而构成遗弃罪;再如《刑法》第400条规定的失职致使在押人员脱逃罪,负有作为义务的行为人没有履行认真监管的作为义务,致使依法可能判处或者已经判处十年以上有期徒刑、无期徒刑、死刑的犯罪嫌疑人、被告人、罪犯脱逃的,便可以构成该罪。

2. 结果延后型不作为犯

指刑法明文要求的该种不作为犯的危害后果并非在负有作为义务的行为人有能力履行而没有履行义务时即时出现,而是延后(可能相当长的)一段时间才出现。可以说,绝大部分不作为犯均属此种类型。同时,还可以根据该种不作为犯危害后果的发生原因为标准,将其进一步分为作为结果延后型不作为犯和不作为结果延后型不作为犯。

(1)作为结果延后型不作为犯,是指这种不作为犯是行为人在有能力履行而不履行作为义务之后,通过积极的作为行为导致了一定危害后果的发生进而构成犯罪。如《刑法》第313条规定拒不执行判决、裁定罪,根据2002年8月29日第九届全国人民代表大会常务委员会第二十九次会议通过的《关于〈中华人民共和国刑法〉第三百一十三条的解释》(以下简称《拒执立法解释》)对该条"有能力执行而拒不执行,情节严重"的情形的规定,若被执行人隐藏、转移、故意毁损财产或者无偿转让财产,以明显不合理的低价转让财产,致使判决、裁定无法执行的,便构成该罪。即该种"情节严重"的后果是行为人通过其积极行为造成的。

(2)不作为结果延后型不作为犯,是指这种不作为犯是行为人在有能力履行而不履行作为义务之后,依然通过其消极不作为行为导致了一定危害后果的发生进而构成犯罪。如2015年7月20日最高人民法院《关于审理拒不执行判决、裁定刑事案件适用法律若干问题的解释》(以下简称《拒执司法解释》)第2条,进一步明确了上述拒不执行判决、裁定罪立法解释中提及的"其他有能力执行而拒不执行,情节严重的情形”,其中第3项规定“拒不交付法律文书指定交付的财物、票证或者拒不迁出房屋、退出土地,致使判决、裁定无法执行的”。该种“情节严重”的后果便是行为人消极不作为造成的。再如《刑法》第445条规定的战时拒不救治伤病军人罪,该条后半部分规定的“造成伤病军人重残、死亡或者其他严重情节的”,便属于此种情形。

需要注意的是,由于我国刑法对绝大部分不作为犯规定的“情节严重”“情节恶劣”“严重后果”等危害后果的具体内容或者标准,一般由相关司法解释进行明确。因此,上述按照不作为犯罪的构成要件是否充足为标准对不作为犯的分类,与罪名本身没有直接的关系,可能在同一个不作为犯的罪名里,由于司法解释规定的犯罪构成要件充足的条件并不一样,在具体确定其犯罪之日的时候,应按照相应的犯罪构成的标准进行。相应地,在同一个不作为犯的罪名中,也会存在不同类型的不作为犯的情形,以此确定其犯罪之日和起算追诉时效便也顺理成章。

综上,在犯罪构成标准下对不作为犯进行上述重新分类后,其犯罪之日的确定基本上不会出现太大的争议。如对于即成型不作为犯而言,其犯罪之日便是行为人在有能力履行而不履行其所负有的作为义务之日;对于结果型不作为犯中的结果即时型不作为犯而言,尽管刑法明文规定该种类型的不作为犯需具备一定的危害后果,但该种类型不作为犯的相关司法解释将不履行作为义务之日而即时产生的评价性结果规定为危害后果,故其在本质上与即成型不作为犯的犯罪之日的确定没有差异;对于结果延后型不作为犯中的作为结果延后型不作为犯而言,当行为人在有能力履行而不履行作为义务之后,其通过积极的作为行为导致一定的危害后果的发生之日便是其犯罪之日。

确定了即成型、结果即时型以及作为结果延后型不作为犯的犯罪之日,并不能当然的可以起算追诉时效。因为在作为犯犯罪之日确定后,根据《刑法》第89条规定,只要犯罪行为没有连续或者继续状态的,便可以起算追诉时效。但不作为犯是以有能力履行而不履行作为义务这一特点与作为犯相区别,这就意味着在不作为犯中,即便在行为人已经通过其积极的作为行为实现了该不作为犯的结果要件而构成犯罪的情况下，只要作为义务依然存在履行条件和行为人具有履行能力，其不作为的这一“不法”行为便可能会处于尚未终了的状态。同时，对于结果延后型不作为犯中的不作为结果延后型不作为犯而言，其犯罪的成立也不是那么清楚明了的。由于其不作为的状态持续发生，且刑法明确要求的“情节恶劣”“情节严重”“严重后果”等一定的危害后果也是以不作为行为造成的。因此，此种不作为犯具体何时成立以及该种不作为是按照状态犯还是继续犯对待，仍需要进一步思考。

四、不作为犯的犯罪类别属性探究

承上，在结果延后型不作为犯之中，由于刑法明确要求的“情节严重”“情节恶劣”“严重后果”等一定的危害后果在相关司法解释的规定下存在不同的情形，即有的是在负有履行义务之后，有能力履行而不履行并以积极作为的行为造成该不作为犯构成要件中的危害后果，进而构成犯罪；[①]有的则是在负有履行义务之后，有能力履行而不履行，但也没有以积极作为的方式实现相关司法解释规定的危害后果，而是依然继续的消极不作为。此种情形，要么认为该不作为犯由于构成要件中的危害后果不充足而不构成不作为犯罪；要么认为其继续消极的不作为已经可以被评价为相应司法解释中规定的“情节严重”“情节恶劣”“严重后果”等危害后果。比如拒不执行判决、裁定罪中，《拒执立

① 如2018年6月5日最高人民法院发布的十起人民法院依法打击拒不执行判决、裁定罪典型案例中，除了其中的案例六不属于拒不执行判决、裁定罪外，其余九起典型案例，均是被执行人拒不履行生效判决确定的义务后，在有能力履行的情况下，采取诸如隐匿行踪、转移财产，或者将查封财产转让所得价款用于清偿其他债务和个人消费，或者将被法院查封的财产出卖并携款外逃，或者在被采取司法拘留措施后仍不执行，或者以和妻子协议离婚的方法将其名下全部财产转移到妻子名下，或者与案外人恶意串通，以虚假交易的方式将自己名下的财产转移至其亲属名下，或者明知公司账户被法院冻结的情况下，指使他人将本应进入公司账户的资金转移至他人账户，挪作他用，隐匿公司财产等积极作为行为，致使生效判决无法执行，进而构成该罪。参见《人民法院依法打击拒不执行判决、裁定罪典型案例》，载最高人民法院网2018年6月5日，http://www.court.gov.cn/zixun-xiangqing-100102.html。

法解释》对“有能力执行而拒不执行,情节严重”的情形第 3 项规定的“协助执行义务人接到人民法院协助执行通知书后,拒不协助执行,致使判决、裁定无法执行的”;同时《拒执司法解释》第 2 条中的第 3 项规定的“拒不交付法律文书指定交付的财物、票证或者拒不迁出房屋、退出土地,致使判决、裁定无法执行的”,此两种情形均可以认定为是该罪的“情节严重”,且此种后果均是行为人的消极不作为造成的。因此,认为在上述情形下因构成要件的危害后果不充足而不构成犯罪显然不妥。但由此引申出以下三个需要进一步思考的问题:

其一,由于上述两种情形均是以消极不作为满足了“情节严重”,但具体在“何时”满足了“情节严重”并不明确,是否可以认为是在该两种情形下作为义务产生之时便构成了“情节严重”?

其二,当上述两种情形下的消极不作为构成“情节严重”之时,其后持续不履行义务的状态,应当认定为状态犯还是继续犯?① 言外之意,若是前者,则当“情节严重”构成之日便是犯罪之日,进而开始起算追诉时效,若过了五年便过了追诉时效;若是后者,则可以追诉。

其三,在同一个罪名下,若行为人在以积极的作为行为构成不作为犯罪的情形下,由于种种原因未被追诉,导致过了追诉时效,但其消极不作为行为若可以被评价为上述两种情形,则是否依然可以追诉?

对此,笔者认为,一方面,刑法规定追诉时效制度显然不是为了放纵犯罪,恰恰是为了更好地惩罚犯罪,实现刑罚目的。所以,当上述两

---

① 根据犯罪构成要件结果的发生与犯罪终了的关系,刑法理论通常将犯罪分为即成犯、状态犯与继续犯。即成犯,是指一旦发生法益侵害结果,犯罪便同时终了,犯罪一终了法益就同时消灭(法益受到侵害但违法状态没有继续)的情况。故意杀人罪便是如此。状态犯,是指一旦发生法益侵害结果,犯罪便同时终了(但也有例外),但法益受到侵害的状态仍在持续的情况。如盗窃罪、故意伤害罪。继续犯,也称为持续犯,是指在法益侵害的持续期间,实行行为在持续进行,或者结果在持续地发生,或者说构成要件符合性在持续的情况。非法拘禁罪是其适例(一般认为,甲将乙拘禁在房间后,即使其离开现场或者丧失了意识,也应认为其非法拘禁的实行行为在持续。这一点,既可以用甲一直不履行释放乙的作为义务来说明,也可以用侵害结果一直在持续发生来说明)。在继续犯的场合,犯罪既遂并不等于犯罪终了。参见张明楷:《刑法原理》(第 2 版),商务印书馆 2017 年版,第 133 页。

种拒执情形下的消极不作为构成"情节严重"之时,其后持续不履行作为义务的状态如果被认定为是状态犯的话,那么可能导致的结果就是,行为人在负有作为义务之后,只要能够持续地消极不作为下去,就会因为超过追诉时效而不受追究。因此,上述第二个问题项下的情形若认为是状态犯,便会明显违背一般国民的认知,也是与追诉时效制度的目的相背离的。此外,继续犯(也称持续犯)是指犯罪并不因行为构成的完成而结束,而是通过行为人持续的犯罪意志而维持,这种由他创设的违法状态持续存在,即犯罪构成要件充足后,其不法行为与不法状态仍然处于持续状态的犯罪,此即区别于随着一种确定的状态(通常是一种结果犯罪意义上的结果)而结束的构成行为,也就是说,这区别于不法状态不能也不需要通过行为来维持的状态犯,[①]以及法益侵害结果的发生,犯罪即成立且同时终了的即成犯。[②]

可见,对于继续犯而言,其与状态犯和即成犯的核心区别在于继续犯中的行为(作为与不作为)"值得持续地肯定构成要件的符合性"。[③]例如,行为人在吸烟时睡着了,醒来后发现床垫在冒烟,但他没有采取任何灭火措施而是直接离开了房间到其他地方睡觉。认定其为不作为犯罪的根据便是,一个人如果无意地引起一系列事件,然后没有采取任何行动来阻止这一过程,那么他应当被视为造成了整个过程。基于这一观点,这种行为构成了一个单一、持续的行为。[④] 即一旦产生了作为义务之后,在具备作为条件的情况下,其不作为便持续性地侵害法益。由于不作为犯在犯罪成立标准上的差异,所以当不作为犯的构成要件符合性被不作为持续性的肯定,便会因构成要件是否需要一定的危害后果而有所区别。但可以肯定的是,只要作为义务尚存履行条件,不作

---

① 参见[德]克劳斯·罗克辛:《德国刑法学总论》第1卷,王世洲译,法律出版社2005年版,第217页。

② 参见张明楷:《外国刑法纲要》(第3版),法律出版社2020年版,第89页。

③ 陈洪兵:《区分即成犯、状态犯与继续犯的再审视》,载《中南大学学报(社会科学版)》2012年第3期。

④ 参见[英]杰瑞米·侯德:《阿什沃斯刑法原理》,时延安、史蔚译,中国法制出版社2019年版,第129页。

为犯的犯罪行为便不会终了。显然,在不作为结果延后型的拒不执行判决、裁定罪中,若持续性地消极不作为行为构成“情节严重”时,该罪所保护的法益侵害结果虽然实际上已发生,但由于其持续的消极不作为依然能够肯定该罪构成要件的符合性,故应为继续犯。

另一方面,不作为结果延后型不作为犯,结合相关立法、司法解释以及司法实践,在作为义务刚产生之时尚不能直接认定情节严重,进而以犯罪论处。即便是《拒执立法解释》第 3 项规定的“协助执行义务人接到人民法院协助执行通知书后,拒不协助执行,致使判决、裁定无法执行的”以及《拒执司法解释》第 2 条第 3 项规定的“拒不交付法律文书指定交付的财物、票证或者拒不迁出房屋、退出土地,致使判决、裁定无法执行的”两种情形亦是如此。在此类案件的司法实践中,行为人在负有履行作为义务之后,往往是因为发生了行为人积极作为的行为,如《拒执立法解释》第 1 项规定的被执行人隐藏、转移、故意毁损财产或者无偿转让财产、以明显不合理的低价转让财产等行为,《拒执司法解释》第 2 条第 1 项中规定的具有相关拒执行为后,经采取罚款或者拘留等强制措施后仍拒不执行的行为,①以及第 5 项、第 6 项中规定的以暴力、威胁方法阻碍执行人员进入执行现场或者聚众哄闹、冲击执行现场,对执行人员进行侮辱、围攻、扣押、殴打等行为充足了构成要件,进而构成拒不执行判决、裁定罪。由此,在一定程度上可以认为,相比于同类型中的如《刑法》第 445 条规定的战时拒不救治伤病军人罪,造成伤病军人重残、死亡或者其他严重情节的,以及其他类型的不作为犯的危害后果,拒不执行判决、裁定罪中的不作为结果延后型的两种情形的不作为犯,其情节严重等危害后果是抽象而缺乏具体操作标准的。结

① 这里“经采取罚款或者拘留等强制措施”不宜理解为罚款、拘留等强制措施已经实际执行完结,宜理解为法院决定采取罚款、拘留等强制措施并依法将相关决定送达执行义务人的情形。当然实践中执行义务人可能因下落不明,相关决定无法送达而并不知悉自己被罚款、拘留,此时执行义务人仍不履行义务,是否应当认定为情节严重,需要斟酌。对此,应当在个案中具体判断加以解决。参见最高人民法院:《对〈关于修改拒执罪司法解释的建议〉的答复》,载最高人民法院网 2018 年 11 月 8 日,http://www.court.gov.cn/zixun-xiangqing-128051.html。

合司法实践中的判例，单独以该种类型而直接认定为情节严重进而构成犯罪的并不多见，甚至是极其少见的，多是以自诉案件出现，[①]而在公诉案件中基本上是行为人以积极的作为行为产生了其在负有作为义务之后这条时间轴上的某个可以作为判断其有能力履行而主观上不履行的故意的节点，进而以此为根据认定是否情节严重。

如本文第一部分的案例中，陶某于民事判决经公告送达生效后，便产生了执行判决中确定的应当归还金某借款人民币 240 万元及支付利息 129 万余元的义务，但此时以及其后直到 2010 年 4 月假释期满，根据拒不执行判决、裁定罪的相关立法、司法解释，因陶某的行为皆不满足“情节严重”而不能认定为拒不执行判决罪。也就是说，陶某从负有履行判决确定的作为义务之日起，一直到 2015 年 2 月法院开始依法扣划其银行账户存款和 2016 年 2 月法院冻结其持有的公司股权，其间陶某持续地以消极不作为方式不履行作为义务，但并未出现拒执罪的立法、司法解释中规定的作为行为导致的情节严重的情形，因而不能直接认定其情节严重。此时陶某尚不构成犯罪，也就不存在追诉时效的问题。若有证据证明，法院查封陶某名下车牌号为沪 A 的奥迪小型汽车以及相关公司的股权出资均是在陶某负有履行作为义务之后购买的，

① 如廖某拒不执行判决、裁定自诉一案中，被执行人对生效裁定有能力执行而拒不执行，执行法院为执行生效调解书下达了执行裁定，并向廖某送达，要求廖某将其名下轿车立即交付执行法院。另查明，廖某居住于未办理产权的一幢自建房中，其个人所有 4 间店面房长年出租，每月租金 2600 元，其村里 2014 年向其发放补贴 1.584 万元。因廖某拒不履行生效法律文书确定的义务，申请人遂向公安机关提出控告，公安机关向其出具不予受理决定书。后申请人向法院提起自诉。法院经审理认为，廖某对法院的裁定有能力执行而拒不执行，拒不交付执行裁定指定交付的财物，其行为已构成拒不执行判决、裁定罪。鉴于廖某能如实供述拒执犯罪事实，犯罪情节轻微，已与自诉人达成和解协议，取得了对方谅解，法院以拒不执行判决、裁定罪判处廖某免予刑事处罚。再如柯某拒不执行判决、裁定自诉一案中，被执行人有能力履行而拒不履行还款义务，执行法院为执行生效调解书作出了执行裁定，查封柯某名下轿车一辆，要求将该轿车交付执行法院。但其拒不交付。申请人遂向公安机关提出控告，公安机关向其出具不予受理决定书。申请人向法院提起自诉后与被执行人达成和解，遂申请撤诉，法院裁定准许。参见《拒执罪自诉案件典型案例》，载《人民法院报》2016 年 2 月 26 日，第 3 版。

便可以认定其有能力履行,且在主观上具有不履行的故意的情况下以积极的作为方式不履行生效判决确定的义务,进而认定为情节严重。或者在2016年2月之后,以罚款、拘留的方式产生满足构成要件的结果而认定为情节严重,便可以拒不执行判决罪论处。

因此,在不作为结果延后型不作为犯中,特别是拒不执行判决、裁定罪中,其持续的不履行作为义务行为,要么出现立法、司法解释中规定的积极作为行为或者被罚款、拘留等导致构成要件的结果产生而成立犯罪,要么是其消极不作为行为持续的时间很长,司法机关站在了一般国民难以容忍程度的立场上,判定该情形已属情节严重,但是此种判定需要围绕行为人是否存在有能力履行而主观上不履行的故意,或者依附于《拒执司法解释》中第2条中的第8项"致使债权人遭受重大损失的情形"进行判断。①

结合以上内容,对上述三个问题中的前两个问题的回答已经明了。对于第三个问题而言,以拒不执行判决、裁定罪为例,尽管行为人以积极的作为充足了构成要件的"情节严重"等危害后果,虽使得该罪所保护的法益侵害结果已发生进而构成不作为犯罪,但其后续的持续性的消极不作为行为,在先前的"情节严重"等危害后果已经出现的情况下,已经可以判断行为人存在有能力履行而主观上不履行的故意,或者认为存在"致使债权人遭受重大损失的情形",依然能够肯定不作为行为满足构成要件的符合性。如2015年7月21日最高人民法院关于集

① 2015年7月21日,最高人民法院关于集中打击拒不执行判决、裁定等犯罪行为专项行动暨出台相关司法解释新闻发布会中,将《拒执立法解释》中"有能力执行而拒不执行,情节严重的情形"分为三类:第一类为"经采取罚款、拘留等强制措施后仍拒不执行的"情形;第二类为"致使人民法院判决、裁定无法执行的或者致使执行工作无法进行的"情形,包括"以暴力、威胁方法阻碍执行人员进入现场或者聚众哄闹、冲击执行现场"等"发生在法官眼皮底下"的拒执行为;第三类是致使债权人遭受重大损失的情形。第二类中的"致使人民法院判决、裁定无法执行的"和第三类便属于本文所指的不作为结果延后型不作为犯。参见《2015年7月21日10时,最高人民法院关于集中打击拒不执行判决、裁定等犯罪行为专项行动暨出台相关司法解释新闻发布会》,载中国法院网2015年7月21日,https://www.chinacourt.org/chat/chat/2015/07/id/41354.shtml。

中打击拒不执行判决、裁定等犯罪行为专项行动暨出台相关司法解释新闻发布会上发布的十大典型案例中的郝某荣拒不执行判决、裁定案，2004 年 12 月，郝某荣雇用的司机郝某清驾驶郝某荣所有的货车发生交通事故致人二级伤残，驾驶员负事故全部责任。2006 年 1 月，甘肃省高级人民法院终审判决郝某荣、郝某清连带赔偿 49 万余元。在判决生效后的执行过程中，郝某荣于 2006 年 4 月支付 6 万余元后即长期下落不明。经查，事故发生后郝某荣曾于 2005 年 6 月 22 日从保险公司转账领取保险赔偿款 21 万余元，其中含第三者损失 16 万元，同年 6 月 28 日，郝某荣将肇事货车以 13 万元的价格转卖给他人，并办理了过户手续。执行法院研究认为，郝某荣的行为涉嫌构成拒不执行判决、裁定罪，遂于 2014 年 11 月将有关线索向当地公安机关移送。公安机关决定立案侦查后，将郝某荣列为上网追逃对象，并迅速将其抓获。郝某荣在被提起公诉前将剩余未履行赔偿款全部支付。后法院以拒不执行判决、裁定罪判处其有期徒刑二年，缓刑二年。①

该案中的行为人郝某荣在产生作为义务后，领取保险赔偿款、将肇事货车转卖以及仅赔偿部分数额后下落不明等行为便可以认定为符合《拒执立法解释》第 1 项中的，被执行人隐藏、转移、故意毁损财产或者无偿转让财产、以明显不合理的低价转让财产，致使判决、裁定无法执行的情形，即属于以积极作为的行为致使危害后果出现而构成该罪。此后，在长达 8 年多的时间里，行为人持续地以消极不作为方式不履行赔偿义务，进而肯定其后续的不作为行为依然满足构成要件的符合性，故应以继续犯对其追诉。

综上所述，对于即成型不作为犯而言，从产生作为义务之日起，行为人在有能力履行而不履行的情况下便充足了该罪的构成要件，此后若尚有继续履行作为义务的条件，在履行条件消失前，由于行为人一直有作为的义务，其不作为通常可以持续性地肯定构成要件的成立，因而

① 参见《2015 年 7 月 21 日 10 时，最高人民法院关于集中打击拒不执行判决、裁定等犯罪行为专项行动暨出台相关司法解释新闻发布会》，载中国法院网 2015 年 7 月 21 日，https://www.chinacourt.org/chat/chat/2015/07/id/41354.shtml。

属于继续犯。

对于结果即时型不作为犯而言，尽管其构成要件比即成型不作为犯增加了“情节严重”“情节恶劣”“严重后果”等一定的危害后果，但其在犯罪之日的确定上与即成型不作为犯等同，故亦属于继续犯。如遗弃患严重疾病或者生活不能自理的被害人之时，便构成情节恶劣进而充足了遗弃罪的构成要件，此时行为人已经使遗弃罪所保护的法益，特别是患严重疾病或者生活不能自理的人的保护法益处于被侵害的状态，且在该患严重疾病或者生活不能自理之人尚有被救助的条件下，若行为人持续不履行救助的作为义务，则可以认为其不作为行为与法益被侵害状态持续存在，亦应为继续犯。再如失职致使在押人员脱逃罪中，负有作为义务的行为人没有履行认真监管的作为义务，致使依法可能判处或者已经判处十年以上有期徒刑、无期徒刑、死刑的犯罪嫌疑人、被告人、罪犯脱逃的，便可以认定为充足了该罪的“造成严重后果”要件，进而构成该罪。但此时，行为人没有履行认真监管的作为义务，在已经造成该项严重后果之后，其继续履行认真监管“可能判处或者已经判处十年以上有期徒刑、无期徒刑、死刑的犯罪嫌疑人、被告人、罪犯”的作为义务条件已经消失，故就此而言，失职致使在押人员脱逃罪的该项应视为状态犯。

对于结果延后型中的作为结果延后型不作为犯而言，由于其在积极作为的加持下，成就构成要件，故当其犯罪成立之时，便使得保护法益处于被侵害的状态。尽管作为义务依然存在，且侵害结果也一直存在，但导致犯罪构成要件满足的作为行为本身已经实行终了，没有持续发生，所以此种情形应当属于状态犯。但是，当回头鸟瞰以罪名为单位的不作为犯时，不论是作为结果延后型还是不作为结果延后型的不作为犯，笔者所为的此种区分是在犯罪成立的意义上进行的，同时也是由于相关立法或者司法解释规定以作为或者不作为导致该不作为犯罪构成要件的结果实现。因此，尽管此种情形属于状态犯，并不意味着该罪名属于状态犯。如拒不执行判决、裁定罪，其立法、司法解释既规定了作为结果延后型不作为犯，也规定了不作为结果延后型不作为犯，即便其以隐藏、转移、故意毁损财产等方式致使判决、裁定无法执行而构成作为结果延后型不作为犯，若其履行生效判决、裁定的义务依然存在，则在该履行义务条件消失前，其不作为可以持续性地肯定构成要件的成立而属于继续犯。

对于不作为结果延后型不作为犯而言，以拒不执行判决、裁定罪为例，当持续性的消极不作为满足"情节严重"时，该罪所保护的法益侵害结果虽已发生，但在具备履行作为义务条件消失之前，因其持续的消极不作为依然能够肯定该罪构成要件的符合性而应为继续犯。若消极不作为不满足"情节严重"的话，则构成要件尚不满足而不构成犯罪，其后续的持续性不作为一直延续到构成"情节严重"时，才能确定其犯罪之日，若后续依然存在履行义务的条件则可视为继续犯。当然，前述情形下，若履行作为义务的条件在"情节严重"满足之前已经不存在了，便不构成犯罪，也就根本不涉及是否为继续犯的问题；若在"情节严重"满足之后履行作为义务的条件也随即消失，则不作为亦已终了。

五、结　论

在犯罪成立标准下对不作为犯进行重新分类后，其犯罪之日的确定应以不作为犯的构成要件是否充足为标准进行判断。当不作为犯的构成要件充足之后，若依然需要履行作为义务并存在履行作为义务的条件，则持续的不作为都可以持续性的肯定构成要件的符合性而应以继续犯论，否则便应当开始起算追诉期限，具体如下：

对于即成型不作为犯而言，其犯罪之日便是在行为人有能力履行而不履行其所负有的作为义务之日，开始起算追诉期限；若在继续犯的情况下，则当其履行作为义务的条件消失时开始起算追诉期限。

对于结果即时型不作为犯而言，参照即成型不作为犯。

对于结果延后型中的作为结果延后型不作为犯而言，当其犯罪成立之时，导致犯罪构成要件满足的作为行为本身已经实行终了，理当开始起算追诉期限。但由于此种类型可能与不作为结果延后型不作为犯共同存在于同一个罪名中，若此后其作为义务依然存在且具有履行作为义务的条件，其不作为可以持续性地肯定构成要件的成立，则属于继续犯,从该履行义务条件消失之时起算追诉期限。

对于结果延后型中的不作为结果延后型不作为犯而言,当其能够确定犯罪成立时,基于其继续犯的特征,直到履行作为义务条件消失,开始起算追诉期限;若不能够确定犯罪成立,其后续的持续性不作为一直延续到构成"情节严重"时,才能确定犯罪之日,则直到履行义务条件消失,即犯罪终了之日,开始起算追诉期限。若在"情节严重"满足之后履行作为义务的条件也随即消失,则不作为已终了,开始起算追诉期限。

On the Classification and Commencing Date of the Period of Prosecution of Omission Crime Under the Crime Establishing Standard

ZHAO Yongjun

[内容摘要] 不作为犯的犯罪之日的确定应该以不作为犯的犯罪构成要件的充足为标准进行确定。但对于不作为犯而言,行为人在能够履行义务的情况下不履行该义务,使得该义务持续处于不被履行的状态,其犯罪构成要件何时充足便需要具体分析。理论上将不作为犯分为纯正的和不纯正的不作为犯的分类方式,对于厘清不作为犯的犯罪成立之日以及起算追诉时效的相关问题上,没有实质性的意义,也缺乏一般的指导价值,既无法根据此种区分确定不作为犯的犯罪之日,进而也无法妥当合理地起算其追诉时效。因此,以不作为犯的犯罪构成要件是否充足为标准,将不作为犯分为即成型、结果型(结果即时型和结果延后型)便可以确定不作为犯的犯罪之日。当不作为犯的构成要件充足之后,若依然需要履行作为义务并存在履行作为义务的条件,则持续的不作为都可以持续性的肯定构成要件的符合性,应以继续犯论,否则便应当开始起算追诉期限。

[关键词] 即成型不作为犯;结果型不作为犯;继续犯;追诉期限

Abstract: The establishing date of conducting the omission crime should be determined by the sufficiency of the constitutive requirements of omission crime. As to the omission crime, in the condition of obligation continues to be in the state of nonperformance because of the actor's failure to fulfill the duty, its sufficiency of the constitutive requirements needs to be analyzed in detail. The division of omission crimes into pure and impure omission crime theoretically has no substantive significance or guiding value for clarifying the establishing date of conducting the crime and the commencing date of the period of prosecution. Therefore, taking the sufficiency of the constitutive elements of omission crime as standard, dividing the omission crimes into discontinuing offense and consequential offense (further dividing into discontinuing consequent and delayed consequent) can meet the determination of the establishing date of conducting the omission crime. At the time the constitutive requirements are sufficient, if the actor has the obligation and it is still necessary to fulfill the duty, the continuous omission can be determined as continuous crime by continuously confirming the compliance of the constitutive requirements. Otherwise, the prosecution period is scheduled to commence.

Keywords: discontinuing offense of omission crime; consequential offense of omission crime; continuous crime; period of prosecution

预备行为实行化的立法限度*

詹惟凯**

目　　次

"以'实行行为的开始'作为可罚行为的起点,是一种从拿破仑刑法典开始,并为许多国家刑法典所采用的立法模式。"①然而,在所谓风险社会的背景下,刑法的处罚范围和打击时点开始扩大和提前,一些预备行为以"预备行为实行化"或曰"预备行为既遂化"的模式逐步被直接类型化为分则罪名,此时刑罚权的介入似乎不再以实行行为为限。而当前真正需要正视的实际情况是,不论我们如何看待预备行为实行化,在可预期的将来,这一立法模式完全有可能继续增多。这既有现实

* 本文是重庆市教育委员会 2019 年度重大课题"重庆防范和化解重大社会风险研究"(批准号:19SKZDZX16)的阶段性研究成果。

** 西南政法大学刑法学博士生,西南政法大学外国与比较刑法研究中心研究员。

① [意]杜里奥·帕多瓦尼:《意大利刑法学原理》(注评版),陈忠林译评,中国人民大学出版社 2004 年版,第 308 页。

依据也有理论依据。一方面,社会急剧转型、犯罪态势严峻等因素带来国家对安全的重视,今后刑事立法的预防性导向可能并不会减退,这有可能使立法者采取预防性策略,把各类预备行为犯罪化。另一方面,在刑法客观主义被确立以来,以处罚预备行为为例外被普遍奉行。① 由此,如果以处罚预备行为为例外是正确的理论走向,那么以预备行为实行化的方式规定一些需要处罚的预备行为就恰恰符合这种逻辑,因为这表明刑法只是例外地筛选出那些值得处罚的预备犯并将其予以类型化规定。②

但无论有怎样的现实依据和理论根基,预备行为实行化所反映的依然是刑罚权的扩张。如果今后这种立法模式不断增多,同时又不对刑法的提前介入设立明确的界限和标准,那么就使以安全稳定为名而过分侵扰国民的行动自由成为可能。科学立法是公正司法的前提,要使对预备犯的处罚具备正当性,首先就要保证立法的合理和科学。为此,需明确预备行为实行化的边界,为今后的立法提供可供参考的指南并限制其非理性扩张,从而在刑事立法干预自由与保障自由之间实现平衡,使刑法在不过度干涉国民自由的同时应对社会现实的需要,也为

---

① 一般认为,被立法者直接规制为刑法分则独立犯罪类型的预备行为可称为实质预备犯,即本文所指的“预备行为实行化”。与之相对的是形式预备犯,其没有被立法者直接类型化为刑法分则罪名,对该行为的处罚通常依附于既遂犯的构成要件。我国《刑法》第 22 条可谓确立了对形式预备犯的普遍处罚原则,而这与当前多数国家以处罚预备行为为例外且主要限于实质预备犯的做法不相一致,这也使得围绕该条文正当性与合理性的争论长期以来不绝于耳。虽然基于司法实践理性,司法者对于预备行为一般也会采用刑事政策主导下的宽宥、《刑法》第 13 条但书的规定、目的论限缩解释以及刑事证明疑罪从无等路径,使预备犯的处罚呈现例外态势,但如此一来,《刑法》第 22 条存在的必要性和意义就不免让人疑惑,甚至有司法架空立法之虞。所以有学者早前就指出,“要将‘不罚预备’作为刑法处理犯罪预备行为的一项原则,并在刑法总则中取消关于犯罪预备的规定。其次,在刑法中设立独立预备罪”。相关内容参见梁根林:《预备犯普遍处罚原则的困境与突围——〈刑法〉第 22 条的解读与重构》,载《中国法学》2011 年第 2 期;柳忠卫:《刑事政策视野中犯罪未完成形态立法模式的理性建构》,载《法学家》2012 年第 3 期。

② 当然,如果刑法分则中预备行为实行化的立法例逐渐增多,那么《刑法》第 22 条又当如何定位显然就是需要正视的问题。

现有的预备行为实行化立法例提供反思和检验的标准和契机,为未来的修法和社会发展做好准备。

一、从具体层面确立预备行为实行化的立法限度

《刑法修正案(九)》出台以来,包括预备行为实行化在内的预防性立法问题又引起了学界的广泛关注。不少学者从各种理论、理念、原则出发,站在刑法观的高度,从刑法的性质、刑法的任务、刑法的目的以及刑事政策等角度,对当前预防性导向的刑法扩张展开了审视和讨论。有学者指出这是社会治理的"过度刑法化",并对此现象表示担忧,认为这是对传统刑法的偏离,国家刑罚权的约束被予以放松。① 也有学者指出,如使行政、民事违法行为不断进入刑法制裁的视野,刑法与其他部门法尤其是行政法的界限会日益模糊,可能导致罪名形式化、空洞化、黑洞化,同时也让刑法自洽性被削弱。② 正如有学者所认为的那样,刑法不应成为替代政府管理职能的社会管理法,不应成为防范和治理严重社会危害行为的危害防治法,也不能成为未穷尽其他措施即予启动的最先保障法。③ 从而,有学者立足于比例原则,指出刑法制定应正确处理其与行政法等法律之间的关系,坚持法律体系调整对象的内在规律,不可以把本应由其他法律调整的对象直接规定为犯罪,以克制刑法积极主义,避免刑罚过剩。④ 然而,这些论述大多是对于现行立法状况的评析和反思,并在原则和方向上对今后的立法或法律适用提出了看法,但对预备行为实行化这种立法模式的具体立法操作,以及这种立法方式应遵循何种具体标准,其介入时点的界限具体又在哪里,该立

① 参见何荣功:《预防刑法的扩张及其限度》,载《法学研究》2017年第4期;何荣功:《社会治理"过度刑法化"的法哲学批判》,载《中外法学》2015年第2期。

② 参见孙万怀:《违法相对性理论的崩溃——对刑法前置化立法倾向的一种批评》,载《政治与法律》2016年第3期。

③ 参见刘艳红:《当下中国刑事立法应当如何谦抑?——以恶意欠薪行为入罪为例之批判性分析》,载《环球法律评论》2012年第2期。

④ 参见姜涛:《比例原则与刑罚积极主义的克制》,载《学术界》2016年第8期。

法模式应出现在刑法分则当中的哪些章节等问题,都缺乏深入的论述。

也有不少学者直接从预备犯立法模式的选择上,对形式预备犯和实质预备犯的问题展开了论述。例如,有学者从一般化和个别化的矛盾与冲突的角度,指出我国今后应摒弃在总则以一般性的规定形式预备犯的做法,转而采取在分则中以个别性的规定预备型犯罪的路径。[①]也有学者以刑法的明确性要求和规范指引功能为视角,认为应以预备行为正犯化的方式规制那些可罚的预备行为。[②] 但总的来看,相关论述也并未直接涉及预备行为实行化所应遵循的具体立法标准和界限。究竟应选择怎样的立法模式,这是问题的一个方面,但更重要的方面还在于,选择这样的立法模式之后,应为立法者提供怎样的指引和限制。

应当认识到,当下的关键问题并不在于对传统刑法观和积极刑法观做出孰是孰非的抉择,也不宜只是站在某种刑法观的高度做方向上的指引。因为"随着刑法立法观的转型,刑法立法从相对保守、消极转向功能性、积极性已经是一个不得不承认的事实。问题的关键并不在于是否允许国家积极地立法,而在于在此过程中如何对刑法的谦抑性、法益概念、刑罚目的、刑事实体法与程序法的关系等作出符合时代精神的理解,以及在未来刑法立法积极推进的同时,如何确保刑事法治的众多铁则不被蚕食"[③]。所以,目前亟待解决的问题应当是:预备行为实行化应当遵循怎样具体的立法界限和合理标准?也即,在行为人形成

① 参加李梁:《预备犯立法模式之研究》,载《法学》2016 年第 3 期。

② 参见吴亚可:《我国可罚预备行为的立法规定方式检讨——可罚预备行为正犯化之提倡》,载《刑法论丛》2018 年第 2 期。在此需要指出的是,学者在其文中谈到,结合《刑法》第 13 条有关但书的规定来看,第 22 条规定的应是可罚的预备行为,也即,第 22 条的犯罪预备不是泛指各种预备行为,而只是值得处罚的预备行为,所以,在学者看来,第 22 条似乎并没有确立预备犯(预备行为)普遍处罚原则,故其提倡走"预备行为正犯化"路线的理由,也并不在于破除第 22 条对预备犯的普遍处罚,这可能和许多学者的通常论述有所不同。另外,学者在此明确使用的是预备行为"正犯化"的表述,而这又引申出另一个问题:预备行为实行化和帮助行为正犯化是否可以等而视之?或者说,预备行为实行化和帮助行为正犯化是否可以共享同样的立法限度标准?这可能需要另行撰文专门探讨。

③ 周光权:《积极刑法立法观在中国的确立》,载《法学研究》2016 年第 4 期。

犯意至实际着手之间,刑法将什么样的预备行为予以类型化规定才是正当且合适的。正是这些细微之处的问题对立法者有着重要的参考价值和限制作用。换言之,我们不仅要明确"应该怎么做",还要回答"具体怎么做"。

二、司法限缩在效果和逻辑上未必理想

有学者指出,基于实质预备犯这种立法模式存在的非理性扩张的危险,应当在司法实践中进行合目的性的限缩解释,根据行为类型、法益类型、定量因素、抽象危险的反证等路径进行限缩适用。[①] 但是,如果不首先为立法提供可供遵循的标准和界限,任凭立法者根据社会防卫的需要和安全的考量让刑法提前介入,那么终有一日司法限缩将会力不从心。例如,基于行为类型的限缩,其运作机理在于,如果某种准备行为与刑法分则中类型化了的预备行为在当罚性上不相当,那么应排除刑法的适用,这种思路无疑是正确的,可如果某种被类型化了的预备行为,其介入时点本就有误,或者出现在了错误的章节之中,那么这就已经是立法上的非理性扩张了,此时再想立足行为类型进行限缩也就没有了意义。

另外,对于抽象危险犯的反证,当行为越是不断向前发展,危险是否显现于外就越是容易观测,此时要证明或反证危险的存在就相对容易。但是,刑法介入得越早,危险是否显现就越是难以观察,此时要证明或反证都将变得不易。若行为人意欲实施爆炸,同时立法者认为当行为人开始置备制作爆炸物的工具和原料时刑法就可以介入,因为这些购买工具和原料的行为向前发展无疑会对公共安全造成难以估量的威胁,这也符合我们一般的经验判断。此时,行为人购买工具的行为就可以招致处罚,如果他想要出罪,他就要需要反证自己的行为没有对法

---

① 参见阎二鹏:《预备行为实行化的法教义学审视与重构——基于〈中华人民共和国刑法修正案(九)〉的思考》,载《法商研究》2016年第5期;商浩文:《预备行为实行化的罪名体系与司法限缩》,载《法学评论》2017年第6期。

益的抽象危险,而在此的关键就是要证明他没有实施爆炸的不法意志。但是行为人主观上的心态本就难以窥探,这往往需要结合具体的客观情境进行推断,而客观的现实情况是他的确在购买与爆炸有关的物品,所以行为人要想向司法机关证明自己没有实施爆炸行为的意思可能就会非常困难。此外,行为人显然也不能以“制造的物品没有实质危险性”“行为的场地空无一人”这样的理由来为自己辩解,因为在这个阶段爆炸物根本就未被制造,爆炸行为也未开始实施,其最终是否具备实质危险性也就是一个无法说清的问题。事实上我们完全可以认为,立法者选择在这个时点就予以介入,显然就意味着刑法并不打算接受“不具有主观上的不法意志”“爆炸物和爆炸地不具有实质危险性”这样的辩解理由。相反,如果立法者将刑法的介入时点选在行为人制造出了爆炸物品或者携带爆炸品出现在了意图爆炸的场所的时候,那么行为人再以“爆炸品只是模型没有任何危险性”“该场所人迹罕至”这样的理由来为自己反证抽象危险的不存在就相对来说显得容易了,因为爆炸品和场地此时是实际存在的,该物品是否具有实质危险性,该场地是否空无一人都可以通过客观判断得出结论。总之,刑法介入得越早,危险就越接近于经验层面的感觉,反证的难度就越大。所以,如果刑法的介入标准和时点本身就有问题,那么即使允许对抽象危险予以反证也未必能得到我们想要的限缩效果。

同时,司法限缩也可能陷入一种逻辑怪圈之中。有学者指出,当前的所谓实质预备犯的实质限缩标准只是将处罚形式预备犯的经验性限缩标准适用于实质预备犯而已。① 如此一来,我们完全可以说,之所以还要对实质预备犯按照限制形式预备犯适用范围的方法或理念进行司法限缩,正是因为实质预备犯的立法可能并没有找准适当的介入时点,从而体现出了某些非理性因素。这样,解决之道就更应该是从立法这一源头上予以正本清源,而不是一味地迁就立法,只从司法上予以限缩。而且如果立法者针对某些情形设立实质预备犯,其目的本就是要

① 参见敬力嘉:《实质预备犯语境下宣扬恐怖主义、极端主义罪的教义学重述》,载《当代法学》2019 年第 4 期。

挣脱既有的关于形式预备犯的经验性限缩标准,从而贯彻自身的某些理念和预防性政策导向,那么,此时再诉诸类似的限制路径就未必合适。在后一种情况下,真正需要审视的就是立法者的预防性倾向。

另有学者进行统计分析后发现,虽然近年来适用刑法总则之规定处罚犯罪预备的刑事案件在整个刑事案件中占比不到3‰,但是其涉及的犯罪类型遍布刑法分则第二章"危害公共安全罪"到第六章"妨害社会管理秩序罪",这些罪名所涉及之法益类型众多,最高法定刑相差也较大,如最高法定刑只有7年的倒卖有价票证罪,也可看到可罚的预备犯的身影。[①] 因为司法实践理性也并非值得毫无保留的信任,应从源头上为立法设定合理的边界。

三、"重大法益的危险"并未指明具体的立法界限

也有学者从更为微观的层面,结合具体的预备行为实行化立法例,论述了设立实质预备犯所应具备的合理性标准,而这种合理性标准主要在于预备行为对重大法益的威胁或危险性。一般而言,这种危险性可以理解为对法益的抽象危险,即预备行为向后发展就有造成法益侵害结果的现实可能性。虽然具体表述不尽相同,但许多学者在其论述中都表达了相似的意思,尽管所针对的可能只是形式预备犯的限缩适用,但背后的法理应是基本相通的。而近年来,又有学者提出这种危险应具有某种紧迫性。但是,不论是"紧迫危险"还是"抽象危险",都没有明确指明刑法的介入时点,并未给立法者提供具体的指引和界限。

(一)"紧迫危险"有违预备行为的本质特征

实质预备犯基于其类型性、定型性的特征,从形式上看已经被立法者赋予了独立的构成要件,符合罪刑法定原则的要求。但是正如学者

① 参见蔡仙:《论我国预备犯处罚范围之限制——以犯罪类型的限制为落脚点》,载陈兴良主编:《刑事法评论》第34卷,北京大学出版社2014年版,第416页。

所言,“除此之外,实质预备犯之证成还必须满足实质性要件,即预备行为本身已经对重大法益构成了侵害或造成了紧迫危险。如果行为本身并不包含法所不容许的危险,那么即使其具备了类型性、定型性的形式属性,也不能将其认定为实质预备犯”①。从形式和实质两方面来确证实质预备犯的正当性是完全合理的,然而将“对重大法益构成了侵害或造成了紧迫危险”作为实质预备犯的实质性要件,这可能并不合适。

首先,“对重大法益构成了侵害”与预备行为的本质相冲突。预备行为是为后续犯罪准备工具、创造便利条件,既然如此,预备行为本身又怎么可能对法益构成侵害?虽然预备行为任其发展最终可能都会造成法益侵害结果,但此时造成侵害结果的也是后续的实行行为而非之前的预备行为,不能说是预备行为对重大法益构成了侵害。所以,即使此处的语境是预备行为“实行化”,但也始终不能脱离预备行为的本质,“对重大法益构成了侵害”本身已经不是在探讨预备行为的问题了,其实则是在讨论实行行为。

学者结合准备实施恐怖活动罪论述道:“为实施恐怖活动进行的准备工具、进行联络、组织策划等准备行为极易促成恐怖活动犯罪的发生,即恐怖活动犯罪的预备行为与实行行为之间的衔接非常紧密,为实施恐怖活动进行的相关准备行为已然对法益造成了侵害或紧迫危险。”②其中,若一定要认为“预备行为与实行行为之间的衔接非常紧密”,这当然没有问题,但从此处如何推出“已然对法益造成了侵害”却不免让人疑惑。如果说准备实施恐怖活动罪的法益是公共安全,那么显然前期的准备行为还不能说已经对公共安全造成了侵害,而只能说有进一步侵害公共安全的可能性。而如果说法益的确遭到了侵害,那么只能认为此处的法益是那些比公共安全还要抽象的各种生活秩序,

① 高丽丽:《准备实施恐怖活动罪——以预备行为实行行为化为视角的宏观解构》,载《法学论坛》2018年第2期。

② 高丽丽:《准备实施恐怖活动罪——以预备行为实行行为化为视角的宏观解构》,载《法学论坛》2018年第2期。

这难以让人接受。

其次,“造成了紧迫危险”使得预备行为与实行行为之间界限模糊。一般而言,着手之后犯罪即进入实行阶段,此时可谓对法益形成了具体紧迫的危险。但预备行为意味着尚未着手,既然尚未着手,那么其就只能具有产生法益侵害结果的可能性而非造成紧迫的危险。当然,预备与实行之间的着手时点本身就难以确定。正如学者所言:“到目前为止所提出的规则都不能真正准确地区分预备与未遂,而只能大约说明两者的界限。这已是一个不断被证实的论断,最好的补救办法可能是,通过案例群来形象地说明应该如何进行区别。”①“无论是在语言修辞学范畴内,还是在法规范评价意义上,试图界定一个可以精确而普适地区分预备行为与实行行为的临界点……根本就是一个被学者无奈地承认的‘无解’的问题。”②但是,预备与未遂间的界限难以一般性地界分并不能使得预备行为就等同于实行行为,至少从行为性质上来讲,二者当然有所区别。不管某一预备行为准备得多么充分,也不论其指向的结果多么重大,只要行为还停留在预备阶段,其就不会对法益有任何紧迫的危险。根据学者的论述:“实质预备犯实现了预备行为实行行为化,这意味着其行为应达到实行行为的标准,即对重大法益构成了侵害或造成了紧迫危险。”③这似乎表明,从当罚性上讲,被实行化了的预备行为与实行行为已具备了某种等价性。但是,这种当罚性上的价值等同,也只是表明了这种预备行为显示出了实施后续法益侵害行为的高度可能性,但这种可能性本身并不能转化为对法益的紧迫危险。达到实行行为的标准并造成了紧迫危险,这可能意味着被予以处罚的行为本身已经是实行行为了。所以,以紧迫的危险作为预备行为实行化的实质性依据,使得“预备行为实行化”的问题异变为了“实行行为

---

① [德]冈特·施特拉腾韦特、洛塔尔·库伦:《刑法总论Ⅰ——犯罪论》,杨萌译,法律出版社2006年版,第263页。

② 梁根林:《预备犯普遍处罚原则的困境与突围——〈刑法〉第22条的解读与重构》,载《中国法学》2011年第2期。

③ 高丽丽:《准备实施恐怖活动罪——以预备行为实行行为化为视角的宏观解构》,载《法学论坛》2018年第2期。

实行化”的问题。

(二)“抽象危险”未能指明刑法的具体介入时点

有学者指出,预备行为实行化通过独立的构成要件获得了“形式合法性”,因其“对重大法益的抽象危险”获得了“实质正当性”。[①] 也有学者谈道,立法者需要“斟酌决定是否确需将本身已经显现出对重大法益的抽象侵害危险的实质预备行为例外地拟制为独立的实行行为。否则,就可能在实质预备犯的形式合法性的外衣掩护下……不当地前置和扩大预备行为的刑罚处罚范围”[②]。的确,将实质预备犯对重大法益的危险理解为抽象危险可能更具合理性,也更符合预备行为的本质。

但所谓的“抽象危险”究竟是一种什么性质的危险?有学者认为:“抽象危险犯与具体危险犯之间并非代表个案中行为事实上危险程度的区别(并非具体危险犯行为的危险程度就大于抽象危险犯行为的危险程度),而是代表两种不同的立法形式而已。抽象危险犯正因为其典型之危险,所以立法者并未附加其他条件,以一定之行为要件直接确认其行为之危险性。相对地,立法者可能认为具体危险犯的行为本身还不足以代表典型的危险,所以附加‘致生危险’为确认其危险的客观要件。”[③]那么这样一来,即使将此处的危险理解为了抽象危险,其性质与前述的紧迫危险可能也并无二致,二者都可谓是对法益的实质威胁,所以这其实又陷入了前述同样的问题之中。要避免这个问题,则此处的抽象危险就应该在程度和立法形式上都与紧迫危险有所差别,正如学者所言,“预备犯的危险,也可能被称为抽象的危险,这种危险是比

---

① 阎二鹏:《预备行为实行化的法教义学审视与重构——基于〈中华人民共和国刑法修正案(九)〉的思考》,载《法商研究》2016 年第 5 期。

② 梁根林:《预备犯普遍处罚原则的困境与突围——〈刑法〉第 22 条的解读与重构》,载《中国法学》2011 年第 2 期。

③ 黄荣坚:《基础刑法学》(下),中国人民大学出版社 2009 年版,第 383 页。

较缓和的危险"[①]。其"不同于典型的抽象危险犯,行为本身并不蕴含直接对法益的危险性,仅仅是包括间接的危险性……也即预备行为具有较之典型的抽象危险更为遥远的法益侵害的抽象可能性"[②]。

但即使照此理解这里的抽象危险,预备行为实行化的介入时点依然是不明确的。因为不管抽象危险在程度和性质上有何不同,其始终是一般生活经验的产物,是一种造成法益侵害结果的可能性。立法者因为抽象危险而将某些预备行为予以实行化,往往是因为这些行为向前发展一般而言都会造成难以估量的恶果。然而,在犯意形成到实际着手之前,行为人在一定主观不法意志下实施的任何准备行为都可谓具有进一步侵害法益的可能性,因为根据一般经验,只要行为人进一步让该预备行为继续向前发展,侵害结果就会出现。如此一来,在预备阶段,不管刑法在哪个时点介入,可能都符合"对重大法益的抽象危险"这一实质标准,显然这并不能起到限制立法的作用,立法者依然可以根据社会防卫的需要,过于超前甚至随意确定刑法介入时点。换言之,抽象危险提供了预备行为实行化的正当理由,但本身并未明确告诉我们刑法的合理介入时点。

四、"预备行为实行化"的立法限度

有学者对相关罪名进行了梳理,发现在危害国家安全罪、危害公共安全罪、破坏社会主义市场经济秩序罪、妨害社会管理秩序罪、危害国防利益罪等章节中存在的预备行为实行化的立法例已达 30 余个。[③]不过,学者们对预备行为实行化的罪名认识并不完全统一,对于某些罪名,有些学者会把其当成实质预备犯的立法例,而其他学者则未必。被

① 张明楷:《刑法学》(上),法律出版社 2016 年版,第 168 页。

② 商浩文:《预备行为实行化的罪名体系与司法限缩》,载《法学评论》2017 年第 6 期。

③ 参见商浩文:《预备行为实行化的罪名体系与司法限缩》,载《法学评论》2017 年第 6 期。

予以实行化的预备行为大体有两种:一种是本身就可以被认为是刑法分则条文中具体犯罪的预备行为,如准备实施恐怖活动罪;另一种是形式上虽不直接表现为特定犯罪的预备行为,但立法者认为其可能成为其他犯罪的预备行为而将其独立成罪。所以,我们是否会把某罪视作实质预备犯,关键就在于我们是否要把相关行为理解为后续犯罪的前期准备行为,对此不同学者也许会有不同看法,特别是后一种情形,这可能就造成了不同学者对某些罪名的认识存在出入。其中,典型的表现就是对持有行为的看待。另外,有学者明确以实质预备犯为视角对宣扬恐怖主义、极端主义罪进行教义学研究,①但似乎却有意忽略了煽动实施恐怖活动罪,而且学者们通常会将分裂国家罪的组织、策划行为纳入预备行为实行化的范畴,但同时又往往将煽动分裂国家罪排除在外。应当说,持有、煽动、宣扬均离法益侵害结果较远,这一点与预备行为并无二致。并且,基于后续不法目的之持有、宣扬、煽动行为本身也可谓是为进一步的犯罪做准备,其符合预备行为的特征。所以在笔者看来,这些行为的犯罪化标准可在预备行为实行化的语境下一并探讨。

(一)对现行罪名的检视

现行预备行为实行化的罪名一般是将危害国家安全的阴谋和准备行为(勾结、组织、策划),犯罪组织行为,涉及枪支、弹药、爆炸物、危险物质、管制刀具、危险物品的不法行为,经济犯罪的前期预备行为,伪造、变造、买卖、盗窃、抢夺公文、证件、印章等为后续诈骗类犯罪做准备的行为,以及持有可能用于实行犯罪的特定物品的行为,拟制为独立的实行行为,②并且在行为类型上体现出了立法者对欲处罚的预备行为

① 参见敬力嘉:《实质预备犯语境下宣扬恐怖主义、极端主义罪的教义学重述》,载《当代法学》2019 年第 4 期。

② 参见梁根林:《预备犯普遍处罚原则的困境与突围——〈刑法〉第 22 条的解读与重构》,载《中国法学》2011 年第 2 期。

的有意的选择。[①] 仔细审视现有罪名,其一定程度上反映了立法者的理性抉择,但其存在的问题也不容忽视。

1. 体系安排不尽合理

从罪名分布来看,在与人们的生命健康与未来的存续发展高度相关的食品药品和环境犯罪领域,并没有出现实质预备犯的立法例。当前刑法中的环境犯罪多为结果犯,而环境犯罪的破坏性严重,环境一旦被破坏难以恢复,等到造成后果刑法才介入:会产生保护不力的弊端。[②] 虽然食品药品安全领域大多采用危险犯的立法模式,从而实现了处罚的早期化并扩大了刑法的保护范围,但这毕竟不能与预备行为实行化相提并论。对将经济犯罪的前期预备行为,以及伪造、变造、买卖、盗窃、抢夺公文、证件、印章等为后续诈骗类犯罪做准备的前期预备行为等直接予以实行化,而不是在食品药品和环境这种与人们的生命健康和人类的未来存续更为直接相关的领域,似乎更多地体现出了应急性和经验性,而非系统性和前瞻性。

此外,侵犯公民个人信息罪条文第3款规定的"窃取或者以其他方法非法获取公民个人信息的,依照第一款的规定处罚",使得预备行为实行化的立法例直接进入了个人法益的领域。本罪的实行行为可以理解为第1款规定的"向他人出售或者提供公民个人信息",而"窃取"和"获取"行为则可视作"出售"和"提供"的前期准备行为。在互联网大数据时代,保护公民个人隐私的呼声日益高涨,但是在已将"向他人出售或者提供公民个人信息"入罪的情况下,是否一定要再将前期的准备行为予以直接实行化却并非不言自明。如果行为人只是出于自己的不良癖好收集他人的个人信息,而并不打算将其公开或提供给他人,那么被害人的生活状况也许只会遭受轻微影响,甚至不会遭受任何实质影响,所以立法直接选择将获取信息这种前期准备行为实行化为刑法

---

① 参见阎二鹏:《预备行为实行化的法教义学审视与重构——基于〈中华人民共和国刑法修正案(九)〉的思考》,载《法商研究》2016年第5期。

② 参见侯艳芳:《关于我国污染环境犯罪中设置危险犯的思考》,载《政治与法律》2009年第10期。

分则个罪,并且并不要求行为人主观上有任何后续目的,其处罚可能会过于超前。况且,侵犯公民个人信息至多只能说是侵犯了公民的民主权利而非人身权利,如果说"犯罪预备行为本身对法益侵犯的'间接性'决定了,立法者通过刑法分则规定预备行为入罪的范围,必须是针对重大法益才有其正当性"①的话,那么,在与个人的生命健康息息相关的侵犯个人人身权利的犯罪尚未出现预备行为实行化的立法例的情况下,直接在针对民主权利的犯罪中率先采用这种立法模式,就值得反思。② 并且,该罪第三款的窃取和非法获取行为是"依照第一款的规定处罚",那么这实际上是将前期的收集行为与后续真正能给被害人造成实质影响的传播行为等而视之,但是,在向法益侵害结果发展的方向上,前期的获取行为比后续的传播行为更为靠前,其离法益侵害结果较远,不法性应该更低,如将二者适用同样的法定刑,恐也令人不解。

2. 主观目的限定未能一以贯之

对于是否要求行为人有实施后续犯罪的主观目的,不同的罪名呈现不同的样态。多数犯罪并没有明确表明行为人需要有实施后续行为的主观目的,而诸如准备实施恐怖活动罪中的"为实施恐怖活动"以及非法利用信息网络罪中的"为实施诈骗等违法犯罪活动"则对主观目的做了规定。为什么有些犯罪明确要求行为人有主观目的而有些犯罪则不然?我们可以说,之所以其中一些犯罪必须有主观目的限定,是因为这些犯罪所规制的预备行为主要针对的是一些表面上属于中性的日常行为,所以需要用实施后续行为的主观目的来与后续犯罪产生联系,从而将值得处罚的预备行为从中性行为中筛选出来,如"设立网站、发布信息"的行为。但是,对于"准备凶器、危险物品""与境外恐怖活动

① 阎二鹏:《预备行为实行化的法教义学审视与重构——基于〈中华人民共和国刑法修正案(九)〉的思考》,载《法商研究》2016 年第 5 期。

② 根据德国学者霍勒发展的"生活质量理论",不法剥夺他人生命所产生的损害是一级损害,而其他影响生活质量的损害只能算次级损害。See Tajana Hörnle, *Distribution of Punishment: The Role of a Victim's Perspective*, 3 Buffalo Criminal Law Review 190 (1999). 而公民的民主权利不直接关涉生存这一层次的损害,其与人身权利的侵犯不可同日而语。

组织或者人员联络”“策划恐怖活动”等行为而言,似乎很难认为它们还能属于日常生活中的中性行为,就此而言,如认为准备实施恐怖活动罪需要专门强调行为人的后续主观目的,则似乎不太妥当。

预备行为本身并不会产生后续的危害结果,要使危害结果得以发生,还需要行为人或其他人此后的行为,故对预备行为的处罚有可能是让行为人为自己或他人的未来行为埋单。所以,要最大程度地消解这里蕴藏的有违公平归责的风险,则被处罚的预备行为就应限于与后续严重犯罪具有牵连的情形之中,即其应与后续犯罪行为具备某种规范性联系。[①] 而这种联系需要从主客观两方面予以证成,在客观上,行为人实施的预备行为应能极大地促进和便利后续行为的实施,在主观上,则需要行为人有实施后续行为的主观目的。如果行为人根本不具备实施后续行为的目的,那么不管预备行为到了多么充分的程度,法益侵害始终只能停留在一种可能性的层面,而不会向前实质性地发展,故此时刑法介入的正当性就存疑。

也许我们可以认为盗窃、抢夺、抢劫行为本身就是刑法规制的犯罪行为,所以盗窃、抢夺、抢劫枪支、弹药、爆炸物、危险物质,即使不明确要求行为人具有实施后续行为的主观目的,其行为本身也可体现出行为人实施后续重罪的高度可能性。但即使是这样,制造、买卖、运输、邮寄行为却依旧是中性色彩很浓的行为,对其就难以以行为样态本身的不法性去体现行为人后续的主观意图。当然,我们也可以说,枪支、弹药、爆炸物等是危险物品,所以制造、买卖、运输、邮寄此等物品的行为其危险性不言自明,行为人既然和这些危险品联系在了一起,就说明其不法目的昭然若揭。然而,储存、持有行为依然与最终的侵害结果联系微弱,只有在行为人有实施后续行为的目的时,储存和持有行为才会实质性地向法益侵害的方向发展,并且,如果行为人是为了他人的后续行为而暂时代为保管,那么还尚需介入运输、邮寄等一系列中间环节,这离最终的法益侵害结果就更为遥远了。所以,不顾行为人是否具有后

① 参见姜敏:《间接危害行为犯罪化一般限制原则研究》,载《政治与法律》2019年第5期。

续的主观目的而一律予以入罪,可能并不合适。

3. 介入时点把握不太准确

由于预备行为只具备对结果的缓和的、间接的危险性,故值得刑法处罚的预备行为本身应该能够极大地便利后续行为的实施,因此刑法的介入时点应尽量靠后,以最大程度地保证刑罚干预的必要性和合理性。这就需要立法时进行慎重考量,哪些行为是真正能让行为一旦继续向前实施就能轻易达成法益侵害结果的行为。但立法似乎更多的是凭借经验上的评估,根据当前预防重大犯罪的形势,对一些多发常见的预备行为予以类型化规定,而未仔细斟酌这些预备行为是否真的可以算是已经不再存在后续实质性障碍的行为。

在准备实施恐怖活动罪中,对于该条第1款第2项的“培训”行为,传授犯罪方法和技能或传播极端主义思想的行为,本质上距离法益侵害结果都还遥远,因为行为人还没有实质性地为后续犯罪准备工具、制造条件。只有当参加培训的人员实际产生了实施恐怖活动的想法,并进行了前期的准备工作,才可谓拉近了和法益侵害结果的距离,这时让刑法予以介入可能才是正当的。而对于参加培训者本人来说,其为后续犯罪准备工具、制造条件的行为可以纳入该罪第1款第1项、第3项、第4项的规制范围或者构成其他犯罪,故似乎本无必要将参加培训者纳入该项的打击范围,所以该项应主要针对组织培训者而言,并且刑法介入时点至少不得在参加培训者实际获取了相应知识技能之前,并且这种知识技能应该具备一定的专业性,是实施相关犯罪所不可或缺的。第3项“与境外恐怖活动组织或者人员联络”的“联络”行为本身也距离法益侵害结果十分遥远,其还尚需其他环节的介入才能对国家安全或者公共安全产生实质性的威胁,这有待双方产生合作的意向,并进一步制订计划、准备工具、制造条件,这时予以入罪可能才是合适的。但问题在于,进一步制订计划、准备工具、制造条件的行为本身可能又符合其他罪状和罪名。所以该项可能只适用于所联络的相对方本身就具备那种能让法益侵害结果轻易实现的条件和实力的情形。

而第1项“准备凶器、危险物品或者其他工具”并未对所准备的凶器、物品进行限定,也未表明行为人需要准备到何种程度,那么只要行为人开始准备物品,哪怕只是准备了部分对结果的发生只有边缘作用的物品,刑法也可以介入。但是,准备的工具或物品应当要让行为人能够不再有实质性的阻碍即可达成法益侵害结果,如此方能表明预备行为与后续行为的紧密联系,从而证成刑法介入的必要性。但很多恐怖活动的工具或物品可能都需要一定的专业性,在获取上也存在其特有的难度和渠道,而如果是意图通过毁坏轨道、桥梁、隧道、公路、水利设施等来实施恐怖活动犯罪,则对其准备工具的要求会更高,那么就更应当待行为人实际准备了这类工具时刑法才予以介入,而不是准备了一般的凶器或危险品时就予以介入。但实际上,准备这样的物品又完全可以纳入制造、运输、买卖、邮寄、盗窃、抢夺、抢劫枪支、弹药、爆炸物等的规制范围,所该罪第1项的定位似乎也不太妥当。

在非法持有宣扬恐怖主义、极端主义物品罪中,如果行为人没有进一步实施后续恐怖活动的目的,那么仅仅持有这些物品并不会造成法益侵害结果。而即使行为人具备实施后续行为的主观目的,仅仅持有这些物品的行为本身距离法益侵害结果也还算遥远,因为这些物品不具备枪支、爆炸物那样的基本危险性。如果要达成实施后续恐怖活动的目的,行为人还需要实际受到这些图书或音像制品的浸染,并实质性地开展准备工具、制造条件的行为,使自己处于能够轻易、顺利实现法益侵害结果的地位。所以,若要以该罪入罪,首先行为人应该有实施后续行为的目的,并且应基本做好了其余相关准备,使自己处在了实施后续行动的便利地位,而仅仅是持有音像、书籍的行为显然是达不到这种条件的。但同样的问题在于,如此行为人完全可以以其他罪名入罪。

总之,从部分罪名来看,现有立法例大致反映出两个方面的问题。首先,类型化的程度不够,并没有真正体现出能够实质性便利和促进后续犯罪的关键准备行为。其次,若妥当地将刑法的介入限定在一个相对合理的时点,则又会暴露出没有妥当处理好各条文款项之间相互衔接的问题。

此外,如前所述,部分罪名缺乏对行为人主观目的的规定。而事实上,根据行为人不同的后续主观目的,刑法的介入时点也应该随之呈现出不同，但现行立法例并未对此做出区分对待，所以，在一些情形下就会出现刑法介入时点过于靠前的问题。预备行为是否包括为他人实施后续犯罪做准备，对此既有学者持肯定态度，[①]也有学者持反对态度。[②]笔者认为，在预备行为实行化的问题上，可以认为包括为他人实施后续犯罪做准备。首先，从文义和生活常态上来看，为他人实行犯罪做准备并不存在什么理解的问题。此外，前面也谈到，部分被予以实行化的预备行为，形式上并不直接表现为特定犯罪的预备行为，只是其可能成为其他犯罪的预备行为而将其独立成罪，所以准确地说其可能更多地表现为后续犯罪的前期阶段，而作为后续犯罪的前期阶段，其完全可以表现为他人后续犯罪的前期阶段，而并不一定表现为自己后续犯罪的前期阶段。[③] 行为人制造、买卖、运输、邮寄、储存、持有、私藏枪支、弹药、爆炸物、危险物质，如果是为他人后续实施危害公共安全的行为提供便利，那么仅仅是制造出枪支、弹药、爆炸物还不足以拉近与法益侵害结果的距离，而是要他人实际接收到了枪支等物品，并确实准备实施后续犯罪。如果行为人是为了自己后续实施危害公共安全的行为，则当行为人自己实际制造出或实际拥有枪支等物品时，则基本为后续行为铺平了道路，刑法此时介入可能就是合适的。所以，如果行为人的主观目的是为他人实施后续犯罪提供便利，那么他人的介入就应是很关键的一环，如果缺少这关键一环，那么刑法介入的时点就可能过于靠前了。

---

① 参见曲新久：《刑法学原理》，高等教育出版社 2009 年版，第 153 页；张明楷：《刑法学》（上），法律出版社 2016 年版，第 334 页。

② 参见梁根林：《预备犯普遍处罚原则的困境与突围——〈刑法〉第 22 条的解读与重构》，载《中国法学》2011 年第 2 期。

③ 事实上，即使是不赞同“为他人预备”的学者也认为，如果为便利他人实行犯罪而先行实施预备行为后，他人着手实行犯罪的，预备行为也可能构成他人所实行之罪的教唆犯、帮助犯等。这至少说明承认“为他人预备”的可罚性是没有问题的。在此，引申出的一个问题依然是，预备行为实行化和帮助行为是否可以等而视之？是否可以采用同样的限度标准？

(二)“预备行为实行化”的具体设限

将“对重大法益的抽象危险”作为设立实质预备犯的依据或标准是可行的,这也基本符合笔者自己的构想,也与学界很多学者的认识相一致。其欠缺的只是对具体刑法介入时点和界限的指明。在这一基本方向的基础上,进一步从介入时点、法益类型和主观目的三个方面对这种立法模式予以更为具体的限定,方可证成预备行为实行化刑罚的正当性和预防的必要性,从而最大化地实现社会防卫的政策需要与自由保障之间的平衡。

1.刑法介入时点的限定:把握好预备阶段的“关键一步”

能够予以直接实行化的预备行为应是能让行为人轻易、顺利达成法益侵害结果的行为。笔者此前曾认为,能够被实行化的预备行为就是指做好了完全准备、实施完成了的预备行为,即行为人一旦着手实行后续行为,不需要再充足其他条件,不需要再做出其他准备,即可对法益形成紧迫危险或侵害。在具体判断上,要分析在实现法益侵害结果的过程中,是否还需要其他“人、事、物”的介入才能使得犯罪成功,如果需要,则该预备行为不能被实行化。[①] 遵照这种思路,不需要其他“人、事、物”的介入基本上是绝对的,其意味着只有当预备行为已经实施到了不再需要任何其他事项的介入的程度,刑法才能得以介入。而这可能和许多学者在形式预备犯的限缩适用上所提出的“紧邻实行行为”这类命题[②]并没有本质区别。

从应然层面讲,将无限接近于实行行为的,实施完毕的预备行为予以实行化,是可以接受的,但问题在于,这样的行为可能并不具备定型特征,依照这种标准进行预备行为实行化可能难以为立法提供

---

① 参见詹惟凯:《论预备行为实行化的立法界限》,载《上海法学研究》2020年第2卷。

② 参见郑延谱:《预备犯处罚界限论》,载《中国法学》2014年第4期;陈兴良主编:《刑法总论精释》,人民法院出版社2010年版,第434页。

类型化的指引,从而不仅不能起到约束司法者的作用,同时也影响实质预备犯所具有的顺应罪刑法定明确性之要求、发挥规范指引功能等优势。也即,其可操作性存有疑问。如果一定要类型化,则只能保持相当程度的抽象,那么这和《刑法》第22条的“准备工具,制造条件”相比也难言有质的飞跃,最终,立法者或许只能在需要处罚预备行为的罪名中单设一款,用“实施了准备”或“准备完成了”等用语,来表明本罪预备犯可罚。虽然这在一定程度上实现了对预备犯处罚的例外,但终究没有真正言明实质预备犯的立法方式和限度,其实是将形式预备犯的处罚规则从刑法总则的普遍处罚转换为了刑法分则的例外处罚。

面对现实中真实发生的准备犯罪的行为,事后再去判断该行为是否可以被认为与实行行为紧密相连,相对容易,尽管不同的评判主体可能会得出不同的判断结论。然而,要在立法层面事先就准确地描述出与实行行为无限接近的预备行为类型,则可能存在难度,因为我们很难在立法上把握究竟什么样的行为可以被认为是实施完成了的预备行为,正如我们难以一般性地划定预备与实行之间的着手时点一样。如果一定要以“做好了完全准备,不再需要任何其他事项的介入”为标准,那么首先在立法层面我们就要面临普适性地界分预备与未遂(实行)的问题,而如前所述,其难度可能已经到了无解的程度。从开始准备直至法益侵害结果出现,整个行为过程在事实层面上实际上是连续不断的。而预备与实行、预备与未遂、预备与着手等与实行紧密相连的命题只是在一般观念层面、价值评判层面所做的界分和判断,其难以被具体化为事实层面的某一固定的点,而只能以一种观念的评判标准予以展现。所以客观事实层面的具体点也许只能根据观念层面的界分点随着不同的案情而呈现流变态势。但是立法恰恰需要用最直接明白的用语给公众以行为指引,所以即使允许保留一定程度的抽象,其也应落实到客观事实层面的具体时点,而不能停留在观念层面的评价标准上。因此,正是因为具体时点的这种流变态势,在立法层面上把握预备与实行行为的紧密性可能是困难的。

能够予以直接实行化的预备行为应是能让行为人轻易、顺利达成法益侵害结果的行为,这并无问题,但这并不意味着要以“做好了完全准备、实施完成了的预备行为”为标准。对于预备行为实行化的刑法介入时点来说,真正需要把握的是预备阶段的“关键一步”,即针对不同类型的犯罪,判断要完成相应的犯罪,哪些步骤是必经之路,是重中之重,是后续犯罪不可或缺的一环,从而将这些行为类型化规定为刑法分则个罪,也即,待行为人实施了预备阶段的关键步骤时,刑法方可介入。所谓的“能让行为人轻易、顺利达成法益侵害结果的行为”,就应理解为是预备阶段的关键步骤,而不一定是实施完成了的预备行为。而关键步骤可以从手段、工具、条件等对于促进最终结果发生的专有性、唯一性、充分性等角度予以把握,也就是要看其是否极大地便利了行为人的后续行为,使得行为人相较于未实施这一关键步骤的状态而言,明显具有了实行后续犯罪的优势地位。当准备完成预备阶段的关键一步后,向后续法益侵害结果方向发展的道路已然通畅,行为人实施后续行为并最终造成严重法益侵害结果的可能性大大增加,并呈现出具象化之势,此时也许不能说该预备行为与后续实行行为是紧密相连的,但至少可以说是紧密相关的,这种相关性足以证成刑法介入的正当性。

如此,所谓不再需要其他“人、事、物”就只能说是不再有其他关键的“人、事、物”。为了实施后续犯罪行为而进行准备,如果还需要其他事项的贡献,而缺少这些事项的介入则会对后续犯罪行为产生实质性障碍的话,那么此时刑罚还不能被施加。而所谓实质性障碍应是这样一种状态,即不管其他准备工作做得如何到位,这些事项的缺位将使得行为人的后续犯罪注定受挫,从而致使法益侵害结果不能出现,并且这种受挫状态只能通过缺位事项的补位才能得以消除。而在预备阶段的关键环节之后至正式实行犯罪之前,如果尚需介入的事项只是一些根据具体情况而定的辅助性工作,对于这些辅助性工作,行为人可以因地制宜,不需要专门花费太多的精力、时间去完成,也不需要刻意地想着自己还要做什么以及怎么做,而这也并不会对此后的法益侵害行为造成根本性阻碍,那么此时刑法的介入则不受影响。

举例来说,行为人学习制作爆炸物的知识,了解获取爆炸物的途径都可谓是在为实施爆炸做前期准备，但即使是了解了相关的知识或获取途径，要真正实施爆炸行为还需要实际制造出或实际获取爆炸物，否则公共安全并不会有实质性的危险，因为爆炸物才是犯罪的关键。所以如果直接将了解知识或获取途径的行为予以实行化就是不合适的。合适的时点应是行为人实际携带成品爆炸物出现在了人口密集的公共场所之时，至少不能早于实际获得了爆炸物之时。至于行为人将爆炸物带到哪一个公共场所，选择什么方式带到公共场所，带到公共场所后如何引爆，何时引爆，这些都只是细节上的辅助性工序，对于刑法的介入没有影响。同样，单纯的选择犯罪实施地或物色潜在的被害人也不应被直接予以实行化，因为如果没有实际的爆炸物，能够造成法益侵害结果的关键条件就尚不具备。如果后续的犯罪行为需要由他人实施，那么预备阶段的关键步骤应是实际向他人提供了所需的物品或想法，并且有实际的他人作为接受方，否则难以认为法益侵害结果能够轻易、顺利地达成。当然，他人是否会实际产生实施后续犯罪的决意则在所不问，因为这已脱离了行为人的可控范畴。

2. 预备行为所指向的应是影响人们“生存”的重大法益

无论是对形式预备犯的限缩适用，还是对实质预备犯实质性正当根据的探讨，学者们大都认为，能够被处罚的预备行为必须指向重大法益。一般而言，国家安全与公共安全属于重大法益这并无争议，但如前所述，有学者总结了现今能够划入预备行为实行化模式的罪名，发现社会秩序、经济秩序领域也出现了这样的立法例，[①]显然，立法者认为这种秩序类公共法益也应属于重大法益。但也有学者认为，个人层面的生命、身体属于重大法益，而各种“秩序”类法益只能属于一般法益。[②]这样看来，立法者与部分学者对重大法益的理解是不一样的。这可能

① 参见阎二鹏：《预备行为实行化的法教义学审视与重构——基于〈中华人民共和国刑法修正案（九）〉的思考》，载《法商研究》2016 年第 5 期；商浩文：《预备行为实行化的罪名体系与司法限缩》，载《法学评论》2017 年第 6 期。

② 参见高丽丽：《准备实施恐怖活动罪——以预备行为实行行为化为视角的宏观解构》，载《法学论坛》2018 年第 2 期。

是因为,立法者是从国家、社会与个人这一角度进行的界定,而学者是从生命、身体、自由、财产的角度进行的判断,双方的视角并不一致。

笔者认为,所谓重大法益,不是泛指国家法益或社会法益,而是影响人们"生存"的法益,即不特定多数人的生命健康安全。一般来说,客观危害是法益的外部显示,行为触犯的法益越重要,引起的客观危害就会越重;反之,若行为侵犯了较次要的法益,造成的客观危害就会较轻。① 而财产、名誉、自由、各种秩序等只是影响人们"生活"的法益,即影响的只是人们的生活质量而非生存条件,其客观危害显然不能与生命健康相提并论,故不能算作重大法益。所以,预备行为实行化一般只宜出现在危害国家安全和公共安全的章节中,因为国家安全与公共安全往往与社会公众的生命健康与存续发展联系在一起。而在侵犯个人权利、财产犯罪以及妨害各类秩序的章节中则不应出现这种立法模式。当然,虽然原则上在各种秩序类章节中不宜出现预备行为实行化的立法模式,但若其中也涉及危害人们生命健康的情形,则不应一概否认设立实质预备犯的可能,如食品药品领域。不过,在食品药品领域刑法已经普遍采取了危险犯的立法模式,所以在这种情况下可能就没有必要再对其以实质预备犯的方式予以规制了。

如前所述,有学者认为个人层面的生命、身体属于重大法益,从而在侵犯公民人身权利的领域中也能出现实质预备犯。笔者对此并不赞同。预备行为实行化代表着秩序与自由的博弈,而秩序与自由之间有着相反的属性,存在悖论关系,②"因此从立法者享有的立法特权角度看,刑法立法者完全可以基于特定的规制目的和政策性考量等而在二者之间有所侧重"③。但是,即使是出于政策性考量,是否已经到了必须把超前预防的触角延伸至个人法益的层面,这还有待商榷。事实上,

① 参见陈旭文:《罪行轻重论》,中国检察出版社 2009 年版,第 87 页。

② 参见高鸿钧:《法律:规制与解放之间——读〈迈向新法律常识——法律、全球化和解放〉》,载《政法论坛》2012 年第 4 期。

③ 吴亚可:《我国可罚预备行为的立法规定方式检讨——可罚预备行为正犯化之提倡》,载《刑法论丛》2018 年第 2 期。

正如前文学者所述，在刑法总则确立了预备犯普遍可罚的情形下，实践中对预备犯的处罚依然可谓是例外情形，这说明大量的预备行为可能还尚未突破社会的容忍度，也未达需要完全解构传统刑法的程度。“传统刑法秉承消极预防观，侧重事后预防，且一般是以刑罚的当罚、报应和道德罪责为基础的……关注行为人针对实害结果的主观罪过。”①由此可见，传统刑法在国民的自由面前保持着相对克制的姿态，这一点即使在今天依然有着重要的警示意义。如果在个人法益的层面允许出现实质预备犯的立法，则可能意味着传统刑法观的全面退让，自由与秩序的天平就向着秩序的一面倾斜。然而，是否真的已经到了必须为安全与秩序做出如此妥协的程度，仍是值得怀疑的。

如前述学者经过总结，认为社会秩序、经济秩序领域也大量出现了实质预备犯的立法例。但是，在各种秩序领域内可能尚未显现出预备行为实行化的泛滥之势。实际上，根据学者所总结的罪名来看，之所以认为这些罪名属于实质预备犯，可能是因为这些罪名所涉及的行为往往是后续行为的前期准备行为或必要条件，如伪造信用卡与后续的金融诈骗，非法侵入计算机信息系统与后续的侵犯国家秘密。但是，作为妨害、破坏各类秩序的犯罪，实施这些行为本身就意味着秩序遭到了侵害，从这个角度看，其中的很多罪名都可谓实害犯。所以这里涉及的问题是，如何具体界定抽象的秩序的内涵，或者说秩序需要遭到何种程度的侵害刑法才能予以规制。有学者曾指出，现代刑法扩张的手段主要有两个：一是法益保护的提前化；二是刑事处罚的前置化。② 照此思路，刑法所保护的各种秩序实际上可以说就是法益保护提前化的产物。因此，在这些罪名的基础上再予以处罚的前置化显然就是不合适的。例如，伪造、变造金融票证已被独立成罪，那么为伪造、变造金融票证学习技能、准备专门工具等预备行为就不应当再被予以实行化。

---

① 姜敏：《间接危害行为犯罪化一般限制原则研究》，载《政治与法律》2019 年第 5 期。

② 参见王永茜：《论现代刑法扩张的新手段——法益保护的提前化和刑事处罚的前置化》，载《法学杂志》2013 年第 6 期。

而在破坏环境类犯罪中,由于环境是人们赖以生存的基础,其受到破坏无疑将会对人们的生存发展产生重要影响。而现行的相关罪名多为结果犯,未来可以考虑在这一领域采取预备行为实行化的立法模式。但是,很多破坏环境的准备行为可能本身表现为正常的生产经营行为,所以此时设立实质预备犯可能不好把握罪与非罪的界限,故暂且以危险犯的方式应对环境犯罪的问题可能是合适的选择。

3. 行为人主观上有实施后续行为的目的

行为人主观上有实施后续行为的目的,意味着行为人追求的是造成更为严重的法益侵害结果,所以其主观心态就不能仅仅是对实施该预备行为本身抱有故意。预备行为本身只要不再向前发展就不会对法益产生真正的威胁,所以如果行为人只是故意实施了该预备行为而不问其后续目的是什么,虽然从经验层面看可以说具有进一步侵害法益的抽象危险,但却始终有打击无辜的风险。此外,立法者之所以选择将某些预备行为予以实行化,往往是因为其与后续的严重法益侵害结果存在联系,但预备行为本身又不会造成后续的法益侵害结果,造成结果的是预备行为继续向前推进的后续行为,所以如果不要求行为人有实施后续行为的目的和追求严重法益侵害结果的心态,而只把处罚立足于预备行为本身,则可能违背了主客观相统一和罪责原则。

不少学者已经指出,对实质预备犯的立法与适用都应重视主观目的或不法意志的限定作用。例如,有学者就指出要以行为人的主观征表出确定的实施恐怖犯罪的不法意志为前提。① 因为“不管预备行为所可能侵害的法益有多么重要,在还没有办法确认一个人是否真的存在有不法意志的情况下,就以刑罚相应,恐怕是对于人毫无节制的工具化”②。一方面这符合现代刑法罪责原则的要求,另一方面也有助于将值得单独处罚的预备行为从日常的生活行为中提取出来。当然,如果只考虑主观因素而不考虑展现于外的行为,这显然是不可接受的,因为这“就把所有可责罚性均置于行为人的主观,违背了主客观相统一的

① 参见姜敏:《刑法反恐立法的边界研究》,载《政法论坛》2017 年第 5 期。

② 黄荣坚:《基础刑法学》(下),中国人民大学出版社 2009 年版,第 310 页。

原则"[①]。所以我们往往会将主观因素和客观上行为的危险性综合在一起判断,从主客观两方面确证预备行为实行化的合理性和正当性。

不过,即使强调主客观两个方面的考量,可能也需要先在客观行为上明确刑法的介入时点,否则难以对立法者起到限制作用。在犯意形成到实际着手之间的预备阶段,行为人基于一定主观不法意志实施的任何准备行为都可谓具有进一步侵害法益的可能性,因为只要该预备行为继续向前发展,侵害结果就会出现,如此一来,很多预备行为都可谓在一般经验上具备侵害法益的危险性。"危险评价的特殊之处便在于,朝危险起源的因果链条无限后退的审视惯性,最终会将矛头对准作为危险来源的个人,即具有危险性的个人。"[②]此时,无论刑法在这之间的哪个时点予以介入,立法者都可以提出相应的理由,从而就可能基于安全的需要超前设罪,进而侵扰国民的行动自由。从这个角度讲,行为人的主观不法意志更多只是佐证了客观上的危险性,或者说只是为刑罚的介入提供了正当根据,但本身并不足以回答预备行为实行化在哪个阶段和时点介入是合适的。所以,可能应首先在客观上明确刑法的介入时点,然后再考虑主观因素的限制作用,如此方能合理设定预备行为实行化立法的界限。

五、结　论

行为人基于一定的主观目的为犯罪做准备并着手实行,最终造成法益侵害结果,此时对其归责属于常态,且应科处完全的既遂责任。在整个犯罪过程中,行为人基于其自身的自由意志,可以选择随时放弃犯罪。如果最终结果实际出现,则表明行为人在整个过程中并未显示出放弃犯罪的意图,或者即使显示出了放弃犯罪的意图,但其放弃的时点过晚已经不足以避免结果的发生,这时,行为人具备完全的主观罪责以

---

① 姜敏:《刑法反恐立法的边界研究》,载《政法论坛》2017 年第 5 期。

② 劳东燕:《风险社会中的刑法:社会转型与刑法理论的变迁》,北京大学出版社 2015 年版,第 268 页。

及最大程度的当罚性或者说报应该当性。而在结果出现之前,或者说在结果尚可避免之前,行为人都有选择停止的自由,如果行为人选择了放弃,则主观罪责减少,相应的当罚性也随之减弱。换言之,随着整个行为过程的不断推进,行为人的主观罪责逐步增强,当罚性也随之加大。[①]

在形成犯意至实际着手之前,行为人能随时放弃接下来的进一步行动,且只要其尚未实行着手就不会对法益形成任何危险。所以一般而言,此时行为人基本不具有惩罚的该当性。而如果刑法选择在这个阶段就予以介入,则表明刑法不认为行为人此后还有可能放弃犯罪,或者说,刑法直接堵截了行为人放弃犯罪的可能性甚至是直接否认了行为人有可能选择放弃的自由意志。但事实上,行为人之后会怎么选择是之前所无法决定的,"广泛地处罚预备行为,反而可能促使行为人着手实行犯罪"[②]。因此,若例外地处罚预备犯是正确的理论走向,那么是否成立未遂"可以说是划定了是否处罚的分水岭"[③]。所以,如果要将这一分水岭在个别情况下予以提前,就要慎重考量处罚的必要性并筛选出那些值得处罚的预备行为。

如果行为人的准备工作已经达到了"能让人轻易、顺利达成法益侵害结果"的程度,也即要实现法益侵害结果,基本已经不存在其他阻碍因素,此时刑法再行介入可以最大程度地在保护法益和保障自由之间达至平衡。因为既然已经将准备工作做得如此充分,那么一般而言就意味着,行为人继续实施后续行动的决意是强烈的,其放弃犯罪的可能性已然较小。并且,由于基本不需要再完成其他准备工作,或者说,虽然还需要其他某些准备工作,但这些工作只是一些辅助性的简单工序,本身并不具有对实害结果的决定性意义,那么只要其继续实行犯罪,法益侵害结果就极有可能出现,虽然这时还尚不能说已经对法益形

---

① See Daniel Ohana, *Desert and Punishment for Acts Preparatory to the Commission of a Crime*, 20 Canadian Journal of Law and Jurisprudence 142(2007).

② 张明楷:《刑法学》,法律出版社2016年版,第336页。

③ 山口厚:《刑法总论》,付立庆译,中国人民大学出版社2018年版,第278页。

成了具体紧迫的危险,但至少这种间接的抽象危险已经处于随时突破临界的状态。故此时再以刑罚予以威慑可能就是合适的。

此外,犯罪所针对的法益越重大,预防必要性也就越强,刑法的提前介入就越具有正当性。被实行化了的预备行为所针对的法益必须是影响人们"生存"的重大法益,即社会公众的生命健康。关乎人们生存的生命健康是人的最基本也是最重要的权利,在这个领域予以超前保护才能说具有政策上的必要性。而被立法者独立规定成罪的预备行为本身又应当是能让行为人"轻易、方便、顺利"达成法益侵害结果的预备行为,两相结合,这一方面既突出了预防的必要性,另一方面也佐证了行为人所应得的报应该当性。总之,"对于距离'着手'较远、对实质法益的威胁较小的预备行为,或者虽然接近于'着手'实行行为,但所针对犯罪本身并不严重的预备犯,显然不具有刑事政策上的处罚理由"①。所以遵循前文提出的标准,可以最大程度在社会防卫和自由保障之间保持平衡。

The Limitation of the Criminalization of Preparatory Act

ZHAN Weikai

[**内容摘要**]预备行为实行化代表着刑罚权的扩张,且这种超前预防的立法模式在今后可能继续,以安全秩序为名而过分侵扰国民自由就成为可能。预备行为实行化亟待解决的问题是应当遵循怎样的立法界限和合理标准,而不在于对传统刑法观和积极刑法观做出孰是孰非的抉择。现有的预备行为实行化立法例,存在罪名分布不合理、缺少主观目的的限定以及刑法介入时点把握不太准确等弊端。科学立法是公正司法的前提,应首先在立法上明确预备行为实行化的介入时点和范围。司法限缩在逻辑和效果上均未必理想,不是长久之计。以"对法益的紧迫危险"为标准不符合预备犯的本质,以"对法益的抽象危险"为标准未具体指明限定立法的介入时点。以"对法益的抽象危险"为基础,

① 郑延谱:《预备犯处罚界限论》,载《中国法学》2014 年第 4 期。

能够予以直接实行化的预备行为,还应是能让行为人轻易、顺利达成法益侵害结果的行为,并且预备行为所针对的法益必须是影响人们“生存”的重大法益,同时行为人主观上还要有实施后续行为之目的。凭此从主观和客观维度限缩预备行为实行化,才能在社会防卫和自由保障之间求得平衡。

[**关键词**]预备行为实行化;实质预备犯;介入时点;重大法益;主观目的;自由保障

Abstract:The legislative model of the criminalization of preparatory act which could constantly appear with the development of modern life represents the expansion of the power of punishment. As a result, the state may invade the liberty of the people in the name of defending the community. Therefore, we must establish the specific standard and limitation for the legislative model of the criminalization of preparatory act rather than only focus on the general discussion about the view of traditional criminal law and the view of positive criminal law. The existing legislations of preparatory act have revealed several problems including unreasonable distribution of crimes, the absence of subjective intent and the not so improper intervention point of criminal law. Rational legislation is the precondition of judicial justice, which means depending on the judicial interpretation to restrict the scope of punishment is not a permanent arrangement both from the perspectives of logic and effect. The immediate danger to the legal goods cannot be the appropriate standard in so far as it does not accord with the nature of the preparatory act. The more advisable option is the abstract danger to the legal interests which also need comply with the following three criterions. Firstly, the preparatory act that could be criminalization must have the potential to facilitate the subsequent actions of the offender, in other words, it must be the crucial step of the whole process of the crime. Secondly, the criminalized preparatory act should aim at significant legal interests which relate to the life and health of unspecific majority of public instead of the living quality. Thirdly, the offender must have the purpose to implement the following behaviors of the crime which aims at the significant legal good. Only in this way can we find the balance between social defence and liberty protection.

Keywords: the criminalization of preparatory act; substantial preparatory offence; intervention point of criminal law; significant legal interests; subjective intent; liberty protection

抽象危险犯概念的再思考

柏雪淳*

目　　次

理论研究往往始于概念的介绍,但对于抽象危险犯而言,概念本身就充满争议。首先可以明确的是,抽象危险犯并不是指“分则的某个罪名”而是指“犯罪的具体情形”,①换言之,抽象危险犯是刑法分则的某些罪名的基本犯(如生产、销售假药罪的基本犯)以及某些独立罪名(如“醉酒型”危险驾驶罪)。对于基本犯不作情节、数量、后果上的要求,即说明在没有出现结果和对结果的危险状态时就可以处罚,这与直接将某种“危险行为或状态”独立处罚其实没有本质上的不同,只是立法技术、罪名分配上存在差别而已。即便如此,抽象危险犯的所指还是不甚明确。根据对理论的梳理及实践问题的观察,有三方面的理论争议问题与抽象危险犯的理解与适用关系紧密:其一,抽象危险犯与具体危险犯的关系,涉及对二者性质差异的认识,直接关系到刑法分则罪名

---

* 东南大学法学院博士生。

① 张明楷:《刑法学》(第5版),法律出版社2016年版,第167～168页。

的适用规则,也涉及危险犯的内部分类问题;其二,抽象危险犯的“危险”,涉及抽象危险犯的立法意图,及其根本性质;其三,抽象危险犯与行为犯的关系,涉及不同概念间的交叉,更涉及如何认识我国《刑法》分则罪名,及其适用规则的问题。

一、抽象危险犯与具体危险犯

学界以往对抽象危险犯的认识存在形式向实质变化的过程,准确地说,这一过程存在于对抽象危险犯与具体危险犯的辨析中。同时,这一理论变化过程与实践中的适用关系密切。

在传统刑法理论中,只有两种危险犯,即具体危险犯和抽象危险犯。它们的概念与特征往往彼此关联,在互相辨析与区分之中被定义与描述。例如,形式上,以危险发生作为条件的是具体危险犯,不要求该要件的是抽象危险犯,[①]通常以“足以造成……危险”等表述作为直观界分标准。实质上,则以危险的性质区隔二者,通常认为,具体危险犯的危险,是针对侵害结果的,需要在具体案件中由法官根据情境具体判断;[②]抽象危险犯的危险则是由立法者,依照生活经验的大量观察,预定该类型的行为具有高度危险,因此无须法官就个案判断实际危险,便可认定成立犯罪。[③] 有学者进一步总结,它们的实质差异主要有二:一是危险的判断方法不同;二是立法模式不同。[④]

从概念描述看,具体危险犯与抽象危险犯应当是界限清晰的一对概

① 参见[日]前田雅英:《刑法总论讲义》(第6版),曾文科译,北京大学出版社2017年版,第61页。

② 参见张明楷:《刑法学》(第5版),法律出版社2016年版,第166~168页。

③ 参见林山田:《刑法通论(上册)》,北京大学出版社2012年版,第157~158页。

④ 对于判断方法而言,具体危险犯根据行为本身往往难以得出是否具有公共危险的结论,还必须结合行为的时空环境进行判断;而抽象危险犯由于是根据一般生活经验所得,对于立法模式而言,抽象危险犯具有典型危险,故立法者并未附加其他条件;而具体危险犯的行为还不足以代表典型危险,所以需要附加确认其危险的要件。参见陈洪兵:《准抽象危险犯概念之提倡》,载《法学研究》2015年第5期;参见黄荣坚:《基础刑法学(下)》,中国人民大学出版社2009年版,第383页。

念,但是,由于抽象危险犯面临"实际中没有危险发生可能性"能否反证的大讨论,而当"不应当入罪""允许反证出罪""应当允许抽象危险犯在具体案件中判断"等观点占据主流时,抽象危险犯和具体危险犯二者间实质界限变得模糊。依抽象危险犯的固有性质,无须再进行现实判断,意味着不允许被反证。但是,当设置抽象危险犯的同时,允许在实际判断中设置反证的"补救措施"被当作一个普遍承认的结论时,①抽象危险犯的判断过程与具体危险犯没有实质差别,这直接冲击着抽象危险犯概念存续的意义,表现为抽象危险犯面临"转化成具体危险犯"的质疑。② 因此,对抽象危险犯与具体危险犯分类理论有无必要的争论就此展开。

对此,在抽象危险犯也应当进行实质化理解的观点中,并未否认抽象危险犯的概念,而是继续采取具体危险犯与抽象危险犯区分的观点,只是改变区分标准的内涵。例如,认为二者的区别不是本质上的,只是程度上和证明方式上的差别,并指出二者界限的模糊在理论上是可以接受的。③ 再如,山口厚教授认为具体危险犯与抽象危险犯之间的差别在于被允许"抽象化"的程度不同;④我国学者陈京春认为二者根本的区别在于"认定现实的危险的方法"⑤等。

理论的矛盾源于在实践中适用抽象危险犯时,因为关注现实中的危险而向实质正义倾斜,使犯罪的成立打破了立法者的预设,违背了抽象危险犯最初的立法意图。抽象危险犯的本质是将危险可能发生作为立法条件,而非构成要件要素,显示立法者笃定的意志,⑥这在《日本刑

---

① 参见刘树德:《行为犯研究》,中国政法大学出版社2000年版,第94页。

② 参见周漾沂:《2016年刑事法实务见解发展回顾:食品安全、交通安全,与抽象危险犯》,载《台大法学论丛》第46卷特刊(2017年)。

③ 参见付立庆:《应否允许抽象危险犯反证问题研究》,载《法商研究》2013年第6期。

④ 参见李婕:《抽象危险犯研究》,法律出版社2017年版,第122页。

⑤ 陈京春:《抽象危险犯的概念诠释与风险防控》,载《法律科学(西北政法大学学报)》2014年第3期。

⑥ 参见林东茂:《刑法综览》(修订5版),中国人民大学出版社2009年版,第50~51页。

法典》《德国刑法典》中以“现供人使用(居住)的建筑物放火罪”为典型,[①]该罪名当是抽象危险犯最典型的立法场景与适用方式。尽管如此,面对该条文的抽象危险犯属性时,日本司法实践亦采取“独立燃烧说”为既遂标准,并在个案中留有“出罪”的余地。[②]

本文认为,可以将域内域外的理论争议及最后产生的主流观点总结为抽象危险犯的“理论修正”,修正的结果是“实质化”的胜出。抽象危险犯本就是刑法教义学所建构的概念,目的在于理解与阐释刑法分则罪名的具体适用。从这个角度看,对理论本身的理解与阐释并没有绝对的正确与错误,因此,即便出现理论中前后不一,看似自相矛盾的现象,依然能够被接受。这也表明,刑法在面对实践时,一味强调规则遵守的取向难以被认同,实质的解释观连接着实质的正义,会在实践中的处罚困境里显现,并向其倾斜。

抽象危险犯与具体危险犯的关系还体现在对“中间型”危险犯的提出中。随着对实践的观察,越来越多的学者反对仅仅依据外观形式判断作为危险犯的区分标准,而主张应当做实质化解读。所谓的实质化判断,是指对危险犯的划分应当以实际中“危险”的性质判断,而不应该以法条文本的形式特征进行简单归类,具体表现为危险犯领域的重新分类,以及新型危险犯的出现。理论上的转变,源自形式化区分标准在理论和实践中的矛盾与困局:一方面,部分外观上的具体危险犯实质却类似抽象危险犯,若仅仅根据构造描述外观来判断是具体危险犯还是抽象危险犯,在实践中会出现认定结果与构造性质不符的局面,表现为对个别具体危险犯没有进行(难以进行)具体危险的判断。[③] 另一方面,没有发生具体危险的场合抽象危险犯能否“出罪”。德国和日本均

---

① 《日本刑法典》第108条(放火烧毁现住建筑物等):“放火烧毁现供人居住使用或现有人所在之建筑物、火车、电车、船舶或矿坑者,处死刑、无期惩役或五年以上惩役。”陈子平编译:《日本刑法典》(第2版),台北,元照出版有限公司2018年版,第78~79页。《德国刑法典》第306a条(加重放火罪):“燃烧下列他人之物或放火烧毁其一或全部者,处一年以上有期徒刑:1. 供人居住之建筑物、船舶、住宅或其他相类空间……”参见李圣杰、潘怡宏编译:《德国刑法典》,台北,元照出版有限公司2017年版,第383页。

② 参见前田雅英编集代表:《条解刑法》(第3版),弘文堂2013年版,第333页。

③ 参见陈洪兵:《准抽象危险犯概念之提倡》,载《法学研究》2015年第5期。

意识到了危险犯理论的局限,即传统的具体危险犯与抽象危险犯二分法难以分析实践中日益复杂的问题,因此都试图通过"再"分类的方式化解困境。

关于"再分类"的观点可谓"错综复杂",为厘清概念,更好展现逻辑区别,笔者选择按照理论试图解决的"问题"进行归纳:一种分类是为了解决前述第一种问题而提出的,包括山口厚教授提出的"准抽象危险犯"概念,近年来在我国也有学者引入此概念;①德国学者Hoyer提出的"适格犯"概念;以及德国学者施罗德提出的"抽象—具体危险犯"概念。另一种分类是为了解决前述第二种问题而提出的,典型代表为德国学者Zieschang与Hirsch提出"危险犯—危险性犯"的分类方式。②

具体而言,准抽象危险犯、适格犯、抽象—具体危险犯在功能与原理上是接近的,③它们都源于对刑法中"足以"型犯罪如何适用的思考,但是在具体分类存在差别。山口厚教授提出"准抽象危险犯"这一概念,旨在具体危险犯与抽象危险犯之间划分出一个中间形态,来弥补传统分类的缺陷,即"具体危险犯—准抽象危险犯—抽象危险犯"的分类

---

① 参见陈洪兵:《准抽象危险犯概念之提倡》,载《法学研究》2015年第5期;李婕:《限缩抑或分化:准抽象危险犯的构造与范围》,载《法学评论》2017年第3期。

② 参见徐凯:《抽象危险犯正当性问题研究——以德国法为视角》,中国政法大学出版社2014年版,第151页。

③ 我国有学者直接将适格犯划入准抽象危险犯的下位概念中,并且提出观点认为,在我国刑法中适格犯与累积犯属于准抽象危险犯,其中,适格犯包括"醉酒型"危险驾驶罪及部分"足以型"犯罪,而累积犯包括环境污染罪等。参见李婕:《限缩抑或分化:准抽象危险犯的构造与范围》,载《法学评论》2017年第3期。对于这样的观点,笔者持疑惑态度,以上这些概念与称谓其实均援引自域外刑法理论,在与我国刑法规定结合的过程中,理应先弄清概念在域外非常准确的含义与范围(避免使用概念中对概念理解的差异,形成真正的对话),然后思考引入必要性等一系列前提问题(并非每一个概念都需要嵌入我国刑法规定中),再次对引入概念及罪名划分后的新分类,进行合乎逻辑、实定法规定、功能性的考量。而提出"何者包括何者,何者属于何者的下位概念"的归纳主张,并非绝对都指向清晰的问题解决,有时反而会带来不必要的混乱。

方式。[①] 准抽象危险犯具体是指在对构成要件行为的适用评价中,已经要求了某种程度的实质的危险判断,是将那些外观上看似为具体危险犯的犯罪,根据规范分析,认为它们实质的构造更倾向于抽象危险犯,因此又可视为“缓和的抽象危险犯”。正如准抽象危险犯支持者所持的依据,那些“足以……”“危及……安全”等看似具体危险犯的特征描述,其实并非具体危险犯中危险实现的判断标准,而是对“行为对象的性质或行为本身属性的要求”而已。[②] 它们只是在形式上与具体危险犯相似,但是其形式特征如“危害公共安全”等标志,并非指“现实紧迫危险”的出现,而是作为与其他犯罪间此罪与彼罪的区分,亦可视为一种注意规定。[③] 适格犯概念的提出也源自对“足以”型犯罪的研究,即对“足以”条款以及暗含“足以”意思的条款如何适用问题的研究。[④] 对“足以型”条款的理解倾向于对行为内容的限制,[⑤]从理论上看,适格犯包括原本的部分抽象危险犯和具体危险犯,它倾向于从性质上对这一类犯罪进行总结,得出一种相类似的处理方式。而准抽象危险犯只是在传统的具体危险犯中划分出部分罪名,并没有探索那些存在于抽象危险犯中的暗含“足以”含义的条款,就此也可以初步理解为:适格犯的范围比准抽象危险犯更广泛更深入,但二者关于如何具体适用的规则差异还需要进一步研究。

“危险犯—危险性犯”的分类方式与“危险”的性质有关,理论上认为应当区分“危险”与“危险性”,这是两个指代不同内涵的概念,

---

① 我国亦有学者主张我国刑法理论中也应当划分出“准抽象危险犯”这一类型,并列举分则罪名。参见陈洪兵:《准抽象危险犯概念之提倡》,载《法学研究》2015 年第 5 期。

② 参见陈洪兵:《准抽象危险犯概念之提倡》,载《法学研究》2015 年第 5 期。

③ 刑法中对具体危险犯中规定的“引起……的危险”,为注意规定,提示司法者注意限制处罚范围,对构成要件符合性进行实质判断以限制不法成立范围。参见王复春:《不能犯未遂的规范论研究》,法律出版社 2018 年版,第 15 页。

④ 关于适格犯的详细介绍可参见李川:《适格犯的特征与机能初探——兼论危险犯第三类型的发展谱系》,载《政法论坛》2014 年第 5 期。

⑤ 参见蔡圣伟:《刑法问题研究(一)》,台北,元照出版有限公司 2008 年版,第 435 页。

危险所指向的是结果属性,而危险性指向的是行为属性。[①] 因此,由于具体危险犯是公认的结果犯,故被新的分类划为危险犯;而危险性犯以行为危险为性质,故抽象危险犯应改称为抽象危险性犯,同时又将行为的具体危险性判断引入抽象危险性犯中,以期赋予其在个案中检验“行为的具体危险”的性质,在功能上弥补二分法的缺漏,限制刑法处罚,形成具体危险性犯的概念。总结而言,通过对危险标准的“作为结果的危险状态—具体行为危险性—抽象行为危险性”三分法,[②]也就应然在危险犯类型上呈现出“危险犯—具体危险性犯—抽象危险性犯”的分类模式。但是具体危险性犯更多是一种应然的、理论层面创设的概念,[③]在德国实定法中难以找到相应规定,抽象危险性犯才是客观实在的犯罪构成模式。[④] 分类的目的与作用在于更合理地解释那些实践中“没有发生危险”依旧应当处罚和不应当处罚的不同情形。具体危险性犯其实并不是被划分出的独立犯罪构成模式,它是对抽象危险犯进行规范判断条件的赋予,以更好地解释何时为罪何时不为罪。

以上重新分类的缘起在于理论对危险犯整合的困难,从形式到实质的研究过程中需要不断细化分类,以期给予实践中的适用提供最合适的方案。正如大谷实教授所言,对于抽象危险犯的判断,不能从构成要件的形式上判断,而必须根据具体构成要件的解释来确定,[⑤]因此,

---

① 参见王永茜:《论刑法上的危险及其判断论》,载陈兴良主编:《刑事法评论》第32卷,北京大学出版社2013年版。

② 参见李川:《适格犯的特征与机能初探——兼论危险犯第三类型的发展谱系》,载《政法论坛》2014年第5期。

③ 具体危险性,是对行为性质的描述,具体危险性犯,指相应的行为客体一旦进入行为者的作用领域,就发生行为人无法控制的侵害。参见徐凯:《抽象危险犯正当性问题研究——以德国法为视角》,中国政法大学出版社2014年版,第160~163页。如此看来,具体危险性犯主要目的在于“关注个案情况”中行为性质的危险判断。

④ 参见徐凯:《抽象危险犯正当性问题研究——以德国法为视角》,中国政法大学出版社2014年版,第155页。

⑤ 参见[日]大谷实:《刑法讲义总论》,成文堂2012年版,第46页。转引自陈洪兵:《准抽象危险犯概念之提倡》,载《法学研究》2015年第5期。

重新理解规范条文的表述，重新理解条文背后的意图与目的，既是重新划分危险犯的基础，也是重新分类的目的。不再机械地区分具体与抽象危险犯，更重要的是，不再机械地适用刑法分则的相关罪名，才是最终的目标。

二、抽象危险犯中的"危险"

通过危险犯的分类演变过程亦可看出，危险犯视域内犯罪构造的划分与如何界定"危险"密切相关，也直接影响着对抽象危险犯性质的认识，关联着适用规则，理论上"行为危险"与"结果危险"也一度被视为行为无价值与结果无价值的对立。

以往研究中，对抽象危险犯中"危险"的理解可归纳为以下几种：其一，区分行为危险与结果危险，并进一步区分具体行为危险与抽象行为危险。其二，区分立法先验拟制的危险与司法具体判断的危险。[①] 其三，从危险的性质入手，包括具体危险的盖然性、比具体危险犯程度更低的危险说、行为手段的危险等不同观点，[②]如有观点认为，抽象危险犯是以低度危险作为处罚基础的危险犯，具体危险犯是以高度危险作为处罚基础的危险犯。[③]

抽象危险犯的危险是"法律拟制的危险"还是"法律推定的危险"在过去的研究中初具定论，正如前文中梳理所示，在形式说与实质说的争论中，以"允许反证"为结果的法律推定说成为国内的主流观

---

① 例如，认为抽象危险犯中的危险是立法理由。参见［德］约翰内斯·韦塞尔斯：《德国刑法总论》，李昌珂译，法律出版社2008年版，第13～14页。或者从"判断立场"出发，分为事前判断与事后判断。作者认为，立法者的判断主要在事前抽象判断，而司法中需要同时判断行为时立场与事后立场。参见王永茜：《论刑法上的危险及其判断论》，载陈兴良主编：《刑事法评论》第32卷，北京大学出版社2013年版。

② 参见李婕：《抽象危险犯研究》，法律出版社2017年版，第114～117页。

③ 参见王复春：《不能犯未遂的规范论研究》，法律出版社2018年版，第15页。

点。[①] 这是对抽象危险犯性质其中一个侧面的判断。抽象危险犯性质另一个侧面的判断,还是体现在行为与结果之中。不论从何种角度理解“危险”的性质,均与危险所判断的对象有关,即无法脱离“结果的危险”还是“行为的危险”的纠缠,背后亦连接着对违法性本质的认识。

(一)危险状态与危险行为

尽管在很多场合,危险状态与危险行为是同时存在的,如张明楷教授所举例的“行为人持枪追杀被害人没有击中”的情形,即说明在实践中危险状态与危险行为经常相伴出现,[②]但是,仍然有理论上进行辨别的必要性,在抽象危险犯的场合需要思考抽象危险是危险的状态还是行为本身的危险。

行为不法模式的观点通常认为,抽象危险犯的危险是行为模式所蕴含的典型危险性,是一种事前观察的结果,强调一般经验性的认知,[③]这也是对抽象危险犯的通说理解,主张抽象危险犯的危险具有行为类型性,而非现实性。因此更偏向将其危险视为一种行为的高度危险。但是,在以法益侵害结果为不法核心的判断观点中,努力将抽象危险犯的危险同结果关联,认为抽象危险犯中的结果是“具体危险结果”,这种思路依旧倾向于将抽象危险犯的危险纳入结果的范畴,因此更偏向将其理解为“危险状态”,并非危险行为本身。[④]

尽管这两种理解对抽象危险犯的适用影响并无本质区别,但是,将其理解为“危险状态”还是“危险行为”会在一定程度上影响对危险认

---

① 参见黎宏:《论抽象危险犯危险判断的经验法则之构建与适用——以抽象危险犯立法模式与传统法益侵害说的平衡和协调为目标》,载《政治与法律》2013 年第 8 期。

② 参见张明楷:《刑法学(上)》(第 5 版),法律出版社 2016 年版,第 166 ~ 167 页。

③ 参见周漾沂:《重新理解抽象危险犯的处罚基础——以安全性理论为中心》,载《台北大学法学论丛》2019 年第 3 期。

④ 参见王永茜:《论刑法上的危险及其判断论》,载陈兴良主编:《刑事法评论》第 32 卷,北京大学出版社 2013 年版。

识的范围。从行为人的角度出发，判断自身行为是否具有危险性往往依托于行为可能带来的后果，在侵害犯与具体危险犯的场合，行为危险与危险状态的关系紧密，易被观察与认知，在抽象危险犯的场合，行为人对行为危险的判断无法总是依托现实的危险，有时难以通过行为判断结果。将抽象危险犯的危险理解为“危险状态”更贴合行为人决策行为时的认知路径，符合一般人思考问题的方式，但却容易失误；将抽象危险犯的危险理解为“危险行为”则更贴合立法者的思考路径，是事前的判断与预设，依预设之行为行事会更安全，但也失去了部分灵活性。

（二）“危险”的分类

根据危险性质与特征的不同，抽象危险犯实际上存在不同的类型，危险的分类将直接影响抽象危险犯的分类。域外理论中，均存在对抽象危险犯的内部分类。例如，德国刑法理论中，存在将抽象危险犯进一步分为抽象危险性犯、累积犯与预备犯的观点，并在理论上分别研究其不法构造的差异，尽管在形式外观上表现出相似的状态，但累积的危险与预备的危险的不法构造逻辑并不相同。

国内学者也认为抽象危险犯实际上存在不同的类型。例如，张明楷教授认为存在三种类型，[①]对抽象危险犯中“危险”的认识源自对刑法分则条款的类型化剖析，是由形式相似到实质相异的细化过程，具体可从“累积的危险”“预备的危险”等方面对抽象危险犯的危险分类进行分析。

累积的危险具有独特性，“轻微不法”行为以抽象危险犯的形式进入刑法规制的范围，形成累积犯的不法构造。其内部不法原理为，单个行为基于事实原因，对保护的法益未直接产生损害，但倘若类似行为大

① 分别是：第一，《刑法》分则条文类型化的紧迫危险；第二，《刑法》分则条文拟制的危险；第三，预备犯的危险。参见张明楷：《刑法学（上）》（第5版），法律出版社2016年版，第167～168页。

量实施最终会导致法益侵害,因而有必要对该行为予以禁止。[①] 但是累积犯是否属于抽象危险犯存在疑问,[②]或者说,累积犯与抽象危险犯之间的关系取决于采取何种法益观,以及以何种标准认定抽象危险犯。本文认为,不能将累积犯视为抽象危险犯的前阶,而应视为抽象危险犯中的一种不法构造类型。累积的危险亦是一种抽象的危险,只是危险判断的原理与逻辑具有独特性。通过表征中"危险的程度"来对累积犯定义是对不法内涵的片面理解。

众所周知,累积犯最早出现在环境犯罪中,后来也被用于阐释破坏制度信赖法益的犯罪,如伪造货币罪和贿赂犯罪。看似简单的"如果人人都如此,那么结果会……"的构造逻辑,其实有着颇为复杂的法理问题。在不法原理中,表现出以下两个特征:其一,在将抽象危险犯与累积犯相区分的观点中,核心论据莫过于"事实层面的差异",[③]具体而言,累积犯无须回答现实中无法益侵害危险的情况该如何处理的问题,因为单个行为原本就不会产生侵害的危险,这是在立法阶段的先验性共识;普通的抽象危险犯,理论上通常被认为可以在具体案件中因没有具体危险而排除犯罪,这也渐渐被视为抽象危险犯的性质之一,但是按照累积犯的性质,无法(也不应当)允许个别案件再次判断有无具体危险,否则将与立法原理背道而驰,同时因为实际中的个别案件很难带来具体危险,致使法律条文空置。因此,累积的危险与一般抽象危险犯的危险在不法本质上具有差异。其二,累积的危险在具体的情境中亦可能

① 参见张志钢:《论累积犯的法理——以污染环境罪为中心》,载《环球法律评论》2017年第2期。

② 有观点也认为累积犯是不同于传统的犯罪结构三分法的新型犯罪模式,即在构造上不属于实害犯、具体危险犯、抽象危险犯。也有观点认为,累积犯连抽象危险的程度都无法达到,因此被看作是抽象危险犯的前阶。参见王永茜:《论集体法益的刑法保护》,载《环球法律评论》2013年第4期。

③ 有观点认为:累积犯和抽象危险犯的差别在于事实层面。从规范上看,二者均不要求行为与法益侵害的危险之间存在现实因果关系,所以外观上看似一样,但在没有法益侵害危险的场合中,抽象危险犯表现为例外,而累积犯表现为常态。参见张志钢:《论累积犯的法理——以污染环境罪为中心》,载《环球法律评论》2017年第2期。

表现出"互相作用的不法",前一个特征针对危险结果的不法,而此特征则针对行为本身的不法,以环境污染为例,其不法的特殊性还表现为不同不法行为混合后可能产生的新的不法效果,①区别于侵害个人法益犯罪的不法构造,因果关联的判断是累积犯不法构造的核心部分。

预备的危险并不复杂,在刑法分则中设置独立的构成要件对某些预备行为规制,称为预备行为实行化,处罚实质预备犯的目的为"基于特殊的刑事政策,尽早发挥阻断作用,以避免重大的法益遭受破坏"②。因此,预备的危险在不法构造上较为清晰,不法基础为"对法益造成了侵害(实质预备犯)或者侵害危险(形式预备犯)"③,也被认为是一种"缓和的危险"④。在我国刑法分则中,实质的预备犯客观存在,如组织、领导、参加恐怖组织罪等有组织性质犯罪;伪造、变造、买卖国家机关公文、证件、印章罪等。⑤

三、抽象危险犯与行为犯

一直以来,抽象危险犯与行为犯之间都存在关系争议,原因在于,抽象危险犯与行为犯外部表征相似,均不具备结果要素。故不少学者最终得出"抽象危险犯属于行为犯"的结论。⑥ 但也有相左的观点认为,二者的不法根据本质不同,因此不能作等同理解。⑦ 对于抽象危险

---

① 参见古承宗:《刑法第190条之1作为"累积的具体危险犯"》,载《月旦法学杂志》2018年第276期。

② 马春晓:《虚开增值税专用发票罪的抽象危险判断》,载《政治与法律》2019年第6期。

③ 郑延谱:《预备犯处罚界限论》,载《中国法学》2014年第4期。

④ 张明楷:《刑法学(上)》(第5版),法律出版社2016年版,第168页。

⑤ 具体罪名在此不再逐一列举,可参见郑延谱:《预备犯处罚界限论》,载《中国法学》2014年第4期。

⑥ 参见黄荣坚:《基础刑法学(下)》,中国人民大学出版社2009年版,第629页;林钰雄:《新刑法总则》,中国人民大学出版社2009年版,第77页。

⑦ 参见王永茜:《抽象危险犯立法技术探讨——以对传统"结果"概念的延伸解释为切入点》,载《政治与法律》2013年第8期。

犯与行为犯之间是什么关系,不同的理解又会带来什么影响,从最初的分类标准看,行为犯与结果犯是以行为与结果间的关系为区分标准的犯罪分类,危险犯与侵害犯则是以“法益遭受侵害的程度”为区分标准的犯罪分类。① 我国刑法理论通常认为行为犯是指“只要实施了刑法分则所规定的某种实行行为,就构成既遂的犯罪”,②从定义上看,行为犯是从刑法规定的外观做出的描述,而抽象危险犯则是围绕着“保护的法益”展开。

而对于二者间的关系,大致可以归为“等同说”与“区别说”两种。等同说认为:从最终判断犯罪成立的角度出发,抽象危险犯与行为犯的判断结果是一致的,因此可以等同视之,或将抽象危险犯归属于行为犯。③ 区别说认为:抽象危险犯与行为犯的性质不同,如抽象危险犯被允许反证,而行为犯不允许;④还有学者认为抽象危险犯的形式可以是行为犯,也可以是结果犯,⑤但是也有不同观点,认为一个犯罪不能同时具备行为犯与抽象危险犯的属性,它们是完全相排斥的。⑥ 区别说的内部存在不同的说理与逻辑,但共同之处都是主张在性质上区隔行

---

① 参见林钰雄:《新刑法总则》,中国人民大学出版社2009年版,第68~75页。

② 张明楷:《刑法学》(第5版),法律出版社2016年版,第348~349页;付立庆:《应否允许抽象危险犯反证问题研究》,载《法商研究》2013年第6期。

③ 如林钰雄教授认为:“抽象危险犯所处罚者是对于法益客体带有典型危险的行为方式……因为抽象危险犯根本不问行为人在个案中是否招致实害或有无造成法益的具体危险,只要行为合乎构成要件的描述即可成立,因此归类上属于行为犯。”参见林钰雄:《新刑法总则》,中国人民大学出版社2009年版,第76~77页。

④ 参见刘树德:《行为犯研究》,中国政法大学出版社2000年版,第94页;类似的观点还有:“用行为犯的不法根据来说明抽象危险犯的不法,会直接导致抽象危险犯的处罚范围过宽。”参见王永茜:《抽象危险犯立法技术探讨——以对传统“结果”概念的延伸解释为切入点》,载《政治与法律》2013年第8期。

⑤ 参见[德]乌尔斯·金德霍伊泽尔:《刑法总论教科书》,蔡桂生译,北京大学出版社2015年版,第67~68页;高巍:《抽象危险犯的概念及正当性基础》,载《法律科学(西北政法学院学报)》2007年第1期。

⑥ 如付立庆教授认为:“在抽象危险犯的场合,则需要对保护的法益造成抽象的危险,这种抽象的危险虽然是构成要件行为所具有的类型性的危险,但它毕竟不是行为本身。”付立庆:《应否允许抽象危险犯反证问题研究》,载《法商研究》2013年第6期。

为犯与抽象危险犯,二者之间并非等同或包容关系。

本文坚持区别说,认为二者具有本质上的差异,不应当混同。以往对这两组概念的辨析中,能够达成共识的结论是:两组概念的分类标准是不同的。刑法学研究中的分类,通常基于不同的标准,分类的前提在于追求一定的目标或者意义,否则单纯的分类则没有实际价值。因此,这两组概念尽管有很大程度的交叉,但却具备独自分类的理论意义,在以往的研究中都保持着这样的区分。而等同说的出现,很大程度因为两组概念在罪名划分上的重合与交叉,以及对抽象危险犯性质的理解存在差异。对此,下文将进行详细的梳理。

抽象危险犯与行为犯的纠葛应当是从前述的两组分类开始。因此有必要对两组分类的前因后果进行说明。在我国,学者对行为犯研究的展开在时间上早于抽象危险犯,①早年间对犯罪类型的研究还有另一组概念,即以"行为与法益的关系"为标准可以将其分为实质犯与形式犯,②那一时期对行为犯的辨析总会同这组概念一起,并且相当一部分的观点认为行为犯等同于形式犯。③ 但由于当时的法学研究受历史环境影响,且过去以苏俄刑法理论为主要的域外借鉴,对大陆法系刑法理论的研究处于初期,对概念间内涵的理解存在偏差,④因此对"实质犯与形式犯"产生过误读,将犯罪模式的分类与德日三阶层理论混同理解,认为实质犯即为符合"构成要件+违法性"的实质违法,而形式犯是符合"构成要件"的形式违法,⑤但其实这是两个不同层面的问题。

---

① 2000年出版的刘树德所著的《行为犯研究》、2002年出版的史卫忠所著的《行为犯研究》、2004年出版的郑飞所著的《行为犯论》均可说明。

② 参见王志祥、刘江格:《形式犯实质犯区分之争述评》,载《河北法学》2004年第12期。

③ 参见史卫忠:《行为犯研究》,中国方正出版社2002年版,第47~48页;刘树德:《行为犯研究》,中国政法大学出版社2000年版,第3页。

④ 如陈兴良教授总结:在苏俄刑法理论中,行为犯与形式犯是同一种犯罪形式;在大陆法系刑法理论中二者则有所区别。参见陈兴良:《刑法哲学》(第6版),中国人民大学出版社2017年版,第265页。

⑤ 参见刘树德:《行为犯研究》,中国政法大学出版社2000年版,第8~15页。

通过对研究史的考察,以及对“形式犯与实质犯”区分标准的研读和对比后,[①]不难发现“形式犯与实质犯”同“侵害犯与危险犯”的分类渊源与目的较为相近,或者可将侵害犯与危险犯视为实质犯的下位概念,并且占据刑法典中的绝大多数罪名。[②] 尽管也有不同观点,但目前基本都认为在我国刑法理论中这一组概念没有意义可以废止,在大多数教科书中也不再介绍这对概念。因此,当下无须在“实质犯与形式犯”这组概念中纠缠,在“结果犯与行为犯”这组概念中研究行为犯即可。综上可以得出,行为犯与形式犯的渊源很大程度是早年间学习与介绍苏联刑法理论与大陆法系刑法理论时的成果,从研究的时间上看,形式犯早于行为犯,行为犯早于抽象危险犯。

(一)行为客体与法益

回到抽象危险犯与行为犯的关系中,区别说基础的观点在于二者的界分标准不同。其中的观点之一在于分类标准是“行为客体”还是“法益”的问题。行为客体与法益在刑法理论当中被区分开来,前者一般指不法行为的物质对象,后者则为刑法规范的保护对象。[③] 但二者界分标准存在观点分歧,有观点认为这两组概念都是以法益为标准的,[④]也有观点认为结果犯与行为犯这组概念的分类标准在于,犯罪的成立是否以不同于法益的行为对象发生变化为必要。[⑤] 持前者观点的

① 当时的通说认为“以成立犯罪是否要求以法益的侵害或侵害的危险为必要来区分形式犯与实质犯”。参见王志祥、刘江格:《形式犯实质犯区分之争述评》,载《河北法学》2004 年第 12 期。

② 参见[日]木村龟二主编:《刑法学词典》,顾肖荣、郑树周等译校,上海翻译出版公司 1991 年版,第 157 页。

③ 参见[德]冈特 · 施特拉腾韦特、洛塔尔 · 库伦:《刑法总论 I ——犯罪论》(第 5 版),杨萌译,法律出版社 2006 年版,第 91 页。

④ 张明楷教授持此观点。

⑤ 参见[日]松宫孝明:《刑法总论讲义》(第 4 版补正版),钱叶六译,王昭武审校,中国人民大学出版社 2013 年版,第 45 页。

学者从法益论角度出发,认为行为犯也必须具有侵害法益的性质,而不能将行为犯理解为"一旦实施行为就成立的犯罪"。因此行为犯既可能是侵害犯也可能是危险犯。同时也有观点认为,抽象危险犯、具体危险犯、侵害犯和行为犯这些概念应该在法益与行为客体的二元视角下以及在两者的关系中被认知。

(二)犯罪成立与犯罪既遂

另一观点存在于犯罪成立与犯罪既遂的关系之中。犯罪成立与犯罪既遂的复杂关系与我国刑法立法体例有关,由于我国刑法对犯罪的未完成形态只在总则中作了概括性规定,分则中再无任何具体规定,不同于日本在刑法分则中再进行专门规定,也就不存在"基本的犯罪构成要件"与"修正的犯罪构成要件"的分则立法模式。[①] 因此,在大陆法系国家犯罪既遂与犯罪成立可以在实质上合二为一,不存在逻辑上的矛盾。所以,行为犯与结果犯的两个不同的界分标准在大陆法系国家没有实质区别,[②]但就我国而言,理论上建立犯罪构成体系是以既遂为模式还是以犯罪成立为模式,尚未得到很好解答,[③]犯罪既遂与犯罪成立倘若要在实质上合一,则会面临理论逻辑难以自洽的矛盾。

在我国传统刑法理论中,结果犯、行为犯、危险犯、举动犯共同属于犯罪既遂形态下的四种类型,[④]而现在所讨论的侵害犯与危险犯是在"违法性"阶层中的"结果"要素中进行的,不再作为犯罪既遂下的形

① 参见冯亚东:《犯罪构成与诸特殊形态之关系辨析》,载《法学研究》2009 年第 5 期。

② 一种是以犯罪既遂是否要求犯罪结果为标准的观点(本来的通说);另一种是以犯罪成立是否要求犯罪结果为标准来界定行为犯与结果犯。参见史卫忠:《行为犯研究》,中国方正出版社 2002 年版,第 80 ~ 82 页。

③ 参见张明楷:《犯罪构成理论的课题》,载《环球法律评论》2003 年第 3 期。

④ 参见高铭暄、马克昌主编:《刑法学》(第 7 版),北京大学出版社、高等教育出版社 2016 年版,第 148 ~ 150 页。

态,这是采取不同的犯罪论体系所带来的结果。因此,最初区分结果犯与行为犯是以犯罪既遂的标准说明的。同时,刑法理论对犯罪既遂的通说为“构成要件说”,即犯罪既遂是指着手实行的犯罪行为具备了具体犯罪构成要件全部的要素情况。在此前提下,对行为犯、结果犯的区分以犯罪构成要件的全部情况进行。因此,通说认为,行为犯与结果犯是犯罪既遂的下属形态,认为以法定犯罪行为的完成作为既遂标志的犯罪是行为犯,以结果的实现为既遂标志的是结果犯。[①] 但是在阶层论的体系里,讨论“侵害犯与危险犯”是在“结果”中进行的,换言之,围绕着刑法中“结果”的内涵,出现了侵害犯与危险犯,这里并不涉及犯罪的特殊形态问题。侵害犯与危险犯是以对法益的侵害或侵害的危险所作的分类,在通说观点里,侵害犯与具体危险犯都属于结果犯,于是在交叉关系之中,剩下抽象危险犯与行为犯两个概念。对于“结果犯与行为犯”与“危险犯与实害犯”这两组概念,有学者认为,前者的区分方式是为了解决犯罪既遂标准的问题,以及有无判断因果关系的必要,[②]后者的区分方式是为了解决犯罪成立条件的问题。[③]

(三)概念的舍弃

综上也可以看出,两组概念的分类差异,很大原因在于分类标准间的“相近”和“存疑”,因为刑法理论尚未处理好“犯罪成立与犯罪既遂”的理论逻辑,同时也尚未处理好“犯罪客体与法益”之间的关系,也关系到如何依据我国实定法建构逻辑自洽的犯罪论体系,以上问题尚在研究之中,在新旧知识的交织更替下,出现混乱在所难免。因此,若要回答最初的问题,区分二者的目的是什么,有什么意义与功能,似乎

---

① 参见付立庆:《行为犯概念否定论》,载《政法论坛》2013年第6期。

② 参见林东茂:《危险犯与经济刑法》,台北,五南图书出版有限公司1999年版,第11页。

③ 参见陈洪兵:《公共危险犯解释论与判例研究》,中国政法大学出版社2011年版,第8~14页。

以上争论并没有很好回应这个问题,也有些难以回应。

与此同时,学者们发现概念的多与繁杂反而有可能带来负面效果。于是观点渐渐从过去的"抽象危险犯与行为犯"何者下属于何者的思路,转化为是否有必要废止其中之一,以消除理论上无用的繁杂分类。对此,在早期的研究中,有学者认为抽象危险犯混淆了危险犯与行为犯的界限,因此应当放弃抽象危险犯这一概念,①近年来也有类似的观点认为实害犯属于结果犯,危险犯属于行为犯,因此完全没有必要使用"实害犯与危险犯"这一组概念。② 但同时亦有与之相反的观点认为,行为犯与结果犯这对概念的作用是非常有限的,因此应当放弃使用。通常所认为的行为犯,大多数应该理解为抽象危险犯,这样也有利于反证出罪。③

对此,本文能够认同的是:刑法中概念的形成与类型的划分需要具有一定的目标。但是,这个目标并不全然以解决实际问题为导向,换言之,对于概念冗杂、实践中意义不大,因此需要废止某一概念或分类的观点,还需要慎重考虑。原因在于,建构复杂多样的概念并不是为了把简单的问题复杂化,它是在研究所谓简单问题时的"过程",或者称之为"视角"。研究中的"复杂化"与实践中的"简明易懂"并不是对立面。行为犯与抽象危险犯在看待刑法分则罪名时是两个不同的视角,尽管存在"包容与被包容""相互交叉"等看似混乱的关系,但并不妨碍它们在各自的视角中分析刑法分则罪名的规定与实质内涵,这对于实务中如何具体适用法律条文意义重大。刑法分则罪名的表述有许多值得研究之处,而对立法者"简明"的语言表述进行深刻的阐释与理解,正是研究者的目标之一。倘若依有些观点,"危险犯完全隶属于行为犯",就很难阐释我国刑法分则中类似于"尚未造成严重后果……""足

---

① 参见史卫忠:《行为犯研究》,中国方正出版社 2002 年版,第 171 页。

② 参见杨兴培:《刑法研究应当使用通识性语言——兼对几种刑法理论现象的反思与批评》,载《上海法学研究》2019 年第 3 卷。

③ 参见付立庆:《行为犯概念否定论》,载《政法论坛》2013 年第 6 期。

以产生……危险”这样的实定法表达。[1] 尽管学者的初衷是让刑法回归“简单”,但如此也仅仅是形式上看着简单而已,需要面对的实践问题还是没有得到解决。

四、结语:抽象危险犯的“分类”研究思想

危险犯的分析与归类,或许比想象中要复杂,涉及国外理论与本土化,各种名词的出现与引入,加深了抽象危险犯视域内的复杂。但是不论是“准抽象危险犯”“具体危险性犯”“适格犯”还是“累积犯”都围绕着一个核心在对危险犯进行剖析与建构:什么样的危险犯可以在具体的案件中判断危险?什么样的危险犯不需要经过这个步骤(或者无法经过这个步骤)?以及更为具体层面的如何判断危险?这样的分析与划分既是对现行实定法的回顾与解释,同样也对未来立法提供依据与参考。

以往研究被诸多“冗杂”的概念所困扰,本文对厘清概念做出一些尝试。总结而言:(1)抽象危险犯与行为犯的纠葛主要来自理论分类产生的先后顺序以及背后犯罪论体系和违法论根基的理论转变。不能无视刑法理论的更替,在处理好新旧关系之前,也不用急于废止某种概念。(2)抽象危险犯与具体危险犯的分类依据直接源于刑法分则罪状的形式表述,但这种分类随着实践经验与学者研究的积累与深入,带来

① 对此问题,笔者较为赞同我国台湾地区学者李圣杰的表述:“我们对于犯罪予以类型的分类,主要是借由分类来呈现在刑法各罪之构成要件合致所应该具备的不同判断要素。将抽象危险犯定性为行为犯,而成为结果犯的相对概念,其实还牵涉我们对于‘结果’概念的不同理解以及犯罪类型区隔的目的选择。”同时,依作者的观点:“将犯罪类型分为行为犯与结果犯,严格来说只是要强调在结果犯的构成要件检验上某行为必须发生一定狭义结果,且行为与结果有因果关联,才会认为行为已经犯罪既遂,至于行为犯则只要行为人构成要件行为实行完毕,已经算犯罪成功;区分危险犯与实害犯的区隔标准在于行为是否造成法益的实际侵害,其区隔作用主要是为了进一步判断行为是否需要造成法益侵害,才认定为犯罪既遂的立法选择。”参见李圣杰在《月旦法学杂志》第290期(2019年)发表的文章。

了认知上的转变,危险犯领域开始重新分类的尝试,于是出现准抽象危险犯、适格犯、抽象危险性犯等新的概念。(3)累积犯、预备犯等概念的提出,在域外源于对"某一类"特定犯罪的研究,对我国而言,也存在类似的领域,对这些领域的研究以及对域外概念的引入可以说是同时的。在分类的种种矛盾中,也表现出抽象危险犯性质的深刻性,这种深刻性或许是本身存在的,也或许是在研究中被建构出来的,但重要的是归纳本身具有的意义并不是简单的理论游戏,而是尽量提供一种对"同类犯罪下最合适的适用方法与标准"的探索。

就抽象危险犯而言,分类归纳与研究是必要的。正如学者所总结的,抽象危险犯是一种集合性概念,在这一共同术语下,掩盖了不同种类的"风险创设类型"。[①] 不同的风险创设类型指向不同的处理方式,因此,对抽象危险犯分类研究的路径显得更为细致与实用。例如,危险驾驶罪与恐怖主义犯罪之间就存在很大差异,不论是保护法益的类型、抽象行为危险的典型程度,以及现实中发生危害结果的概率等都存在差异。从司法实践中适用的概率来看,危险驾驶罪远高于恐怖主义犯罪,因此对于普通的社会成员影响更大,交通出行与绝大多数人的日常生活息息相关。而恐怖主义犯罪尽管保护着更为关键的法益,从宏观上看对于国家社会安全是最基本的法益,但对于普通的社会成员来说相对遥远。因此,在适用中存在不同的考量因素,对酒驾行为考虑更多的是具体的规范训练与公民权利之间的平衡,同时要考虑到犯罪标签的负面效应;对于恐怖主义犯罪考量更多的是抽象与宏观意义上的国家与公民之间的关系,以及刑法的象征性意义。

以上的研究结论表明,不同类型的抽象危险犯应当遵循不同的分析依据与逻辑,很难一概而论。这些差异意味着,抽象危险犯表面上看是一个"集合"的概念,总揽一群罪名,但实质上是一个较为"松散"的概念,相似的表征背后是不同的实质内容,不同罪名的适用与解释完全可以依循不同路径,遵从不同的刑事政策,这一点在司法实践中体现明

---

① 参见徐凯:《抽象危险犯正当性问题研究——以德国法为视角》,中国政法大学出版社2014年版,第151页。

显。因此,基于刑法分则罪名类型化、个别化的分析是必要的。立法中,“理性扩张”与“集中扩张”的问题亦需要在此被讨论,不论是立法还是司法,结合具体的社会背景、具体的情况才能最大程度减少矛盾的产生。

这也进一步再次揭示,对危险的控制并非必然是自由的对立面,预防与自由这对具有辩证关系的概念,无处不在地进行“拉锯”,但宏观上的“拉锯”结果并不是最重要的,更重要的是在具体而微的议题中,如何更好地衡平二者。因此,处罚抽象危险犯会限制部分自由,但同时也能够换取部分自由,是一个没有结论的结论,很难从抽象危险犯的设置推导出刑法的立场与态度。在本文看来,更多的是需要讨论具体而微的“合理性”与“有效性”问题,而非仅仅停留在宏观上的价值争论中,否则带来的仅仅是观念上的辩论,具体该如何处理仍然是悬而未决的问题。什么样的风险或危险,是可以被允许发生,可以被社会所包容的,什么样的危险又是需要尽量避免的,是需要具体问题具体研讨的,这也就是为什么,在不同的领域,需要具体分析的原因所在。食品、药品、枪支、交通安全是完全不同的领域,同样国家安全、社会秩序、经济管理秩序也是不同层级的问题。

Reconsideration on The Basic Concept of Abstract Dangerous Crime

BAI Xuechun

[内容摘要]抽象危险犯是近年来我国刑法理论研究中的热点问题之一。作为一个“引入”的概念,我国对抽象危险犯的集中讨论不过短短十几年时间。理论研究需要一定的消化期,这就导致在危险犯及抽象危险犯的概念认识上存在模糊与争议,对概念认知的不足直接带来司法适用中的诸多疑虑,加之抽象危险犯在立法中呈现增加趋势,使抽象危险犯定义的再思考成为必要,主要包括抽象危险犯与具体危险犯的理论发展、抽象危险犯与行为犯的区别与关系、抽象危险犯的“危险”等命题。

[关键词]抽象危险犯;具体危险犯;行为犯;适格犯

Abstract: Dangerous crime is one of the hot issues in the theoretical research of criminal law in recent years. As a concept of "introduction", the concentrated discussion in our country has lasted less than twenty years. Theoretical research needs a certain period of digestion, as a result, the concept of this field is ambiguous and controversial. The lack of understanding of concept leads to many doubts in judicial application, at the same time, abstract dangerous crime shows an increasing trend in the legislation, so the basic concept of abstract dangerous crime is reconsidered, it mainly includes the distinction and relationship between abstract dangerous crime and concrete dangerous crime, abstract dangerous crime and behavior crime, "danger" of abstract dangerous crime.

Keywords: abstract dangerous crime; concrete dangerous crime; behavior crime; eligible offender

受虐妇女杀夫案中的出罪路径研究

丁文焯*

目　次

一、问题的提出

家庭作为一种独立生活单位,其内部运行与外部社会运转相对独立,因此发生的家庭内部冲突,很难为外界及时察觉并作出反应,受侵害一方也难以得到有效的公力救济与社会救助。同时,得因于传统的不平等性别结构与生理差异,在夫妻之间发生的家庭暴力中,女性在大多情况下扮演的是受害者角色。① 女性身处暴力周期之中,受恐惧与

---

* 清华大学法学院博士研究生。

① 参见第三期中国妇女社会地位调查课题组:《第三期中国妇女社会地位调查主要数据报告》,载《妇女研究论丛》2011 年第 6 期;蒋月:《我国反家庭暴力法适用效果评析——以 2016—2018 年人民法院民事判决书为样本》,载《中华女子学院学报》2019 年第 3 期;佟新:《不平等性别关系的生产与再生产——对中国家庭暴力的分析》,载《社会学研究》2000 年第 1 期。

焦虑等情绪的影响，容易倾向选择极端的杀人方式，来实现自力救济。[①] 对于此类受虐妇女杀夫案，理论和司法实务中普遍认为，如果面对正在实施的家暴，妇女实施的杀人行为可以被认定为防卫行为，与之相对，发生在家暴间歇期内的妇女杀夫行为，在认定上则存在较大争议。在该情形下，受虐妇女由于难以在家庭暴力的过程中进行反抗，或曾经尝试过反抗，但由于之后遭受更加严重的暴力因此不敢反抗，故出于无法忍受长期家暴或为预防下一次家庭暴力发生，在先前的暴力行为已经结束，之后的暴力行为尚未发生的间歇期内，趁施暴者不备将其杀死，[②]如以下三例：

案例1："孙某红故意杀人案"[③]

孙某红与辛某系夫妻，孙某红在婚后长期遭辛某殴打，欲离婚遭辛某威胁未果。某日下午，孙某红在其出租房内将事先准备好的大量安眠药捣碎放入饮料中，并将其拿给正在喝酒的辛某饮用，待辛某昏迷后，孙某红持酒瓶、擀面杖猛击辛某头部，辛某后经抢救无效死亡。

一审中院以故意杀人罪判处孙某红有期徒刑8年，被告人提出上诉，二审中辩护人提出，被告人的行为系自力救济的正当防卫行为，二审高院经审理后认为，被告人孙某红的行为明显不符合法律对正当防卫的规定，辩护理由不成立，并最终维持原判。

案例2："张某英故意杀人案"[④]

张某英与杨某系夫妻，张某英在婚后的4年中经常受到杨某殴打。某日凌晨2时许，杨某再次酒后实施家暴，并持水果刀逼张某英喝掉一碗农药，遭到拒绝后，对张某英说"你不喝掉，就剁死你"之后，放下碗离开卧室。7时许，张某英走出卧室，见杨某在客厅沙发上休息，便用木棒朝杨某后脑部连击数棒，随后打电话向公安局投案。当日，杨某经

---

① 参见邢红枚：《受虐妇女杀夫的原因——对四川省某女子监狱的调查报告》，载《四川警察学院学报》2010年第4期。

② 后文出现的受虐妇女杀夫，均指间歇期杀夫这一情形。

③ 参见浙江省高级人民法院刑事裁定书，(2020)浙刑终404号。

④ 参见云南省高级人民法院刑事裁定书，(2017)云刑终625号。

医院抢救无效死亡。

一审中院以故意杀人罪判处被告人有期徒刑8年,被告人提出上诉,二审高院认为,被害人长期实施家庭暴力,具有重大过错,被告人犯罪主观恶性较小,因此经审理后维持原判。

案例3:"王某琴故意杀人案"①

王某琴与刘某系夫妻,二人婚内经常互殴,王某琴在相互打斗中受伤害较多。派出所多次出警调解,且王某琴曾向法院起诉要求离婚,经法庭调解和好。某日,二人在卧室内发生打斗,王某琴脸部被打伤,刘某的手臂被抓伤。3日后夜间22时许,王某琴与刘某再次发生争吵,刘某将王某琴按倒,王某琴挣脱后,从卧室外拿来一把木柄铁锤,持铁锤击中刘某头部致其倒地,又继续击打刘某头部数下,致其颅脑严重损伤而死亡。

一审中院以故意杀人罪判处被告人有期徒刑8年,检察机关以量刑畸轻为由提起抗诉,被告人在二审中当庭辩解其行为构成防卫过当。二审高院经审理认为,被告人的行为不属于为制止紧急不法侵害而采取的必要防卫行为,不具有正当防卫性质,并且杀人焚尸的作案手段残忍,最终认定被告人犯故意杀人罪,判处有期徒刑15年,剥夺政治权利3年。

观察上述三个案例可以看出,被告人犯罪行为的演变过程均较为特殊,与通常的男性犯罪行为演变所呈现出的"顺向性"不同,具有从被害向加害的"逆变性"演变特征。② 一方面,在实施杀人行为之前,被告人的身份是家庭暴力受害者,其所罹受的暴力长期存在并日渐升级,甚至其生命法益也曾受到过来自被害人的暴力威胁。如在案例2中,从判决书中的被告人供述与证人证言可看出,在双方婚姻关系存续期

---

① 参见湖北省高级人民法院刑事判决书,(2017)鄂刑终303号。

② "顺向性"是指,一般犯罪行为演变都体现出一种累积过程,由相对较轻的违法、不道德行为发展为犯罪行为,或是由较轻的犯罪行为发展为相对严重的犯罪行为。与之相对,"逆变性"并没有这样一个渐进或累积的过程,而是行为人在受到不法侵害之后,在不良心理的支配与其他因素的推动下,由被害人向加害人方向的逆向转化。参见张远煌主编:《犯罪学》(第4版),中国人民大学出版社2020年版,第165页。

间,被害人最初只是在酒后偶尔对被告人实施殴打,慢慢发展为在酒后大概率殴打被告人,接着其实施殴打行为变得不问缘由、随时可能实施,甚至被告人在身处孕期时也未能幸免,并因此导致流产。另一方面,被告人作为夫妻关系中的弱势一方,受制于“家庭”这一紧密的社会生活单位,往往难以从长期暴力中逃离,因此在恐惧、焦虑等心理的支配与其他各种因素的推动下,最终由家庭暴力的被害人向故意杀人的加害人方向转化。如在案例1中,由于长期遭到严重殴打,被告人曾提出过离婚,因此受到被害人的威胁与再度殴打,最终未能成功。应当说,这种“逆变性”特征的存在,意味着受虐妇女最终的杀夫行为,在一定程度上是长期遭受暴力下迫不得已的产物,因此一般被认为应当作从宽处理。然而,“逆变性”作为一个犯罪学上的术语,只是一种对犯罪行为演变的过程性描述,如果要讨论其对最终被告人刑事责任的影响,需要在刑法学语境下对该特征进行规范提炼。

对此,2015年发布的《关于依法办理家庭暴力犯罪案件的意见》(以下简称《家暴犯罪意见》)第20条中,将长期家暴行为解释为“被害人过错”,将受虐妇女在困境下的被迫反抗认定为“防卫因素”,并最终落脚于量刑阶段,来实现最终对被告人的从宽处理。然而,该规定虽然在一定程度上厘清了思路,在对于受虐妇女的罪责从宽上具有进步性,但仍存在两方面问题值得商榷:(1)该规定提炼出的两项事实因素,实际上彼此难以兼容。“被害人过错”是一项酌定量刑情节,影响最终量刑无可厚非;但“防卫因素”意味着需要有正当防卫方面的考量,该考量理应体现在定罪阶段,无法直接解释对行为人在量刑阶段的从宽处理,其中需要进一步的解释,因此《家暴犯罪意见》中的“防卫因素”表意为何就显得模糊不清,需要进行进一步解释。(2)该规定仍然存在结果责任的倾向,认为该类案件中的杀夫行为既然造成了死亡结果,那么该行为应当被认定为犯罪,只是基于“被害人过错”和“防卫因素”可以从宽处理,因此只是囿于量刑上的考量,从而直接剥夺了在出罪上的讨论空间。

由此,理论界对“逆变性”本身及其产生原因进行再度提炼,来对该类案件中的各类出罪路径进行探索。具体来看,各出罪路径主要是基于"受虐妇女综合征"(Battered Woman Syndrome,BWS)这一理论,或以该理论下的"暴力周期"(Violent Cycle)与"习得性无助"(Learned Helpless)两项子概念[①]为依托,来对该类案件"逆变性"进行规范提炼,从而补足各个出罪路径中成立要件的缺失:(1)传统的正当防卫说认为,产生"逆变性"的原因是存在长期家庭暴力,并基于"暴力周期"理论,将长期家庭暴力解释为持续侵害,从而认为行为时存在正在进行的不法侵害,符合正当防卫的时间要件;[②](2)紧急避险说认为,"逆变性"的重点在于受虐妇女迫不得已的心理,从而用"习得性无助"理论来解释紧急避险中"不得已"的成立要件;[③](3)期待可能性说同样着眼于受虐妇女心理,引入"习得性无助"理论,来解释为何行为人没有其他行为选择的可能性。[④] (4)责任能力说则直接将"逆变性"提炼为BWS,并认为 BWS 属于我国刑法中规定的精神病范畴,因此妇女因罹

① 其中,"暴力周期"指的是家庭暴力行为通常在两种状态下循环往复:(1)紧张加剧的时期。是指在某件小事触发后,丈夫突然爆发暴力行为。(2)缓和的悔恨阶段。在此阶段,男性通过表达悔恨恳求原谅,并发誓放弃暴力行为。"习得性无助"原本并不局限于某种情形,是在特殊环境下后天被动形成的无助心态的统称,如果将其放在"暴力周期"这一特殊环境下,则被理解为受虐妇女在遭受随机且无法逃离的家庭暴力后,逐渐开始接受自己的命运,并发展出一些共同的性格特征,如自卑、焦虑或恐惧等,并且相信只有自己才能改变自己的困境,并最终采取最为极端的自我救济方式。See Lenore E. Walker, *Symposium: Women and the Law*, Pepperding Law Review, 20, p. 1170 (1993). Rachel McPherson, *Battered Woman Syndrome, Diminished Responsibility and Women Who Kill: Insights from Scottish case Law*, The Journal of Criminal Law, 83(5), p. 133(2019).

② 参见季理华:《受虐妇女杀夫案中刑事责任认定的新思考》,载《政治与法律》2007 年第 4 期;王新:《受虐妇女杀夫案的认定问题》,载《法学杂志》2015 年第 7 期;王俊:《反抗家庭暴力中的紧急权认定》,载《清华法学》2018 年第 3 期。

③ 参见陈璇:《家庭暴力反抗案件中防御性紧急避险的适用——兼对正当防卫扩张论的否定》,载《政治与法律》2015 年第 9 期。

④ 参见隗佳:《责任阻却性紧急避险的厘清与适用——以受虐妇女杀夫案为视角》,载《法学家》2020 年第 1 期。

患精神病而不具备责任能力。① 综上，本文将从所涉理论出发，对上述各解决路径进行讨论，并尝试作出进一步探索。

二、对各解决路径的反思

该类案件引起热议的原因在于，受虐妇女的杀夫行为从外观上看，并不能满足各出罪事由的全部成立要件，因此才适用 BWS 及其内部理论，来将案件的"逆变性"特征进行规范化解读，从而对成立要件予以解释与补足。然而，BWS 作为一个心理学术语，其本身只是通过实证研究而总结归纳出的一种规律现象，并没有确切的内涵与外延，直接以其补足某一出罪事由的构成要件，显得过于武断笼统，且难以给出切实可行的判断标准。鉴于此，下文将通过反思各路径中存在的问题，尝试在对"逆变性"这一特征进行提炼的基础上，进行路径选择与再度探索。

（一）传统正当防卫说及其不足

在受虐妇女杀夫案中，上一次家庭暴力已经结束，且已结束的家暴行为与杀夫行为之间存在较为明显的时空间隔，因此从外观上看，此时并不存在"正在进行的不法侵害"。也就是说，如果认为受虐妇女杀夫行为有可能构成正当防卫，那么需要对于行为时存在不法侵害的原因作出解释。对此，传统的正当防卫说持一体化思路，将家庭暴力行为进行一体化认定，认为其性质是持续侵害或重复侵害。具体而言，该说依托 BWS 中的"暴力循环"理论，认为受虐妇女面临的施暴者的不法侵害是连续性、紧迫性和长期性的，因此自第一次家暴发生，直到最终反

① 参见屈学武：《死罪、死刑与期待可能性——基于受虐女性杀人命案的法理分析》，载《环球法律评论》2005 年第 1 期；钱叶六：《期待可能性理论的引入及限定性适用》，载《法学研究》2015 年第 6 期；姜敏、谷雨：《"受虐妇女综合征"：概念、体系地位与启示》，载《刑法论丛》2019 年第 3 期。

击行为时,家庭暴力所制造的不法侵害处于从不间断的持续状态,受虐妇女在其中的任何时间点都可以进行防卫。①

传统正当防卫说对于"家庭暴力"概念的一体化理解,存在两方面的解读。

首先,如果并不消解各个家暴行为之间的独立性,只是将其视为一个整体,则就是将长期存在的家暴行为视作刑法理论上的连续犯,或是依据英美刑法中的"累积效果"原理与"最后稻草原则"②,将其作为徐行犯理解。但一方面,各个家庭暴力行为之间往往有着较长的时空间隔,很难认定各个行为被同一或概括的主观意思所贯穿,也就是说无法直接将其认定为基于同一或概括故意,所实施的数个行为,从而无法认为施暴者成立虐待罪或故意伤害罪的连续犯。如在上述案例 3 中,在前一次暴力行为发生后的第三天,被害人再一次与被告人发生肢体冲突,相较于整个婚姻存续时间来看,这两次暴力发生的时间间隔较为短暂,但第一次暴力发生时双方已经在警方的调解下和好,且刺激、促使两次暴力发生的动机并不相同,因此很难认定被害人对这两次暴力的发生持同一或概括的故意。由此,以最后发生的两次暴力行为的关联性进行分析,来反推横跨整个婚姻存续期间的暴力行为,同样无法直接认为所有的家庭暴力都是被同一或概括的犯意所贯穿的。

另一方面,连续犯只是基于罪数理论,将数个独立犯罪行为作一罪处理,目的是满足罪刑相适应的要求,以及简化诉讼程序且便于司法操

① 参见季理华:《受虐妇女杀夫案中刑事责任认定的新思考》,载《政治与法律》2007 年第 4 期。

② 在认定家庭暴力的不法侵害程度,以及判断能否对其进行防卫时,英国法院会考虑虐待行为之"累积效果"(Cumulative Effect),也就是考量所有暴力侵害的累计叠加;美国加利福尼亚、宾夕法尼亚的州法院则采取所谓的"最后稻草原则"(Last-Straw Rules),是指被害人实施了多次挑衅行为,每一次挑衅行为单独来看都达不到充分的程度,行为人对每一次挑衅行为都采取了忍耐的态度,但这些挑衅行为累积起来,最后一次挑衅成为最后的稻草,使得行为人在极端情绪下杀害被害人,以此为被告人作减轻责任辩护。See Richard G. Singer, John Q. La Fond, *Criminal Law*, *5th edn*, New York: Aspen Publishers Press, 2003, p. 217.

作。[①] 也就是说,连续犯只是对最终犯罪个数的判断,与客观上不法行为的个数认定并无关联,即使长期家庭暴力能够被视为连续犯,也不能将长期家庭暴力认定为只存在一个不法侵害行为。同时,徐行犯是数行为构成的一罪,虽然是数个子行为的累积导致了最终侵害结果的发生,但其中的每个子行为单独来看并不具有社会危害性。家庭暴力行为却并非如此,严重家暴行为如果造成了重伤或死亡结果,只实施过一次就可以直接构成故意犯罪,并不需要数个行为的累积。对于短时间内多次实施的家庭暴力行为,或许可以最终认定虐待罪或故意伤害罪一个罪名,构成一个法益侵害结果,但并不等同于只存在一个家庭暴力行为。

其次,如果消解各个单独的家庭暴力之间的边界,将其视为一个完整的不法侵害行为,则是将长期家暴作继续犯理解。然而,继续犯指的是作用于同一对象的一个不法侵害行为,从行为着手到行为终了,该行为与不法状态在一定时间内同时处于继续状态,较为典型的如非法拘禁罪、绑架罪等。但纵观长期持续的家庭暴力,各个不法侵害行为之间存在显著的时空间隔,且在间隔期的大多数时间内,受虐妇女的法益均处于相对平稳的状态,一直持续的只是冷暴力、经济管控等并不直接威胁身体与生命法益的精神虐待。也就是说,在一次家庭暴力结束后,不法行为已经结束,行为所造成的危险状态也已经结束,而并不是一直处于继续状态,因此难以将家庭暴力归为继续犯范畴。

除此之外,如果不对行为时的不同情形加以区分,而是认为自第一次家庭暴力实施后,受虐妇女的法益就一直处于危险之中,也容易使作为危险源的施暴者承担过度风险。以上述案例 1 与案例 2 为例,在行为发生时,行为人所面临的危险程度存在较大差异。具体而言,案例 2 中的被害人已经发出了暴力预告,行为时已经到达预告时间,被害人随时可能醒来,并实施现实的不法侵害行为;而在案例 1 中,被害人并未作出明确的暴力预告,行为时双方正处于正常的夫妻生活之中,被告人法益处于相对平稳状态,同时行为时被害人已经被迷倒,发生家庭暴力

---

① 参见黎宏:《刑法学总论》(第 2 版),法律出版社 2016 年版,第 327 页。

的危险被暂时阻断,已经处于行为人的控制之中。那么如果对这两种危险状态不加以区分,笼统地认为此时行为均属防卫,则在案例 2 中,被害人如果在行为时醒来,其甚至不能对被告人的故意杀人行为再进行抵抗。因此应当说,从家暴开始后到反击行为时,受虐者的法益面临的威胁或受侵害的程度是在不断变化的,并非一直面临现实紧迫的危险。如果不对法益所面临的危险加以区分,而是笼统地认为不法行为或不法状态一直持续,难免过于拓宽防卫时间,将施暴者置于随时可以被剥夺生命,且不能进行防卫的窘境。

(二)紧急避险路径及其问题

在否定了正当防卫的适用之后,有学者认为,在家庭暴力的间歇期内,处于持续状态的并不是不法侵害,而是随时可能发生下一次不法侵害的现实危险。[①] 根据我国《刑法》第 21 条第 1 款的规定,面对“正在发生的危险”可以进行紧急避险,从而提出了紧急避险的出罪路径。

紧急避险说认为,受虐妇女的杀夫行为,构成针对持续性侵害的防御性紧急避险。详言之,一方面,尚未发生的家庭暴力无法被认为是正在进行的不法侵害,但可以被视为一种持续性危险,即“有危险威胁的状态,它在一个较长的时间中持续着,随时能够转变为一种损害,并且也保留着使这种损害在一段时间之后才发生的可能性”[②],也就是说随着婚姻关系的持续,虐待行为虽然处于间歇期,但随时可能再次发生,受虐妇女在家暴的间歇期,实际上是处于一种随时可能遭受不法侵害的危险之中。另一方面,由于行为时存在的是随时可能遭受暴力的危险,该危险是由先前的长期暴力行为引起的,作为施暴者的被害人并不

① 参见陈璇:《家庭暴力反抗案件中防御性紧急避险的适用——兼对正当防卫扩张论的否定》,载《政治与法律》2015 年第 9 期;隗佳:《责任阻却性紧急避险的厘清与适用——以受虐妇女杀夫案为视角》,载《法学家》2020 年第 1 期。

② [德]克劳斯·罗克辛:《德国刑法学总论》第 1 卷,王世洲译,法律出版社 2005 年版,第 473 页。

是无辜第三人，而是引起现实危险的危险源本身，因此如果认为受虐妇女实施的是避险行为，则其杀夫行为构成防御性紧急避险。

应当说，由于我国刑法中成立紧急避险的时间条件宽松于正当防卫，因此紧急避险说的确在其本身理论框架内，为该类案件中产生"逆变性"的原因，也就是受虐妇女所面临的长期家庭暴力本身，给予了更为合理的提炼，认为该家庭暴力属于一种持续危险状态。然而相较于正当防卫，紧急避险虽然在时间要件上相对宽松，但由于避险行为侵害的是合法利益，双方是"正对正"的关系，因此依照我国《刑法》第 21 条第 1 款的规定，需要额外满足"不得已"这一成立要件。所谓"不得已"，就是在为保护法益而实施的避险行为之外，不存在其他侵害性更为轻微的保护手段，在能够避免正在发生的危险、保护合法利益的前提下，所实施的避险行为所造成的侵害性最低。[①] 对此，紧急避险说结合该类案件的"逆变性"特征，即受虐妇女客观上的特殊处境，并借由 BWS 中的"习得性无助"理论来阐述其主观上的特殊心理，来说明此时公力救济与更为缓和的自力救济均难以发挥作用，但仍值得商榷。

一方面，该说认为我国能为受虐妇女提供的公力救济相对匮乏，具体体现在以下三个方面：(1)受制于"清官难断家务事"思想，社会与警察援助难以实现；(2)人身保护令只能提供震慑作用；(3)负有举证责任的受虐妇女举证困难，难以提起刑事自诉。另一方面，该说认为，如果得不到公力救济与社会救助，那么除了反击之外，更为缓和的自力救济手段只有逃离，而由于婚姻关系的特殊性，受虐妇女往往同时处于经济管控之下，且其无法抛弃同样遭受家庭暴力的子女与父母，因此会产生难以逃离的"习得性无助感"。综上，紧急避险说认为，在公力救济、社会救助与自力救济都难以收效的情况下，受虐妇女已经处于一种"穷途末路"状态，其摆脱家庭暴力威胁的方式只剩下最为极端的杀死危险源一种，除此之外并不存在侵害性较低的手段，因此可以认为此时

---

① 参见［日］山口厚：《刑法总论》（第 3 版），付立庆译，中国人民大学出版社 2018 年版，第 113 页。

实施紧急避险满足“不得已”要件。[①]

以上论点虽然言之成理,但更多的是在描述女性作为家庭关系中的弱势方,在面对家庭暴力时内心的无助,可以说是对受虐妇女产生“习得性无助感”原因的归纳,因此更像是阐述社会意义上行为的“不得已”,而不是说明行为时满足紧急避险的“不得已”要件,隐约有偷换概念之嫌。同时,如果认为以上事由可以作为“不得已”要件的判断标准,那么各个事由之间的关系、判断顺序与重要程度为何,该说并未详述,从而无法解答在具体案件中,是否需要证明以上所有公力救济与私力救济途径均难以达成,才可以认为满足了“不得已”要件的问题。如果需要,一方面该类情形中的行为人大多生活于农村或文化水平不高,[②]要求其穷尽所有救济途径难免强人所难;另一方面,受虐妇女难以自力救济的前提,是罹患“习得性无助”的精神障碍,导致其认为除杀死施暴者外无逃脱途径,而如果利用公力救济途径,则需要相对健全的心智进行理性选择与判断,这二者通常是难以共存的。如果不需要,那就意味着只要部分救济途径无法达成,就可以实施避险行为,随时剥夺施暴者的生命,这同样存在忽视对施暴者的法益保护之嫌。除此之外,即使是在防御性紧急避险得到普遍适用的德国,从最高法院判例中的“妓院案”的审判结果来看,在存在公力救济可能的前提下,行为人最终选择自力救济的行为,也并未被认定为德国《刑法》第 35 条规定的紧急避险阻却责任,[③]由此举轻以明重,该种情形也不能被认定为阻却违法的紧急避险。

诚然,在个案判断中,的确可以通过对“暴力循环”特征及其他各方面因素的全面综合考量,将即将发生家庭暴力行为的状态视为一种

---

① 参见陈璇:《家庭暴力反抗案件中防御性紧急避险的适用——兼对正当防卫扩张论的否定》,载《政治与法律》2015 年第 9 期。

② 参见程朝阳、高鑫:《对“受虐妇女杀夫”类案件的法理分析——以 2014—2018 年典型案例为样本》,载《山东警察学院学报》2019 年第 5 期。

③ “妓院案”中,被告人明知当晚有人会来袭击妓院,在能够报警的前提下并未选择报警,最终在反击的过程中致人伤亡,其未被认定为阻却责任的紧急避险。参见[德]克劳斯·罗克辛:《德国最高法院判例:刑法总论》,何庆仁、蔡桂生译,中国人民大学出版社 2012 年版,第 61 ~ 64 页。

危险状态。但仅仅依靠列举婚姻存续期间未能奏效的救济途径,以及直接阐述受虐妇女逼不得已的主观心态,来直接认定杀夫行为满足"不得已"的成立要件,则显得过于武断。实际上,有关危险状态,2020年发布的《关于依法适用正当防卫制度的指导意见》(以下简称《正当防卫指导意见》)中,已经将"现实紧迫的危险"纳入正当防卫的对象范畴。这意味着如果不法侵害人造成的危险,已经达到了现实紧迫的程度,就可以直接对其进行正当防卫,而不需要再另辟蹊径来考量防御性紧急避险的成立。因此,在当前正当防卫制度扩张适用的背景下,如果在违法阻却事由方面选择出罪路径,应当考量受虐妇女所面临的危险是否是"现实紧迫"的,从而来论证杀夫行为是否存在成立正当防卫的可能。

(三)适用期待可能性理论的困境

早在该类案件的讨论之初,就有学者在建议对受虐妇女量刑从宽的同时,提出引入期待可能性理论,认为即使在意识因素上,受虐妇女已经认识到自己的行为会发生特定的危害后果,但从意志因素上看,由于其遭受长期家暴的境遇,又不可能作出遵从法律规定的意志抉择来,因此应当免除其刑事责任。这实际上是同样将案件的"逆变性"提炼为受虐妇女的"习得性无助"心理,从而认为其缺乏刑法上的应受谴责性。其后,也有学者在期待可能性的理论研究中,将该类案例作为典型情形予以详述,认为杀夫行为属人之自我保护本能的表现,应当被认为不具有非难性或仅具有较低的可谴责性。① 在阻却违法的防御性紧急避险路径被提出之后,有学者认为可以参考《德国刑法典》第35条的规定,引入阻却责任的紧急避险这一概念,实质上同样是基于期待可能性理论,在阻却责任的角度对该类案例进行分析,认为当行为人完全不具备形成合法行为之动机的能力和自由时,当然

① 参见钱叶六:《期待可能性理论的引入及限定性适用》,载《法学研究》2015年第6期。

可以排除其责任,但在意志自由未完全丧失的情形下,国家也可能不对行为人予以非难。①

然而,以期待可能性为出罪路径也存在问题。一方面,与紧急避险的成立相近,期待可能性的适用需要满足“不得已”要求。如上所述,紧急避险是侵害合法利益的行为,而将其评价为排除社会危害性事由,则是法益衡量或基于社会团结义务考量后从整体上得出的结论,此前后为两个层次,所以刑事法律对于紧急避险的适用,除了要注意法益的衡量外,还必须判断有无选择其他不损害他人合法权益路径的可能及大小。只有在迫不得已之下实施侵害第三方法益来保护自己法益的行为,才可能成立紧急避险。或者可以说,紧急避险之所以不负刑事责任,其背后的重要根据之一,便是期待可能性的缺失,故可以认为期待可能性及其理论是紧急避险合法化或不负责任的内在根据之一,或者质言之,“不得已”要件的判断实际上就是期待可能性的判断。有关受虐妇女杀夫案中“不得已”的判断,如上文中所提到的,更多的只能说是社会意义上或者纯粹心理意义上的不得已,难以直接用其来论证行为人完全不具备形成合法行为之动机的能力和自由。另一方面,我国刑法中并没有期待可能性的一般规定,该理论本身也颇具争议,其体系地位、适用条件与适用范围尚不明确,各国对于将其作为出罪事由,也一般报以谨慎态度,②若是在该类案件中直接适用期待可能性来阻却责任,持之有故又雾里看花,难以给出合理且具有可操作性的判断标准。因此,虽然有学者赞同在该类案件中适用期待可能性原理,但实质上大多只是以此为契机切入,更多的是在论述期待可能性理论、阻却责任的紧急避险的原理,以及其在我国适用的可能,而并不是讨论如何适用该原理为受虐妇女杀夫案中的行为人出罪,因此并未构建出准确合理的出罪路径。

不过,期待可能性的探索同样具有一定的启发意义,这主要体现在判断标准方面。在是否具有期待可能性的判断标准上,该说主张采用

---

① 参见隗佳:《责任阻却性紧急避险的厘清与适用——以受虐妇女杀夫案为视角》,载《法学家》2020 年第 1 期。

② 参见黎宏:《刑法学总论》(第 2 版),法律出版社 2016 年版,第 218 页。

一般人标准,即以社会一般人在与受虐妇女处于相同境遇下,能否期待其实施合法行为为标准。同时,该路径的论者认为,在统筹考量平均标准的过程中,还应适度考虑行为人自身所处社会背景状况,进而综合人之常情及其行为人自身处境,来衡定行为人能否作出不去实施不法行为的意志抉择来。① 这样对一般人标准予以所属处境上的限定,实际上是对一般人标准进行更为实质的限缩,在判断是否能够期待受虐妇女不去实施杀人行为时,同样考虑受虐妇女这个群体本身的特殊性。应当说,该类案件滋生于家庭这一紧密闭塞的生活共同体,且该生活共同体中存在长期并难以摆脱的家庭暴力,在判断是否需要反击时,受虐妇女的主观判断力势必会与社会一般人存在差异。同样地,在判断反击对象是否存在,即判断是否存在现实紧迫的危险时,在判断标准的选择上,考虑受虐妇女主观上的特殊性是必要且合理的。

(四)"受虐妇女综合征"阻却责任的否定

从结论上看,《家暴犯罪意见》第 20 条所总结的"被害人过错"与"防卫因素"所反映出的该类案的"逆变性",也能够与"暴力周期"与"习得性无助"原理分别对应,"暴力周期"意味着存在较长时间的"被害人过错",而"习得性无助"则是受虐妇女选择自力救济、实施防卫行为的原因所在。因此,从某种程度上看,BWS 理论已经对我国该类案件的处理结果产生影响,因此我国有学者建议,应将这一理论引入司法实践之中,用以证明受虐妇女在行为时可能不具备责任能力,从而使其杀人行为得以不负刑事责任。② 然而 BWS 作为一个心理学术语,最初只是作为沃克提供的专家证词,来使陪审团了解有关家庭虐待的误解,

---

① 参见屈学武:《死罪、死刑与期待可能性——基于受虐女性杀人命案的法理分析》,载《环球法律评论》2005 年第 1 期。

② 参见陈敏:《受虐妇女综合症专家证据在司法实践中的运用》,载陈光中、江伟主编:《诉讼法论丛》第 9 卷,法律出版社 2004 年版。

如对于受虐妇女为何不直接逃离的疑问,[①]其后来发展作为可宽恕事由的合理性,也就是直接阻却责任的合理性,开始受到越来越多的质疑。

有关其理论合理性,有学者在质疑中指出,在家庭暴力的相关案件中,即使存在BWS原理所描述的"暴力周期",该周期本身也因为通常具有随机性,从而显得难以预见,无法让受虐妇女在下次暴力来临前,成功产生即将面临紧迫威胁的感受。而"习得性无助"的心理状态推断,与现实中长期遭受虐待妇女的心理并不完全相符,最终选择杀死丈夫的受虐妇女虽然通常是焦虑、恐惧的,但在行为时,其也并未有准确的"除了杀人别无他法"的边缘心理状态。[②] 除此之外,有学者认为,虽然BWS作为专家证词,能够有效描述被告人的受虐经历,但该经历仅能作为一项杀人动机,该动机无法直接作用于精神病的认定,更难以左右案件的最终审判结果。[③]

同时在医学判断上,BWS只能被确定为普通的精神障碍,并不属于刑法规定中影响责任能力判断的"精神病"范畴。刑法学意义上的"精神病",是指使大脑功能严重紊乱的非器质性病症,[④]应当是最为严重的精神病变。反观BWS,其在DSM5中被定义为"创后应激障碍"(PTSD)的分支,[⑤]属于医学概念下的精神障碍(Mental Disease)或精神异常(Mental Disorder)。所谓精神障碍,有关其定义至今没有一个明

① See Kate Fitz. Gibbon, Sharon Pickering, *Homicide Law Reform in Victoria, Australia: From Provocation to Defensive Homicide and Beyond*, The British Journal of Criminology, 52(9), p. 178(2012).

② 参见[美]波拉·F.曼格姆:《受虐妇女综合症证据的重新概念化:检控机关对有关暴力的专家证词的利用》,黄列译,载《环球法律评论》2003年第2期。

③ See Rachel McPherson, *Battered Woman Syndrome, Diminished Responsibility and Women Who Kill: Insights from Scottish case Law*, The Journal of Criminal Law, 83(5), p. 135(2019).

④ 参见黎宏:《刑法学总论》(第2版),法律出版社2016年版,第175页。

⑤ See Rachel McPherson, *Battered Woman Syndrome, Diminished Responsibility and Women Who Kill: Insights from Scottish case Law*, The Journal of Criminal Law, 83(5), p. 132–137(2019).

确的共识，即使 DSM5 将其特征描述为“个体认知、情绪调节或性行为方面具有临床意义的功能不良”，但 DSM5 并未被认可成为通用的精神病学分类，其他精神病学分类中对精神障碍存在不同的概念定义与特征描述。① 这就意味着，精神障碍的界定其实更多基于价值观和社会期望，而不是一种客观的病理或生物学描述，亦非刑法意义上作为可宽恕事由的“精神病”（Insanity）。英国的情况也相类似，在 Graham 案②中，作为鉴定专家的临床精神病学教授认为，BWS 的认定并不属于精神病诊断，只能作为一种可能影响责任的心理状况，而不能作为一种可宽恕事由直接用以无罪辩护。实际上，勒诺·沃克本人在之后的研究中也曾强调，BWS 本身并不是一种精神病，而是针对遭受虐待使得妇女心理状况发生何种改变作出的一种临床上的概括性描述。③ 也就是说，BWS 作为一项心理疾病，并不属于最为严重的“精神病”，难以影响行为人责任能力的判断。

事实上，与其拘泥于 BWS 这一心理疾病本身能否直接阻却责任，不如着眼于其背后的两项原理，以之来总结该类案件不同于其他故意犯罪的“逆变性”，从而回归更为合理的出罪路径之中。其中，BWS“暴力周期”意味着，家庭暴力作为一项不法侵害，其具有着其他不法侵害所不具备的“可预测性”，同时由于其存在于“家庭”这一紧密关系体中，即使在间歇期时，也可能存在威胁法益的危险状态，故对某种情形下的该危险状态的反击行为，可能不具有社会危害性。另外，“习得性无助”是受虐妇女不同于其他遭受不法侵害的人的特殊心理状态，因

① 参见［美］吉尔·胡利等：《变态心理学》（第 18 版），陈良梅、潘晓曦译，中信出版集团 2021 年版，第 7 页。

② 2008 年，Graham 被控谋杀她的男朋友 Thomson。Graham 由于长久遭受暴力，其本人也有着酗酒与滥用药物的历史，并在行为前引用了大量的酒精，因此其辩护人提出了责任减轻的抗辩，后来在陪审团审议阶段撤回。Graham 被一致认定犯有谋杀罪，刑期为 11 年。See James Chalmers, *Abnormality and Anglicization: First Thoughts on Galbraith v. HM Advocate(No. 2)*, Edinburgh Law Review, 6(1), p. 110(2002).

③ See Lenore E. Walker, *Symposium: Women and the Law*, Pepperding Law Review, 20, p. 1170(1993).

此在其他出罪事由的具体判断上,必须考虑这一特殊的主观因素,而不能在成立要件上完全地进行客观判断,否则是对于遭受家暴妇女的不公正对待。

三、限定性正当防卫说的路径探索

综上来看,在 2020 年《正当防卫指导意见》生效后,正当防卫扩张适用的趋势下,与其再另辟蹊径选择其他各类出罪事由,倒不如回归正当防卫本身,讨论在一定前提下,受虐妇女杀夫行为成立正当防卫的可能性。基于正当防卫立场,通过对上述其他几个路径的梳理与反思,能够对"逆变性"进行以下总结:(1)暴力发生前存在现实紧迫危险。暴力周期的存在意味着暴力的发生存在规律与节点,即再一次暴力行为的到来具有可预测性,那么在预感到暴力行为短时间内即将发生时,可以认为存在现实紧迫的危险,此时可以进行正当防卫。(2)判断危险是否存在时应当基于防卫人本位。对于暴力周期规律的判断,实际上就是对于何时存在现实紧迫危险的判断,也就是行为时不法侵害是否已经开始的判断,在具体的判断过程中,需要注重防卫人法益保护的优先性,不能苛求受虐妇女作出完全客观冷静的判断。综上,下文将从选择正当防卫路径的原因、限定性正当防卫说的探索这两个角度,对上述内容进行展开论述。

(一)选择正当防卫路径的原因

上述学说对于正当防卫路径持否定态度,主要出于两方面的质疑。一方面是基于正当防卫时间要件上的考量,认为此时上一次家庭暴力已经结束,下一次家庭暴力行为尚未开始,此时并不具有"正在进行的不法侵害"。[①] 另一方面是基于正当防卫制度设立初衷的考量,认为正

① 参见季理华:《受虐妇女杀夫案中刑事责任认定的新思考》,载《政治与法律》2007 年第 4 期。

当防卫制度本身过于“雷厉风行”，没有“不得已”要件的要求，且在限度要件上较为宽松，因此对其发动应当保持严格限定的态度。[①] 对于以上两点质疑，下文将进行分别回应。

1. 不法侵害开始的时间已经与着手脱钩

较长时间以来，在不法侵害开始时间的认定上，司法实务中大多将其与着手相挂钩，采取“侵害行为的着手 = 不法侵害的开始”这一判断公式，[②]而忽略了侵害行为着手前，侵害人制造的法益冲突对被害人法益造成的危险。对此，最高检在“昆山案”的指导意见中曾指出，不法侵害行为的开始标准不能机械地适用刑法上的着手，不能要求不法侵害行为已经加诸被害人身上，只要不法侵害的现实危险已经近在眼前，就应当认定为正在进行不法侵害。有关该认定标准的原因，最高人民检察院认为，不法侵害行为多种多样、性质各异，判断是否已经开始，应就具体行为和现场情境作具体分析，判断标准不能机械地对刑法上的着手作出理解、判断，因为着手侧重的是侵害人可罚性的行为阶段问题，而侵害行为是否已经开始，侧重的是受虐者的利益保护问题。所以，不能要求不法侵害行为已经加诸被害人身上，才可以进行正当防卫，而是只要不法侵害的现实危险已经近在眼前，就应当认定为正在进行。[③]

对此，2020 年发布《正当防卫指导意见》在第 6 条予以明确，规定对于不法侵害已经形成现实、紧迫危险的，应当认定为不法侵害已经开始。与之相似，有关不法侵害的开始时间，刑法理论上存在修正的着手说、直接面临危险说、区分说与综合说这四类观点，如果淡化原本作为锚定物的着手，则这些观点即使在说理上各有侧重，但从实质上看，都是以法益是否面临现实、紧迫的危险为判断标准的，这与《正当防卫指

---

① 参见陈璇：《家庭暴力反抗案件中防御性紧急避险的适用——兼对正当防卫扩张论的否定》，载《政治与法律》2015 年第 9 期。

② 参见李世阳：《正当防卫中法益侵害急迫性的存立根据与司法认定》，载《中外法学》2021 年第 1 期。

③ 参见最高人民检察院检例第 47 号。

导意见》第 6 条规定的内核相同。综上来看,目前有关不法侵害开始时间的认定已经较为宽松,即使侵害行为尚未着手实施,只要已经形成现实、紧迫的危险,就可以认为不法侵害已经开始。因此,在受虐妇女故意杀夫案件中,如果行为时所面临的危险已经达到了现实紧迫的程度,那么此时就存在成立正当防卫的可能。

2. 我国正当防卫长期呈"保守性"

对正当防卫说持否定态度的学者认为,与其他出罪事由相比,正当防卫权在保护法益的力度上明显展现出较为强势的风格,具体表现为"不得已"要件的欠缺与限度条件的宽松,也就是说成立正当防卫不需要穷尽其他缓和的救济手段,也不需要像紧急避险那样进行严格的法益衡量。正是由于正当防卫的极端强势性,决定了其适用范围的谦抑性,因此在防卫时间上不能再进行缓和。[①] 该质疑中所提及的"正当防卫的极端强势性",或者叫"锐利性",多见于德国刑法理论之中,而追本溯源来看,产生该特征的原因实际上在于,德国在正当防卫合法性根据的选择上,以二元论为通说。

二元说作为德国通说,以"个人保全原理"与"法确证的利益原理"为基础。其中,"个人保全原理"发蒙于社会契约理论,[②]强调受虐者的自我保护本能,以及防卫权作为绝对权利的性质与强势地位,[③]用以论证为何正当防卫不需要"不得已"要件,而在防卫权发动时间的判断上,大多基于"法确证的利益原理"来进行解释。有关防卫权的发动时间,"法确证的利益原理"认为,法确证的利益或法秩序有效性遭受侵害时,就有了发动防卫权的需要。无论将法秩序有效性内涵理解为规

① 参见陈璇:《家庭暴力反抗案件中防御性紧急避险的适用——兼对正当防卫扩张论的否定》,载《政治与法律》2015 年第 9 期。

② 参见周安平:《社会自治与国家公权》,载《法学》2002 年第 10 期。

③ 参见[日]泷川幸辰:《犯罪论序说》,王泰译,法律出版社 2005 年版,第 59 页;赵雪爽:《对无责任能力者进行正当防卫兼论刑法的紧急权体系》,载《中外法学》2018 年第 6 期。

范有效性[①]、实质有效性[②]或预防必要性[③]，在防卫权发动时间的判断上均能够体现出“二元说”的“锐利性”。

由此，基于“锐利性”的特征，在正当防卫的适用问题上，德国刑法一贯持审慎态度，将“正在进行的不法侵害”限定在对法益构成现实威胁的身体动静上。[④] 因而，对于仅仅为了某种利益权衡而被视为意义重大的、正在威胁的危险，[⑤]一般将其放在紧急避险中予以考量。如在“望风者”案中，家中反复遭同一小偷盗窃，被告人最终在其逃跑时持枪将其击毙，最高联邦法院在二审中认定其行为成立对危险状态的防御性紧急避险。[⑥] 与之相类似的，对于衔接于不法侵害行为之后的危险状态，从我国近年的热点案例来看，法院更倾向于认定可以对其进行正当防卫。

---

① 规范有效性强调法对义务人的约束力，实际上是对自我保全原理中的社会契约论进行了单纯的话语转换，意味着只要侵害人未遵守行为规范、违背权利分配协议，此时防卫权就可以发动，而不需要对法益所面临的危险进行具体判断。参见王旭：《法的规则有效性理论研究》，载《比较法研究》2007 年第 3 期。

② 实质有效性说以是否为大部分规范接受者所认同和遵守为判断依据，强调侵害行为的“公然性”，如果规范接受者并不知道规范未被遵守，就无法对法秩序的实际作用产生怀疑。因此，即使侵害行为已经开始，只要该行为不是公然实施的，就不能进行正当防卫；同时，一旦预备行为或犯意表示具有“公然性”，就可以进行防卫。参见王钢：《正当防卫的正当性依据及其限度》，载《中外法学》2018 年第 6 期；徐万龙：《正当防卫中法确证原则之批判》，载《环球法律评论》2021 年第 1 期。

③ 预防说跳脱出法秩序本身的概念，仅作刑事政策上的理解，认为法确证的利益是指对将来的不法侵害进行预防、抑止的法利益，从而强调防卫行为的特殊预防与一般预防效果，分别与社会契约论和实质有效说相类似，为了威吓潜在侵害者，或者为了增强一般民众对法的忠诚和信赖，就可以实施正当防卫。参见张明楷：《正当防卫的原理及其运用——对二元论的批判性考察》，载《环球法律评论》2018 年第 2 期；徐万龙：《正当防卫中法确证原则之批判》，载《环球法律评论》2021 年第 1 期。

④ 参见陈璇：《家庭暴力反抗案件中防御性紧急避险的适用——兼对正当防卫扩张论的否定》，载《政治与法律》2015 年第 9 期。

⑤ 参见[德]克劳斯·罗克辛：《德国刑法学总论》第 1 卷，王世洲译，法律出版社 2005 年版，第 471 页。

⑥ 参见[德]克劳斯·罗克辛：《德国最高法院判例：刑法总论》，何庆仁、蔡桂生译，中国人民大学出版社 2012 年版，第 61 ~ 64 页。

举例来看,与“望风者”案中的危险状态相类似,在“昆山案”[①]中,于海明最终的追砍行为被认为依旧属于正当防卫,进行不间断的追击也符合防卫的需要,最高检给出的理由是“刘某既未放弃攻击行为也未实质性脱离现场,不能认为侵害行为已经停止”。同时,《正当防卫指导意见》第6条规定:“……对于不法侵害已经形成现实、紧迫危险的,应当认定为不法侵害已经开始;对于不法侵害虽然暂时中断或者被暂时制止,但不法侵害人仍有继续实施侵害的现实可能性的,应当认定为不法侵害仍在进行……”这也体现出我国将危险状态认定为不法侵害正在进行的倾向。

产生这种区别的原因在于,有关正当防卫的合法性根据,我国理论或是司法实务中的通说观点为法益衡量说。法益衡量说以“法益性阙如原理”与“优越利益原理”为基础,“法益性阙如原理”是指,在必要限度内,不法侵害者的法益由于其制造了法益冲突而受到完全否定,[②]实际上在正当防卫的场合,不法侵害人的法益并不是完全意义上的阙如,只是在必要限度内被缩小评价,从而小于防卫行为所保护的利益。“优越利益原理”是指,为了保护更高价值的法益,可以牺牲价值更低的法益。[③] 法益衡量说综合了这两项原理,实际上以法益的应受保护性代替法益本身的价值进行衡量,在存在法益冲突时,为了保护性较高的法益而牺牲受到较低评价的法益。具体到不法侵害开始时间的认定上,一旦法益冲突出现,不法侵害人作为制造者和发起人,其法益的应受保护程度在一定程度内降低,此时双方的法益受保护程度处在一个不平等的状态,就可以认为不法侵害已经开始。

由此可见,在判断不法侵害的开始时间上,法益衡量说体现出一定的功利主义色彩,需要结合各方面因素,经过一个谨慎的法益衡量过程,而这个衡量过程容易受某个因素的影响,使得正当防卫难以最终成

---

① 参见最高人民检察院检例第47号。

② 参见[日]松原芳博:《刑法总论重要问题》,王昭武译,中国政法大学出版社2014年版,第116页。

③ 参见黎宏:《论正当防卫的主观条件》,载《法商研究》2007年第2期。

立。应当说,与二元说所体现出的“锐利性”相比,我国正当防卫在司法实务中的认定显得更具“保守性”。当然,法益衡量说也因此受到批评,被认为是我国司法实务在认定正当防卫时,往往谨小慎微且“唯结果论”的根源所在。① 因此,为改善对防卫权限制过多的现状,目前在对正当防卫态度上,我国与德国“谨慎适用”的态度不同,正呈现对于防卫权的扩张趋势。在此趋势下,对于不法侵害发生前的危险状态,相比于考虑其他出罪路径,将其放置于正当防卫之中予以考量更为适宜。

(二)限定性正当防卫说与探索

如上文所述,一体化思路下的传统正当防卫说实质上是依托于“暴力周期”理论,认为长期存在的家庭暴力是一种持续侵害行为,因此在第一次家暴发生后,受虐者可以选择在共同生活时的任何一个时间点进行防卫。然而,该思路的问题在于过分拘泥于暴力周期的长期性,但忽略了“周期”一词所体现的规律性与可预测性,以及暴力周期中的不法侵害不是一成不变的,其性质、程度均处于不断变化状态的事实。事实上,在两次家暴的间隔期的大多数时间内,持续的只是如冷暴力、经济管控等更为缓和的抽象危险,与防卫行为所作用的“现实紧迫的危险”相去较远,此时进行的反击行为无法构成正当防卫,只能依照《家暴犯罪意见》对行为人从宽处罚。

如果将暴力周期中,能够实施正当防卫的情形进行限定,也就是对危险进行具体判断,则依据暴力周期本身的可预测性,如果预感到现实的暴力行为在短时间内即将到来,那么此时的危险就已经到达了《正当防卫指导意见》中规定的“现实紧迫”的程度,此时的反击行为属于防卫适时。由此,能够进行正当防卫的情形,需要通过对危险的判断进行限定,而该判断首先是一种事前判断,是因为防卫时间的初衷是确定行为时是否可以进行防卫,是确定自力救济是否必要,而不是在事后对

① 参见黎宏:《论正当防卫的主观条件》,载《法商研究》2007 年第 2 期。

于行为性质进行评价,因此在危险的判断时间上,应当采用的是行为时标准而不是行为后标准。另外,在判断的标准上,如果以社会一般人作为判断标准,则需要讨论受虐妇女本身的特殊主观因素是否应当被考虑。因此,下文将从两个方面展开论述,首先是从限定性正当防卫说入手,阐述防卫时间适当提前的合理性,其次在正当防卫合法性根据的基础上,论证为何应当考虑防卫人的特殊主观因素,最后具体于该类案件中,详述应当存在哪些限制条件。

1. 限定性正当防卫说:防卫时间的适当提前

对于一体化思路,有学者认为,对于时间上间隔较近的两次殴打,如第一记殴打与紧接其后的另一记殴打,可以认定为一次性的不法侵害,但除此之外,受虐妇女杀夫案中的"不法侵害",仍应当被理解为"单一、一次性的"不法侵害,而不是"连续性、经常性的"不法侵害。[①]在对一体化思路批判继承的基础上,新的限定性思路认为,受虐妇女杀夫行为存在构成正当防卫的可能,但必须对能够成立的情形作出具体且严格的限定。对此,限定性思路的论者对正当防卫的时间要件进行了实质性理解,并提供了"最后有效性"、"公权力救济可能性"与"不法侵害紧迫性"这三类判断标准。

"最后有效性"是指,如果侵害行为已经到达受虐者最后有效的防卫时间点,[②]那么即使从外观上看,此时实施的防卫行为似乎带有"提前性质",但在当时情境下,除了受虐者所采取的防卫行为外,再无保全其法益的其他手段,[③]那么此时该防卫行为属于防卫适时。"公权力救济可能性"则从正当防卫时间要件的设立旨趣入手,认为如果没有寻求公力救济的条件,此时就不能再对私力救济的成立空间进行压缩。[④] 也就是说,在受虐妇女杀夫案中,如果有足够证据表明,距离下

① 参见王新:《受虐妇女杀夫案的认定问题》,载《法学杂志》2015年第7期。

② 参见黄荣坚:《基础刑法学》(第3版),中国人民大学出版社2009年版,第150页。

③ 参见周光权:《正当防卫的司法异化与纠偏思路》,载《法学评论》2017年第5期。

④ 参见王新:《受虐妇女杀夫案的认定问题》,载《法学杂志》2015年第7期。

一次不法侵害的时间不足以让受虐者寻求公力救济,或者现实中不存在公力救济的途径时,则杀夫行为应当被认定为防卫行为。“不法侵害紧迫性”则更多地着眼于施暴者的暴力行为,认为需要考察侵害人此前暴力行为的样态、当时所使用武器以及所处具体空间等因素,如果案件发生在室内,周围只有施暴者与受虐者,并无其他人可以施救,那么只要施暴者在行为当时,采取一定的手段,如拿出武器、进行威胁或者准备殴打时,一般便可以认定存在紧迫性,可以进行正当防卫。①

可以看出,上述三个限定性思路下的判断标准,实际上都蕴含着同一内涵,即由于该类案件中存在“逆变性”这一特殊演变过程,应当对不法侵害的开始时间进行实质性理解,从而一定程度上将防卫时间提前。具体而言,是在不法侵害开始时间的判断标准上,不再机械地适用“不法侵害开始=侵害行为着手”这一公式,而是对个案中发生不法侵害的危险进行具体判断。基于这种理解,上述案例3中的被害人虽然尚未开始实施殴打,但依照以往频繁的家庭暴力史来看,其将被告人按倒的行为可以被视为殴打前的准备,所以其按倒行为,甚至按倒之前的辱骂行为,都可以被认定为不法侵害已经开始。

2. 防卫人本位立场:法益衡量说的再探索

由于时间条件是由正当防卫的合法性根据所决定的,应当严格依照正当防卫的法理基础来解释,因此该危险状态为何可以被视为不法侵害的开始,以及如何具体认定的问题,依旧要回归正当防卫的合法性根据本身。法益衡量说中的衡量,事实上是对法益的应受保护性进行衡量,在存在法益冲突时,为了保护性较高的法益而牺牲受到较低评价的法益。具体到不法侵害的开始时间,一旦法益冲突出现,不法侵害人作为制造者和发起人,其法益的应受保护程度在一定程度内降低,此时双方的法益受保护程度处在一个不平等的状态,就可以认为不法侵害已经开始。危险状态作为一种引起法益损害结果的高度盖然性状态,其对法益造成了紧迫的威胁,理应可以被认为是一种法益冲突,关键在于该危险状态存在与否,应当如何判断的问题。

① 参见王俊:《反抗家庭暴力中的紧急权认定》,载《清华法学》2018年第3期。

对此,在防卫权适用扩张的趋势下,在对双方法益进行评价与衡量时,理应注重保障防卫人法益本质的优越地位。因此,理应在法益衡量说的基础之上,同时考虑正当防卫权本身的权利行为属性,来中和功利主义所带来的"保守性"。事实上,从历史性考察的视角来看,当前的正当防卫制度的确是对作为自然权利的、无限制的自我防卫从社会功利角度予以限制,①应当说自我保全原理本就是法益衡量说所要考量的一部分。具体到不法侵害开始时间的判断上,当侵害人制造了直接法益冲突,那么基于自我保全原理,侵害人由于实施了不正当的侵害行为,其法益的应受保护性在一定限度内降低,此时为了保护正当权利行为所保护的评价更高的防卫人法益,就可以对侵害人发动正当防卫。另外,即使某些防卫措施从外观上看似乎带有"提前性质",也就是说双方法益评价是否处于不平等状态,此时尚不明确,但在当时情境下,除了防卫者所采取的防卫行为外,再无保全其法益的其他手段,②那么,考虑到防卫人法益的本质优越地位,以及防卫有效性,此时应当认为不法侵害已经开始。

对此,可能会存在一定质疑,认为该判断标准实质上是一种主观判断,即依赖受虐妇女来判断是否存在不法侵害,而对于正当防卫所作用的不法侵害,我国学者一般认为对其的判断应当是客观的,如果行为人只是主观上认为存在不法侵害,至多可作为假想防卫来处理。然而当侵害行为形式上尚未存在时,假想防卫与行为前危险具有相近的外观,但在客观上仍然存在区别。假想防卫是在根本没有发生也不可能发生不法侵害的情况下,主观假想有不法侵害行为而实施的"防卫"行为。与之相对,如果将不法侵害的开始与着手脱钩,那么不法侵害的开始时间可能提前于着手,存在于"与着手相连接的狭长的预备阶段"③,则行

① 参见[日]西田典之:《日本刑法总论》(第2版),王昭武、刘明祥译,法律出版社2013年版,第130页。

② 参见周光权:《正当防卫的司法异化与纠偏思路》,载《法学评论》2017年第5期。

③ 参见[德]克劳斯·罗克辛:《德国刑法学总论》第1卷,王世洲译,法律出版社2005年版,第473页。

为前危险存在于具有犯罪预备的前提下，尽管这种犯罪行为并未对事前受虐者产生直接的侵害，但已经造成了一定的法益威胁，并且预示着这种侵害或者威胁是可能发生或者即将发生的。[①] 对于受虐妇女杀夫案而言，如果被害者曾经的虐待行为呈现出周期性与可预测性，并存在一定的类似预备行为的暴力预告，如醉酒、吸毒或言语辱骂等，则在暴力预告行为之后，就存在发生暴力行为的可能，不能认为此时没有发生也不可能发生不法侵害，从而直接认为妇女的反击行为构成假想防卫。

3. 防卫人本位下的具体危险判断

根据上文对“逆变性”的提炼，在判断危险是否到达“现实紧迫”程度时，第一，需要确定“暴力周期”本身，特别是其可预测性的存在，也就是说，曾经发生的家庭暴力必须是有形、惯常且通常存在暴力预告的侵害行为。

具体而言，首先在外观性质上，曾经发生过的家庭暴力必须是有形可见的，不能仅仅是精神上的或经济上的无形管控。其次在频率上，该家庭暴力不能是仅发生过一次的，或者曾经发生的理由不能是特殊罕见、大概率不会再次发生的，而是具有一定周期性的、惯常性的且有迹可循的暴力行为。最后该家暴行为的发生存在标志性的暴力预告，如严重酗酒、特定空间内寻找武器、口头恐吓预告等，而该暴力预告的作出，意味着在短时间内，施暴者通常都会实施现实的暴力行为。同时，在判断是否存在暴力周期时，应当更偏向防卫人的法益保护。也就是说，即使受虐妇女由于自发性特质推论[②]等常见的人类社会心理，对暴力行为周期性以及暴力预告的总结显得武断，也应当考虑其遭受家庭暴力后的恐惧紧张心理对其判断的影响，即使存在偏差也于情有理，而不能直接因为周期性的判断存在错误认为周期性不存在，从而认为其

① 参见王剑波：《防卫不适时之界限分析》，载《法治研究》2008 年第 2 期。

② 自发性特质推论指的是，人们往往会把一些并无关联的事有意地联系在一起，如恰巧几次在家中的猫嚎叫之后，就会下雨，因此在没有科学原理验证的前提下，出于信仰或敬畏心理，将猫叫作为下雨的预兆，从而将其总结为一项规律予以推断明天是否会下雨。参见[美]戴维·迈尔斯：《社会心理学》，侯玉波等译，人民邮电出版社 2016 年版，第 168 页。

行为不构成正当防卫。综上,只有曾经发生的家庭暴力同时满足以上三个条件,才有可能在特定的暴力预告之后,存在随时可能发生下一次家庭暴力的现实紧迫危险。

第二,从曾经的家庭暴力的发生过程来看,此时其他合法的救济手段难以发挥作用。如果行为人曾经在被害人发出暴力预告后向外求救,但最终未能避免侵害结果的发生,或者其身处难以寻求社会救助或公力救济的环境中,如身处与外隔绝的村落、长时间远洋航行的船上等,那么从曾经遭受暴力的侵害来看,即使暴力预告与暴力行为发生之间存在一定时间间隔,但此时并没有寻求其他救济的可能性。这里需要注意,该救济可能性不同于紧急避险说中的"不得已",一方面从性质上看,其并不是一种行为人主观上的"走投无路"心理,也不是社会意义上的"逼不得已",而是根据以往的暴力发生的过程与结果,对未来即将到来的暴力是否存在其他救济手段的客观判断。另一方面从判断跨度上看,其仅仅着眼于上一次暴力预告发出后,到暴力结果发生的这一段时间内,是否存在有效的合法救济手段,而并没有横跨整个婚姻存续期间,来考虑是否曾离婚失败、是否难以起诉等各方面因素。同时,出于对防卫人本位的考虑,对于寻求其他救济可能性的判断不能太过苛刻,应当综合考虑行为人本身的身体状态、精神状态以及受教育程度等因素,考虑与其相同处境的一般人在面对暴力预告时,是否存在救济可能性。

第三,在倾向于对受虐者权益进行保护的同时,对于不法侵害开始、存在现实紧迫的危险的认定,也不能过于无限扩张,需要增加一定的条件予以限制。以美国为例,即使在司法实务中对受虐妇女杀夫案持较宽容的态度,法院在审理该类案件时也一般认为:"如果允许根据个人对死者的先前罪刑的主观判断来判定死刑,并认为这种杀害是正当的,等于将社会引入一种不可收拾的混乱状态。"①因此,为了避免该危险状态过分依赖于主观感受,有保护受虐妇女的体感危险之嫌,对危

① 张君周、林杨:《美国刑法中受虐妇女与自身防卫问题之研究》,载《政法学刊》2003年第3期。

险状态的判断也应当受到一定限制:(1)需要施暴者实施了较为明确的暴力预告,能够令受虐妇女对侵害行为即将现实化产生预期。如果并不存在任何暴力预告,即使客观上的确存在暴力周期,但此时受虐妇女的法益仍处于相对平稳的状态之中,其对是否可能发生现实具体的侵害难以产生预期,此时的反击行为则不能被认定为正当防卫。(2)家庭暴力的危险源并未处于受虐妇女的控制之中,危险流程也未被受虐妇女阻断。以上述案例1为例,被告人已经使用药物将被害人迷倒,此时被告人已经实际控制了危险源,并阻断了家庭暴力现实化的危险流程,此时其法益并不受危险状态威胁,之后的行为没有成立正当防卫的可能,因此其衔接于迷倒被害人之后的杀人行为,只能按故意犯罪处理。

4.具体情形下的应用

现实中受虐妇女杀夫案的情形极为多样且复杂,而篇初提到的三个案例,属于受虐妇女杀夫案争议较大的三类典型的具体情形,因为此时受害人只是作出了即将实施不法侵害的暴力预告、进行了言语辱骂或较为轻微的肢体冲突,并没有真正实施家庭暴力行为,从外观上看并不具有成立正当防卫的时间条件。因此下文将从上述三个案例入手,依照限定思路下的正当防卫说,对受虐妇女杀夫行为能否成立正当防卫作出具体判断。

首先是被害人没有实施不法侵害行为,作出了明确侵害预告的场合,这也是最为典型的受虐妇女杀夫的情形。以上述案例2为例,该案中的被害人经常会在醉酒之后对被告人实施殴打,被告人曾因为孕期遭受殴打而流产,可以看出曾经发生的家庭暴力具有有形、严重以及周期性或可预测性的特点。同时,被害人在案发前一天的晚上对被告人实施了家庭暴力,并逼迫其喝下农药,暂时失败后将农药置于被告人身旁,威胁她说“你不喝掉,就剁死你”。虽然从一般人的视角看来,这完全有可能是一句气话,但由于被害人曾经多次实施严重的家庭暴力,甚至导致被告人在孕期因家暴流产,也就是说其家暴行为曾经严重到危及被告人生命的程度,在其作出侵害预告后,处于极度恐惧下的被告人,有理由相信被害人有可能真的再次实施暴力来侵犯其生命法益。

此时需要对其曾经遭受的家庭暴力的过程与其所处环境进行分析,考量是否存在救济可能性,如果存在寻求其他救济手段失败或处在特殊封闭环境等情况,则应当认为此时实施的杀人行为属于防卫适时。相似的案件如在引起社会广泛关注的刘某捶杀蒋某案中,①蒋某在案发前一晚殴打刘某后,作出了侵害预告,宣称第二天性侵刘某的女儿,由于其曾经多次对继女实施性骚扰,案发前一晚也曾再次试图性侵,因此应当认为,刘某有理由相信其第二天会真的对女儿实施性侵,所以刘某在第二天凌晨将蒋某杀死的行为有可能成立正当防卫。

其次是使用药物等手段控制施暴者后,又将其杀死的行为。在该类情形中,由于被告人已经采取措施控制了家庭暴力的危险源,此时再将作为危险源的被害人杀死的行为,不能被认定为防卫行为。如在上述案例1中,被告人已经使用药物致使被害人昏迷,即使被害人曾作出过严重侵害的预告,但此时家庭暴力的危险源已经处于被告人的掌控之中,危险流程已经被被告人切断,此时再实施的杀人行为就不再是为了免受即将到来的家庭暴力,不应当被认为是防卫行为,而是故意杀人,在案件处理上,只能依据《家暴犯罪意见》对其进行从宽处罚。需要注意的是,在该类情形下,如果行为人的行为止于使用药物等手段控制施暴者,而没有再进行杀人或者伤害行为,那么,该药物的使用即使导致施暴者重伤或死亡,下药行为依然有可能构成防卫行为。

最后是在遭受轻微肢体冲突时,将施暴者杀死的情形。家庭暴力大多情况下呈现出渐进性,也就是从最开始的口头辱骂,到轻微的肢体接触,如扇耳光、推搡等,最后才是严重的殴打等暴力侵害。那么在存在暴力周期的前提下,在最开始爆发轻微的肢体冲突时,有理由相信受

---

①　蒋某酗酒、嗜赌、家暴成性,从继女六年级开始,多次对其进行性骚扰。2020年7月8日晚,蒋某试图性侵继女,刘某想方设法阻止,遭到蒋某殴打,蒋某扬言第二天早上要把继女拉到家门口的公路旁性侵,让全村都看到。7月9日凌晨4时许,刘某持铁锤朝俯卧在床的蒋某的头部、胸部等处击打,致蒋某当场死亡。12月22日,重庆市第二中级人民法院开庭审理此案,开庭前蒋某的五位兄妹一致同意出具谅解书,刘某的家人还收集了1000多位村民的签名请愿书,希望法院对刘某的行为从轻处理。参见http://k.sina.com.cn/article_1887344341_707e96d5040010178.html。

虐妇女预感到家庭暴力的来临,此时实施杀夫行为属于防卫行为。如在上述案例3中,被害人已经将被告人按倒,被告人虽然已经挣脱,但她在阳台上无法直接逃出屋外,且双方此时的言语的冲突依然焦灼,此时虽然没有发生现实的家庭暴力行为,但由于长期存在的家庭暴力行为,被告人有理由相信,接下来被害人会实施现实具体的暴力侵害,因此其实施的杀人行为应当被认定为防卫行为。

四、结　语

当然,目前我国所呈现的防卫权扩张态势,从热点案例的审判结果上看,也的确存在一定的矫枉过正之嫌,此时有关受虐妇女杀夫行为构成正当防卫的讨论,显得有些冠上加冠。然而,从司法实务对正当防卫的认定态度上看,防卫权的行使本就是在“保守性”与“锐利性”之间来回摇摆的,目前的背景是我国司法实务中有关正当防卫的认定较为严格,公民不敢实施正当防卫,面对不法侵害时进退维谷,而公力救济本身又有限,因此此时适度放宽正当防卫的成立条件具有一定的合理性。之后如果防卫权本身过于锐利,再对其进行紧缩也为时未晚。

此外,上述讨论的具有一定特殊性的“危险状态”,实质上表现为难以逃离的暴力周期,除了存在于受虐妇女杀夫案之外,也存在于其他情形之中。如除了配偶、同居男女之外,兄弟姐妹、父母子女等其他家庭成员之间也存在各种形式的暴力。再如在家庭关系之外,这种难以摆脱的“危险状态”同样有可能存在,比如闭塞山村内邻里的间歇性殴打、陌生人的持续跟踪等。出于此时“危险状态”的特殊性,受虐待者在预感到暴力行为即将发生时发动反击,均有成立正当防卫的空间。

最后,受虐妇女杀夫行为只是一种社会问题的缩影,以之为窗,可以窥到家庭关系之外,其他弱势群体在长期遭受侵害下、为了生存所作出的极端反抗,如偏远地区的邻里关系、孤寡老人或残疾人与负有看护职责的人之间的扶养关系等。以受虐妇女杀夫案为题,去探讨弱势群体极端行为的出罪路径,更多也是为了在公力救济难以覆盖的领域,一方面保护弱势群体在紧急状态下的自力救济权利,另一方面对潜在的施暴者们予以警醒,对于家庭暴力这种黑数庞大、容易造成严重后果的犯罪起到消极的一般预防效果,最终实现对于弱势群体权益的保护。

Study of the Decriminalization in "Battered Woman Kill Her Husband"

DING Wenzhuo

[**内容摘要**]有关受虐妇女杀夫案,紧急避险说、期待可能说、责任能力阻却说均认为,行为人面对的是一种侵害行为随时可能发生的危险状态。对此危险状态,依据我国有关正当防卫的最新司法解释,不法侵害的开始已经不再等同于侵害行为的着手,而是以是否存在现实紧迫的危险为标准。因此,即使家庭暴力行为尚未发生,只要受虐妇女面临的危险达到了现实紧迫的程度,其反击行为就应当被认定为防卫行为。在具体的危险判断中,应当充分考虑曾经发生过的家庭暴力的情况,并从正当防卫合法化依据出发,更加偏向受虐者法益的保护。

[**关键词**]受虐妇女杀夫;正当防卫;防御型紧急避险

Abstract: About the the case of "Battered Woman Kill Her Husband", the theory of necessity, probability of expectation and excuse recognize that the perpetrator is facing a dangerous state in which criminal act may occur at any time. For this dangerous state, according to the latest judicial interpretation of self-defense, the beginning of offence is no longer equal to criminal act, but based on whether there is a realistic and urgent danger. Therefore, even if domestic violence has not occurred yet, as long as the risk faced by battered women reaches the degree of realistic and urgent, their counterattack should be recognized as self-defence. In the specific risk judgment, full consideration should be given to cases of domestic violence that have occurred, and according to the basis of the legalization of justifiable defense, it is more biased towards the protection of the victims' legal interests.

Keywords: battered woman kill her husband; self-defence; the defensive necessity

论法条竞合与想象竞合的区分

曾一珩*

目　次

一、问题的引入

我国刑法学界对法条竞合与想象竞合区分问题的讨论由来已久,但遗憾的是理论的激烈交锋并未顺利转化为司法实践中明确的适用规则。例如,盗窃罪与破坏电力设备罪、①妨害公务罪和故意杀人罪②等无论是保护法益还是行为类型都截然不同的罪名,在实践中却存在被作为法条竞合处理的情况。不仅如此,实践部门在何时存在竞合、成立何种竞合的判断上也是众说纷纭。可以说,在竞合问题上,对相同的犯罪情形,一些人视之为法条竞合,另一些人则视之为想象竞合。理论与实务的差异,会阻滞罪刑法定与罪责刑相适应原则的贯彻,也可能伤及

* 中国人民大学刑事法律科学研究中心博士研究生。

① 参见云南省昭通市中级人民法院刑事判决书,(2020)云06刑终2号。

② 参见湖南省邵阳市中级人民法院刑事判决书,(2019)湘05刑初21号。

刑事司法的权威[①]。

以2017年发生在山西省的一个案件为例,陕西省西安市的王某某于2017年8月9~10日伙同张某、万某等人在解放军某部雷达站东南角附近偷挖砂石料。王某某等人趁夜组织挖掘机、渣土车,以万某拉土回填垃圾坑为掩护在此偷采砂石变卖,共偷挖两次,盗采砂石579方,价值13,896元。[②]

在本案的审理过程中,对王某某等人的行为如何定罪,出现了三种不同的意见。公诉机关认为,本案应当以盗窃罪定罪量刑,理由是行为人的一个行为同时触犯了盗窃罪与非法采矿罪,构成想象竞合,应当从一重罪论处。一审法院同意行为人的一行为同时触犯二罪名,但认为这两个罪名是法条竞合的关系,按照"特别法优于一般法"的法条适用原则,对四被告人的非法采砂行为应适用非法采矿罪的相关规定。然而,由于被告人的行为并未达到司法解释规定的非法采矿罪的入罪标准,只构成一般违法行为,因此四被告人被判无罪。

二审法院最终维持了原有的无罪判决,但裁判理由与一审法院大相径庭。二审法院首先认为,从法条之间的逻辑关系上说,非法采矿罪属于一种特殊的盗窃罪,二者具有法条竞合关系,应当坚持特殊法优于一般法的原则处理。但是二审法院同时认为,从现有事实来看本案中的被告人仅达到盗窃这一种犯罪的认定标准,尚未达到破坏矿产资源犯罪的认定标准,也就是说被告人的一行为只触犯了一个法条,因此不必动用竞合理论来处理本案,只需要探讨本案被告人的行为符合何罪的构成要件即可。最后,二审法院引用了2009年最高人民法院研究室《关于王某某非法采矿案、张某某等人盗窃上诉案相关问题的答复》中"对于非法采矿的行为不宜适用盗窃罪,符合非法采矿罪构成要件的,可以非法采矿罪定罪处罚"的意见,进而得出结论:应适用非法采矿罪的法条,但因未达追诉标准,维持原有的无罪判决。

---

① 左坚卫:《法条竞合与想象竞合的界分》,载赵秉志主编:《刑法论丛》第20卷,法律出版社2009年版。

② 参见陕西省西安市中级人民法院刑事裁定书,(2019)陕01刑终578号。

就同一个案件,两审法院和检察院出现了三种不同的意见,这比较充分地体现了当下犯罪竞合理论在实践应用中的困境——就何时适用竞合理论、适用何种竞合等基础性问题尚缺乏明确标准。这主要是因为想象竞合和法条竞合的概念和基本规则尚未得到刑法条文的确认,理论研究也还未在基础问题上达成共识。在这种情况下,司法实践中出现此种情况并不令人意外。

具体来说,竞合领域亟须解决的重大基础性问题有如下三点:法条竞合与想象竞合的类型与成立范围、法条竞合与想象竞合的区分,以及法条竞合处断原则。这三个问题并不是孤立存在的,彼此具有密切的关联。其中法条竞合与想象竞合的区分问题居于核心地位,是解决其余两个问题的关键。数个产生竞合的法条之间只可能有两种关系,"法条竞合现象的减少会导致想象竞合现象的增加;反之,想象竞合的限缩会导致法条竞合现象的增加"①。因此,必须首先确定法条竞合与想象竞合的界限,才能合理划定两个概念各自的成立范围,进而确定处断原则。

对于上述问题的讨论已经持续了至少四十年,在研究思路的选择上形成了"从法条之间的逻辑关系切入"这一几乎不言自明的传统,也产生了很多具有代表性的观点。但是,这些观点大多止步于宏观原则,或许在其自身的理论体系内可以实现逻辑自洽,却很难与司法实践中产生的复杂情形"无缝衔接"。例如,通说认为法条竞合以法条之间的逻辑关系为前提,但并未指出逻辑关系具体应该如何判断。法条竞合的交叉关系的处断原则又存在重大争议,从一重罪处罚说和特殊法优于一般法说都各有市场。因此无论审判人员选择适用哪一个法条,都可以在法条竞合的交叉关系中找到与之对应的理论依据。法条竞合原理的这种现实的属性正是导致司法实践中出现法条竞合扩张倾向的原因。

总之,在竞合理论旷日持久的论战中,"法条竞合与想象竞合的区分"这个议题虽然有时会被新的学术热点所遮蔽,但实践中存在的问

① 张明楷:《刑法学》,法律出版社2011年版,第437页。

题令竞合问题成为时至今日仍然未曾过时的话题。

二、左支右绌的区分方案：立法现状与理论困境

长期以来，学界为解决竞合问题投入了大量的学术资源，提出了许多富有创见的竞合制度设计方案。但是，这些区分方案的实际效果在与刑事立法和司法实践衔接上的表现显得不尽如人意。"法条竞合与想象竞合的区分标准，是我国刑法理论尚未完全解决的问题"①这一论断在今天仍然适用。

理想的刑事法网应该不重不漏，令每一种犯罪行为都明确对应于特定的罪名。但事实上这是不可能完成的任务，刑事立法中法条之间的交错关系是不可避免的，适用刑法时经常要在行为所涉及的数个法条之间加以取舍。从立法特征来看，各罪的条文主要采取列举、概括和例示的方式对具体犯罪类型进行描述，对构成要件内涵的描述较为抽象——这当然是刑法发挥其功能的保障，立法必然只具有相对的明确性，如此才能应对复杂多变的实践情况。这不能说是立法的缺陷，但不可否认，立法相对抽象的特质是罪名的外延产生重合的主要原因。尤其是刑事立法中存在大量的"同质分立"（将原本性质相同的行为分立设定为不同罪名）的法条，这些法条的内涵极其相似，外延很难做到泾渭分明。

以毒品类犯罪为例，《刑法》第六章第七节就规定了走私、贩卖、运输、制造毒品罪，非法持有毒品罪，引诱、教唆、欺骗他人吸毒罪，容留他人吸毒罪等数个罪名，以行为方式的不同作为罪名之间的分界。可以说，"引诱""教唆""欺骗"等概念是此罪与彼罪的本质区别。然而，这些概念的意义并不是封闭的，"虽然法律中适用的大多数概念具有一个稳定的意义内核，但同时也具有一个'边缘领域'……在许多情况下，法律看上去是给某个概念下了定义，但实际上只是对某种类型进行

① 张明楷：《刑法分则的解释原理》，中国人民大学出版社2011年版，第686页。

了限定"①。换言之,刑法各罪名所使用的法律概念之间存在很多交叉乃至包容的情况。例如,从逻辑上说走私和引诱他人吸毒的行为中必然包括持有毒品的行为,引诱他人吸毒也可能与容留他人吸毒产生重合,即行为人完全可能引诱他人在自己家中吸毒,因而同时符合引诱他人吸毒和容留他人吸毒的特征。此时如果将被触犯的数个条文同时适用,实际上就是在对同一个犯罪事实进行刑法上的重复评价。

有学者统计,我国现行刑法分则中"同质分立"的条文涉及"生产、销售伪劣产品""走私""骗取""窃取"等16种行为近90个罪名。② 在刑法修正案和各类司法解释中,此类规定也大量存在,并持续增加,仅《刑法修正案(九)》中就针对恐怖犯罪增加了5个"同质分立"条文。在这样的立法背景下,必须通过竞合理论避免在法条适用中可能出现的重复评价。

事实上,我国刑法理论早已开始对竞合问题的研究,但由于立法不断发生变化,原有学说有时无法恰当解决日益错综复杂的实践问题。早在20世纪80年代我国刑法学恢复重建之时,对于法条竞合与想象竞合要不要区分、如何区分以及如何处断的问题,刑法学界就已经产生了通说。③ 通说肯定区分必要性,认为法条竞合是法条所规定之构成要件之间逻辑上的错综关系,而想象竞合则是一种事实关系。并且对法条竞合原则上按照特殊法优于一般法的原则处理,而想象竞合则需要从一重罪处罚。这一学说至今仍然具有相当的影响力,至少在20世纪末期,我国的竞合理论研究大多都延续了以"逻辑关系的有无"作为法条竞合与想象竞合核心区别的思路。

---

① [德]卡尔·拉伦茨:《德国民法通论》(上册),王晓晔等译,法律出版社2013年版,第102页。

② 参见王志远:《论我国刑法各罪设定上的"过度类型化"》,载《法学评论》2018年第2期。

③ 参见高铭暄:《刑法学》,北京大学出版社2019年版,第184页。

(一)法条竞合处断原则之争

对传统通说的检视始于一桩发生在四川省的案件。1979 年 8 月至 1981 年 4 月,四川省岳池县苟角公社社员粟某某打着“祖传秘方”的旗号贩卖假药“麝七丸”,骗取全国各地 2100 多名患者的购药款 36,400 余元。粟某某号称该药能治疗偏瘫,但患者服用后病情并无好转,该药无任何疗效,也未对患者身体造成其他损伤。案发后粟某某拒不配合调查,不交代赃款去向,全部赃款都无法追回。按照 1979 年《刑法》,当时对本案有两种处理意见,其一是定制造、贩卖假药罪(现在使用的罪名为生产、销售、提供假药罪),最高只能判处 7 年有期徒刑;其二是判处诈骗罪,则可以对粟某某判处 10 年以上有期徒刑或者无期徒刑,并处没收财产。

由于粟某某骗取的财物数额巨大,受害者遍布全国各地且数量众多,产生了对其加以重判的呼声。以冯亚东教授为典型代表,理论界也有一些学者因而提出了应该以重法优于轻法作为法条竞合的补充规则的观点。冯亚东教授指出:在交叉关系的法条竞合中,若按照特殊法优于一般法的原则无法罚当其罪,就应当允许采用重法优于轻法的原则作为补充。① 这一主张一经问世,即引起了理论界的广泛讨论。此说得到了一些学者的支持。例如,黄京平教授提出,对于交叉关系的法条竞合,只有选择重法优于轻法,才能实现对罪犯的全面否定评价,因为全面评价的内容不仅涉及具体犯罪构成要件,还包括法定刑的种类及其程度。② 总之,支持补充适用重罪法条的主要理由是实现罪刑均衡原则的需要。

一般而言,量刑均衡原则至少有两个层次的内涵:一方面要求对犯罪的严重程度进行区分,并分配轻重不等的惩罚;另一方面要求严重程

① 参见冯亚东:《论法条竞合后的从重选择》,载《法学》1984 年第 4 期。

② 参见黄京平、陈毅坚:《法条竞合犯的类型及其法律适用》,载《中国刑事法杂志》2007 年第 4 期。

度相当的犯罪行为应得到同样程度的刑罚。前者要求刑法的处罚体系具备阶梯式的结构,即贝卡里亚所指的与“一系列越轨行为构成的阶梯”相对应的“由最强到最弱的刑罚阶梯”。[①] 这样的阶梯结构需要保证每一级刑罚的量恰好足够惩治相对应的犯罪,以此来确保人们可以找到更有力的手段去应对更严重的犯罪。后者则要求阶梯式的刑罚体系具有内部的协调性,避免出现严重程度相当的犯罪量刑悬殊的结果。正因为如此,粟某某案才引起了如此广泛的讨论:同样的一种行为作为制造、贩卖假药罪处理,与作为诈骗罪处理竟然结果如此不同,在大多数人看来是难以接受的。

但也有一些学者坚持认为法条竞合必须以特别法优于一般法作为唯一处理方案,原因主要有以下几个方面:特别法是在普通法的基础上产生,如果不优先使用,则失去独立存在的意义。[②] 既然立法者已经制定了特别法条,就说明立法者对可能出现的量刑结果有特别考虑,不属于处罚的漏洞;如果允许法条竞合采取从一重罪论处的原则,就会导致特别法的空置,是司法的越权。[③] 即使立法中存在不合理的现象,也应当通过立法途径来解决,而不能由司法越俎代庖。[④] 还有学者指出,法定刑的高低除了考虑法益侵害的程度之外,还须考虑预防的必要性大小,否定此类案件按轻罪处罚时存在罪刑不相适应的现象,因而反对法条竞合从一重罪论处的方案。[⑤] 不过,这些观点都建立在一个共同的前提上——法条竞合是由于立法者有意设置了法条之间的逻辑关系而

① 参见[意]贝卡里亚:《论犯罪与刑罚》,黄风译,中国法制出版社 2002 年版,第 76 页。

② 参见杨敦先:《试论制造、贩卖假药罪的几个问题——兼论刑法中的法规竞合》,载《法学研究》1986 年第 6 期。

③ 参见周光权:《法条竞合的特别关系研究——兼与张明楷教授商榷》,载《中国法学》2010 年第 3 期。

④ 参见肖中华:《也论法条竞合犯》,载《法律科学(西北政法学院学报)》2000 年第 5 期。

⑤ 参见黎宏、赵兰学:《论法条竞合的成立范围、类型与处罚规则》,载《中国刑事法杂志》2013 年第 5 期。

产生的，立法者对适用特殊法的结果有预期。正因为如此，陈兴良教授将这两种争议归纳为“罪刑法定原则与罪刑相适应原则之争”[①]。然而这一前提并非不证自明。事实上，立法者究竟能否精密控制法条之间的逻辑关系，存在很大的疑问，这一点将在后文中展开论述。

（二）法条竞合的重新划界：一个以退为进的策略

随着争论的深入，“战火”扩散到了法条竞合和想象竞合的区分问题上。有学者提出应当重新划定法条竞合与想象竞合的界限，认为法条竞合的成立不仅要求法条之间具备包容或交叉的逻辑关系，还要求所涉两个条文之间具有法益的同一性，在此基础上才能贯彻法条竞合特殊法优于一般法的原则。[②] 这一思维进路在德国刑法理论中也有类似的体现，刑法学者普珀曾提出过将遵循从一重罪处断原则的所谓“不真正法条竞合”划归到想象竞合之中的方案。[③]

具体来说，张明楷教授提出，要成立法条竞合需要满足以下三个条件：一是法条之间要具备逻辑的包容性，也就是存在包容关系。二是法条之间具有法益的同一性，按照这一标准，刑法分则中不同章节之间基本不可能是法条竞合。三是不法程度具有包容性，适用一个法条就足以充分、全面地评价行为的不法内容。在此基础上，法条竞合可以坚持特殊法优于一般法的原则处断。[④] 这种方案将交叉关系归入想象竞合范畴，可以有效解决二者的区分难题，在此意义上具有相当的合理性。

---

① 陈兴良：《法条竞合的学术演进——一个学术史的考察》，载《法律科学（西北政法大学学报）》2011 年第 4 期。

② 参见张明楷：《法条竞合与想象竞合的区分》，载《法学研究》2016 年第 1 期。需要注意的是，按照我国现行的罪名设置，交叉关系的法条之间不可能存在法益的同一性。张明楷教授此后在其主编的第五版刑法学教科书中修改了自己的表述，直接将法条竞合限定为法条之间具备包容关系且法益具有同一性的情形，而交叉关系被归入想象竞合。

③ 参见徐凌波：《犯罪竞合的体系位置与原则——以德国竞合理论为参照》，载《比较法研究》2017 年第 6 期。

④ 参见张明楷：《刑法学》，法律出版社 2016 年版，第 467 ~ 469 页。

并且,这一思考进路不再纠缠于罪刑法定原则是否要求法条竞合只能适用特殊法优于一般法原则的问题,采取了“以退为进”的策略,一方面承认法条竞合是立法者的特殊逻辑考虑,要严格执行特殊法优于一般法原则,另一方面又对法条竞合的范围进行了限缩。这种限缩当然是有必要的,因为实际上立法者对法条之间逻辑关系的控制力相当有限,尤其是在传统通说所指的“法条竞合交叉关系”中,要求立法者基于逻辑推理掌控全局,实在是“不可能完成的任务”。

不过,该方案在司法实践中并未得到普遍接受,其中的原因可能是多方面的。第一,传统通说长时间占据主导地位,即便偶尔失灵,也仍然对实践者保持巨大影响,因而与传统通说差别较大的理论难以推行。第二,一部分实践人员还未习惯在判决书中“公开论证”,并不十分追求充分说理。因此,实务中最为普遍接受的立场是:法条竞合既可以采用特殊法优于一般法原则,又可以从一重罪处罚。至于如何区分二者,基本上取决于法官内心选择适用哪个罪名。第三,理论本身也有未对自身立场进行充分论证的嫌疑,多数时候都是直接抛出观点,并以分则条文实例展示如此处理的量刑合理性,体现出很强的目的导向,实际上仍未对罪刑法定原则方面的质疑作出回应。第四,“法益的同一性”标准至少在当下看来,并不是一个足够明确的理论工具。事实上,对于部分法条的保护法益究竟是什么,尚未得出一致结论。单纯以条文的体系定位判断保护法益是否一致的方案也是行不通的,因为“我国刑法分则对于犯罪的分类并不是十分准确的,而且特别条款的设置过多,导致原本属于侵害同一法益的行为,可能成为侵害不同法益的行为”①。例如,妨害公务罪与阻碍军人执行职务罪,职务侵占罪和贪污罪等。在判断标准的明确性上,法益同一性说的确比传统通说向前更进了一步,但还不足以解决“万金油式的法条竞合”的问题。

---

① 张明楷:《法条竞合中特别关系的确定与处理》,载《法学家》2011年第1期。

(三)大竞合论:区分是否有必要

近年来关于法条竞合与想象竞合的另一有力学说是以陈洪兵教授为代表的“大竞合论”。它将对竞合理论的反思向前更加推进了一步,跳出了通说的讨论语境,认为定罪量刑的目的是对违法性和有责性的事实进行全面评价,没有必要纠结于想象竞合与法条竞合的区分。①

这一观点首先就要面临刑法分则规定的检验。前文已经提到,关于刑法条文产生竞合时如何适用,刑法分则中有“同时构成其他犯罪的,依照处罚较重的规定定罪处罚”和“本法另有规定的,依照规定”两种表述。前者是从行为的评价结果角度指代了一个行为同时落入不同罪名指代范围的情形,而后者指的是构成要件的设置存在重合的情形。“同时构成其他犯罪”的主语不言自明是指行为人在自然意义上的一个行为,而“本法另有规定”暗示了规则的适用前提是立法设定的构成要件。即便这两种表述不能直接对应于想象竞合和法条竞合,也至少能够说明刑法对竞合现象设置了不同的处理方案。

“大竞合论”对此的解释是:刑法条文中“本法另有规定”之条款,应理解为提醒适用重法的补充性条款。换言之,虽然刑法中使用了两种不同的表述,但指代的都是同一项规则。在本文看来,这首先难以通过体系性解释的检验——既然立法者已经在部分条文中规定了“同时构成其他犯罪的,依照处罚较重的规定定罪处罚”,又何必要画蛇添足地加上一个提示性条款?况且,二者既然在刑法分则中同时出现,在无明确说明的情况下,就应该被视为并行不悖的同等级规则。此外,从语义解释的角度来说,“另有规定”是一个概括性的类概念,既包括按照重罪处罚的情形,也包括可能出现的按照较轻的特别法处罚的情形。这一术语的概括性使得此规定能够尽可能地涵盖刑法分则罪名之间的各种关系,也为今后完善立法提供了更大的转圜余地。仅仅因为论者

① 参见陈洪兵:《不必严格区分法条竞合与想象竞合——大竞合论之提倡》,载《清华法学》2012 年第 1 期。

所认识到的刑法分则罪名之间都是特殊法更轻,就将“另有规定”作限制解释,未免因小失大。

此外,“大竞合论”最有力的一条论据是:我国刑法中没有“封闭的特权条款”①,大多数特殊法条的刑罚都重于一般法条,因此无论是按照特殊法优于一般法的方案还是从一重罪处罚的方案,最后的结果都没有分别。对此有论者指出,我国的刑法分则里并非所有法条竞合中的特别法都是重法,也存在少量“封闭的特权条款”。例如,《刑法》第436条的武器装备肇事罪和第233条的过失致人死亡罪,前者同样是因过失致人死亡,但由于武器装备本身的危险性和军人职业的特殊性,其法定刑低于一般的过失致人死亡罪。② 此后,“大竞合论”的提出者基本承认了“封闭的特权条款”的存在,只是坚持认为:“为了极个别所谓封闭的特别条款,不遗余力地严格区分法条竞合与想象竞合,恐怕得不偿失。”③

在本文看来,武器装备肇事罪与过失致人死亡罪并不是特殊关系,因为武器装备肇事罪的法条实际上包括了违反致人重伤、死亡或者造成其他严重后果三种情形,因此从构成要件外延的关系上来看,两罪是交叉关系而不是特殊关系。换言之,并非所有成立武器装备肇事罪的情形都构成过失致人死亡罪。不过,“大竞合论”主张一律从一重罪处罚的确是不甚妥当的,即便现在刑法中暂时不存在所谓的“封闭的特权条款”,也至少存在特殊法与一般法规定同样的法定刑的情形。例如,《刑法》第277条的妨害公务罪与第368条的阻碍军人执行职务罪无疑属于特殊关系(军人是一类特殊的国家机关工作人员),但《刑法》为二者配置了完全相同的法定刑,即3年以下有期徒刑、拘役、管制或者罚金。此时理应按照特殊法优于一般法的原则以阻碍军人执行职务

① 所谓的“封闭的特权条款”,指的是特殊关系中特殊法具有减轻处罚依据的情形,参见张明楷:《法条竞合中特别关系的确定和处理》,载《法学家》2011年第1期。

② 参见冉巨火:《论法条竞合与想象竞合的区分及其适用原则——兼论军职罪中封闭的特权条款》,载《法学杂志》2016年第4期。

③ 陈洪兵:《再论“不必严格区分法条竞合与想象竞合”》,载《国外社会科学前沿》2020年第5期。

罪处理,而不是舍本逐末地在两个条文之中区分重罪与轻罪。

此外,除了“封闭的特权条款”以外,我国刑法中还存在一种特殊的法条包容关系,那就是金融诈骗罪各条与诈骗罪之间的包容关系。虽然由于司法解释对各罪中“数额巨大”的规定不同,导致数额相同时金融诈骗罪的量刑不一定总是低于诈骗罪,但从罪名的整体调整范围来看,构成金融诈骗类犯罪的都必然构成诈骗罪,符合包容关系的特征,理应作为法条竞合按照特殊法优于一般法的原则处理。虽然在犯罪数额不同时,特殊法和一般法的轻重关系会出现变化,但法条的包容关系并不是每一个法定刑档次都存在包容,只要整体涵射范围是包容关系即可。但是,如果按照“大竞合论”的观点,把金融诈骗类犯罪和诈骗罪一概从一重罪处理,就会导致同一类行为时而被作为诈骗罪处理,时而被作为金融诈骗类犯罪处理。例如,《全国法院审理金融犯罪案件工作座谈会纪要》规定贷款诈骗罪的三档法定刑中的自由刑分别为5年以下有期徒刑或者拘役、5年以上10年以下有期徒刑和10年以上有期徒刑或者无期徒刑,数额标准分别是1万元以上、5万元以上和20万元以上。诈骗罪的三档法定刑分别为3年以下有期徒刑、拘役或者管制,3年以上10年以下有期徒刑和10年以上有期徒刑或者无期徒刑,而数额标准分别是3000~1万元以上、3万元到10万元以上、50万元以上。这就导致贷款诈骗4万元的,按照普通诈骗罪在3年以上10年以下法定刑幅度内量刑;而贷款诈骗5万元的,按照贷款诈骗罪在5年以上10年以下的法定刑幅度内量刑。其实,在实际司法裁量中,无论是定贷款诈骗罪还是定普通诈骗罪,量刑结果可能区别不大,关键在于刑名的确定。从这个意义上说,同一类型的行为自始至终构成同样的犯罪,这样的结论更符合一般人的正义观念。

除此之外,法条竞合与想象竞合的不同还体现在很多方面。本文认为,即便大多数情况下特殊法量刑更重,也仍有必要区分法条竞合与想象竞合,因为二者背后蕴含的法理无论是在逻辑学架构还是价值趋向上都截然不同。通过对竞合问题的法理学分析,法条竞合与想象竞合在结构上的本质区别才会真正浮出水面。此外,正是由于法条竞合与想象竞合的逻辑结构不同,二者在适用条件和涉及犯罪未完成形态时的处理方案上也有显著不同。

三、竞合问题的法理学分析

如前所述,以法条之间的逻辑关系作为研究竞合问题的切入点,似乎已经成为了一种学术传统。但传统通说在用逻辑关系区分法条竞合和想象竞合的问题上并不能令人满意。也有学者提出,逻辑和事实实际上并不能完全分离,“完全脱离具体案件事实的法条竞合并不存在”①,或者认为“法条竞合的实质是不同罪名所涵盖的犯罪事实的‘竞合’而不是法条的竞合,单纯地探讨法条之间的关系意义不大”②。在本文看来,之所以难以区分法条竞合与想象竞合,并不是因为错误地选择了逻辑分析的路径,而是因为逻辑分析的路径未能得到充分贯彻。

(一)竞合的逻辑架构

使用逻辑学原理分析法条之间竞合关系的前提,是刑法分则罪名的概念化。刑法分则规定了定型性的构成要件,使罪与非罪获得了明确的区分,此时刑法分则罪名可以被视为一种法律概念。“在法的体系中,概念的特点和独特功能是:它是对法律事实进行定性的,既确定事件、行为和物品等的‘自然性质’和‘社会性质’,又确定事件、行为和物品等的‘法律性质’,因而为人们认识和评价法律事实提供了必要的结构。没有这个结构,就无法对事件、行为和物品作出法律评价和法律处理。”③

分则条文通过确定各罪名的构成要件,将特定形式的法益侵害作

---

① 徐凌波:《犯罪竞合的体系位置与原则——以德国竞合理论为参照》,载《比较法研究》2017年第6期。

② 周铭川:《法条竞合中特别法条和普通法条的关系探析》,载《中国刑事法杂志》2011年第3期。

③ 张文显:《规则·原则·概念——论法的模式》,载《现代法学》1989年第3期。

为犯罪固定下来。当此罪的外延与彼罪的外延产生重合时,就产生了竞合现象的存在空间。可以说,竞合问题的诞生一开始就带着逻辑学的影子。正因为如此,无论有意还是无意,较为通行的竞合理论都以概念的逻辑特征和逻辑关系为研究起点,非常强调法条的竞合形态问题。逻辑学与竞合理论之间自始至终存在的亲缘性,也决定了以逻辑学原理分析竞合问题的可行性。

在逻辑学上,"概念"具有内涵和外延两个研究维度。概念的内涵指的是该概念"所指称的那个或那些对象所具有的并且被人们认识到的事物的特有属性或区别性特征",而外延指的是该概念"所指的某个对象或某些对象的集合或类"。[①] 以概念有无内涵为标准,可以将其区分为"通名"和"专名"。前者既有内涵也有外延,因为通名指示某一类对象,而"类"是可以定义的。从这个意义上说,内涵可以被视为"通名所指对象品类的定义,或视作确定这一品类有哪些成员的识别标准"[②]。后者则只有外延而没有内涵,只是一个没有意义的标记。例如,"体育馆"是一个通名,指的是社会公众从事体育活动的场所;而"鸟巢"则是一个专名,这个概念本身并不体现所指代对象的属性。刑法的规制对象是会重复出现的犯罪行为,从这个意义上说,刑法分则当中规定的罪名都是通名,条文中确立下来的构成要件是对犯罪类型实质特征的描述,也即对该罪名内涵的描述。

概念的内涵越多,外延就越小。因此,构成要件的描述越抽象(内涵越少),其外延就越广。举例来说,诈骗罪与信用卡诈骗罪相比,其内涵更少,但所指代的范围就更广。刑法分则条文的处罚范围根本上由构成要件决定,同时还受到其他因素的限制,如各类规定了立案标准、情节严重的司法解释。罪名的内涵是相对固定的,但外延却可能随着社会生活的需要发生变化,或者在不同地区存在差别(例如,诈骗罪的入罪标准可以由各省、自治区、直辖市的高级人民法院、检察院结合

---

① 参见陈金钊、熊明辉主编:《法律逻辑学》,中国人民大学出版社 2015 年版,第 62 页。

② 陈嘉映:《语言哲学》,北京大学出版社 2003 年版,第 13 页。

本地区经济社会发展情况,在最高院、最高检确定的数额幅度内研究确定本地区的数额标准)。这并不违背构成要件的定型性,因为这些司法解释只影响犯罪的外延,而没有改变其内涵——也就是被刑法分则固定下来的构成要件。

竞合问题在逻辑学上可以描述为是数个罪名的外延产生了重合,导致一个行为同时落入数个条文的涵射范围之内。近代刑法是行为刑法,罪名禁止的是某种侵犯法益的"行为",而不是实施犯罪的行为人或者某种未曾付诸实施的主观恶念。从这个意义上说,竞合现象中犯罪外延的重合本质上是一种行为的重合。

在竞合问题中,"行为"一词有至少三个层面的含义,需要仔细辨别。第一种是作为构成要件要素的行为,它被规定在刑法分则的条文中,体现出犯罪的行为方式。第二种是"一个行为触犯两个犯罪"中的行为概念。此时对行为的理解更多的是从社会一般观念的角度出发,是事实评价与规范判断的混合体,它绝不同于构成要件行为,但也不能完全被理解为一种客观的身体动作。两个先后发生的身体动静是否能被视为一个行为,德国刑法中采取"一部重合说"①,认为即便是数个独立实现构成要件的自然行为,如果它们互相之间具有空间和时间上的直接联系,就可以被视为一个行为。日本判例的观点是,一个行为指"抛开法律上的评价,舍弃构成要件上的视角,基于自然意义上的观察,行为人的动态在社会见解上被评价为一个动态的情形"②。我国司法实践当中的观点近似于后者。在这个意义上,行为的界定受到行为人主观心态的影响。例如,行为人甲为了夺取乙的财物把乙杀死,取走乙的钱包,此时一般认为甲实施了一个行为,是抢劫罪与故意杀人罪的想象竞合。但如果甲一开始只是想杀死乙泄愤,把乙杀死后临时起意取走乙的钱包的,一般认为甲实施了故意杀人和盗窃两个行为。虽然

---

① 参见[德]乌尔斯·金德霍伊泽尔:《刑法总论教科书》,蔡桂生译,北京大学出版社2015年版,第476页。

② [日]前田雅英:《刑法总论讲义》,曾文科译,北京大学出版社2017年版,第355页。

在外观上看甲都是杀死了乙并拿走了他的钱包，但主观故意不同时行为的数量也不相同。第三种意义上的行为是作为刑法规制对象的侵害法益的行为，或者说是被刑法分则规定为犯罪的行为。在这个意义上行为的外延受到主体、主观方面和犯罪对象、犯罪客体的影响。换言之，分则条文的指代对象（或者说处罚范围）是由各个构成要件要素共同决定的。“竞合是一个行为触犯数个罪名”当中的行为是第二种意义上的行为，而“竞合以行为外延的重合为前提”当中的行为指的是第三种意义上的行为，对行为外延是否重合的判断主要由第一种意义上的行为决定，同时受到其他构成要件要素的影响。

首先，当且仅当作为构成要件要素的行为的外延产生包容或者交叉时，一个行为才可能同时触犯两个法条，才会出现法条竞合或者想象竞合的现象。例如，假设行为人甲冲进乙所经营的位于人潮涌动的繁华商业区的店铺将其店内的贵重花瓶向楼下砸去，甲投掷花瓶的行为既落入了故意毁坏财物罪实行行为的外延之内，又落入以危险方法危害公共安全罪实行行为的外延之内。正是因为二罪实行行为的外延产生重合，甲的一个行为才有了被两个罪的构成要件同时评价的可能性。如果两罪的实行行为的外延完全没有重合，一个行为在任何特殊情境下都不可能同时触犯两个罪名。例如，盗窃罪与受贿罪，这两个条文因为构成要件行为的外延完全不存在重合，因而不可能产生想象竞合关系。

其次，法条之间出现竞合的前提是一个行为触犯数罪名，其中不言自明的隐藏含义是：这个行为必然是单个主体实施的。因此，如果数个法条所规制的行为主体并无重合，一个行为就不可能同时触犯这数个法条。例如，受贿罪与非国家工作人员受贿罪的行为方式虽然都是收受他人贿赂，但前者的行为主体是国家工作人员，后者是非国家工作人员，一个人不可能既是又不是国家工作人员，不可能以一个行为同时触犯这两个罪名，因此二者不会发生竞合。

再次，主观方面的故意和过失也会影响犯罪行为的外延。即便数个条文所规制的行为在客观方面完全相同，但如果主观方面并无交叉，也不可能产生竞合。例如，失火罪和放火罪无论如何也不可能存在法条竞合或者想象竞合的现象。

最后,犯罪的对象和犯罪客体不同,并不意味着犯罪行为的外延必然不重合。例如,破坏交通工具罪和破坏交通设施罪的犯罪对象虽然彼此并不重合,但完全可能有一个行为同时破坏了交通工具,又破坏了交通设施。故意杀人罪与故意毁坏财物罪的犯罪客体不同,但一个行为同时触犯二罪名的例子不胜枚举。

总之,无论是法条竞合还是想象竞合,都需要以法条之间的某种逻辑关系为前提,想象竞合与法条竞合的区别并不是事实关系与逻辑关系的区别,只可能是此逻辑关系与彼逻辑关系的区别。正是因为如此,以事实关系和逻辑关系的不同来区分二者,不可能得出妥当的结果。

在两个法条属于包容关系的情况下,被包容的法条可以视为立法对包容法条的特殊规定,这是非常典型的法条竞合,对此不存在争议。传统通说逻辑与事实区分标准的无力突出体现在交叉关系上。有学者发现,"将法条竞合与想象竞合分别归属于逻辑与事实层面,则在构成要件仅在逻辑上部分重合时,就会出现难以辨别法条竞合与想象竞合的问题"①。逻辑学分析可以对这一问题的成因作出解释:"构成要件至少具有部分重合"是法条竞合与想象竞合共有的条件,仅凭这一个标准无法体现二者在逻辑上的不同构造,需要对法条之间的逻辑关系进一步细化——这也是本文所采取的思路。

我国刑法理论界对法条之间关系的划分方案种类繁多。例如,张明楷教授和车浩教授均认可法条竞合按照特殊法优于一般法的原则处理,但二人使用的"法条竞合"概念所指代的范围却有很大不同。车浩教授认为法条竞合包括法条之间的特别关系、补充关系和吸收关系三种情形,②而张明楷教授则认为只有当两个法条处于特别关系时,才能成立法条竞合,补充关系本质上也是一种特别关系。③ 也有学者把补

---

① 张明楷:《刑法学》,法律出版社 2011 年版,第 437 页。
② 参见车浩:《强奸罪与嫖宿幼女罪的关系》,载《法学研究》2010 年第 2 期。
③ 参见张明楷:《刑法学》,法律出版社 2016 年版,第 464 页。

充关系称为“偏一竞合关系”而将交叉关系称为“择一关系”。[①] 无论使用何种名称,实际上仍未超出逻辑学上对概念外延关系的界分。

逻辑学上一般认为,两个概念的外延之间可能存在五种逻辑关系:同一关系、真包含关系、真包含于关系、交叉关系和全异关系,[②]但刑法中不可能存在完全相同的法条,同一关系不可能也不应该出现。除此之外,其他四种关系在刑法分则中都有可能出现,其中外延之间存在重合的是真包含关系、真包含于关系和交叉关系。

从立法技术的角度而言,法条之间的关系并不是完全在立法者的掌控之下固定不变的。在人为地界定某个概念时,只能从描述概念的内涵入手,将这个概念相对地固定下来。概念的外延不仅难以穷尽,还会随着社会生活的发展不断变化。无论立法者有多么高超的立法技巧,也绝无可能直接将某一概念的外延巨细靡遗地勾勒出来,其所能干预的只是概念的内涵。但概念的内涵与外延之间的关系并不是一一对应的。共有某一项内涵的概念在外延维度上可能是包容关系、交叉关系,也可能是对立关系。例如,“活鸡”“野鸡”“母鸡”“公鸡”这四个概念都共有“鸡”这一核心内涵,但两两之间外延的关系却大相径庭。即便当两个概念的内涵完全不同时(或者说描述的属性完全不同时),其外延也有可能产生交叉。例如,“毒品”和“固体”这两个概念,二者的内涵可谓是“风马牛不相及”,但外延却可能交叉,所有固体状的毒品都在交叉范围之内。此外,即便概念的内涵没有发生改变,其外延也可能发生变化。比如,我国传统刑法理论中把“财物”理解为有体物,但这无法满足社会的货币交易方式因为网络技术的发展而日益多样化带来的治理需求。于是“财物”概念的外延应进行扩充,“虚拟财产也属于财物”的观点已经成为一项基本的共识。

换言之,立法者并不如部分学者所设想的那样,对自己所创造的法条有完全的掌控。尤其是就法条的交叉关系而言,设置罪名时难以预

---

① 参见黎宏:《刑法学总论》,法律出版社 2016 年版,第 316 页。

② 参见陈金钊、熊明辉主编:《法律逻辑学》,中国人民大学出版社 2015 年版,第 63 页。

见。认为立法者有意区分了法条竞合的交叉关系和想象竞合的交叉关系的观点并不符合逻辑学的客观规律。事实上,只有在极其有限的情况下,才有可能认为立法者有意设置了法条之间的关系,并成功地将这种关系以成文法的形式确定了下来。这种极为特殊的情况就是法条之间的特殊关系。当且仅当概念 A 完全具备了概念 B 所有的内涵,并且在此基础上增添了新的内涵时,才能说概念 B 的外延与概念 A 的外延是特殊关系。可以认为,特殊关系是包容关系的一种,其独特属性在于,这种外延的包容构造是通过内涵确定下来的。例如,盗窃罪与盗窃枪支、弹药罪,故意杀人罪与故意伤害罪等。只有在这种情况下,才有理由严格按照法条竞合中特殊法优于一般法的原则处理,才可以认为立法者对量刑结果有充分的预料。

(二)竞合的价值解构

诚然,任何关于竞合制度的设想都必须落脚到具体罪名的适用上,接受司法实践应用效果的检验,但也不应该因为在微观层面“走得太远”而“忘记为什么出发”。在竞合问题的研究中,有必要回归竞合制度的发展历程和价值取向,首先明确竞合制度的目的导向,并理应以此作为竞合理论优劣的评判标准。

从现代刑法理论的体系定位来看,竞合论(或者称罪数论)位于犯罪论和刑罚论之间,是定罪与量刑的中间步骤,其研究领域是一罪和数罪之间的模糊地带。或者说,竞合论所要实现的目标是在一罪和数罪之间的模糊地带划出一条尽可能清晰的界线,将因为重复评价而成为数罪的那部分犯罪重新拉回一罪的阵营。

一个行为之所以可能触犯数个法条,主要是因为分则各罪所规定的犯罪构成要件。换言之,若罪名之间泾渭分明,彼此对立,则无产生竞合理论的必要(但这是不可能做到的);若罪名之间叠床架屋,关系混乱,罪名选择随意而缺乏一以贯之的内在规律,此时也不可能产生合乎逻辑的竞合理论。可以说,竞合制度建立在区分一罪与数罪的基础之上。

回顾我国刑罚制度的历史,奴隶制时期的立法不区分罪数,对同一个人所犯的罪一律作为一罪处罚。周代《吕刑》载:“其刑上备,有并两刑。”意思就是:“若有判两种罪以上的,则以重罪为准,并为一罪而科刑。”①直到进入封建社会后,我国的罪数制度才开始逐步细化。2007年,湖南大学岳麓书院购回的一批秦简②中记载了一宗《暨过误失坐官案》,该案显示在秦代对一人犯数罪的情形存在两种处理方案:累论与相遝。前者是将行为人所犯数罪的刑罚累计论处,后者则是从一重罪处罚。这两种制度分别适用于何种情形,还有待对历史文献的进一步研究,但毫无疑问,秦代已经出现了一罪与数罪的区分。汉代的罪数规定在此基础上进一步细化,有学者研究表明,对于判处刑罚前已知数罪的,采取的是重罪吸收轻罪,以重罪一罪论处的原则。《张家山汉简·奏谳书》中明文规定:“一人有数……罪殴也,以其重罪罪之。”《春秋公羊传注疏》中也有这样的记载:“明当以重者罪之,犹律一人有数罪,以重者论之。”③对于判处刑罚之后犯新罪的,若新罪轻于前罪则不予追究,若新罪重于前罪,则按重罪判处。④ 此后的刑罚历史中,数罪刑罚相加与重罪吸收轻罪两种做法长期交替出现。一直到唐代,才在立法中确立了“数罪并罚吸收原则为主的混合制度”⑤。

唐代以后的封建刑法基本沿袭了这种混合制,其特征是割裂“定罪”和“量刑”两个环节,并不关注“定罪”是否准确,能否尽可能全面地评价行为人的罪行,而将重心放在量刑结果的妥当性上。在这种价值导向的影响下,刑法并不讨论竞合问题。

一方面是因为,我国的封建刑法中不区分刑事犯罪和民事违法,犯

---

① 马小红:《礼与法——法的历史连接》,北京大学出版社 2017 年版,第 481 页。

② 这部分秦简由朱汉民、陈松长整理后出版,命名为《岳麓书院藏秦简》,通常被简称为岳麓秦简。

③ 李学勤主编:《十三经注疏:春秋公羊传注疏》,北京大学出版社 1991 年版,第 142 页。

④ 参见南玉泉:《张家山汉简〈二年律令〉所见刑罚原则》,载《政法论坛》2002 年第 5 期。

⑤ 姜伟:《我国古代的数罪并罚制度》,载《政治与法律》1985 年第 3 期。

罪的类型化并不充分,罪名之间的重合近乎成为一种常态,使得罪数的确定极为困难。以我国封建立法的典型代表《唐律疏议》为例,就官员受贿,就有"受财枉法、受财不枉法、受所监临财物和坐赃四个罪名共十几种行为方式"①,罪名之间彼此缠绕,再加上不同罪名对行为方式的细致区分,各条文之间的关系更加扑朔迷离。在这种立法体系的基础上,竞合理论缺乏发展的空间;在轻视定罪而重视量刑的司法思想指导下,竞合理论也没有发展的内在动力。

另一方面,"封建社会和半封建半殖民地社会期间,由于剥削阶级占统治地位,刑法的机能从根本上说是剥削阶级的统治工具"②。在这一时期,无论是立法还是司法都不看重对被告人权益的保障,定罪时是否对犯罪行为进行了恰当评价并不重要,量刑结果是否罚当其罪的标准也并不是罪责刑的适应,而是能否达到威慑目的,实现统治阶级利益的最大化。一直到近代,启蒙思想家们掀起的人权保障和崇尚理性的思想浪潮作用到法律领域,竞合论才得以萌芽。

启蒙运动在法律思想领域催生了古典自然法学派,为近代刑法学奠定了坚实的思想基础。古典自然法学派重视理性,提出刑罚只有在必要时才可动用,施加刑罚时要遵循这样的原则:罪犯不应该受到另外的伤害,他所受到的惩罚不是偶然性的,而是靠一种公开的和明确的警戒性质的惩罚来完成。③ 孟德斯鸠在《论法的精神》中为这种谨慎动用刑罚的思想找到了"实现人的自由"这一精神内核,他认为"人民离自由近,刑罚便少;人民离自由远,刑罚便多"④。此后,边沁明确地指出了不应适用刑罚的四种情况,其中第一种情况"滥用之刑"指的是"不存在现实之罪,不具有第一层次或第二层次之恶,或者恶性小于由附随善性所产生的可补偿性"⑤。其中,犯罪的第二层次之恶指的是"犯罪

---

① 张玉珍:《试析唐律中的贿赂犯罪》,载《齐鲁学刊》2008年第3期。

② 马克昌:《刑法的机能新论》,载《人民检察》2009年第8期。

③ 参见徐爱国:《西方刑法思想史》,中国民主法制出版社2016年版,第54页。

④ [法]孟德斯鸠:《论法的精神》,许明龙译,商务印书馆2012年版,第100页。

⑤ 马克昌主编:《近代西方刑法学说史》,中国人民公安大学出版社2016年版,第126页。

的惊恐性”,而第一层次之恶指的是影响惊恐性的情节。他认为故意犯罪和过失犯罪所产生的直接的恶是一样的,但产生的惊恐不同。[①]边沁所指的所谓惊恐性,其含义近似于对普通公民对法律的信任感以及法秩序的破坏,是犯罪的深层危害。无论行为人实施了几个行为,有多少个犯罪意图,只有在具备惊恐性时,刑罚才是必要的。虽然边沁并未明确提出要以惊恐性的数量作为罪数的判断标准,但可以说,他所提出的这种无惊恐性则无刑罚的观点距离禁止重复评价原则只有一步之遥。

现代意义上理解的“禁止重复评价原则”不仅包括量刑结果对不法内容和程度的评价不得重复,在定罪阶段也需要得到坚持。“在整个刑法领域强调禁止重复评价原则,其法哲学根据在于刑事责任必须符合正义的要求。”[②]这是因为“对同一犯罪反复处罚,意味着超出了一般人的‘一报还一报’的报应观念进行惩罚,因而违背了公平正义观念”[③]。

禁止重复评价原则最早可以追溯到罗马法,在当时主要以刑事诉讼程序中一事不再理的形式体现出来。“一事不再理在某种意义上说,也是禁止重复评价,但一事不再理主要是从诉讼程序上限制或者说禁止重复评价,因而是刑事诉讼法的原则。而禁止重复评价主要是指不得对同一行为在同一诉讼程序过程中重复定罪量刑,因而是刑法的原则。”[④]换言之,禁止重复评价原则至少有广义和狭义两层内涵。广义的禁止重复评价原则既包括定罪过程中对构成要件事实禁止重复评价,又包括刑事诉讼程序中的一事不再理。前者是狭义的禁止重复评价原则,也是本文使用这一概念时所指代的内涵。不过,罗马法中的一事不再理原则与本文所称的禁止重复评价原则虽然在内涵上具备亲缘

---

① 参见[英]边沁:《立法理论》,李贵方等译,中国人民公安大学出版社 2004 年版,第 373 页。

② 肖中华、周军、阎颖:《论刑法中的禁止不当评价》,载《法律适用》2000 年第 3 期。

③ 张明楷:《刑法格言的展开》,北京大学出版社 2013 年版,第 506 页。

④ 陈兴良:《禁止重复评价研究》,载《法治论丛》1993 年第 6 期。

性,但存在本质的区别。“事实上,(罗马的)古代社会仅将刑事法律视为保证应该予以处罚的行为得到处罚的工具,并不认为超过法律的字面意思处罚犯罪人与保护个人权利不相符合。”①一事不再理原则的目的在于提高诉讼效率,并维护判决结果的终局性,而禁止重复评价原则的重心则并不在此。

在定罪量刑的过程中,禁止重复评价原则的作用主要体现在以下两个方面:第一,确定罪数单复,进而确定适用的罪名。第二,在量刑阶段量刑情节不得重复评价。后者一方面是指作为犯罪构成要件要素的事实不再作为量刑情节,另一方面是同一项构成要件要素不得在量刑中多次评价。在罪数论中,禁止重复评价问题实际上是一罪与数罪的区分问题。

我国的传统通说采用犯罪要件标准说来区分一罪与数罪,以行为符合犯罪构成的数量为标准区分一罪与数罪。② 在三阶层犯罪论体系下不使用犯罪构成的概念,决定分则罪名类型性的是构成要件阶层,因此“采用‘构成要件说’可能意味着采取了‘犯罪构成说’”③。该说所经常面对的质疑是:“即便可以说犯罪的个数是由构成要件评价的回数所决定的,但应该通过什么样的基准来决定构成要件评价的回数呢?这仍是个问题,对此必须给予明确的回答。”④

本文认为,犯罪构成标准说并非无法回答这个问题,恰恰相反,只有犯罪构成标准说才能妥当地回答这一问题。事实上,要解决罪数问题,不能以特定的某个构成要件要素为判断标准,因为没有哪个构成要件要素可以在现有的罪数论体系中得到彻底贯彻。例如,行为标准说无法解释牵连犯何以为一罪,需要使用法益侵害说。单一的法益侵害说无法解释想象竞合犯作为一罪处理的原因,又需要转而求助于行为

---

① [德]卡尔·路德维格·冯·巴尔:《大陆刑法史:从古罗马到十九世纪》,周振杰译,法律出版社 2016 年版,第 31 页。

② 参见高铭暄、马克昌主编:《刑法学》,北京大学出版社 2019 年版,第 178 页。

③ 张明楷:《刑法学》,法律出版社 2016 年版,第 457 页。

④ [日]山口厚:《刑法总论》(第 3 版),付立庆译,中国人民大学出版社 2018 年版,第 389 页。

标准说的观点。此外,即便行为人实施了数个行为,也造成了数个法益侵害结果,但如果该行为人只具备一个犯罪意图,对余下部分的法益侵害无故意或过失,也只能构成一个犯罪。正因为无法以某一特定的构成要件要素区分所有的一罪,日本有学者提出了所谓的“个别化说”,根据罪数的不同种类采取不同的区分标准。[①] 在本文看来,这实际上已经近似犯罪构成标准说的方案。

从我国的罪数论体系来看,除了法定的一罪之外都符合这一规律,即只有数次满足犯罪构成要件评价的情形才会被作为数罪处理;欠缺任何一个犯罪构成要件要素的数次评价,都只能作为一罪处理。例如,连续犯是因为行为人欠缺数个犯罪故意,想象竞合是因为行为人只实施了一个行为,吸收犯是因为主要的法益侵害结果吸收了次要的法益侵害结果,实际上导致了法益侵害的单数。例如,在四川省成都市的刘某某盗窃案中,被告人刘某某在盗走他人的挖掘机后,伪造了该挖掘机的产品合格证,隐瞒该挖掘机为被盗车辆的真相,将该挖掘机再次出售给他人。[②] 本案中,虽然刘某某实施了两个行为,但只具有一个法益侵害。在刘某某实施盗窃后被害人的财产法益已经遭到了侵害,此后刘某某的销赃的行为并没有侵害新的法益,只能作为不可罚的事后行为,以盗窃罪一罪处理。如果数罪并罚,就是对同一个犯罪客体进行了重复评价。

法条竞合与想象竞合中都欠缺行为要素的数次评价,因此均被作为一罪处理。当两个法条处于特别关系(包容关系)时,[③]普通法条的每一个构成要件要素都可以在特殊法条中得到评价,此时行为人实际上只实现了一个罪的构成要件,并不是欠缺某个构成要件要素的数次评价,而是所有的构成要件要素都只应该得到这一次评价。在法条的

---

① 参见张明楷:《外国刑法纲要》,清华大学出版社 2007 年版,第 345 页。

② 参见四川省成都市高新技术产业开发区人民法院刑事判决书,(2015)高新刑初字第 29 号。

③ 从两个犯罪构成要件的内涵角度说,二者是特别法与一般法的关系,而从构成要件的外延上说,二者是包容与被包容关系。不过,由于我国刑法分则对于部分犯罪入罪数额的认定不同,构成要件具备特别关系的法条不一定在外延上是包容关系。

交叉关系中则并非如此。如前所述,竞合领域所说的法条的“交叉关系”实际上指罪名所禁止的行为的外延产生(至少是部分)重合。这一逻辑结构决定了交叉关系的竞合中,必然欠缺行为要素的数次评价。

“作为量刑的起点,竞合论服从于禁止重复评价与全面评价原则两项基本量刑原则,并针对不同的竞合类型形成了不同的处断原则。”①因为受到禁止重复评价原则的约束,形式上符合了数个犯罪构成要件的一个行为才会被作为想象竞合或者法条竞合以一罪论处。可以说,禁止重复评价原则是竞合制度的价值底色;也只有在案件具有被重复评价的风险时,才有必要启动竞合制度来将这种情况评价为一罪。因此,无论是法条竞合还是想象竞合,都以行为落入两个条文的涵射范围为前提,至少要构成犯罪预备或者犯罪未遂,否则直接以一罪处理即可。

全面评价原则下法条的特殊关系和其他关系则有不同的表现形式。在特殊关系中,特殊法包括了一般法的所有要素,此时禁止重复评价原则与全面评价原则都可以得到充分实现。但在交叉关系中却并非如此。无论以哪一个法条定罪量刑都不可能涵盖所有的评价要素,定罪层面的全面评价原则难以实现。此时全面评价原则主要体现在量刑结果对不法内容的全面评价上。对于如何判断所适用的法条是否充分、全面评价了不法内容,有学者提出了“根据法定刑与量刑规范(量刑实践)作出判断”②的观点。概括来说,就是看按照某一法条定罪后的量刑结果是否可以做到与刑罚体系的整体适应和协调。本文赞同这种观点,因为刑法分则并未直接规定某一特定犯罪行为的不法程度,法定刑是衡量不法程度、罪责轻重的直观标尺。如果某种犯罪行为被判处的刑罚与同类行为相当,就可以说这种犯罪的不法内容得到了充分评价。

---

① 徐凌波:《犯罪竞合的体系位置与原则——以德国竞合理论为参照》,载《比较法研究》2017年第6期。

② 张明楷:《刑法学》,法律出版社2016年版,第488页。

法益是“由刑法所保护的人的生活利益”①。利益具有客观性，法本身不能创造利益，但法益侵害程度与法定刑之间的关系是人为规定的，特定程度的法益侵害行为并不是天然地与某种法定刑相连的。也就是说，法益侵害是客观存在的事实，而法益侵害程度则是立法者进行的一种规范判断。决定法益侵害程度的因素是多种多样的，包括但不限于行为所侵犯的法益的属性、行为人的特殊身份乃至当时社会背景下对该种法益的保护程度。即便是同一个罪名所规制的同一个行为，在不同的社会背景下法益侵害的程度也不同。例如，虽然都是盗窃2万元的行为，但根据1998年最高人民法院、最高人民检察院、公安部联合发布的《关于盗窃罪数额认定标准问题的规定》（已失效）属于盗窃数额巨大，应该判处3年以上10年以下有期徒刑；而根据2013年最高人民法院、最高人民检察院发布的《关于办理盗窃刑事案件适用法律若干问题的解释》则只能认定为数额较大，处3年以下有期徒刑、拘役或者管制。从事实层面而言，不同的评判主体完全可能对法益侵害程度作出不同的判断，但具有刑法上普遍规制意义的只有刑事立法中确定下来的版本，解释者只能通过法定刑这个“一般等价物”略微衡量其间的轻重之别。

在一个行为触犯数个交叉关系法条，造成数个法益侵害结果的情况下，有时仅仅从一重罪处罚也无法做到全面评价。因为刑法分则条文设置的法定刑指向的是标准一罪既遂的情形，无法涵盖数个法益侵害结果。有学者提出，侵害数个不同法益的交叉关系竞合中应该按照从一重罪从重处罚。② 本文赞同这种观点，这也得到了司法解释的认可。例如，1998年最高人民法院在《关于审理骗购外汇、非法买卖外汇刑事案件具体应用法律若干问题的解释》第6条中规定，“实施本解释规定的行为，同时触犯二个以上罪名的，择一重罪从重处罚”；2001年《全国法院审理金融犯罪案件工作座谈会纪要》中规定，在假币犯罪中

① 张明楷：《法益初论》，中国政法大学出版社2000年版，第167页。

② 参见何荣功、黄丽：《论想象竞合犯的处罚原则及其适用》，载《武汉大学学报（哲学社会科学版）》2005年第3期。

"对同一宗假币实施了刑法没有规定为选择性罪名的数个犯罪行为,择一重罪从重处罚";2013 年最高人民法院、最高人民检察院在《关于办理盗窃刑事案件适用法律若干问题的解释》第 11 条第 1 项中规定:"采用破坏性手段盗窃公私财物,造成其他财物损毁的,以盗窃罪从重处罚;同时构成盗窃罪和其他犯罪的,择一重罪从重处罚。"

即便侵害法益的性质相同,交叉关系的竞合也至少应该从一重罪处罚,处以其中较重之罪的法定刑。因为一个行为造成数个法益侵害的情形无论如何都至少不能比一个行为造成一个法益侵害的情形处罚更轻。无论是否将交叉关系区分为法条竞合还是想象竞合,都不可否认的是行为造成了两个并不完全相同的法益侵害。

总之,"全面评价原则需要以从一重罪处罚的方式得到贯彻"这一点在所有的交叉关系竞合中都是一样的。也就是说,从竞合论的逻辑构造和价值导向层面,都无法推导出在交叉关系中区分法条竞合与想象竞合的必要性。

四、法条竞合与想象竞合的区分标准:外延关系说

综合上述分析,本文对于法条竞合和想象竞合区分问题得出了以下几点结论:(1)法条竞合和想象竞合都以罪名外延的重合为前提,二者的区别并不是事实关系与逻辑关系的区别,而是此逻辑关系与彼逻辑关系的区别;(2)罪名的外延由其内涵——构成要件决定,受到司法解释的影响;(3)立法者可以构建罪名外延之间的包容关系,但在外延处于交叉关系的情形下,概念内涵与外延缺乏规律性的对应,立法者其实并不能通过设置内涵构建罪名之间的交叉关系;(4)从价值导向上分析,没有对交叉关系分情况采取不同处理方案的必要。既然法条竞合与想象竞合的细微差别不具备规范意义,那么为了理论的简洁和实践中的操作性,理应将交叉关系归入想象竞合之中。

这种方案并不违背罪刑法定原则的要求。事实上,对于产生竞合的数个法条而言,无论以哪一个法条定罪处刑,都有刑法条文的明文规定作为依据。与其说法条竞合的处断原则之争是"罪刑法定原则与罪

刑相适应原则”之争,不如说是“立法者原意有无”之争。无论是何种意义上的罪刑法定原则,都不会认为刑法条文语义涵射范围之内的量刑结论不属于“法定”的范畴。本文无意讨论一般意义上立法者原意的有无,但至少在法条交叉关系和特殊关系以外的包容关系的场合,很难认为立法者的原意能够通过立法表达出来而为社会公众所知。即便此时存在立法者的原意,也不能与实践领域实现有效连接,只可能存在于立法者的意识层面。这样的立法者原意在解释论上的价值十分有限,不足以对刑法条文的语义涵射范围作出进一步限定。

如前所述,法条之间产生竞合问题的前提是罪名的外延产生了部分或者全部的重合。在此基础上,罪名的外延之间产生了特殊、交叉和对立种种关系。在构成要件处于特殊关系的场合,立法者通过增设新内涵的形式,对某一类犯罪行为作出特殊规定,使之与一般法条规制的对象产生区分,此时可以严格按照特殊法优于一般法的原则处断。

以往的竞合理论中并没有特别强调法条之间的关系是构成要件外延的关系,在具体判断时经常混淆概念的内涵和外延,继而错误地得出量刑明显不均衡的结论。这实际上是对法条关系的误判。对不合理结论的质疑反噬到竞合理论的本体,进而引出各种修正方案,这是导致当下竞合理论研究左支右绌的根本原因。在区分法条之间的关系时,需要注意以下四个方面的问题:

第一,要从罪名的构成要件出发而不是从罪名的用语出发理解法条外延之间的关系。刑法中的某些罪名从名称上看似乎是特殊关系,但实际上并非如此。例如,虐待罪与虐待被监护、看护人罪,从罪名上看二者似乎是包容关系,但实际上虐待罪的构成要件行为仅限于虐待家庭成员的行为,与虐待被监护、看护人罪的构成要件行为是交叉关系,因此不构成法条竞合,一个行为同时触犯虐待罪和虐待被监护、看护人罪时只能按照想象竞合从一重罪论处。再如《刑法》第 270 条的侵占罪与第 271 条的职务侵占罪,从名称上看似乎后者是在前者的基础上为构成要件行为附加了新的内涵,似乎构成特殊关系。然而,侵占罪的构成要件行为是将代为保管的他人财物非法占为己有的行为,而职务侵占罪的构成要件行为是利用职务上的便利将本单位财物非法占为己有的行为,二者是交叉关系,只可能构成想象竞合。

第二,法条之间的关系指的是构成要件整体的外延之间的关系,而不仅仅是行为这一单个的构成要件要素之间的关系。例如,受贿罪与非国家工作人员受贿罪的构成要件行为都是利用职务便利索取或者非法收受他人财物,但因为主体范围彼此排斥,两罪的构成要件的外延实际上是对立关系。行为人不可能以一个行为同时触犯这两个条文,二者之间不存在竞合问题。

之所以将法条之间的关系限定为罪名外延之间的关系,是因为在竞合问题中只有构成要件的外延才具备讨论的意义。竞合问题的产生就是因为数个法条的处罚范围发生了重合,导致一个行为可以同时被数个罪名所规制。在这个意义上说,法条构成要件的外延等同于法条的处罚范围。当然,犯罪的构成要件只能规定在刑法条文之中,法律解释并不具备改变构成要件的立法效力,如果法律解释的规定超出了法条语义涵射的范畴,只会动摇司法解释本身的合法性。但是,在法律解释没有超出法条语义的情形下,法律解释实际上可以起到限缩构成要件外延,或者说构成要件的处罚范围的作用。

第三,要注意法律解释对构成要件外延的调整。我国的刑事立法往往采用刑法条文与法律解释共同决定法条处罚范围的立法模式,由刑法条文规定犯罪的构成要件,确定处罚的大致范围;再由司法解释或者立法解释以"立案标准""情节严重的标准"等名义对处罚范围进一步限缩。因此,在判断法条构成要件外延的关系时,必须考虑法律解释对外延的修正。

法律解释对外延的修正有时可能是对行为方式的进一步描述。例如,盗伐林木罪的条文中并未对"盗伐"进行具体界定,从字面上往往被理解为"以盗窃的方式砍伐",因而盗伐林木罪在实践中被误认为与盗窃罪构成特殊关系。但是,根据2000年最高人民法院《关于审理破坏森林资源刑事案件具体应用法律若干问题的解释》的规定,擅自砍伐本人承包经营管理的森林或者其他林木的也属于盗伐林木。也就是说,盗伐林木罪中的"偷盗"概念外延与盗窃罪中的"偷盗"并不完全一致,因此二者是交叉关系而不是特殊关系。

另外,法律解释还可能以规定犯罪数额标准的方式限制构成要件的外延。在这类犯罪中,如果不考虑犯罪数额,构成要件之间构成特殊关系,但把数额纳入考虑范畴后就会发现它们实际上属于交叉关系。例如,《刑法》第 140 条的生产、销售伪劣产品罪与此后的八个罪名,虽然后八个罪名是在生产、销售伪劣产品罪的基础上增添了新的内涵,但司法解释将这些罪名的入罪标准和数额巨大标准作了不同的规定,第 140 条与后续八罪名的外延并不是包容关系。例如,生产、销售伪劣产品罪规制的是生产、销售伪劣产品金额 5 万元以上的行为,而生产、销售劣药罪规制的是生产、销售劣药对人体健康造成严重危害的行为。完全可能存在生产、销售劣药不足 5 万元,但对人体健康造成严重损害的情形,因此两罪的外延应该是交叉关系而不是包容关系。

这样的理解与《刑法》第 149 条规定的从一重罪处罚的方案吻合。以往的各种竞合理论都无法合理解释此类情形,只得将其作为立法的特殊规定,作为理论的例外情形处理。实际上,从区分概念内涵和外延的角度出发,完全可以对此作出符合一般规律的合理解释。

第四,要区分犯罪的成立标准与犯罪的入罪标准。刑法分则条文规定的构成要件的涵射范围不仅包括犯罪既遂的情形,还包括犯罪的各种未完成形态,这些未完成形态都属于犯罪构成要件的外延范围之内。因此,在法条的特殊关系中,即便按照特殊法条构成犯罪未遂,也不能降格适用一般法条。一个或许不甚恰当的例子是,在盗窃罪中,相对于盗窃数额较大财物的规定而言,盗窃数额巨大财物的规定属于特殊法。如果行为人以数额巨大的财物为目标实施盗窃,客观上也存在盗窃数额巨大财物的危险,但由于意志以外的因素只窃得了数额较大的财物时,只能评价为盗窃数额巨大财物的未遂,而不是盗窃数额较大财物的既遂。另外,就想象竞合而言,其成立的前提是一个自然意义上的行为落入了两个法条的评价范围之内,这既包括两个法条规定之罪均既遂的情形,也包括存在未完成形态的情形。

在文章开头提到的王某某等人非法采砂的案例中,非法采矿罪与盗窃罪也同样因为只具有交叉关系而只可能构成想象竞合。但该案例中较为特殊的是存在指导罪名适用的司法解释,其明确指出此类行为不宜适用盗窃罪,实际上通过特殊的立法规定将非法采砂的行为排除出盗窃罪的涵射范围,用逻辑学术语表达就是非法采砂的行为不属于盗窃罪的构成要件的外延范畴。因此,在该案中实际上不存在竞合问题,只需要考虑行为人是否成立非法采矿罪即可。但是,如果不存在这一司法解释,按照此类案件分析的一般思路,就应该考虑非法采矿罪和盗窃罪是否成立,尤其是是否成立非法采矿罪的未遂。换言之,既然王某某等人不构成非法采矿罪的既遂,但又实施了实行行为(只可能构成犯罪未遂这一种未完成形态),就应该结合具体案情进一步探寻王某某等人的犯罪故意和犯罪计划的具体内容,如果可以构成非法采矿罪的未遂,则构成想象竞合,如果根本连非法采矿罪的未遂都不能成立,就不存在想象竞合的问题,直接按照盗窃罪一罪处罚即可。

以上述区分标准来分析粟某某案,适用法条的过程就较为清晰了。首先诈骗罪与制造、贩卖假药罪(1979年《刑法》)的行为外延存在部分重合,这为两个法条之间产生竞合提供了前提。二罪构成要件的外延只是交叉关系,因此不构成法条竞合,在一个行为触犯两罪时,只可能构成想象竞合以重罪论处。此时重罪与轻罪的判断应该以行为人可能被判处的刑罚幅度为准,而不是以法定刑设置为准。换言之,想象竞合的两个条文之中究竟应该适用何者,需要结合犯罪的具体情节和既未遂情况进行个别化的判断。

不可否认,本文所秉持的法条竞合与想象竞合的区分标准,会把法条竞合限制在一个较为有限的范围之内。但考虑到法条竞合具有特殊法排斥一般法之适用的属性,这种限制是有必要的。这一方面是因为,法条竞合关系的成立会导致一般法适用范围的限缩,使其在部分情形下失去效力和功能。即便这种限缩不会导致一般条文被完全架空或者失去作用,而仅仅是限缩了作用的范围,也应当建立在充分论证的基础之上。本文对法条之间关系的逻辑分析和对竞合制度的价值解构说明,除特殊关系以外,难以找到限缩解释的切实依据。另一方面,将法条竞合限制为法条的特殊关系,本质上是出于对立法者原意的谨慎态度——它至少在竞合领域内是难以被表达,进而难以被认识的。立法者不可能准确定义概念外延的边界,只能通过设置内涵大体界定概念。

事实上，立法者的原意与条文折射出的立法者意思在大多数情况下都可能存在出入。“法律上的定义多半都是将各个要素串联起来，而这些要素的意义，比起这个(被定义之)概念在日常生活用语中的意义还要来得更不清楚、更不明确且更不精准……法律上的概念本来就是不精确的，而且它们也不需要精确。”①从这个意义上说，在竞合问题的论域中，应该更多地关注具体案件处理结果的妥当性。

The Distinction between Concurrence of Rules and Imaginative Concurrence

ZENG Yiheng

[内容摘要]现有的法条竞合与想象竞合的学说难以满足司法实践中定罪量刑的需要，应当以竞合制度的逻辑结构和价值取向作为区分法条竞合和想象竞合的切入点。竞合制度建立在禁止重复评价与全面评价两个原则之上，在法条的包容关系中，按照特殊法优于一般法的原则可以同时实现禁止重复评价原则和全面评价原则，但在交叉关系中只有从一重罪从重处罚才能实现两个原则的协调。法条之间的关系是概念外延的关系，对外延的界定要从犯罪的构成要件出发，考虑入罪标准对外延的作用，正确区分法条的包容关系与交叉关系。

[关键词]法条竞合；想象竞合；法律逻辑学；构成要件关系说

Abstract: The existing theory of concurrence of rules and imaginative concurrence can not meet the needs of conviction and sentencing in judicial practice. The logical structure and value orientation of concurrence system should be taken as the starting point to distinguish concurrence of rules and imaginative concurrence. Concurrence system is based on two principles. One is Prohibition Repeatable Evaluations, and the other one is

① [德]英格博格·普珀:《法学思维小课堂》,蔡圣伟译,北京大学出版社2011年版,第35页。

comprehensive evaluation. When some provisions are in inclusive relationship, the principle of prohibition of repeated evaluation and comprehensive evaluation can be realized at the same time according to the principle that special law is superior to general law. However, when they are in crossing relationship, the coordination of the two principles can be realized only when one felony is given heavier punishment. The relationship between articles is the relationship of concept extension. The definition of extension base on the elements of crime, and should take incriminating standards on extension into consideration, only in this way can inclusive relationship and cross relationship of articles being correctly distinguished.

Keywords: concurrence of rules; imaginative concurrence; legal iogic; relationship of constitutive requirements

论复数主体参与特定危险驾驶行为的类型化归责*

融　昊**

目　次

一、问题的提出与相关前提的阐释

《刑法修正案(九)》第8条将2011年《刑法》第133条之一第2款修正为,机动车所有人、管理人对于超载超速类的危险驾驶行为和违规运输危险化学品类的危险驾驶行为,负有直接责任的,依照危险驾驶罪

---

* 本文系司法部2019年度国家法治与法学理论研究项目一般课题《醉驾行为入刑后引发的问题研究》(项目编号:19SFB2027)、最高人民检察院检察理论研究课题《醉驾犯罪实证研究》(项目编号:GJ2019C37)、北京师范大学刑事法律科学研究院学术型研究生专项科研基金课题《醉驾行为出罪路径的类型化思考》(项目编号:2020CCLS044)之阶段性成果。

** 清华大学法学院助理研究员、博士后研究人员。

的规定处罚。本款内容规定并未对机动车所有人、管理人承担的刑事责任予以明确描述,因而留下了较大的解释空间,这可能会导致在司法适用时缺乏可操作性。因此,学界就此处机动车所有人、管理人所承担的刑事责任的类型问题,存在一定的争议。具体而言,有的学者认为机动车所有人、管理人对于“校车业务或旅客运输业务超载超速”类与“违规运输危险化学品”类危险驾驶的行为只能承担故意责任。① 有的学者则提出反对意见,指出危险驾驶罪中机动车所有人、管理人刑事责任规定中的“直接责任”不是指实施了具体的危险驾驶行为,而是指对于第3项中的“校车业务或旅客运输业务超载超速”或第4项中的“违规运输危险化学品”负有管理、监督或约束责任,这种责任属于监督过失的范畴,成立过失责任。② 事实上,将《刑法》第133条之一第2款中规定的机动车所有人、管理人的刑事责任解释为故意责任,本就是基本规范——危险驾驶罪规定和总则中共犯规定的应有之义;而将该规定所涉及的机动车所有人、管理人的刑事责任解释为监督过失责任,亦可以在体系论层面做到逻辑自洽,在形式上不存在不可调和的矛盾。因此,在法条规定模糊的情况下,强行辨析此处机动车所有人、管理人的刑事责任类型容易陷入“自说自话”的怪圈之中。在既不否认故意责任又不否认过失责任的前提下,结合具体情境,分类探究应如何对机动车所有人、管理人进行刑事归责的问题,显然可以在法条“惜字如金”的背景下为实务问题的解决提供更为全面与精细化的指导作用。

当机动车所有人、管理人作为一方责任主体参与上述两类特定危险驾驶行为时,应如何对每个参与主体进行精准归责的问题,本质上就是判断各参与主体所承担的刑事责任的范围问题。所谓刑事责任的范围,本质上就是在有多方主体参与犯罪的情况下,对于其中每一方刑事责任有无与程度的判断问题,即在犯罪参与论视角下判断是否归责与

---

① 参见张明楷:《刑法学》(下)(第5版),法律出版社2016年版,第701页;周光权:《刑法各论》(第3版),中国人民大学出版社2016年版,第194页。

② 参见车浩:《刑事立法的法教义学反思——基于〈刑法修正案(九)〉的分析》,载《法学》2015年第10期。

归责轻重的问题。所谓犯罪参与，本质上是要阐释关于二人以上共同实现法益侵害事实的行为。① 犯罪参与的概念在立论时是站在结果无价值理论上展开的，即不论参与者的主观心态、责任能力以及最终是否构成犯罪、承担罪责，只要复数主体都间接或直接实现了构成要件的行为，都会被纳入本理论中进行讨论。因此，与"共犯论""正犯论"等称谓相比，犯罪参与的理论外延更加广阔，亦不会陷入共同故意、从属性等需要精细化辨析的争议陷阱之中，共犯理论和正犯理论在此意义上都应算作其下位规则。基于此，无论上述规定中机动车所有人、管理人对于特定类型的危险驾驶罪所负的直接责任究竟成立故意责任还是过失责任，由于都需要出现机动车驾驶员结果无价值意义上的符合构成要件的危险驾驶行为，因此都会涉及复数主体参与犯罪的问题。那么，要具体厘清在此犯罪参与问题中机动车所有人、管理人一方的刑事责任范围，就需要围绕不同的犯罪参与情形展开类型化归责方面的探讨。

二、共犯参与情形的归责问题：归责证成的从属性

在共犯参与犯罪的情形中，选择不同的理论模型，会影响整个犯罪实践中刑事责任的具体分配问题与个体参与者刑事责任个别化的精确程度问题，继而影响刑法对共同犯罪的处罚范围。因此，只有在厘清共犯理论争议焦点问题之后，才能准确把握共犯参与特定危险驾驶行为的刑事归责问题。

（一）共同犯罪的基础理论梳理与争议问题聚焦

根据各国刑事立法情况的不同，对共同犯罪理论具有不同的表述。根据我国《刑法》第 25 条的规定，共同犯罪是指二人以上共同故意犯罪的情形，而不包括共同过失的情况。法谚有云，法律不是嘲笑

① 参见阎二鹏：《犯罪参与体系之比较研究与路径选择》，法律出版社 2014 年版，第 6 页。

的对象。因而,无论是解释论还是教义学,都不能在进行规范刑法学研究时突破刑法规定可能文义的界限去变相“创造”新的“法律”,否则就是对于罪刑法定的背弃。基于此,本文在论述共犯形态的有关问题时会严守我国刑法规定对其的定义,拒绝将共同过失解释为其内容。

晚近以来,随着刑事立法活动的日益活跃与德日大量理论知识的引入,我国刑法学界关于共犯问题的争鸣已日趋激烈,其核心争议问题就是我国关于共同犯罪的立法体系究竟是区分制还是单一制。具体而言,根据大陆法系刑法的普遍观点,前者是在体系论的犯罪认定问题与价值论的法律评价问题上同时区分正犯与共犯,即正犯是直接实施刑法规定的犯罪构成要件行为且在犯罪中起主要作用的行为人,而共犯则是以与正犯不同的行为方式(教唆、帮助)间接实施构成要件行为且在犯罪中起次要作用的行为人;而后者则是指在认定犯罪阶段将所有参与犯罪的行为人均视为正犯行为人,而行为人各自行为在犯罪中作用的大小仅在量刑阶段才予以考虑。①

在我国,一直以来,传统共同犯罪理论始终坚持区分制的立场,即主张实行犯(正犯)、帮助犯等概念被涵括在主犯、从犯与胁从犯的规定之中,与《刑法》第 29 条规定的教唆犯一起构建起区分制的基础。②具体而言,就是强调在解释论上,中国的犯罪参与体系的性质可归结为区分制。不同于德日刑法对参与人行为类型与参与程度进行同时性的单层次操作的区分制模式,中国刑法采取的是区分参与人行为类型与参与程度的双层次操作的模式,即在以分工为标准将参与人区分为正犯、组织犯、教唆犯、帮助犯等不同犯罪类型的基础上,进一步地以作用为标准对参与人作了主、从犯之分。③ 两个层次之间并存不悖,前者作

---

①　参见陈家林:《外国刑法理论的思潮与流变》,中国人民公安大学出版社 2017 年版,第 579 页。

②　参见高铭暄:《中华人民共和国刑法的孕育诞生和发展完善》,北京大学出版社 2012 年版,第 32 页。

③　参见钱叶六:《中国犯罪参与体系的性质及其特色——一个比较法的分析》,载《法律科学(西北政法大学学报)》2013 年第 6 期。

用于定罪环节而后者则适用于量刑环节。换言之,这意味着在双层次区分制中分工或参与形式有别于正犯的共犯并不一定就是在犯罪中起主要作用并承担主要刑事责任的主犯。

事实上,单一制的概念与统一正犯的概念是一体两面的关系,其肇始于德国刑法承上启下的大师——李斯特教授。李斯特将单一制凝练出以下三个基本特征:其一,正犯形式的单一性,即放弃对正犯与共犯的概念性区分,奉行扩张(统一)的正犯概念;其二,法定刑的统一性,在相同的法定刑幅度内处罚不同的参与者;其三,正犯不法的独立性,拒绝共犯从属性原理,坚守个人责任原则。① 此后,单一制演化出了形式单一制与功能(机能)单一制的界分,虽然后者较前者对正犯形式进行了类型化的区分——直接正犯、诱发正犯与援引正犯,②但仍然坚持各个正犯对于犯罪的加功程度都是独立的,即所有加功者的可罚性均来源于其自身的不法与自身的罪责而非对于他者的从属,各正犯的价值都是等同的。换言之,是否承认共犯从属性,③是单一制体系与区分制体系的本质区别。

然而,在当下我国刑事法治领域的共犯问题中,从属性原理的确证却是很难被否定的。一方面,就规范层面而言,它的存在是有着现实的规范基础的。前述我国《刑法》第25条关于共同犯罪的规定明确否定了共同过失犯罪的存在,强调其应负刑事责任时,按其所犯的罪分别处罚,这即是一种单独犯的归责模式。从反对解释的角度而言,这就意味着,当适格的共同犯罪——共同故意犯罪存在时,对其的处理是不同于单独犯的。另一方面,就价值层面而言,倘若否定共犯从属性原理,会

① 参见[德]李斯特:《德国刑法教科书》,徐久生译,法律出版社2006年版,第289页。

② 参见[德]汉斯·海因里希·耶赛克、托马斯·魏根特:《德国刑法教科书》(下),徐久生译,中国法制出版社2017年版,第1024页。

③ 共犯与正犯在罪质上是不同的,共犯(狭义)成立与否依赖于正犯是否成立,即前者的可罚性由后者赋予,他们行为的违法性是“粘连”在一起的。换言之,共犯行为(帮助和教唆行为)不会直接侵害法益,只能是通过正犯行为间接侵害法益,处罚教唆犯和帮助犯是基于刑罚扩张的原因。

使得所有共犯未遂都变成未遂的正犯,[①]使得一些本不具备严重法益侵害危险的帮助未遂或教唆未遂都能成立犯罪,从而不适当地扩张了刑法的处罚范围,损害刑法的人权保障机能。基于此,起码在不法阶段认定行为人参与的存在与程度问题时,就没有共犯从属性理论的对立面——共犯独立性与根据它而展开的单一制的存在空间。那么,此时对于共犯各主体归责与否而言,就不能仅就各自情况作割裂性认定,而是应统摄考虑其各自行为对自身责任以及对对方责任的贡献份额。此即为从属性的归责思想。基于此,我国关于共同犯罪的立法例虽不似德日单层次区分制那样在划分共犯与正犯时"一步到位"地在犯罪认定阶段规定二者刑事责任的有无与大小,但因为具备区分制的核心特征——共犯从属性,因而更倾向于区分制。因此,前述提及的双层次区分制理论在我国目前的法治语境下显然更具说服力。具体到划分各参与主体的刑事责任范围,即复数主体在共犯领域的归责问题时,首先必须考察各参加者的行为是否共同表达了违反规范或者侵害法益的意义,此时解决的是归责的问题;之后再区分其归责份额之轻重,此时解决的是如何归责的问题。[②] 结合我国具体刑法规定来看,陈兴良教授所提倡的分工分类法与作用分类法的结合无疑为如何在归责领域具体适用区分制提供了具有可操作性的方法论指引,即"分工分类法有利于解决共同犯罪的定罪问题(教唆犯、帮助犯的规定),作用分类法有助于解决共同犯罪的量刑问题(主犯与从犯的规定)。定罪与量刑构成了刑事责任的完整内容,因此两种分类方法完全可以结合"[③]。在此意义上,德日刑法中共同正犯概念与狭义共犯概念[④]所强调的刑事责

① 参见袁国何:《功能单一正犯体系的理论脉络及其检讨》,载《中外法学》2019 年第 1 期。

② 参见何庆仁:《归责视野下共同犯罪的区分制与单一制》,载《法学研究》2016 年第 3 期。

③ 陈兴良:《共同犯罪论》(第 2 版),中国人民大学出版社 2006 年版,第 166 页。

④ 在德日刑法中仅指教唆犯和帮助犯,其刑事责任程度小于正犯,在犯罪中起次要作用,从属于正犯而存在。当然,这与我国《刑法》中只基于分工分类而成立,且不强调作用与责任程度的教唆犯和帮助犯是不同的。

任程度侧面被我国《刑法》第 26 条第 1 款、第 27 条第 1 款所分别规定的主犯与从犯的概念所替代。①

另外，在共同犯罪中，当依据犯罪主体的具体犯罪事实与共犯从属性原理判明其刑事责任是否存在的问题之后，就应当具体衡量其在共同犯罪参与体系中所承担的刑事责任的程度(大小)，即具体判断谁是主犯而谁又是从犯，并且还要考量是否存在实行过限的问题。由上文的论述可知，在衡量犯罪中各行为人的行为所起作用的轻重，即刑事责任程度层面，在我国的刑法语境下，德日刑法语境下的共同正犯与狭义共犯被替代。因此，德日刑法中区分共犯与正犯的理论，在犯罪作用于责任程度的维度上，也有适用于我国刑法语境中共同犯罪内区分主犯与从犯的空间。事实上，近百年来，在德日刑法学界，关于正犯与共犯的区分问题，已经经历了由主观说，到客观说，再到犯罪事实支配说这一逐渐完善的过程，最终以罗克辛所主张的现实的犯罪事实支配理论和许乃曼所主张的规范的犯罪事实支配理论为集大成者。② 其中，行为支配理论(Handlungsherrschaft)与亲自实现构成要件行为的直接正犯相对应；意思支配理论(Willensherrchaft)与利用他人为工具实施犯罪的间接正犯相对应；而功能支配理论则与既未亲自实现构成要件行为又未对他人施加意思力量，只是与他人在构成要件行为实行阶段相互配合分工的共同正犯相对应。③ 因此，具体到《刑法》第 133 条之一第 2 款的规定中，当机动车所有人、管理人以分工分类而非作用分类意义上的教唆犯与帮助犯参与到特定的两类危险驾驶罪的共同犯罪中的时候，判断其所具体承担的刑事责任程度，即主犯还是从犯，应

---

① 《刑法》第 26 条第 1 款规定："组织、领导犯罪集团进行犯罪活动的或者在共同犯罪中起主要作用的，是主犯。"《刑法》第 27 条第 1 款规定："在共同犯罪中起次要或者辅助作用的，是从犯。"基于责任主义与我国刑法中罪责刑相适应的基本原则的要求可知，一般在共同犯罪参与体系中，犯罪主体对犯罪发生所贡献的作用与其刑事责任程度成正比。

② 参见许玉秀：《当代刑法思潮》，中国民主法制出版社 2005 年版，第 590 页。

③ 参见廖北海：《德国刑法学中的犯罪事实支配理论研究》，中国人民公安大学出版社 2011 年版，第 33 页。

结合具体情况来辨明其有无在实行阶段予以重要的功能性的行为加担,从而具有功能性的犯罪事实支配,进而判断其在犯罪中的作用大小与责任程度。并且,如果驾驶员实施了机动车管理人、所有人共同故意之外的危险驾驶行为,那么,基于共犯实行过限的基本原理,机动车管理人、所有人对于此部分属于过限内容的危险驾驶行为不承担刑事责任。

(二)教唆犯参与情形的归责问题

1. 教唆犯参与情形的本体理论廓清

教唆犯,是指以劝说、利诱、授意、怂恿、收买、威胁等方法,将自己的犯罪意图灌输给本来没有犯罪意图的人,致使其按教唆人的犯罪意图实施犯罪,教唆人,即构成教唆犯。① 成立教唆犯,需要满足以下条件:(1)客观上具有教唆他人犯罪的行为。即用授意、劝说、请求、命令、挑拨、刺激、收买、引诱等方法,唆使他人去实行某一具体犯罪。(2)教唆对象适格。一方面,教唆对象应该是特定的有刑事责任能力的人,教唆不特定的人可能构成煽动行为;另一方面,教唆对象是本无犯罪意图的人。(3)主观上具有劝说他人犯罪的故意。② 教唆犯的主观方面,可以是直接故意,也可以是间接故意。③

具体到《刑法》第133条之一第2款的规定,倘若机动车所有人、管理人针对特定两类危险驾驶罪成立教唆犯,则具体情形应如下所示:机动车所有人、管理人明知驾驶人员尚无犯罪决意,预见到自己教唆从事校车或旅客运输业务的驾驶人员超载超速或教唆驾驶员违规运输危险化学品的行为可能会导致驾驶人员实施驾车超载超速这一抽象

① 参见魏东:《教唆犯研究》,中国人民公安大学出版社2002年版,第105页。

② 教唆故意的内容包括:认识到他人尚无犯罪决意,预见到自己的教唆行为将引起被教唆者产生犯罪决意,而希望或放任教唆行为所产生的结果。

③ 参见李光灿、马克昌、罗平:《论共同犯罪》,中国政法大学出版社1987年版,第83页。

危险结果或驾驶员违规运输危险化学品危及公共安全这一具体危险结果,仍希望或放任这种结果出现,进而针对本无犯罪意图的特定适格主体——机动车驾驶员实施了以授意、劝说、请求、命令、挑拨、刺激、收买、引诱为方法,唆使其实施上述特定两项危险驾驶行为的教唆行为。

2. 教唆犯刑事责任的证成之辨

一方面,针对教唆既遂的情况而言,教唆犯只对与自己的教唆行为具有心理因果性的结果承担责任。即此既遂结果应归属于教唆人与被教唆人的共同故意的认识内容之中,超出此范围的其他结果属于实现过限问题,不应由教唆人承担责任。申言之,这种心理性因果关系必须符合通常故意犯构成要件中因果关系所要求的相当性,这样才能确认在事实层面或规范论层面,教唆行为与最终的既遂结果之间具有因果关系。随着晚近刑法理论的进一步发展,现代刑法学逐渐将追求刑事归责的精准性作为核心使命。[①] 基于此,在认定犯罪的过程中,在存在论意义上的归因问题确认之后,将其导向规范论意义上的归责问题就是一个顺理成章、水到渠成的过程。具体而言,在教唆犯的因果关系确认存在后,且没有其他阻却不法或有责的情况存在时,基本就可以确认刑事责任的存在。当教唆犯对被教唆人进行教唆时,被教唆人已有实施所教唆之罪的决意,那么此时即使被教唆者的行为达到既遂,教唆犯的教唆行为对于此既遂结果根本没有施加原因力,也就不可能存在因果关系,更不可能进行归责。

另一方面,针对教唆未遂的情况而言,从共犯从属性原理来看,《刑法》第 29 条第 2 款规定的"被教唆的人没有犯被教唆的罪",只能解释为教唆犯教唆他人犯罪,被教唆人已经着手实行犯罪,但没有达到既遂状态。[②] 如此解释,既有助于维持共犯的实行从属性,坚持刑法客

---

① 参见王世洲:《现代刑法学(总论)》(第 2 版),北京大学出版社 2018 年版,第 5 页。

② 参见周光权:《"被教唆的人没有犯被教唆的罪"之理解——兼与刘明祥教授商榷》,载《法学研究》2013 年第 4 期。

观主义,也不会放纵犯罪。对于教唆信息完全没有传递给被教唆人、被教唆人明确拒绝教唆、被教唆人虽接受教唆但尚未开始实施预备行为等情形,教唆行为对法益的危险仅仅停留在教唆者内心,不能成立非共同犯罪的教唆未遂。[①] 将上述教唆行为评价为教唆未遂,可能会有走向主观主义刑法观的危险,从而不适当地扩大刑法边界,破坏刑法的人权保障机能。基于此,教唆犯只对"被教唆人已经着手实行犯罪,但没有达到既遂状态"这种情况承担未遂责任。

具体到《刑法》第 133 条之一第 2 款的规定,在驾驶人员的特定两项危险驾驶行为既遂时,倘若认定机动车所有人、管理人须对此既遂结果承担刑事责任,应重点考察其教唆行为与此既遂结果间是否存在相当因果关系。只有当驾驶人员已经着手实行特定危险驾驶犯罪,但因意志以外的原因未达到既遂状态时,才可能对机动车所有人、管理人进行未遂状态的归责。

3. 教唆犯刑事责任的程度之辨

如前所述,我国《刑法》对于教唆犯的规定,只是以其在犯罪中的分工属性来定义的,没有为其单独界定作用属性。[②] 因此,在依据其在犯罪中的作用来具体衡量其刑事责任的程度时,其仍属于主犯与从犯问题的调整范围。这意味着其既有可能是主犯,又有可能是从犯。那么在判断其究竟属于主犯还是从犯时,如前所述,应结合具体情况来辨明其有无在实行阶段予以重要的功能性的行为加担,从而具有功能性的犯罪事实支配。

具体到《刑法》第 133 条之一第 2 款的规定,就应重点考察如下方面:(1)机动车所有人、管理人与机动车驾驶员直接的关系。包括但不限于职务上的隶属关系、业务上的配合关系以及其他人身情感方面的关系。(2)机动车所有人、管理人的具体教唆方式。包括但不限于授

① 参见周光权:《"被教唆的人没有犯被教唆的罪"之理解——兼与刘明祥教授商榷》,载《法学研究》2013 年第 4 期。

② 《刑法》第 29 条第 1 款规定:"教唆他人犯罪的,应当按照他在共同犯罪中所起的作用处罚……"

意、劝说、请求、命令、挑拨、刺激、收买、引诱。通过行为方式来判断其对于被教唆人所作用的教唆行为的"能量"强度大小。(3)被教唆人自身的相关情况。包括但不限于自身的业务水平,以及行为时与教唆人的联络密度等。进而综合判断其有无施加功能性的支配。倘若其对此特定危险驾驶行为具有功能性的支配,则承担主要的刑事责任。

(三)帮助犯参与情形的归责问题

1.帮助犯参与情形的规范性特征

帮助犯是指在共同犯罪中,在他人产生犯罪决意之后,以心理支持、物质帮助等方式故意帮助他人实施犯罪,或为他人实施犯罪创造便利条件,而自己不直接实行犯罪的共同犯罪形态[①]。帮助犯的刑事责任限于与正犯具有共同故意的犯罪事实内;正犯实施的超出共同故意范围内的犯罪事实属于实行过限问题,帮助犯对此不负刑事责任。

由其概念可知,成立帮助犯,需要满足以下条件:其一,就客观方面而言,要求行为人必须实施帮助行为。其二,就主观方面而言,需要行为人具有帮助的故意,即明知实行犯所实行的是犯罪行为、这种犯罪行为将要造成一定的危害后果以及自己的帮助行为能为实行犯实施和完成犯罪创造便利条件,而希望或者放任这种危害后果发生的心理态度。[②]

具体到《刑法》第133条之一第2款的规定,机动车所有人、管理人倘若针对特定两项危险驾驶罪能够成立帮助犯,需要基于帮助的故意,为实施超速超载型危险驾驶行为或违规运输危险化学品危及公共安全型危险驾驶行为的驾驶人员提供物质性或精神性的帮助。

2.帮助犯刑事责任的范围之辨

需要注意的是,我国《刑法》并未明文规定帮助犯,只是在从犯的

---

① 参见陈兴良:《共同犯罪论》(第2版),中国人民大学出版社2006年版,第258页。

② 参见黎宏:《刑法学总论》(第2版),法律出版社2016年版,第290页。

规定中暗含着帮助犯。[①] 并且,在可能文义的范围之内,很难将“辅助”理解为“主要”或“首要”,否则就会有超出文义射程的类推解释之嫌,从而破坏罪刑法定原则。基于此,在归责轻重或刑事责任程度方面,帮助犯不能承担主要部分的责任。

与此同时,在认定帮助犯刑事责任有无的方面,根据共犯从属性原理,需要正犯即被帮助者必须基于帮助犯的帮助行为而实施构成要件规定的实行行为。换言之,就需要帮助行为与正犯行为之间的因果关系须具有本文已在前述教唆犯部分所论述的相当性,理由亦同上。并且,与正犯场合相比,帮助犯的因果关系在内容上多少有些不同,必须将促进正犯实施行为的心理帮助和提供工具或其他有形便利的物理帮助同样看待。详言之,物理帮助的因果性在于,在物理上为引起法益侵害的实行行为提供方便,而心理帮助的因果性则在于,现实地强化或助长正犯实施犯罪的决心。

具体到《刑法》第133条之一第2款的规定,机动车所有人、管理人为驾驶人员实施超速超载类危险驾驶行为或违规运输危险化学品类危险驾驶行为提供帮助时,此帮助行为必须与超速超载行为的抽象危险结果或违规运输危险化学品危及公共安全的具体危险结果之间存在相当因果关系,才有成立帮助犯,承担次要刑事责任的可能。所谓的相当性,在此处,详言之,就需要在日常生活中,起码在交通运输领域是一般性的、不反常的。比如,违规为本就不适格的驾驶员开准许出车的证明,帮助驾驶员破坏车辆防护措施或者在其有危险驾驶的意图时向其保证利用手中的权力或资源为其“摆平”等物质性或心理性的帮助行为。

三、间接正犯参与情形的归责问题:支配建构的迂回性

在区分制的共犯理论体系之下,间接正犯是明显独立于教唆犯或

① 《刑法》第27条规定的“在共同犯罪中起……辅助作用的”从犯,所指的就是帮助犯,只是没有使用帮助犯的概念而已。

诱发正犯而存在的概念。那么,这就意味着其归责模型有自身的特殊性,不同于共犯的归责体系。

(一)间接正犯参与情形的本体性理论剖析

间接正犯,又称间接的实行犯,是指将他人作为工具利用的情况。在间接正犯的场合,利用者与被利用者之间不成立共同犯罪。在犯罪参与论中,间接正犯与共同犯罪体系在本质上是不同的。间接正犯虽然存在直接实施犯罪构成要件实行行为的人,但仍属于正犯问题。从归责意义上讲,间接正犯本人承担单独犯的刑事责任或非共犯的刑事责任。基于此,首先需要弄清间接正犯为何成立所谓的正犯而不是共犯,亦即厘清其正犯性的依据何在。

关于间接正犯的正犯性依据问题,学界主要有如下观点的争论:(1)工具说。即被利用者如刀枪棍棒一般,只不过是利用者的工具。既然利用刀枪棍棒的行为符合构成要件,那么利用他人的行为亦符合构成要件。(2)规范障碍说。即以规范论的立场,将被利用人的情况置于审查的焦点,探明其是否具有法秩序所期待的针对不法行为形成反对动机的可能性。这种可能性就是规范障碍。若存在,则成立间接正犯;反之则不成立。① (3)犯罪事实支配说。即对于犯罪实施过程具有决定性影响的关键人物或核心角色,具有犯罪事实支配性,是正犯。其中,行为人不必出现在犯罪现场,也不必参与共同实施,而是通过对直接实施者施加控制意思的力量,即意思支配,从而支配构成要件实现的,就是间接正犯。② 事实上,被利用者本身是有意识的人,毕竟不同于工具。工具说的观点本质上是一种文义上的比喻修辞,并未揭示问题的本质。规范障碍说虽然着眼点更为全面,但亦无法为利用有故意的工具型间接正犯提供逻辑自洽的正犯性依据解释。由此,犯罪事实

---

① 参见[日]大谷实:《刑法讲义总论》(第2版),黎宏译,中国人民大学出版社2008年版,第143页。

② 参见许玉秀:《当代刑法思潮》,中国民主法制出版社2005年版,第578页。

支配说从本质上探索出了间接正犯的正犯性依据所在,即对于直接实行人的意思支配。这种意思支配关系,相较于直接作用于犯罪基本构成事实的行为支配与功能支配而言,需要迂回于被利用者而间接得以建构。犯罪事实支配说与其他几种学说相比更具有说服力,因而是目前学界的通说。

至于成立间接正犯的情形,主要有如下几类:(1)利用无责任能力人的场合。包括未达刑事责任年龄的人与精神病人。(2)利用他人缺乏犯罪故意行为的场合。包括被利用者有过失与无过失的情形。(3)利用他人合法行为的场合。既包括正当防卫、紧急避险等阻却违法的行为,也包括不可抗力、意外事件等无罪过行为。(4)一是在目的犯的场合,利用有故意而无目的的工具;二是在真正身份犯的场合,利用有故意而无构成要件身份的工具。①

(二)间接正犯参与情形的具象性归责进路

就《刑法》第 133 条之一第 2 款规定的内容而言,针对间接正犯的前三类情形基本上都有存在空间,如教唆 12 岁的未成年人去开校车超载超速或以司机家人性命为要挟迫使其违规运输危险化学品等。唯一有争议的类型是第四种,即利用有故意的工具,即第四种的后一类情形——利用有故意而无身份的人去实施真正身份犯行为。因为危险驾驶罪不是目的犯,所以就没有讨论目的犯的必要。并且,在《刑法》第 133 条之一第 2 款的规定中,超速超载型危险驾驶罪亦不属于身份犯,因为无论有无经营牌照和正规审批手续,只要从事的是校车业务或旅客运输业务,都属于危险驾驶罪的处罚范围,即其行为主体的资格状态并未有严格的身份性门槛限制。② 而就违规运输危险化学品类危险驾驶罪而言,根据《危险化学品安全管理条例》的规定,从事危险化学品

---

① 参见陈兴良:《间接正犯:以中国的立法与司法为视角》,载《法制与社会发展》2002 年第 5 期。

② 参见张明楷:《刑法学》(下)(第 5 版),法律出版社 2016 年版,第 727 页。

道路运输的,应依法取得危险货物道路运输许可,并向工商行政管理部门办理登记手续;危险化学品道路运输企业的驾驶人员应当经交通运输主管部门考核合格,取得从业资格。由此可知,《刑法》第125条第2款规定的非法运输危险物质罪虽然与危险驾驶罪的客观行为一样,都是违法违规运输危险化学品,但前者不要求行为主体须有经审批许可的从业资格,而后者则相反。换言之,"合法从事运输危险化学品业务"的资格是危险驾驶罪较非法运输危险物质罪多出的一个构成要件要素——构成要件身份,因此违规运输危险化学品型危险驾驶罪亦是真正的身份犯。因此,从事危险化学品运输工作的人,无论是驾驶员还是其他相关管理人员,都应当接受专业的训练,且须有严格的上岗审批和定期考核的手续。

基于此,作为机动车的所有人或管理人,倘若车辆从事危险化学品运输工作,其个人因为与该车辆的这一特殊关系在此类工作中都会具有法定的专业特殊资格,否则不可能通过相关的行政许可。因此,当其利用无此专业资格身份但有犯此罪的故意的驾驶员从事违规运输危险化学品类危险驾驶行为时,被利用者由于无此特定身份而不构成此类危险驾驶罪,但因有故意而构成除构成要件身份之外其他构成要件要素均与之相同的、《刑法》第125条第2款规定的非法运输危险物质罪。机动车所有人、管理人则构成违规运输危险化学品类危险驾驶罪的间接正犯。

至于其他类的间接正犯情形,判断机动车所有人、管理人有无实现意思支配,进而承担刑事责任,关键在于两个方面:一是客观上对于整个犯罪发展的原发性或持续性控制,这一点可以由其有无完整的犯罪计划以及其他利用性或控制性的行为表现出来;二是在主观上能够压制驾驶员的自由意志,或驾驶员本身就没有刑法意义上的自由意志(责任能力),由机动车管理人、所有人的意志完成补位。倘若其通过破坏机动车的方式来使驾驶员不得不陷入危险驾驶的状态,如破坏刹车片、迈速表等行为,则其行为可能属于破坏交通工具罪与以危险方法危害公共安全罪的竞合。

四、过失犯参与情形的归责问题:路径选择的审慎性

目前,学界主张危险驾驶罪中机动车所有人、管理人刑事责任的规定中机动车所有人、管理人所负的刑事责任应是过失责任的观点仍是少数意见。其中具有代表性的正是车浩教授的观点。他认为《刑法修正案(九)》增设的第133条之一第2款规定中机动车所有人、管理人所负的"直接责任"不是指实施了具体的危险驾驶行为,而是指对于第3项中的"校车业务或旅客运输业务超载超速"或第4项中的"违规运输危险化学品"负有管理、监督或约束责任,进而推导出此种责任属于监督过失的范畴,成立过失责任。① 需要注意的是,监督过失归根结底仍旧是过失形态的一种,对其展开的任何研究都无法脱离过失犯的基本原理。并且,监督过失理论是基于学界对医疗行为和交通运输行为社会价值的重视和对相关领域犯罪现象的反思而形成了新过失论理论的重要组成部分。那么,基于新过失论的理论脉络可知,监督过失犯所违反的注意义务,可被拆分为结果预见义务与结果回避义务。② 其中,结果回避义务是核心部分。监督过失犯罪在构成要件阶层的表现就是对客观结果预见义务与客观结果回避义务的违反,应以一般理性人或社会平均人为标准判断其结果预见的可能性与结果回避的可能性;而在责任阶层的表现就是对主观结果预见义务与主观结果回避义务的违反,应以行为人自身独特情况为标准判断其结果预见的可能性与结果回避的可能性,以厘清其可谴责性程度。③

---

① 参见车浩:《刑事立法的法教义学反思——基于〈刑法修正案(九)〉的分析》,载《法学》2015年第10期。

② 参见[日]山中敬一:《法学院讲义.刑法总论》,成文堂2005年版,第189页。

③ 参见周光权:《法治视野中的刑法客观主义》,法律出版社2013年版,第43页。

(一)监督过失原理的体系性解构与归责模型调试

所谓监督过失的概念,是由日本刑法学家藤木英雄基于对20世纪后半叶以来日本社会频发的公害类犯罪的思考而率先提出的。它包括狭义的监督过失与广义的监督过失。前者是指负有监督义务的上级因怠于履行或没有履行监督、指挥的义务从而导致被监督者因实施过失行为导致危害结果发生的过失罪过,①因而也被称为间接防止型监督过失。就其特征而言:一是监督者与最终的犯罪既遂结果之间须介入第三方的行为;二是被监督者,亦即第三方,实施的是过失犯罪行为。广义的监督过失,除了包括狭义的监督过失之外,还包括管理过失。所谓管理过失,是指管理者对于物资设备、机构设置、人员体制等准备、管理不周而导致结果发生所构成的过失,②因而又被称为直接介入型监督过失。与狭义监督过失相比,管理过失基本上不存在第三方基于故意或过失实施的危害行为介入的情形。由于本文是围绕复数主体参与犯罪的归责问题而展开的,所以此处拟采用狭义的监督过失的概念。

在归责问题方面,监督过失的特殊性体现在其与过失竞合的关系问题中。其实,无论是从规范论还是从体系论上而言,二者都是不同的:其一,在规范论方面,如前所述,根据《刑法》第25条第2款的规定,共同过失犯罪不构成我国刑法意义上的共同犯罪,按单独犯处理,各自单独予以定罪量刑。所以,过失竞合的基础性规范——共同过失型共犯,在我国刑法中并无立足之地。其二,在体系论方面,在平行结构的过失竞合犯罪中,由于每个行为人均是通过自身对危害结果施加原因力,每个个体具有独立的属性,因而凡是与结果的发生具有因果关系的违规行为原则上均被视为过失犯罪的实行行为,存在作为过失犯的共

① 参见马克昌:《比较刑法原理:外国刑法学总论》,武汉大学出版社2002年版,第269页。

② 参见[日]山口厚:《刑法总论》(第3版),付立庆译,中国人民大学出版社2018年版,第213页。

同正犯的构成要件过失。[①] 但是,在监督过失中,由于监督者、管理者要么间接要么直接地对被监督者施加作用力,而被监督者再通过直接对危害结果实施客观行为而得以归责。这样,经过中间环节的"加工",监督者、管理者究竟在多大程度上对最终的危害结果产生了作用力则变得难以被准确地把握。基于此,在体系结果方面,监督过失亦不同于过失竞合及其导向的共同过失犯罪形态。因此,监督过失在归责方面是基于对于构成要件结果施加的原因力和对于因果经过施加的支配力而独立承担刑事责任的单独犯责任形式。

另外,虽然监督过失并非我国刑法意义上的共同犯罪,其与直接实施构成要件实行行为的人在不法意义上并无相互影响。但是,在事实层面,二者的行为都为最终的法益侵害结果提供了现实性的原因力,因而,起码从形式上看,二者的行为确实存在着犯罪参与论意义上的"配合"关系。基于此,倘若最终监督者或管理者存在监督过失责任,则被监督者在存在论意义上的构成要件行为是不可或缺的。因此,在确定监督过失者的刑事责任之前有必要考察被监督者行为的性质形态。关于这一问题,学界有三种不同的见解:第一种观点认为,只有被监督者是出于过失而行为时,才可能成立监督过失。大塚仁教授就曾强调:"在对下位者的过失行为没有尽到其监督义务时就肯定上位者的过失,即监督过失。"[②]第二种观点主张,即使被监督者的行为是无罪过事件,只要监督者存在过失,也成立监督过失。在实践中,确实存在此类情况。对于无经验或无可以凭借的设施以正确处理突发紧急情况的被监督者而言,其行为通常是无过错的。因为其并没有接受过合格的专业培训,缺乏相关知识经验,或者缺乏可靠安全的设备设施和相关配套的运行机制。这恰恰是由监督者或管理者疏于进行专业指导或怠于构建完善的安全保障体制机制所导致的,因此监督者应对此承担监督过

① 参见[日]大塚仁:《犯罪论的基本问题》,冯军译,中国政法大学出版社1993年版,第260页。

② [日]大塚仁:《刑法概说(总论)》,冯军译,中国人民大学出版社2002年版,第210页。

失责任。第三种观点指出,被监督者出于故意而行为时,监督者也可以构成监督过失。[①] 事实上,根据信赖原则,应允许监督管理者对被监督者不会故意实施犯罪行为存在基本的信任,否则不仅在需要进行专业分工的业务领域无法开展工作,就连基础性的社会交往活动也会难以运行。但是,此类情形亦存在例外。比如具有天然犯罪人人格,即人身危险性严重之人在本质上是不值得被信赖的,监督者却不负责地将其安置于某重要的专业领域。如果被监督者故意犯罪导致侵害法益的结果或危险发生,监督者可能也要为自己之前的疏忽承担过失责任。[②] 并且,在相关的渎职犯罪中,亦存在相关的例证。比如,当社区矫正的监管人员因玩忽职守而对矫正对象在社区矫正期间的犯罪行为负有刑事责任时,从法逻辑的角度上来看,是基于自身渎职行为的不法与罪责内容而决定刑事责任的有无的,并非因矫正对象的罪过形式的不同来判断其刑事责任是否存在。综上所述,目前没有坚实的理由将被监督者的行为仅限定为过失行为,即无论被监督者是否对其行为有罪过或属于何种罪过形式,都不影响监督者因监管疏漏而承担监督过失责任。

需要强调的是,无论是其行为人的主观恶性还是行为人的人身危险性,过失犯都低于故意犯。换言之,故意犯罪是一种积极的反规范的行为,而过失犯罪则是消极的反规范的行为[③],两者之间在责任程度上存在差异。因此,各国刑法都普遍规定以处罚故意犯为原则,以处罚过失犯为例外。那么,在处理过失犯时,司法人员面临的首要问题就是如何避免不适当地扩大其成立范围,即限制其处罚范围,以突显刑法的人权保障机能与谦抑性品格。因而,在解释论层面为其匹配合适的因果关系理论模型时,就应注重理论本身的限缩与过滤功能,而不是盲目追求效率。基于此,恪守规范论立场、逻辑清晰且下位规制周延衔接有序、多层次递进判断的客观归责理论就成为了不二之选。并且,监督过

---

① 参见廖正豪:《过失犯论》,台北,三民书局1993年版,第225页。

② 参见吕英杰:《客观归责下的监督、管理过失》,法律出版社2013年版,第11页。

③ 参见[德]京特.雅科布斯:《规范.人格体.社会——法哲学前思》,冯军译,法律出版社2001年版,第45页。

失理论是以新过失论为基础而构建的。新过失论用以限缩成立范围的基础性原理——被允许的危险,亦是客观归责理论的基础性概念,因而二者在体系性方面具有天然的对接优势。在此意义上,罗克辛教授强调客观归责理论的实际意义,主要存在于过失犯罪中。①

申言之,在此情形中客观归责一旦成立,理想状态下(没有其他的不法或责任阻却事由存在),就能确定监督过失者刑事责任的存在。然而,在犯罪参与论的视角下,倘若按犯罪发展的时间顺序来看,很有可能存在阻却监督过失行为对于法益侵害结果原因力继而否认此二者间因果关系的情况,即被监督者行为作为介入因素加入进来,阻却监督过失行为的原因力,继而作为唯一的原因来支配构成要件结果的出现。因此,在此种"多因一果"的情况下,要判断监督过失行为到底还对构成要件结果有无施加原因力,就需要借助前述相当因果关系理论来进行考察。具体而言,就是要引入前田雅英教授在因果关系理论中提出的介入因素判断三要素来具体测量作为前行为的监督过失行为的原因力是否仍有效。首先看先行行为对危害结果的作用大小,作用大则有因果关系,反之则无;其次看介入因素是否异常,如异常,先行行为与危害结果无因果关系,反之则有;最后看介入因素对危害结果的作用大小,作用大,则先行行为与危害结果无因果关系,反之则有。对此三要素需要进行综合判断,根据少数服从多数原则得出先行为之因果关系是否存在的最终结论。② 基于此,为了得出更为周严的判断结论,应当在客观归责判断的第二阶层——判断是否实现法不允许的危险,以及第三阶层——判断结果是否在构成要件的保护范围之内,这两个阶层中融入相当因果关系的判断,以便在被监督者行为的存在或介入下依然能厘清监督过失行为与构成要件结果之间有无因果关系,进而判断其是否成立单独犯的刑事责任。

---

① 参见[德]克劳斯.罗克辛:《德国刑法学总论》第 1 卷,王世洲译,法律出版社 2005 年版,第 246 页。

② 参见[日]前田雅英:《刑法总论讲义》(第 6 版),曾文科译,北京大学出版社 2017 年版,第 304 页。

(二)过失参与情形客观归责路径的动态演绎

结合前述基础理论可知,在监督过失犯领域运用客观归责理论,关键在于将过失犯在构成要件阶段的客观实质内容,即客观注意义务(客观结果预见义务+客观结果回避义务)整合到客观归责的理论架构中。

首先,就制造法不允许的危险而言,主要考察两个方面,即法不允许的危险是否由行为人的特定行为所制造(条件归属问题)与行为人所制造出来的危险是不是法所不允许的危险(危险的规范性质问题)。刑法所不允许的危险在特定的业务领域,比如交通、医疗等领域,是需要借助其他规范作为判断资料的,这主要涉及行政规则中的安全规范与社会交往规范。[①] 具体到《刑法》第133条之一第2款的规定,前者主要是指作为机动车所有人、相关管理人员应该遵守的涉及车辆护养、危险化学品管理以及消防管理等的行政法律法规;后者主要是指其在本单位或本业务部门内需要遵守的技术性规范和章程,包括定期检修、维护、保养和险情通报等。但是,并不能认为行为人违反了上述规范就一定造成法不允许的危险。基于信赖原则对法不允许的危险的限缩,在应当由驾驶人员或其他第三方负责的领域,即使享有监督管理权限的机动车所有人怠于履行上述规范的要求,如未检测迈速表但其实在迈速表现实功能正常的情况下驾驶员仍超速行驶,亦不能判定其制造出了法不允许的危险。此外,即使行为人认真遵守上述规范,在客观上履行了注意规范所要求的审慎义务,即客观的结果预见义务,仍没有客观结果预见的可能性时,就能判定出此时所制造的危险是为法律所允许的,比如机动车所有人、管理人认真检测核查车辆内容物时,严格依规操作,却因目前技术条件有限,仍未发现他人用高科技手段夹带的国家禁止运输的危险化学品,这时,行为人的客观"漏检"行为所制造的

① 参见吕英杰:《客观归责下的监督、管理过失》,法律出版社2013年版,第82~84页。

危险也是法律所不得不“忍耐”的。由此可以看出,过失犯的客观结果预见义务可以被融入“是否制造法不允许的危险”这一客观归责理论的第一阶段来加以判断。

其次,就实现法不允许的危险而言,主要强调从结果的角度进行事后判断。其中主要考察以下几个方面:风险是否由行为人实现、行为人实现的危险是否不被法律允许、注意规范的保护目的以及作为具体判断前三个方面的方法论工具——假定的合义务替代行为与危险增加理论。第一个方面主要强调一种条件关系的判断,与过失犯客观结构之间并无类型化的衔接之处,而之后的两个方面与理论方法论工具在监督过失领域才更具有典型性意义。合义务的替代行为要讨论的是当一个结果通过合法替代行为不是肯定的,而仅仅是很可能或者可能被阻止的时候,这个结果是否应该被归责[①]。罗克辛认为,只有当此替代行为肯定或必然会导致这个结果时,即确定没有客观上的结果避免的可能性时,才排除归属。倘若并非肯定导致该结果,换言之,违反注意义务的行为增加了危险,那就可以归属,这就是所谓的“危险增加理论”[②]。然而,通说观点却认为应坚持罪疑唯轻原则,在结果避免可能性难以确定时排除归责,即“可避免性理论”。[③] 由此可见,合义务的替代行为与结果回避义务其实是对同一内容的不同表述而已,都是强调行为人要采取适当行动以避免实现其制造的法不允许的危险。具体而言,当享有监督管理权限的机动车所有人、管理人怠于履行为运输的危险化学品做防护措施的义务,导致其之后在运输过程中一直处于具有危及公共安全危险的开放状态。倘若以目前的技术,就算行为人实施了合义务的替代行为,认真履行结果避免义务,为其依规做好防护装置,仍无法阻止其完全渗透或泄露这一危及公共安全的具体危险出现,

① 参见徐成:《假定因果关系、合义务替代行为与法所不允许风险的实现》,载陈兴良主编:《刑事法评论》第37卷,北京大学出版社2015年版。

② 参见[德]克劳斯. 罗克辛:《德国刑法学总论》第1卷,王世洲译,法律出版社2005年版,第257页。

③ 参见车浩:《阶层犯罪论的构造》,法律出版社2017年版,第170页。

那么此时就可以认定本场合没有客观的结果避免的可能性,行为人所实现的危险是法律亦不得不"忍受"的。再如,行为人在每天处理完机动车所运输的危险化学品时都严格按规章要求为自己消毒,恰好其消毒时药物所覆盖的范围涵盖了车辆中一处尚未有检测部门检测出的破洞,从而阴差阳错地避免了违规(冒着泄漏风险)运输的危险驾驶行为发生危及公共安全的具体危险。某一天该行为人忘记为自己消毒,导致该车辆在下一班运输业务中处于危险品泄漏或严重的泄漏风险的危及公共安全的具体危险之中。那么此时,仍不能将行为人未履行注意规范所要求的结果回避义务的行为认定为实现了危险。因为,要求为自己消毒的注意规范保护的仅仅是自己的健康状况,而不在于保护车辆的良好坚固状态,因此不能进行归责。由此可以看出,过失犯的客观结果预见义务可以融入"是否实现法不允许的危险"这一客观归责理论的第二阶段来进行判断。

再次,就构成要件的保护范围而言,其主要侧重于对一些被害人自我答责或有第三者承担责任的情形作出不可归责的例外性阐释。具体而言,就是要考察驾驶员对于成立上述两类危险驾驶行为所施加的支配作用是否足够阻断监督过失者过失行为对于犯罪成立的原因力支配。倘若对于此问题的考察得出的是肯定答案,就应排除对于监督过失者的归责;反之则应该归责。

最后,为了方便理解,我们不妨以一个典型案例为切入点进行分析:2016 年7 月 30 日 7 时许,被告人王某某无证驾驶冀 J×××××号灰色北京牌小型面包车(逾期未检)在接送学生过程中因严重超员,在任丘市吕公堡镇北王庄村朝阳幼儿园门口处被民警当场查获,该车核定载客 8 人,实际载客 23 人。被告人周某某为任丘市朝阳幼儿园校长,系王某某所驾面包车车主,王某某无偿为周某某临时帮工。一审法院经审理后认定,被告人王某某在驾驶校车接送学生过程中,车辆实际载客超过该车额定乘员的 100%,属于严重超员;被告人周某某系该车辆的所有人,且为任丘市朝阳幼儿园的校长,对王某某的行为负有直接责任;依照《刑法》第 133 条之一第 1 款第 3 项、第 2 款,第 67 条第 1

款、第 3 款之规定,二被告人的行为均已构成危险驾驶罪。[①] 本案中,王某某作为驾驶人员,从事的正是接送学生的校车业务,而周某某作为该车所有人且系该司机的单位领导,当然享有对其的监督权限与义务。据案件事实可知,周某某对其严重超载的行为并未积极追求、促成,也无法证明其是刻意听之任之,因此对于其追究的刑事责任只能是监督过失责任。具体而言,就是周某某因疏忽大意或过于自信,未能履行对王某某的监督管理义务或者未构建相应的行车安全保障机制,疏于对王某某进行考察。并且根据客观归责理论与相当因果关系理论,可以确定其监督过失的行为与王某某严重超载驾驶这一构成要件所要求的抽象危险结果之间存在引起与被引起的因果关系,因此应当承担监督过失责任。

五、余　论

刑法学研究中的类型化思维,强调灵活运用现有的立法资源,积极适用解释论的方法,尽可能高效地应对缤纷复杂的现实问题。这一注重动态功能的方法论,明显区别于强调静态定性的概念式思维。申言之,类型化思维的运用可以使刑法规范的效力及于立法者立法之时尚未考量到的特殊性问题与不典型情况,从而更能满足当代刑法教义学研究中强调问题性导向的目的理性诉求。

因此,在针对危险驾驶罪内机动车所有人、管理人刑事责任规定的教义学研究中,引入类型化思维的研究范式,依据有限的立法资源划分出共犯参与、间接正犯参与以及过失犯参与这三种典型的归责类型,不仅可以实现对于不同参与行为的精准化与个别化归责,还能在坚守罪刑法定底线的前提下平衡法规范明确性与灵活性的关系,从而实现对各类参与行为的有效刑法规制。

① 参见河北省任丘市人民法院刑事判决书,(2016)冀 0982 刑初字第 602 号。

Typed Attribution Review of Plural Actors Participating in Specific Dangerous Driving Behaviors

RONG Hao

[**内容摘要**]机动车所有人、管理人作为一方责任主体参与超载超速类的危险驾驶行为和违规运输危险化学品类的危险驾驶行为时,应如何对每个参与主体进行精准归责的问题,本质上就是判断各参与主体所承担的刑事责任的范围问题。这种判断,显然要在不同的犯罪参与情形下进行具体分析,才能保证其准确性与全面性。具体来看,首先,就共同犯罪的参与形式而言,应具体厘清参与者成立教唆犯与成立帮助犯时应承担何种程度的刑事责任;其次,就间接正犯的参与形式来看,犯罪事实支配理论的说服力更强,应以之为基础分析机动车所有人、管理人需要满足怎样的条件才能形成对驾驶员的意思支配,继而形成单独犯的刑事责任;最后,在过失犯的参与形式中,应引入客观归责理论,监督过失犯应作为单独犯承担刑事责任。

[**关键词**]特定危险驾驶行为;犯罪参与;共同犯罪;间接正犯;监督过失

Abstract: when the owner and manager of motor vehicle participate in the dangerous driving behavior of overloading and speeding and the dangerous driving behavior of illegal transportation of dangerous chemicals, how to accurately impute the responsibility of each participant is essentially to judge the scope of criminal responsibility of each participant. It is obvious that this kind of judgment should be analyzed in different cases of criminal participation in order to ensure its accuracy and comprehensiveness. Specifically, first of all, as far as the participation form of joint crime is concerned, we should specifically clarify what degree of criminal responsibility the participants should bear when setting up abettor and establishing accomplice; Secondly, in terms of the participation form of indirect principal offender, the theory of criminal facts dominating is more persuasive, which should be based on which to analyze what conditions the owners and managers of motor vehicles need to meet to form; Finally, in the participation form of negligent crime, we should introduce the objective imputation theory, and supervise the negligent crime should bear the criminal responsibility as a separate crime.

Keywords: specific dangerous driving behavior; criminal participation; joint crime; indirect principal offender; supervisory negligence

恶意网络爬虫行为的刑事规制及其完善

彭新林[*] 赵 辉[**]

目 次

伴随信息化时代的到来,数据和信息在大数据时代正以无可比拟之速度流转,数据安全已被正式提上议事日程。爬虫技术作为一种中立性技术,其本身为获取数据的方式和工具,但若被滥用或违规使用,亦会滋生系列刑事风险。在2017年的"全国首例爬虫技术入刑案"中,被告人采取技术手段,后台抓取被害单位北京字节跳动网络技术有限公司服务器中存储的视频数据,并破解字节跳动公司的防抓取措施,使用"tt_spider"文件实施视频数据抓取行为,造成被害单位损失技术服务费人民币2万元。① 在此之前,亦有APP服务商通过运用网络爬虫技术(特指聚焦爬虫)设置内置搜索引擎并配之相应转码技术来实施著作权侵权行为,情节严重构成犯罪的案件屡见不鲜。② 以2018年

---

* 北京师范大学刑事法律科学研究院教授、博士生导师。

** 北京师范大学刑事法律科学研究院刑法学硕士。

① 参见北京市海淀区人民法院刑事判决书,(2017)京0108刑初2384号。

② 参见上海市浦东新区人民法院刑事判决书,(2014)浦刑(知)初字第24号。

上半年为例,Web 应用攻击总数量环比增长 97.82%,平均每秒即发生 31 次攻击,恶意爬虫攻击数量环比增长 55.79%,网络安全平台共监测并拦截了 25.86 亿次有针对性的爬虫攻击事件。① 实践中,超过 91% 的爬虫程序趋向于模拟正常访问方式来获得网站数据,从而绕开网站系统内部的访问频率控制设置、各类验证码等反爬取措施。随着数据应用进一步网状化以及数据和信息的整合价值不断提升,实践中已不鲜见的数据爬取行为可能需要被纳入刑事规制视野中考量,从而防控风险并促进爬取数据行为的规范化运作。

一、大数据时代网络爬虫技术的实践异化与刑事风险

大数据是指整合网络上海量的信息资源,并对其进行针对性挖掘、储存以及处理,进而得到相应的有价值的信息数据。② 网络爬虫技术的普及极大降低了普通主体参与后台获取数据的难度与门槛,容易沦为不法分子信息技术犯罪的手段和工具。以数据窃取为基础的黑色产业链也随之成熟,逐步转向"技术密集型",呈现规模化、链条化的趋向。③ 恶意网络爬虫除在数据获取中扮演着工具角色,甚至可能成为网络有组织犯罪中的重要环节直接参与互联网犯罪,成为网络黑色产业链的帮凶之一。

(一)实践异化与功能界定

1. 网络爬虫技术的发展与异化

随着网络迅猛发展,万维网成为大量信息的载体,如何有效地提取

① 参见邱波:《滥用爬虫技术的刑事风险与刑法应对》,载《信息安全研究》2020 年第 9 期。

② 参见付蓉:《大数据下的计算机网络信息安全分析》,载《网络安全技术与应用》2021 年第 6 期。

③ 参见于冲、王宸:《恶意爬取数据行为的刑法评价思路与边界》,载《铁道警察学院学报》2020 年第 6 期。

并利用信息源成为一个巨大的挑战。[①] 为应对海量数据,能够自动化处理数据的网络爬虫技术应运而生。网络爬虫(Web Crawler),又称网络蜘蛛(Web Spider)或 Web 信息采集器,是一个自动下载网页的计算机程序或自动化脚本,是搜索引擎的重要组成部分。[②] 爬虫程序能够根据使用者的指令设置在不同网络站点跳转过程中自动提取网页内容,使用者在万维网上利用该类程序预设规则来筛选并抓取所需要的目标数据的行为,[③]即数据爬取行为。

事实上,爬虫技术设计的初衷为通过计算机代码技术实现网站索引的自动化,并通过后台程序自动更新信息。所以其自面世以来便被长期视为中立技术,其利用后台脚本以获取网站平台数据的行为也在一定范围内被广泛使用。伴随大数据时代的到来,数据自身经济价值被深度挖掘,爬虫技术以其自身低门槛与高隐蔽性等固有特征,被不法分子识别、滥用,导致实践中出现技术的不断异化发展,从而落入需要被法律评价的范畴。

2. 网络爬虫功能与反爬机制

网络爬虫种类繁多,依据不同的分类依据可以对其进行不同属性的归纳。根据被爬网站数量的不同,可以将网络爬虫分为通用型、聚焦型。通用型网络爬虫,通常指搜索引擎和大型 Web 服务提供商的爬虫,主要功能是从互联网中搜集网页、采集信息,并下载到本地,形成一个互联网资源的备份镜像。[④] 聚焦型爬虫主要指针对特定网站的爬虫,从而定向地获取特定方面的数据。

从功能分类上讲,网络爬虫通常来说具备三种基本功能,即访问、下载和解析。访问,是指网络爬虫依据代码设定的初始顺序,向目标系

① 参见游涛、计莉卉:《使用网络爬虫获取数据行为的刑事责任认定——以"晟品公司"非法获取计算机信息系统数据罪为视角》,载《法律适用》2019 年第 10 期。

② 参见孙立伟、何国辉、吴礼发:《网络爬虫技术的研究》,载《电脑知识与技术》2010 年第 15 期。

③ 参见于冲、王宸:《恶意爬取数据行为的刑法评价思路与边界》,载《铁道警察学院学报》2020 年第 6 期。

④ 参见付强、李涛:《网络爬虫的刑法应对》,载《中国检察官》2020 年第 18 期。

统发送访问请求从而访问数据;下载,是指将目标系统储存的数据传输、储存到指定的计算机信息系统中;解析,是指对计算机信息系统数据的内容进行分析、筛选。[①] 以上三种基础功能本身并不会对计算机信息系统数据产生增减或修改的效果。

反爬技术(Anti-Spider),则是网站主体设置的对用户身份认证信息之外的筛选措施,能够识别爬虫程序以及避免服务器负担过重崩溃,其技术原理为通过对用户的访问请求头部 UA、cookie、验证码以及访问频率等进行条件筛选进而屏蔽访问请求。网络爬虫技术极大地便捷了数据共享,一些网站并不反对甚至欢迎网络爬虫提取其网页信息。但对此持保守态度的网站则会对端口、接口等采取禁止访问限制,或是通过网页访问口令、JS 脚本、User-Agent 等,[②]以力图阻止爬虫进入。

(二)刑事风险与数据边界再明晰

1. 爬虫刑事风险概述

爬虫技术以其高隐蔽性和高效性,成为不法分子所“青睐有加”的网络犯罪手段。本文结合爬虫技术收集数据的过程特点,从爬虫技术本身使用所带来的法律风险以及获取数据后的使用行为所带来的法律风险两方面展开论述。首先,在该技术本身使用所带来的风险方面,网络爬虫短时间内频繁访问目标网站,侵入及占用计算机信息系统网络资源,可能造成目标网站计算机系统拥堵,增加网络服务器处理负荷,客观上造成网站不能正常访问甚至是网站崩溃的后果。若侵入国家重要计算机信息系统,还会直接威胁国家重要领域和要害部门的计算机信息系统安全。其次,在获取数据后的使用层面,滥用爬虫技术可能侵犯知识产权、商业秘密,造成信息泄露,侵犯公民个人信息安全,危及国家秘密、情报等核心数据安全。详言之,一旦个人数据被非法收集、买

① 参见付强、李涛:《网络爬虫的刑法应对》,载《中国检察官》2020 年第 18 期。

② 参见游涛、计莉卉:《使用网络爬虫获取数据行为的刑事责任认定——以“晟品公司”非法获取计算机信息系统数据罪为视角》,载《法律适用》2019 年第 10 期。

卖,大量有价值的公民个人信息将被批量存储、分析,从而形成对公民个人的"精准临摹";在社会层面,大量公民个人信息泄露将危及公共安全,侵犯知识产权和商业秘密等将危及经济秩序,国家情报与机密文件数据被爬取更将直接危害国家安全。

除爬虫技术自身被滥用直接侵害个人法益和国家利益外,实践中爬虫技术自身已逐步显现出沦为上游犯罪技术手段的犯罪基因。有学者将恶意网络爬虫的这一特征概括为"数据掮客",①将其称为易滋生出犯罪的网络温床。如在陈某敲诈勒索案中,②被告人主要针对在校大学生开展"套路贷"违法犯罪活动,制造民间借贷假象,利用恶意爬虫软件查询客户负债情况。当收集到客户不能按时还款的信息后,便将被告人名下的其他贷款公司或同伙放款推给被害人,使其继续借钱还给平台,并通过"转单平账""以贷还贷"的方式不断垒高被害人"债务"。在该案中,爬虫软件沦为"套路贷"案件中的关键技术环节,通过后台识别客户负债情况从而将客户套牢,精准识别其债务信息及借贷需求,从而骗取被害人财物。

2. 数据与信息边界再明晰

在讨论网络爬虫技术通过后台获取的数据对象时,无法绕开且应当引起重视的一对概念,便是数据与信息的关系。数据与信息不可分离,接收者对信息识别后表示的符号称为数据。数据作为可识别的符号,其具有多种形式,但其中包含的信息内容不会改变,即不随载体设备形式的改变而改变。信息是对数据的解释、运用的解算,即使是经过处理以后的数据,也只有经过解释才能成为信息。就本质而言,数据是客观对象的载体形式,而信息则是数据内涵的整合意义,数据只有对实体行为产生影响时才成为信息。如就国内爬取公开数据的首例爬虫入刑案件而言,法院认定被告人及被告单位使用"tt_spider"文件对被害公司实施了就公开视频数据的爬取行为。在该案中,被害公司虽然没

① 参见张一献:《从技术到犯罪:恶意网络爬虫行为入罪的类型认定与裁判思路探索》,载《时代法学》2020 年第 4 期。

② 参见重庆市永川区人民法院刑事判决书,(2020)渝 0118 刑初 322 号。

有提供视频下载服务,但视频数据的信息内容已经公开且处于可访问状态。该案主审法官认为,爬取公开数据的行为侵犯了数据安全性中的“保密性”这一法益,因为视频内容公开仅仅是信息公开,视频数据还处于保密状态,信息内容公开不等于数据公开。① 当然,就利用爬虫技术爬取公开数据行为是否需要动用刑法来评价这一问题,理论界和实务界仍存在意见分歧。

二、恶意网络爬虫行为刑事规制的现状及评价

恶意网络爬虫行为触碰了刑法底线,必然引起国家刑事制裁体系的反应。下文先概述恶意网络爬虫行为刑事规制的现状,然后就当前恶意网络爬虫行为刑事规制的情况进行简要评价。

由于对爬取数据这一对象本身分类模糊,我国目前对于防止网络爬虫恶意爬取数据的相关规定散见于《民法典》侵权责任编、《反不正当竞争法》、《刑法》以及《网络安全法》等中。② 从恶意网络爬虫行为的刑事立法规制看,主要涉及《刑法》第217条的“侵犯著作权罪”、第219条的“侵犯商业秘密罪”、第253条之一的“侵犯公民个人信息罪”、第285条的“非法侵入计算机信息系统罪”“非法获取计算机信息系统数据罪”与“非法控制计算机信息系统罪”,以及第286条的“破坏计算机信息系统罪”等。其中,“非法侵入计算机信息系统罪”主要强调网络爬虫采用侵入计算机安全系统或破坏安全措施这一“暴力”方式,且主要针对违反国家规定,侵入国家事务、国防建设、尖端科学技术领域计算机信息系统的非法侵入行为;而第二款中的“非法获取计算机信息系统数据罪”和“非法控制计算机信息系统罪”,针对的则是违反国家规定,侵入前款规定以外的计算机信息系统或采用其他技术手段,获

① 参见石经海、苏桑妮:《爬取公开数据行为的刑法规制误区与匡正——从全国首例“爬虫”入刑案切入》,载《北京理工大学学报(社会科学版)》2021年第4期。

② 参见张一献:《从技术到犯罪:恶意网络爬虫行为入罪的类型认定与裁判思路探索》,载《时代法学》2020年第4期。

取该系统中存储、处理或传输的数据，或非法控制该计算机信息系统的行为，其行为类型包括未经授权访问、获取数据的外部网络黑客行为和超越授权访问、获取数据的内部网络黑客行为三类。[①] 以上三个罪名的前置限定条件均为"违反国家规定"，其条文较为模糊，需从相关细化规定中寻找认定标准。由此，溯至2021年6月10日通过的《数据安全法》，2021年8月20日通过的《个人信息保护法》以及2016年11月发布的《网络安全法》。上述法律多从原则上对互联网收集数据的行为进行规定，为规制网络爬虫行为提供了指导性立场。如《个人信息保护法》第13条规定，个人信息处理者可处理个人信息需满足七个情形之一，其中一个情形即为需要"取得个人的同意"。[②]《数据安全法》第32条第1款规定，"任何组织、个人收集数据，应当采取合法、正当的方式，不得窃取或者以其他非法方式获取数据"。这些规定都从原则意义上涵摄了对网络爬虫行为的规制立场，缺乏具体规定。此外，针对恶意爬取数据后的利用行为，我国《反不正当竞争法》第12条亦规定，经营者不得利用技术手段，通过影响用户选择或者其他方式，实施妨碍、破坏其他经营者合法提供的网络产品或者服务正常运行的行为。但以上规定仍显粗糙，对"违反国家规定"这一构成要件的理解仍需从恶意爬取数据行为本身侵害的法益展开定位。基于爬虫技术可能侵扰计算机系统的运行安全，可以归纳出其非法行为的本质在于非法访问侵犯了计算机信息系统的运行安全。是故，其是否未经授权访问或破

---

① 参见杨志琼：《数据时代网络爬虫的刑法规制》，载《比较法研究》2020年第4期。

② 《个人信息保护法（草案二次审议稿）》第13条规定："符合下列情形之一的，个人信息处理者方可处理个人信息：（一）取得个人的同意；（二）为订立或者履行个人作为一方当事人的合同所必需；（三）为履行法定职责或者法定义务所必需；（四）为应对突发公共卫生事件，或者紧急情况下为保护自然人的生命健康和财产安全所必需；（五）依照本法规定在合理的范围内处理已公开的个人信息；（六）为公共利益实施新闻报道、舆论监督等行为，在合理的范围内处理个人信息；（七）法律、行政法规规定的其他情形。依照本法其他有关规定，处理个人信息应当取得个人同意，但有前款第二项至第七项规定情形的，不需取得个人同意。"

坏计算机反爬措施、安保措施加以访问等,成为认定非法访问的关键因素。

当自身中立的技术被滥用之风险愈加升高,“技术中立原则”便不再被视为违法犯罪的挡箭牌。[①] 网络主体使用爬虫技术恶意进入系统并抓取数据,法律对其评价的视野逐渐由不正当竞争走向刑法领域,上海晟品公司爬虫入刑案便是确认了网络爬虫行为侵入计算机系统并爬取数据的刑事违法性,从内在的实质违法性这一角度,为爬虫行为入罪奠定了基础。[②] 随着司法实践的案例数量攀升、类型走向多元化,法院这种对恶意爬取数据并利用的行为的规制目光逐渐由不正当竞争法渐次转至刑法的趋向日益明显,评价重心亦更加看重恶意爬取数据的行为自身的社会危害性与刑事违法性。[③] 有学者指出,随着数据自身价值的日益显现,针对数据的爬取、篡改、利用等行为逐渐不受控制,威胁至数据主体对数据的相关使用权能,是故产生了针对数据自身安全的独立保护需求。[④] 这种数字化技术的发展,使得数据本身的价值不断提升,大量原本被判定为“边缘”的或甚至是“无效”的数据,经过计算机系统规模化整合,可以迸发出新的多方面价值。由此,对数据内容属性上的保护需求不断提高,对数据本身的技术保密性的保护需求更不断攀升。

正是针对数据自身安全的独立保护需求不断攀升,数据安全法益这一概念应运而生。事实上,数据安全法益这一提法早已有之,部分学者将其概括归纳为三大方面,即数据的保密性、完整性以及可利用性。其中,保密性主要针对数据背后所承载的技术意义,强调数据不受未授权人的获取、知晓;完整性针对保证数据自身内容以及技术上不遭受篡

① 参见孙杰:《数据爬取的刑法规制》,载《政法论丛》2021年第3期。

② 参见刘艳红:《网络爬虫行为的刑事规制研究——以侵犯公民个人信息犯罪为视角》,载《政治与法律》2019年第11期。

③ 参见李慧敏、孙佳亮:《论爬虫抓取数据行为的法律边界》,载《电子知识产权》2018年第12期。

④ 参见[德]乌尔里希·齐白:《全球风险社会与信息社会中的刑法》,周遵友、江溯等译,中国法制出版社2012年版,第308页。

改;可利用性主要从获取时间及效率考量该数据的相关性能。利用网络爬虫技术恶意爬取计算机系统后台数据的行为此前多被认定为民事侵权或不正当竞争,但随着采用恶意爬虫技术突破计算机系统安全措施爬取数据的行为数量爆发式增长,其侵犯的"数据安全法益"成为社会关注的热点问题,也需要在刑事规制的视域内予以考量。

网络爬虫爬取手段的侵入性是其刑事违法性的主要体现。判断技术层面的侵入性,对考察恶意网络爬虫行为的不法意义重大。有学者认为,爬虫技术依靠违背网站主体授权意思的爬取以及避开、绕过安全措施或身份验证等技术手段以获取信息,违背数据权利方单方意思表示,被视为非法入侵,构成违法;若采用解码、解密、损毁安全措施等暴力方式强行进入则可能构成犯罪,才落入刑法规制范畴。① 这一观点将"避开""绕过"等行为方式纳入民事规制视野,虽然从侵入的手段对恶意爬虫所侵犯的社会利益进行了不同部门法的区分,但这种区分是否恰当、是否意识到数据系统安全本身之保护的必要性,仍有待商榷。

不仅对于故意绕开安全措施类的"回避型入侵"是否属于网络爬虫刑事犯罪语境下规范意义上的入侵,目前尚有争议;对于网络爬虫入侵手段和技术措施的实际分类与危害结果探讨,也具有较大难度。为方便对爬虫技术展开技术性剖析,盖将其分为两大类型即"和平方式"与"暴力方式"。有学者认为,无论是网络爬虫所谓的避开、绕过等"和平方式",还是解密、解码等"暴力方式",在实际上都造成了侵犯计算机信息系统安全的危害后果,都在实质结果上侵犯了数据的保密性。② 虽然违背网站主体授权意思的爬取行为表面上属于平等民事主体之间的纠纷,落入民法规制的范畴,但从该行为本质意义上讲,即使是绕过验证码登录、身份验证信息等程序,在实质上仍然造成了与解密、解码等"暴力方式"相同的危害后果。

---

① 参见阮林赟:《网络爬虫刑事违法的立场、标准和限制》,载《河北法学》2021年第7期。

② 参见游涛、计莉卉:《使用网络爬虫获取数据行为的刑事责任认定——以"晟品公司"非法获取计算机信息系统数据罪为视角》,载《法律适用》2019年第10期。

三、恶意网络爬虫行为刑事规制的完善路径

(一)坚持数据开发与保护的理性站位

数字经济蓬勃发展已是不可逆转的时代潮流。在数据安全领域,需坚持维护数据安全与促进数据产业开发并重的数据安全观。我国 2021 年 6 月 10 日公布的《数据安全法》第 13 条规定:"国家统筹发展和安全,坚持以数据开发利用和产业发展促进数据安全,以数据安全保障数据开发利用和产业发展",这明确体现我国注重统筹好数据安全与发展风险的基本立场。在此观念的指导下,该法第 7 条明确提出,国家鼓励数据的依法、合理、有效利用,表明国家促进以数据为关键要素的数字经济发展之态度;第 8 条也用原则性的规定进一步强调,开展数据处理活动,应当遵守法律、法规,尊重社会公德和伦理,遵守商业道德和职业道德。① 虽然法律层面上的原则性规定仅具有指导性意见,但其所体现的基本立法精神对于处理理论上的争议与司法实践中的难题也颇有点拨作用。

数据因其自身特性不同,对其开发利用的关键在于数据流动,流通并不会在物理意义上减损其价值,相反部分领域对数据的汇集与利用正是建立在对数据资源的大规模整合的基础之上,同一数据可以被不同主体从不同维度进行收集,从而使得数据之间形成各向联系,②使得数据在不断流动匹配中同时对不同利用主体形成不同规模化价值,从而实现数据本身的最大化利用。是故,在数据处理的理念问题上,需明

---

① 《数据安全法》第 7 条规定:"国家保护个人、组织与数据有关的权益,鼓励数据依法合理有效利用,保障数据依法有序自由流动,促进以数据为关键要素的数字经济发展。"第 8 条规定:"开展数据处理活动,应当遵守法律、法规,尊重社会公德和伦理,遵守商业道德和职业道德,诚实守信,履行数据安全保护义务,承担社会责任,不得危害国家安全、公共利益,不得损害个人、组织的合法权益。"

② 参见石经海、苏桑妮:《爬取公开数据行为的刑法规制误区与匡正——从全国首例"爬虫"入刑案切入》,载《北京理工大学学报(社会科学版)》2021 年第 4 期。

确一定的数据观念。事实上,目前社会关注的重点内容已从静态数据安全转向动态数据安全,从数据承载的内容转向数据处理活动安全。①数据处理活动离不开数据流转与整合,数据获取在这一数据流转过程中起关键作用。网络爬虫强大的数据获取能力与突破计算机系统安全措施的低门槛性,使得对恶意网络爬虫行为的刑事规制迫在眉睫。

在坚持数据开发与理性保护这一大的理性站位之上,应当看到网络爬虫对于促进数据资源获取与共享的巨大贡献,在对恶意网络爬虫行为规制的背景之下也应当意识到,对数据安全的过度保护亦会导致信息壁垒,造成数据流通不畅,使得数据本身通过整合与规模化分析获得的巨大优势被模糊处理。刑法需要在数据安全保护与有效利用之间保持动态平衡,维护好数据时代背景下资源的利用与异化风险之间的合理张力。

(二)类型化归纳前提下的数据技术属性再强调

事实上,对恶意网络爬虫行为予以刑事规制,是由实践中网络爬虫技术的不断异化使用所决定的。曾主要作为搜索引擎前端获取数据的网络爬虫技术,由最初的违反用户协议或者与搜索引擎之间协议的抓取数据行为,逐渐演变为部分主体入侵计算机系统的“得力”工具。司法实践中一度注重获取数据后展开利用的过程违法,目前已逐渐将视野转向获取数据本身的技术违法——利用爬虫程序的低门槛特点,设置相关入侵代码与程序攻入目标计算机系统。结合全国首例爬虫侵入计算机系统犯罪案的实践观点,对于公开数据的后台侵入及获取行为是否应当从侵入、控制计算机系统这一角度切入亦应当重点探讨。

1.爬取行为的技术类型归纳

根据网络爬虫技术的自身特点,可以将其大致归纳为侵入获取型和破坏攻击型两大类。结合对不同类型的爬虫技术的行为归纳,可以

① 参见张一献:《从技术到犯罪:恶意网络爬虫行为入罪的类型认定与裁判思路探索》,载《时代法学》2020年第4期。

进一步明晰动用刑事法律对恶意爬虫行为规制的界限。

其一,侵入获取型。根据侵入对象的不同,可结合侵害法益的不同将其归纳进相应的罪名。如果使用网络爬虫技术,违反国家规定侵入国家事务、国防建设或尖端科学技术领域的计算机信息系统,则无须评价是否获取数据信息等行为结果,只要实施该侵入行为即构成非法侵入计算机信息系统罪;如果使用网络爬虫技术,非法侵入前述规定以外的计算机信息系统或采用其他技术手段,获取数据,情节严重的,构成非法获取计算机信息系统数据罪;如果使用网络爬虫技术对计算机信息系统实施非法控制,情节严重的,则将被纳入非法控制计算机信息系统罪的范畴。

通常情况下,网络爬虫爬取数据方式多样,除了获得计算机网站同意或违背其授权意思的爬取,同时也包括避开、突破网络反爬取措施的方式,例如,对数据进行解码或用其他方法避开、越过、去除、取消或毁损技术措施。① 网络爬虫入侵的"和平方式",主要包括利用网站漏洞爬取数据,这也是实践中最常见的爬取方法。行为人利用网站源码的既有漏洞植入 URL,获取权限访问该网站用户的 cookie(储存在用户本地终端上的数据),利用 cookie 可以直接执行对应账号权限内的所有操作,不需再次输入账号密码即可登录。网络爬虫的"暴力方式"入侵,包括采用突破、解码、破解等方式毁损或避开网站计算机保护措施并获取数据。实践中网站一般会设置相关技术保护措施以限制爬虫访问,许多网站为防止网络爬虫批量搬运网络内容,利用网络爬虫批量读取数据速度的明显差异以识别爬虫的爬取行为。② 行为人采取破解 APP 的加密算法或 API 交互规则,使用伪造的设备 IP 避开服务器身份验证,或使用伪造的 UA、虚假 IP 绕过服务器的访问频率设置等安全保护措施,突破了 IP 判断安全策略,使得被访问的网站不能辨别计算机

① 参见杨志琼:《数据时代网络爬虫的刑法规制》,载《比较法研究》2020 年第 4 期。

② 参见门美子:《提供动态 IP 服务的行为定性》,载《中国检察官》2018 年第 6 期。

的物理位置。①

网络爬虫的"暴力方式",不仅在数据内容方面侵犯了计算机主体对数据的完全保护,同时在信息符号的技术层面,也使得计算机系统自身运行的安全性、稳定性遭到恶劣影响,可能导致系统不能正常访问甚至崩溃,是针对计算机系统自身层面的严重"暴力"破坏。暴力入侵爬虫的行为本质上侵犯了计算机信息系统安全与数据安全,对数据的保密性产生实质上的威胁或侵犯。"和平方式"虽然在实质上亦造成数据爬取的恶劣后果,但由于该手段的社会危害性尚不足以达到进入刑事规制的视野,应属平等民事主体之间的纠纷。是故,采用暴力侵入方式爬取数据的网络爬虫,在客观上侵犯计算机系统安全,危害数据安全,应被纳入刑事法律视野下展开规制,以有效控制大数据时代数据安全风险的倍速扩散。

其二,破坏攻击型。如果利用网络爬虫技术对计算机系统中存储的信息进行破坏、删除、修改或者干扰,影响计算机系统的正常运行,侵害系统运作秩序及安全,后果严重的,则构成破坏计算机信息系统罪。例如,行为人恶意编写爬虫程序攻击目标计算机系统,造成其系统瘫痪无法正常运行,同时获取其系统中储存、运输等数据,或者篡改、删除其数据;或行为人将网络爬虫植入计算机信息系统,对其中存储的数据进行删改等,后果严重,亦构成破坏计算机信息系统罪。

另外,大量网络恶意爬虫自身的侵入型爬取数据行为也可能造成网站无法正常运行。爬虫访问计算机系统时,一个爬虫使用一个 IP 地址,当大量网络爬虫同时访问目标网站时,会使服务器负荷骤增,很可能造成服务器不堪重负甚至崩溃的危害后果,这种恶意访问能产生类 DOS 攻击的效果,使得目标计算机或网站无法提供正常服务。这一在短时间内频繁恶意访问的行为在客观层面也能产生破坏计算机信息系统的后果。

2. 爬取数据后利用行为类型归纳

网络爬虫以其强大的数据抓取、分析和存储等功能,在搜索引擎等

---

① 参见张一献:《从技术到犯罪:恶意网络爬虫行为入罪的类型认定与裁判思路探索》,载《时代法学》2020 年第 4 期。

领域应用广泛。随着数据自身的经济价值被不断挖掘,部分互联网公司花费巨大人力、物力收集整合自身领域数据并公开使用。结合数据本身所承载的信息内容进行分类,大致可归为下述两大类:

其一,被法律类型化保护的数据。根据具体法律部门的不同,可将其划分为刑法规制范围内的数据利用行为和民法范围内的数据利用行为。首先,在刑事法律规制视野下,商业秘密、公民个人信息等因其承载的信息价值关于商业秩序、公民个人隐私等,已被刑法所类型化保护,是故,利用网络爬虫获取商业秘密后非法披露、使用或者允许他人使用,情节严重的,构成侵犯商业秘密罪;利用网络爬虫技术获取公民个人信息后,向他人出售或者提供且情节严重的,构成侵犯公民个人信息罪。此外,若数据内容本身为淫秽色情物品如具体描绘性行为或者露骨宣扬色情的相关影片、音像、图片等,获取相关数据后对其进行传播,则将被传播淫秽物品罪所评价;若以牟利为目的传播淫秽物品的,将构成传播淫秽物品牟利罪。在民法视阈下,若获取的数据涉及作品等,则会落入知识产权的保护范围。行为人通过一定技术手段提供信息、传播信息,使得网络用户可在其自行选定的时间、地点获取相应作品,则需承担侵害信息网络传播权的侵权责任。① 内容提供行为除却合理使用情况下,通常不存在免责条款,即只要实施了相应传播行为即须承担侵权责任。②

其二,未被法律类型化保护的数据。数据因其具体承载内容信息的不同而分类烦琐,有些数据虽然尚未被法律类型化保护,但这并不等于其没有保护价值和需求。例如,互联网公司耗费自身巨大人力物力,整合出大量有关企业经营和战略部署的商业信息,虽然其中并不囊括重要商业机密,甚至包括许多通过一定成本整合即可获得的数据,但其若被竞争对手以几乎零成本的网络爬虫技术手段窃取,将形成竞争对

---

① 参见李慧敏、孙佳亮:《论爬虫抓取数据行为的法律边界》,载《电子知识产权》2018年第12期。

② 参见芮松艳:《信息网络传播行为与网络服务提供行为的区分及侵权认定》,载《法律适用》2009年第4期。

手相应的竞争优势，违反公平性原则。例如，在“脉脉”非法抓取使用“新浪微博”用户信息案中，[①]法院认定，“脉脉”要求用户注册脉脉账号时上传自己的手机通讯录联系人，从而非法获取该联系人与新浪微博中相关用户的对应关系，将这些人作为脉脉用户的一度人脉予以展示，并将非法抓取的该人的新浪微博职业信息、教育信息等内容进行展示。在双方终止合作后，被告并未及时删除从微梦公司获取的微博用户头像、昵称、工作单位等信息，而是继续使用，该行为危害到微博平台用户的信息安全，损害了原告公司的合法竞争利益，对原告公司构成不正当竞争。若采用的爬取手段亦为“和平手段”且数据未被法律类型化保护，则该争议被纳入民法视野进行规制。

另外，区分此类不正当竞争与上述类型化保护中的著作权侵权时，关键在于判断网络爬虫技术所获取的数据信息对象是否具有独创性，是否是著作权法上所保护的作品。当大数据开发形成的智力成果构成著作权意义上的作品时，持有者便可以以该作品的法定权利对其加以保护；当大数据未能构成作品时，持有者便常以不正当竞争来制止对这一数据的使用行为。[②]

（三）想象竞合立场下数据技术属性再强调

若某一行为同时侵犯了针对爬取行为的技术规制与爬取数据内容本身的类型化保护，司法实践中应当采用想象竞合还是法条竞合的罪数认定立场，学界尚有所争议。有学者认为，爬取数据的技术层面所构成的非法获取计算机信息系统数据罪是普通法，对获取信息进行利用的侵犯公民个人信息罪是特别法，应当根据特别法优于普通法的法条竞合处理原则处理，非法获取的信息属于公民个人信息的，应构成我国《刑法》第253条之一的侵犯公民个人信息罪；若非法获取的信息是公

① 参见北京知识产权法院民事判决书，(2016)京73民终588号。

② 参见祝建军：《利用爬虫技术盗用他人数据构成不正当竞争》，载《人民法院报》2019年5月23日，第7版。

民个人信息之外的其他信息的，则构成非法获取计算机信息系统数据罪。[①] 也有学者认为，爬取数据的技术层面与数据内容利用层面所表征的并非同一法益，其分属于不同法益类型，属于想象竞合，应当按照想象竞合之处理原则加以认定。[②] 事实上，结合数据与信息自身所承载的不同利用价值与实际意义，应当对其展开不同界分。

法条竞合和想象竞合的法律后果存在明显区别，对二者区分的实质标准之一在于法益是否同一，一个行为侵害了两个以上的保护法益时，则只可能认定为想象竞合；实质标准之二在于不法的包容性，即在一个行为同时触犯两个法条，只适用其中一个法条就能够充分、全面评价行为的所有不法内容时，两个法条才可能是法条竞合；但若适用任何一个法条都难以全面评价行为的不法时，则只能认定为想象竞合。[③] 利用网络爬虫爬取数据，该行为在技术层面上所侵犯的计算机系统安全实为数据安全，作为一种随着大数据时代到来而出现的新型法益，它关系着数据传输、处理、操作的数字化过程之稳定性与保密性；而爬取数据后加以利用的行为，则需结合数据在信息层面所承载的具体内容加以界定，如侵犯公民个人隐私类数据、侵犯商业秘密类数据等。可知，技术层面与后续利用层面分别代表着不同的法益类型，网络爬虫的系列操作侵犯了两个以上的法益；同时，如果采用法条竞合的立场，只适用其中一个法条或一个罪名，将无法全面评价网络爬虫的全部不法内容。由此，对于网络爬虫的技术层面认定与后续利用行为分别触犯的罪名，采想象竞合立场处理更为全面妥当。

对于数据自身技术属性之强调已逐渐引起理论和实务界的重视。在全国首例爬虫入刑案中，被告人采用技术手段以 tt_spider 文件抓取被害公司服务器中存储的视频数据，破解了被害公司的防抓取措施，法院通过判决确认，虽然被告人爬取的数据内容(视频内容)已经公开，

① 参见刘艳红:《网络爬虫行为的刑事规制研究——以侵犯公民个人信息犯罪为视角》，载《政治与法律》2019年第11期。

② 参见孙杰:《数据爬取的刑法规制》，载《政法论丛》2021年第3期。

③ 参见张明楷:《法条竞合与想象竞合的区分》，载《法学研究》2016年第1期。

但数据本身代码并未处于公开状态。被告人破解防抓取措施侵犯了数据安全中的“保密性”这一法益,法院明确区分了数据公开与信息公开之间的区别。应当意识到,虽然在刑法的罪名体系中,数据安全的核心在于对数据信息内容的保护,①但随着数据本身利用特性的不断显现与强化,数据安全与数据系统本身的稳定性与保密性保护需求越来越高,信息内容未被公开的数据甚至是内容已经公开的数据,在被处理、整合、使用的过程中都体现了该信息主体对数据的控制,包含着该权利不受侵扰的高度权利期待。虽然也有部分学者对于法院将爬取公开数据的行为入刑的处理持保留意见,但结合目前国内网络爬虫技术的滥用现状和业已危及互联网计算机系统安全的隐忧初显,对于爬虫技术层面的规制更不应被忽视。实际上,对于早期网络爬虫爬取数据的案件,法院多采用反不正当竞争法等部门法展开规制,但由于民事视野下的规制对其惩罚性较小,无法为规制网络爬虫的滥用提供具有强制性的依据,基本难以起到震慑性作用,导致司法判例难以发挥对实践中网络爬虫规范应用的示范效应。是故,以国内首例爬虫入刑案件进行分析和思想解读,有利于在日新月异的大数据时代更加重视对数据安全之保护和爬虫技术层面的规范使用。

(四)数据安全法益再提倡

数据安全与社会发展之间的冲突与博弈已日渐被置于风口浪尖,如何对其综合治理成为焦点之一。我国自 2014 年将大数据写入中央政府工作报告后,不断完善大数据相关立法,继 2018 年明确提出全面实施国家大数据战略后,为规范数据处理活动,保障数据安全,促进数据开发利用,保护个人、组织的合法权益,我国于 2021 年 6 月通过了《数据安全法》,这也是国内首部关于数据安全的专门法律。出台的《数据安全法》共分为七章,涵盖数据安全与发展、数据安全制度、数据

① 参见石经海、苏桑妮:《爬取公开数据行为的刑法规制误区与匡正——从全国首例“爬虫”入刑案切入》,载《北京理工大学学报(社会科学版)》2021 年第 4 期。

安全保护义务以及法律责任等,充分体现了国家对数据安全的保护立场,也展示着我国重视数据产业发展、力促数据安全保护的基本态度。事实上,数据安全在早期提出阶段仅为技术性概念,伴随着数据本身价值的不断整合凸显,数据系统安全的风险不断提升,数据安全的自身法益属性逐渐凸显,有学者提出,《数据安全法》的出台即是宣告数据安全成为独立于信息安全的新型法益。[①] 网络空间与社会现实的融合已不断通过数字化方式加以呈现,任何一类传统社会法益都可以通过数字化方式加以呈现。

法益,是根据宪法的基本原则,由法所保护的、客观上可能受到侵害或者威胁的人的生活利益。其中,由刑法所保护的人的生活利益,即为刑法上的法益。[②] 有观点认为,界定法益时须将法益概念和国家保护法及国家意识予以分开,且不必和文化权益有关。这一观点遭到部分学者的批驳。有论者提出,界定法益概念必须与法相关联,且作为犯罪所侵害或威胁的利益,必须具有可侵害性。应当意识到,随着社会的发展,法益应当经历着微观与宏观的变化过程。任何主体都并非孤立存在的,而是在不断和其他主体发生联系,在一定的社会关系、社会形式中谋取利益。社会形式从根本上规定着利益的发展演变,决定着一定利益的社会历史内容。只有结合社会与历史的演进,怀着动态的眼光看待法益之范围,才有可能收获一个相对更适合社会发展的法益概念。

"法学应当有其超越的一面,它必须在价值层面以及理论分析上给实在法以引导",只有刑法积极恰当地回应发展愈加复杂的数据技术实践,才有可能在基本立场与立法指引层面划定数据时代的合理秩序。网络爬虫的暴力入侵方式所造成的社会危害性在互联网时代越发显现。无论是数据爬取的低难度、低成本特点,还是爬取行为的隐蔽性与难以取证,抑或司法实践中出现的案件走向复杂化,这种整体性的互

---

① 参见田刚:《数据安全刑法保护扩张的合理边界》,载《法学论坛》2021年第2期。

② 参见张明楷:《法益初论》,中国政法大学出版社2000年版,第160~162页。

联网数据安全系统性风险愈加明晰,已不容忽视。由于数据本身的概念具有极强的包容性,广义上的数据安全涉及各权利谱系,例如,涉及公民权利、社会秩序或者国家安全等的计算机数据,早已被我国刑法纳为保护法益;同时计算机在运行层面的系统保密性、安全性等技术属性也被其包含在内。是故广义层面的数据安全并非所谓的新型法益。从狭义层面理解,数据安全法益以计算机信息系统数据为保护对象,以数据安全为核心,以数据的保密性、完整性和可用性为法益内容。[①] 由此,刑法对数据在技术层面的运用与符号化表达应予以正面回应,狭义层面的数据安全法益的提法值得受到进一步重视,其不仅能够弥补民法对于非结构化数据权利的忽视,同时也能够从合理预防的立场将网络爬虫恶意爬取数据的行为纳入刑法规制范畴。[②] 结合数据保密性、完整性以及可用性之三性特质,考量数据安全在实践中可能遭遇的数字化风险,将数据安全作为一项新型法益加以保护,能够更好指导数据犯罪的刑事立法,为司法实践提供有效指引。

Research on Criminal Regulation of Malicious Web Crawlers

PENG Xinlin　ZHAO Hui

[内容摘要]大数据视野下网络爬虫的实践滥用需要引起刑事法对数据系统安全保护的重视。恶意爬虫行为对数据系统安全形成刑事风险,法律对其评价也逐渐由民法领域转向刑法视野。通过明晰数据与信息的边界,进一步强调用刑事手段保护数据系统安全之必要性,坚持数据开发与保护的理性站位,采用想象竞合的立场处理同时侵犯爬取内容层面与技术层面的恶意侵入爬虫,进一步强调数据的技术属性以重视数据安全法益,从而体现刑法在技术层面对数据的运用与符号

① 参见张勇:《数据安全法益的参照系与刑法保护模式》,载《河南社会科学》2021年第5期。

② 参见杨志琼:《数据时代网络爬虫的刑法规制》,载《比较法研究》2020年第4期。

化表达之正面回应。

[**关键词**]网络爬虫;计算机系统安全;技术属性;数据安全法益

Abstract:The practical abuse of web crawlers from the perspective of big data needs to attract the attention of criminal law to the security protection of data system. Malicious crawler behavior poses a criminal risk to the security of data system, and the legal evaluation of it has gradually shifted from the field of civil law to the field of criminal law. By clarifying the boundary between data and information, further emphasize the necessity of using criminal means to protect the security of data system, adhere to the rational position of data development and protection, deal with malicious intruders that infringe on the content level and technical level at the same time, and further emphasize the technical attributes of data to pay attention to the legal interests of data security, So as to reflect the positive response of criminal law to the use and symbolic expression of data at the technical level.

Keywords: web crawler; computer system security; technical attributes; legal benefits of data security

总体国家安全观背景下基因操作技术的刑法规制*

王鹏飞**

目　次

一、问题的提出:“生物安全”时代的机遇与挑战

进入21世纪以来,生物技术在国家安全稳定中的地位和作用日益凸显,其作为推动社会进步的重要力量,致力于“通过对生物体的研究、改造、加工,实现对人类生物资源的利用,进而为提升人类健康水

---

* 基金项目:本文系国家社科基金项目“大数据安全保护的刑法对策研究”(项目编号:20BFX069)、陕西省高校青年创新团队“大数据时代社会治理创新中的刑事法治”的阶段性成果。

** 西北政法大学刑事法学院副教授、法学博士、硕士生导师。

平、生存环境作出贡献”①。如通过生物制剂的研发以对抗各类传染病,通过转基因技术的推广以改善农作物品质,提升亩产量。但与此同时,生物技术的不当运用也带来了日益严峻的生物安全威胁与挑战。克隆技术、转基因技术等生命科技的不当运用,贮存基因样本的生物实验室的管理漏洞,生化武器从细菌制剂向病毒、毒素以及真菌类制剂的扩张②,不断昭示着人类已经进入“生物安全风险最严重的时代”③。2014年,习近平总书记在中央国家安全委员会第一次全体会议上提出了总体国家安全观重大战略思想。2015年7月1日,第十二届全国人民代表大会常务委员会第十五次会议通过《国家安全法》。2020年2月14日,习近平总书记在中央全面深化改革委员会第十二次会议上的讲话中强调,“要从保护人民健康、保障国家安全、维护国家长治久安的高度,把生物安全纳入国家安全体系”。2020年10月17日,第十三届全国人民代表大会常务委员会第二十二次会议正式通过我国首部《生物安全法》,自2021年4月15日起施行。该部立法规范了包括生物技术研究、开发与应用安全,病原微生物实验室生物安全,人类遗传资源与生物资源安全等领域在内的涉及生物安全的相关行为,被誉为构建起了生物安全风险防控的“四梁八柱”④。《刑法修正案(十一)》也通过若干条款的变动与罪名增设,在一定程度上完善了生物安全刑法保护体系。作为国家安全的重要组成部分,“生物安全”的概念十分宽泛,本文选取其中“人类遗传资源安全”作为讨论对象,致力于完善基因操作技术的刑法规制网络,规范基因操作行为,真正发挥生物科技的正向效用。

---

① 罗亚文:《总体国家安全观视域下生物安全概念及思考》,载《重庆社会科学》2020年第7期。

② 参见钮松:《总体国家安全体系、人类命运共同体与生物安全治理》,载《国际关系研究》2020年第4期。

③ 姜涛:《生物刑法的保护法益与发展路向》,载《河南社会科学》2021年第1期。

④ 曹菲:《加强国家生物安全刑事法治保障》,载《民主与法制时报》2021年1月21日。

二、基因操作技术的基本范畴与风险面向

引发广泛争议的“全球首例基因编译婴儿案”,仅涉及基因操作技术运用中的一个侧面——CRISPR-Cas9 基因编辑技术。该技术可以利用细菌身上的 Cas9 酵素,针对 DNA 序列中的特定基因片段进行切割和编辑。技术团队通过该技术,修改了胚胎中的 CCR5 基因,使一对双胞胎女婴拥有了 HIV 免疫力。然而,CRISPR-Cas9 基因编辑技术尚处于探索阶段,向导 RNA(sgRNA)与 DNA 序列中的非靶点形成错配的风险很大,基因突变方向难以把控,由此引发的“脱靶效应”(off-target effects)在破坏基因组稳定性的同时,还影响其他基因的正常功能。[①] 目前,减少基因组脱靶的应对策略是极不完善的。[②] 在基因编译技术领域取得重大突破的诺贝尔化学奖得主珍妮弗·杜德纳(Jennifer Doudna),也承认基因编辑工具可能导致“一系列的道德问题和滥用的可能性”[③]。她本人多年来一直对可能影响人类进化的行为保持高度警惕的态度,并致力于推动在全球暂停 CRISPR 技术在人体胚胎中的临床应用,直至安全问题得以解决。在上述基因案发生的时代背景下,我国刑事立法中仅有个别针对于农业领域的转基因相关行政法规,深圳当地法院只能以行为人触犯“非法行医罪”条款予以惩治,该罪名的适用受到了质疑。本案引爆了舆论对于基因操作技术风险防控问题的关注,而基因编辑只是基因操作技术问题的冰山一角,更广义层面的基因操作技术风险的系统防范与刑法规制,颇具讨论的必要性和紧迫性。

---

① See GUO Quan-Juan, HAN Qiu-Ju, ZHANG Jian, *Off-target Effect of CRISPR/Cas9 and Optimization*, Progress in Biochemistry and Biophysics, 2018, 45(8): 798 - 807.

② See Kleinstiver BP, Pattanayak V, Prew MS, Tsai SQ, Nguyen NT, Zheng Z, Joung JK, *High-fidelity CRISPR-Cas9 nucleases with no detectable genome-wide off-target effects*, Nature, 2016, 529(7587): 490 - 495.

③ John Mecklin, *Nobel chemistry laureate Jennifer Doudna on the promise and peril of the genetic editing revolution*, Bulletin of the Atomic Scientists, 2020, 76(6): 285 - 289.

(一)基因操作技术的基本范畴

从大类划分的角度,基因操作技术可以类型化为基因及基因组测序、分析技术,基因突变、修饰技术,以及基因功能的开发与利用技术三个方面。[①] 其中,基因(基因组)测序、分析技术是基因检测的重要方法,已经推广至临床领域,在疾病预测、诊断以及治疗方面得到广泛应用,大大提升了人类对于生命规律的认识和把握。特别是史蒂夫·乔布斯患癌时曾接受基因测序、安吉丽娜·朱莉通过基因测序选择切除乳腺以降低癌变风险,这些名人参与测序引发了舆情效应,基因测序国内市场进一步拓宽,"基因测序将成为下一个千亿美元的科技产业"这一论断也逐渐获得认可。基因突变、修饰技术,则包括了DNA改组、基因驱动、正向遗传筛选、RNA干扰、基因打靶、基因编辑、病毒反向遗传学等多种方式,[②]核心特点在于对目的DNA片段根据所需进行增删、改变,从而使基因序列发生变异,该技术可广泛运用于基因工程技术、农业种植、遗传病以及癌症防治等领域。如其中的DNA改组(DNAshuffling)技术,是改善蛋白质结构和功能的重要技术手段,在培育抗虫棉等改良作物生产、研发人类干扰素和细胞抗体等方面作出了突出贡献。基因功能的开发与利用技术,则含括了疫苗研发技术、转基因技术、细胞融合技术、病毒研发技术、药源微生物资源开发技术等若干内容。如其中的疫苗研发技术,在本次新冠疫苗研发的过程中,就发挥了不可替代的重要作用,早期的乙肝疫苗、多价疫苗,到近期的新冠疫苗的技术应用,都是很好的例证。又以转基因(transgenic technology)技术为例,该技术通过将人工分离、修饰过的某种生物体内的基因导入另一生物体基因组中表达,从而引起生物体原有性状发生

① 参见何蕊等:《涉及基因操作的前沿生物技术风险及其法律法规应对》,载《生物安全学报》2021年第1期。

② 参见何蕊等:《涉及基因操作的前沿生物技术风险及其法律法规应对》,载《生物安全学报》2021年第1期。

改变,获得新功能,其本质在于通过优良基因的获取以服务于遗传改良。目前,转基因技术主要应用于医药、工业、农业、环保等领域,特别是在农作物生产上,对于提升农作物的抗病性、增加亩产量、增强环境适应能力,发挥着重要功能,在70余个国家已经普遍推广。根据ISAAA发布的《2018全球基因改造作物商业化种植现况》年度报告,从1996~2018年,转基因技术累计提高全球农作物生产力达8.22亿吨,转基因作物种植面积增加了约113倍,累计面积达25亿公顷。其中2018年全球转基因作物的种植面积就达到了1.917亿公顷。再以细胞融合(cell fusion)技术为例,通过电融合的物理诱导技术或者运用促融合剂聚乙二醇的化学诱导技术,使两个或两个以上的细胞合并形成一个新的细胞,这种技术已经广泛应用于植物育种、单克隆抗体研发制备、器官再造与移植、生物新物种资源开发等诸多领域。

(二)基因操作技术的风险面向

以基因及基因组测序、分析技术,基因突变、修饰技术,以及基因功能的开发与利用技术为主体的基因操作技术,在改善民生、推动科技进步方面作出了巨大贡献。但与此同时,技术滥用可能导致的风险也给国家安全带来不小的挑战,主要表现为如下方面。

1. 基因测序、分析技术诱发的信息安全及基因歧视风险。在消费级基因测序现象化的今天,该项技术成本低、检测速度快,仅需采集被测者微量的唾液或血液,就可以检测出其致病风险、基因缺陷、智力发展、体貌画像、胎儿性别,甚至是个人性格特质,其中蕴含的巨大商业前景推动了以美国Illumina公司为代表的生物科技企业的迅速崛起,但与此同时,测序技术带来的信息危机日益严峻。基因测序商业化的背后,是大批不具有基本专业检测资质的测序机构平台,其所提供的测序结果不仅欠缺准确性,还极易对被测者造成误导。与此同时,基因测序、分析技术使得人类从基因的角度对个人生物特征进行分析与预测成为可能,但是该技术的不当运用,也会带来基因歧视问题,特别是大数据技术与基因测序、分析技术的结合,对个人信息进行深度分析与挖掘进一步加剧了社会生活中的基因歧视现象。2010 年,在被称为我国"基因歧视第一案"的大学生诉佛山市人力资源和社会保障局健康歧视案中,三名大学毕业生在佛山市公务员考试体检中,因被查出"携带地中海贫血基因"或"α－地中海贫血 1 基因缺失",而被告知其体检结果不合格而遭拒录。该案最终经佛山市中院的维持原判而败诉,但是由此反映出的社会公平问题应当引起警觉,所谓的"基因缺陷"问题,已经成为就业歧视的新理由。在国外,基因歧视现象已非个例。Jane Tiller 等人对澳大利亚保险公司的 174 名具有癌症易感性变异的消费者的调查结果反映出了澳大利亚保险行业"基因歧视"的现象。有 86% 的消费者在购买保险方面遇到困难,即使这些人中有一半比例的消费者没有既往病史或癌症症状,并已经通过预防性手术等措施降低了风险。在遇到困难的保险类型上,77% 与人寿保险有关。基于此,调查人员呼吁政府监督的介入,并要求立即禁止在保险承保中使用基因检测结果。① 此外,非临床领域行业监管的缺位也进一步暴露了公民隐私数据安全的"黑洞",大数据平台频繁遭受外部攻击,个人基因信息面临前所未有的紧迫威胁,"基因密码"一旦被"破译"并被不当使用,将会诱发一系列不可控制的严重后果。如,为抓捕加州连环杀人犯 Joseph James De Angelo 提供大数据基因样本的 GED-match 网站,协助警方通过基因检测技术,锁定犯罪嫌疑人。但是随后在 2020 年 7 月 19 日,该网站服务器遭受外部攻击,导致逾百万份的 DNA 数据资料泄露,引发民众恐慌。有论者指出,"数据分析技术使人类遗传资源信息的匿名性很难再得到保证,人类遗传资源信息保护比以往任何时候都更加脆弱"②。个人提供遗传资源样本后,直接丧失个体遗传信息控制权,进而大大削弱了国家层面的人类遗传资源信息控制力。2017

① See Jane Tiller, Susan Morris, Toni Rice, Krystal Barter, Moeen Riaz, Louise Keogh, Martin B. Delatycki, Margaret Otlowski, Paul Lacaze, *Genetic Discrimination by Australian Insurance Companies: A Survey of Consumer Experiences*, European Journal of Human Genetics, 2020, 28(1).

② 王玥:《新技术条件下我国人类遗传资源安全的法律保障研究——兼论我国生物安全立法中应注意的问题》,载《上海政法学院学报(法治论丛)》2021 年第 2 期。

年 10 月 30 日,俄罗斯总统普京在俄人权委员会会议上指出:“目前有人正在全俄罗斯采集生物资料,针对俄罗斯联邦不同地区、不同种族的民众。”①

2. 基因修饰技术带来的生物基因稳定性及国家安全风险。以基因编辑技术为代表的基因修饰技术直接冲击了生物基因的稳定性。最新研究表明,Cas9 蛋白可以脱离人类细胞中的外源性向导 RNA(sgRNAs),诱发基因组 DNA 双链断裂(DSB)损伤和基因组不稳定性。同时,Cas9 的突变体 xCas9 和 dCas9 能通过相同的机制引发 DNA 损伤。② 因此,在 CRISPR-Cas9 的安全隐患尚未得以消除之前的任何临床医疗行为都是极不负责任的。基因修饰技术中的细菌、病毒设计和改造技术,极易被利用于生物战争。CRISPR 也被普遍认作“万能基因武器”。基因武器具有低成本性、高度隐蔽性与极大杀伤力特征,其中的人种基因武器能够利用不同民族、人种的基因特征,对特定种族人群进行有针对性地攻击,所带来的后果将是毁灭性的。③ 各国历史上发生的生物武器攻击事件不在少数,如 20 世纪 50 年代,美军在朝鲜以及我国东北地区使用天花病毒、鼠疫杆菌等生物武器达 10 余种,近 400 名我军战士被感染。1984 年,美国俄勒冈州沃斯科县发生生物恐怖袭击事件,邪教组织罗杰尼希教教徒为阻止选民投票,向当地餐馆投放鼠伤寒沙门氏菌,导致 751 名民众食物中毒。“9·11”事件后,美国政府部门经历了持续数周的炭疽邮件攻击,造成 5 人死亡,17 人被感染。如今,生物武器已逐渐向病毒类、毒素类和真菌类制剂拓展,生物武器威胁成为全世界面临的重大生存威胁。

3. 其他基因操作技术带来的安全风险或伦理危机。以细胞融合技

① 参见曲颂、郭媛丹等:《普京警告“有人采集俄生物资料”》,载《环球时报》2017 年 11 月 2 日,第 16 版。

② See Shuxiang Xu, Jinchul Kim, Qingshuang Tang, Qu Chen, Jingfeng Liu, Yang Xu & Xuemei Fu, *CAS9 is a Genome Mutator by Directly Disrupting DNA-PK Dependent DNA Repair Pathway*, Protein & Cell 11, 352 - 365 (2020).

③ 参见谭雪平、杨宇:《基因战争,笼罩人类的新阴影》,载《中国国防报》2018 年 11 月 8 日,第 3 版。

术为例,目前该技术方法已经发展到“人—动物”细胞融合阶段,前后有美国ACT科研团队的“人—牛”细胞融合、中山医科大学研究团队“人—兔”细胞融合、上海第二医科大学研究团队“人—兔”细胞融合、美国内华达州立大学研究团队“人—羊”细胞融合等尝试。细胞融合技术在干细胞治疗领域拥有广阔的前景,被公认是治疗一些遗传性疾病、修复受损器官的有效手段。但是,通过人畜细胞融合实验所制造出的人—动物嵌合体的属性难以判断,如果未能得以有效监管,一旦被滥用则易制造出不可预测的“超级生物”,或是使得受体产生非人类性状,在破坏自然遗传进化规律的同时,亦是对人类尊严的侵犯。因此,人畜细胞融合也带来诸多非议。又以细胞免疫技术为例,该项技术可以通过免疫细胞的体外培养繁殖,再将其输回人体血液以杀灭体内病原体、癌细胞等,目前在抗癌、保健、美容等行业均存在应用空间。但是,该领域发生的患者死亡事件,也体现出该领域技术存在的缺陷。2020年8月,Poseida生物制药公司正在进行的一项CAR-T临床试验造成患者出现肝脏器官衰竭死亡,此前,包括法国Cellectis公司等在内的多家公司均发生了患者死亡事件,部分事件经反复论证后找到了患者自身或是产品变异性等方面诱因,而部分事件一直未得以释明死亡原因。再如,近年来兴起的“代孕”黑色产业链,是通过体外受精形成胚胎,并植入到“代孕母亲”子宫内怀孕和分娩的一种生育方式。2021年1月,某知名女星代孕弃养事件经网络曝光而引起关注,该事件再次引发了舆论对于代孕伦理问题的担忧。该技术可能诱发的女性工具化、擅自进行性别选择、代孕者与孩子之间法律关系认定窘境等系列问题,使得该项技术在许多国家被法律明令禁止。

三、基因操作技术风险防控的规范难题

目前,我国基因操作技术风险防控的规范体系呈现出多层次、分散化的特点,含括了法律、行政法规、部门规章等表现形式,代表性的相关规范文件有《人类遗传资源管理条例》《农业转基因生物安全管理条例》《病原微生物实验室生物安全管理条例》《医疗技术临床应用管理

办法》等。其中,2020 年 10 月 17 日通过,自 2021 年 4 月 15 日起施行的《生物安全法》,是我国首部系统性地维护生物安全,防范和应对生物风险的专门立法,该部立法的出台,标志着我国生物安全工作迈上了新的台阶。与此同时,2021 年施行的《民法典》《刑法修正案(十一)》将相关行为纳入了规范调整,进一步强化了生物技术安全的法律保障。然而,包括基因操作技术风险防控在内的生物安全风险防控规范体系虽已初步建立,但尚存在薄弱环节,一些立法空白、规范衔接问题未得以很好地解决,基因操作技术风险防控的规范难题仍需予以正视。

(一)生物技术更新与规范调整滞后性之间的矛盾

2021 年 1 月 1 日正式施行的《民法典》,就基因操作行为设置了专门条款,表现为第 1009 条所规定的从事与人体基因、人体胚胎等有关的医学和科研活动时应履行的基本义务,即"从事与人体基因、人体胚胎等有关的医学和科研活动,应当遵守法律、行政法规和国家有关规定,不得危害人体健康,不得违背伦理道德,不得损害公共利益"。2021 年 3 月 1 日正式施行的《刑法修正案(十一)》,将非法采集人类遗传资源、走私人类遗传资源材料、非法植入基因编辑、克隆胚胎等典型滥用基因操作技术行为入刑,增设"非法采集人类遗传资源、走私人类遗传资源材料罪"以及"非法植入基因编辑、克隆胚胎罪",进一步落实民法典中的责任条款。2021 年 4 月 15 日,经全国人民代表大会常务委员会通过的《生物安全法》正式实施。该部法律对生物技术研究、开发与应用安全保障,人类遗传资源与生物资源安全保障问题进行了专章规定,标志着生物安全法律保护新格局正式形成。

上述立法为生物安全风险防控搭建了初步框架,但是尚不完整。生物安全风险,是生物技术发展带来的必然产物。生物技术不断更新,随之带来了多元化的、不确定性的生物风险,规范反应的滞后性导致问题出现后法律适用上的困难。就刑法罪名体系而言,基因操作技术风险规制,除涉及修正案新设的两项罪名之外,在刑法危害公共安全罪章、渎职罪章等章节中也分散规定了相关罪名条款。如利用基因操作技术制作生化武器,可能触及恐怖活动类犯罪。实验室安全管理措施不到位造成严重后果,可能触犯过失投放危险物质罪、过失以危险方法危害公共安全罪等犯罪。负有食品药品监督管理职责的国家机关工作人员,玩忽职守,对生物技术监督不到位造成严重后果,可能触犯食品、药品监管渎职罪,等等。然而,相较于如今生物安全的国内国际形势,目前我国刑法规定尚存在不足,影响了刑法"社会风险最后一道屏障"的功能。

首先是保护范围不够全面。立法仅对于几种典型的基因操作技术予以规制,这对于法益的保护是不够的。质言之,在基因操作技术领域,刑法仅就人类遗传资源的非法采集、走私行为,以及将基因编辑、克隆的胚胎植入人体或者动物体内的行为进行打击,不能与民法形成完备的协调对应关系。《民法典》中的"与人体基因、人体胚胎等有关的医学和科研活动"行为的范畴很广,刑法的前述两个罪名难以兜底。至于与《生物安全法》的衔接,更是存在不足。《生物安全法》对于生物技术的研究开发活动进行分类管理,具体包括高风险、中风险、低风险三个类别,不同级别的生物技术研发行为代表着不同的管控力度以及标准要求,也代表着发生事故后不同的社会危害性程度。因此,对于其中的高风险、中风险生物技术研究、开发活动,仅在《生物安全法》中进行立法规制是不够的,还需要刑法的"双重保障"。同时,对于生物医学新技术的临床研究,《生物安全法》中设置了审查程序、操作主体、操作机构场所的条件限制,呼应了民法典的相应条款,但是并没有刑法中的兜底保障。再如,《生物安全法》第六章规定的涉及人类遗传资源与生物资源安全的行为中,含括了采集、保藏、利用、出境、对外提供我国人类遗传资源的各项行为类型,但是刑法仅对于"违反国家有关规定,非法采集我国人类遗传资源或者非法运送、邮寄、携带我国人类遗传资源材料出境"予以惩治,未能涉及非法保藏、利用、对外提供我国人类遗传资源的行为。此次新增的"非法植入基因编辑、克隆胚胎罪",更多的是对"基因编译婴儿案"立法空白的一种回应,这类例子很多,如本次修正案新增的高空抛物罪、冒名顶替罪、妨害安全驾驶罪等皆是如此。但是,就生物安全问题而言,一旦出现事故,其影响的就不仅是个别人、部分人的安全本身,更会对我们的政治安全、经济安全甚至是军事安全带来严重负面影响,因此采用刑法予以风险预防就显得十分必要。正如学者所指出的,“刑法对于生物安全的保护首先需要考虑的就是周延性的问题,这应当是我国当前生物安全法律保障体系完善的重要内容”①。

其次是保护力度不够充分。除前述的保护范围不够全面外,立法对于滥用基因操作技术的行为打击力度较轻,这说明生物安全风险防范意识还有待加强。刑法修正案新增的非法采集人类遗传资源、走私人类遗传资源材料罪,在犯罪类型上设置为结果犯,要求造成了“危害公众健康或者社会公共利益”的结果才能予以追责,并且同时要求“情节严重”,非法植入基因编辑、克隆胚胎罪也对于情节严重作出了要求。近年来,基因操作技术带来的风险显著提升,严重威胁着人类基本的生存环境,“在生物安全事件中,风险一旦转化为危险,危险一旦转化为危害,就必然造成法益侵害,这种侵害可能是无法控制的不可修复的系统性侵害”②。以其中的基因编译技术为例,该技术“作为一种可能危害人类遗传安全的行为,具有后果不确定、损害未来性、潜在治愈性等特点”③。非法的基因编译行为不仅会带来伦理困境,对人类基因库的人为改变更会破坏整个生态系统,这种危害后果是不可逆的。但是刑法中并无对于非法利用我国人类遗传资源行为的惩治,仅对非法采集以及走私行为予以调整。结果犯的事后处罚模式设置,不利于基因操作技术风险防控,横向比较危险驾驶、假药等犯罪的(抽象)危险犯、行为犯设置而言,存在较大差距,这一定程度上也说明了立法者对于生物技术安全问题的严重性未能产生足够重视。此外,在基因编译领域,刑法仅对“植入胚胎”予以规制,并且设置的“情节严重”的要求,存在较大的解释空间。“情节严重”是一个模糊的法律概念,刑法中该

① 梅传强、盛浩:《论生物安全的刑法保护——兼论〈刑法修正案(十一)〉相关条文的完善》,载《河南社会科学》2021 年第 1 期。

② 吴小帅:《论刑法与生物安全法的规范衔接》,载《法学》2020 年第 12 期。

③ 姜涛:《基因编辑之刑法规制及其限度》,载《东方法学》2021 年第 2 期。

规定在罪状中十分常见,并多通过司法解释的规定予以细化,明确判断标准。没有司法解释的"情节严重"条款,往往导致较大程度上依赖司法解释断案的司法机关陷入适用标准上的困境。在刑法谦抑主义理念的制约以及程序上的错案追究机制的限制下,司法机关往往秉持高度谨慎态度,这一定程度上可能产生罪名虚置化的风险。在刑罚量上,两罪的基本量刑幅度均为"三年以下",法定最高刑也不过7年,相对于行为的社会危害性而言,处罚力度较轻。

(二)基因操作技术风险责任边界划定的困局

基因操作技术风险,根据不同标准可以有不同的类别。就基因操作技术风险的主观诱因而言,可以分为自然发生的技术风险、故意导致的技术风险、过失导致的技术风险以及意外惹起的技术风险几个类型。就基因操作技术风险的客观诱因而言,可以包括个人行为带来的技术风险、共同行为带来的技术风险。基因操作技术风险的复杂性,导致国家安全与公共安全的界限日益模糊,何为应当予以追责的风险,应当如何构建民事、行政以及刑事责任的层级结构,这些问题的解决存在诸多障碍。基因操作技术风险防控的目标在于生物安全保障,而"安全"概念本身又有多重面向,如存在绝对安全与相对安全之分,二者之间又有着本质区别。正如有论者所提到的,"绝对安全,永远是一种理想状态,在现实中难以达到。现实中的安全都是相对的,而安全的相对程度,无论对生物安全来说或者对其他任何一种国家安全要素来说,都不仅单纯表现为其自身的安全度,而且还会影响到国家安全其他要素的安全以及整个国家的安全"①。可见,生物安全只能讲求相对安全,通过相对安全的不断强化保障,以趋近绝对安全的目的。但是,何种程度上的安全是被接受的,与之相对应的何种风险程度是可以被容忍的,尚缺乏深入论证。在风险容忍度的讨论过程中,又涉及法益衡量问题,也

① 刘跃进:《当代国家安全体系中的生物安全与生物威胁》,载《人民论坛·学术前沿》2020年第20期。

就是说刑法在行为规制方面,应当考虑到哪些法益的冲突,并采用何种价值立场作出判断?这又涉及生物技术风险刑法的利益衡量法则建构等问题,"风险的高度不确定性与生物技术向前发展的时代趋势共同决定了,刑法对生物安全风险的预防需要找到合理的平衡点,既不能置之不理而任由风险泛滥,也不能过度预防而导致过度的犯罪化"①。

(三)因果关系论证的复杂性

在现有刑法框架下,若要实现基因操作行为的责任追究,还涉及更为复杂的因果关系论证问题。如对于非法采集人类遗传资源、走私人类遗传资源材料罪的追责,需要论证非法采集、走私行为本身是如何导致"危害公众健康或者社会公共利益"的结果的,其中的运作机理是怎样的,需要进行阐释。与此同时,以非法植入基因编辑、克隆胚胎罪为代表的生物安全领域的危险犯,以妨害传染病防治罪、以危险方法危害公共安全罪为代表的生物安全相关领域的危险犯,在因果关系判断上则更为复杂。相对于结果犯而言,危险犯本身就是基于风险防控基础上的积极主义立法的体现,不待实害结果的出现,便对于行为予以刑法打击。危险犯的因果关系判断向来困难,有论者甚至得出"对危险犯适用传统因果关系理论并不可行,传统因果关系理论的经验性认定,与生物犯罪判断的专业性之间不匹配"②的结论。

因果关系是法律责任追究的客观根据,并被公认为是最复杂的法学理论问题之一,在实践中被简化为"因果关系有无"的判断,衍生出因果关系的客观性、因果关系的时间顺序性、因果关系的相对性、因果关系的条件性等若干因果关系的具体判断规则。这些标准和规则在论证如基因操作技术这种具有高度技术性和专业性的领域的因果关系问

① 刘艳红:《化解积极刑法观正当性危机的有效立法——〈刑法修正案(十一)〉生物安全犯罪立法总置评》,载《政治与法律》2021 年第 7 期。

② 姜涛:《生物刑法之预防性扩张的教义学路径》,载《环球法律评论》2020 年第 4 期。

题时即陷入困境。因果关系问题的解决,是判断行为不法性的关键,但是对于生物犯罪而言,何谓刑法上的因,何谓刑法上的果,本身就难以划界,更遑论因果之间的运作机理。比如就危险犯类型的生物犯罪而言,其行为本身就具有探索未知社会的特点,论证可控的行为与不可控的危险之间的因果关联,无疑是苛刻的。同时,与一般的危险犯不同,生物技术行为的危险的影响因素较为多元和广泛,其中外部环境因素的影响不可小觑。作为危险犯而言,归因问题的解决是归责的关键,但由于生物技术的极度复杂性,技术标准不到位,加之随着研究技术的不断升级和突破,传统的因果关系理论在问题解决上捉襟见肘。

为解决因果关系理论中的归因与归责之分界而衍生的客观归责理论,在生物犯罪上同样面临困境。客观归责理论强调,应当区别结果归因与结果归责,归因着眼于结果与行为之间的因果关联,是事实判断问题;归责着眼于判断结果是否能够归责于行为,是价值判断问题。客观归责理论通过事实层面的条件说进行归因上的形式判断,划定评价范围,这一层面上的所有条件都视作等价。在条件说归因判断基础上,通过法所不容许的风险制造、法所不容许的风险实现进行归责的实质判断。以上构成构成要件该当性的实质评价内容。罗克辛教授的客观归责理论克服了以往的相当因果关系论把归因与归责混同所带来的系列问题,将事实判断与价值判断剥离,大大简化了归因层面评价的标准,不必再区别各元素在归因评价中的地位作用。客观归责理论在归因评价上的简化处理,一定程度上能够缓解生物犯罪所存在的生物技术行为危险影响元素多元化的问题窘境。但是对于归责判断上的法所不容许的风险制造的评价,仍然存在"不容许"风险的边界划定问题。同时,客观归责理论对风险制造问题上的风险降低、风险变更情形的处理尚存较大争议,霍耶(Hoyer)等人提出的加强原则也未被接受。可见,面对生物安全风险,传统刑法理论应当如何进行调适和应对,已成为不得不面对的重要问题。

四、基因操作技术刑法规制的教义学进路

从本质上讲,基因操作技术的刑法规制问题还是刑法上的风险防控问题,质言之,亦即在积极主义刑法观理念指引下,如何正确处理刑法规制与科研自由的关系,如何科学对待生物资源的充分利用与公共利益、个人利益维护之间的法益平衡,以及如何守住刑法谦抑性的原则底线的问题,这些问题的解决十分重要。正如有论者所指出的,“对人类遗传资源的管理,既要维护公共利益,保护个人隐私,尊重社会伦理,又要适应技术发展新趋势、回应新诉求,在发展和监管之间找到一个平衡点”①。已有学者尝试从教义学视角出发建构刑法规制路径,如“在因果关系理论中采取疫学因果关系,并把畏惧感说纳入其中对之进行合理改造,使生物刑法之价值天平适当向预防原则倾斜”②,但是畏惧感说本身在日本刑法学理论中,是为解决监督过失的追责问题而产生的,适用空间仅限于公害类过失犯罪,并且由于自身追责范畴的扩张性,其本就在日本刑法理论中存在较大争议。以追责范畴本就明显扩张的畏惧感说来支撑生物技术风险刑法规制的预防性扩张,存在疑问。该说与生物技术风险防控的刑法规制问题,仅具有风险源上的部分相似性。也有不少学者尝试从比例原则视角出发,以确立生物安全刑法理性保护立场。③ 该原则所衍生的适当性原则、必要性原则以及相当性原则,并未超出现有的刑法基本理论框架范围,诸如罪责刑相适应、刑法谦抑主义等基本原则理念。还有论者鉴于生物技术风险的复杂性和不可预测性与刑法文本的相对稳定性之间存在的矛盾,尝试从特别刑法的角度出发,以解决立法应对不足的问题,“特别刑法包括单行刑

---

① 曹菲:《加强国家生物安全刑事法治保障》,载《民主与法制时报》2021 年 1 月 21 日,第 6 版。

② 姜涛:《生物刑法之预防性扩张的教义学路径》,载《环球法律评论》2020 年第 4 期。

③ 参见梅传强、盛浩:《论生物安全的刑法保护——兼论〈刑法修正案(十一)〉相关条文的完善》,载《河南社会科学》2021 年第 1 期。

法或者附属刑法,对生物安全犯罪的规制更具有优势,因此,应当通过这两种修法模式,实现刑法与生物安全法的规范对接"①。当然,通过特别刑法增设犯罪的方式,已经超出刑法教义学的范畴而走向了立法论,并非最佳的问题解决方式,同时也会使得刑法体系更为分散,因此包括单行刑法与附属刑法在内的特别刑法在如今的立法领域已经很少采用了。就基因操作技术的刑法规制,还应当从基本原理出发,构建教义学上的解释规则。

(一)正确认识生物犯罪扩张与刑法谦抑主义的关系

对于生物技术行为采刑法上的积极预防观并非对刑法谦抑主义的背离。刑法谦抑主义强调刑法的谨慎、克制,当通过其他规范能够解决追责问题时,优先适用其他规范而排除刑法的适用,当通过其他处置方法就能够实现罪刑均衡时,则优先适用其他处置方法而排除刑罚的动用。单纯以刑法谦抑主义来质疑生物犯罪的立法扩张是不合理的,生物技术风险可能带来的后果相较于一般的公共安全犯罪而言,是不可同日而语的。生物技术的研发与应用虽能给人类带来一定的福利,但是,生物科技的滥用也会损害国家安全、人类安全与人身安全,危害极其严重,实验室病毒的泄漏可能会导致严重的传染病暴发,转基因食品可能会造成人体免疫系统的破坏。② 立法者的预见能力是有限的,人类对于生物风险的认识是不断进步的,每一次生物安全事件的发生,都会促使人们对于现有的风险防范体系进行重新审视,发现立法漏洞并进行不断地补充完善,这也是刑法谦抑主义所强调的刑法补充性的应有含义。如 2020 年暴发的新冠疫情,即为生物安全危害典型事件。2020 年新冠疫情暴发后,《刑法修正案(十一)》修改完善了妨害传染病防治罪,将新冠等依法确定的采取甲类传染病管理措施的传染病,纳

① 吴小帅:《论刑法与生物安全法的规范衔接》,载《法学》2020 年第 12 期。

② 姜涛:《生物刑法的保护法益与发展路向》,载《河南社会科学》2021 年第 1 期。

入本罪调整范围。同时,新增非法猎捕、收购、运输、出售陆生野生动物罪,对于以食用为目的非法猎捕、收购、运输、出售珍贵、濒危野生动物以外的其他野生动物的行为予以制裁,这正是回应了2003年非典型肺炎疫情过程中,非法食用野生动物所引发的疫情扩散风险。2003年的SARS病毒,已初步证实源自野生动物,已有研究也发现了在蝙蝠和骆驼等动物体内所寄宿的冠状病毒的存在。

生物犯罪的刑法扩张,受到了刑法谦抑主义的理念指引。如新增的非法植入基因编辑、克隆胚胎罪,正是对于司法实践中曾多次出现的基因编译事件所进行的必要回应,只是已有的基因编译行为多见于人和动物的细胞融合操作,虽曾引起一些争议但并未得到持续关注。如2001年,中山医科大学陈系古教授团队使用"核移植"技术将人类皮肤细胞移植到家兔卵母细胞中,成功克隆出人类胚胎100多枚,其中部分发育至"桑葚胚"阶段。对此,国家人类基因组南方研究中心4位专家联合致电上海《文汇报》,指责该研究亵渎了人类尊严,是对生命伦理的"突袭"①。2018年引发国内国际普遍关注的"全球首例基因编译婴儿案"出现后,在刑法适用上也有困难。贺建奎团队通过基因修饰技术,修改了胚胎中的CCR5基因,使一对双胞胎女婴拥有了HIV免疫力。团队的行为被认为逾越了科学实验的边界,基因编译婴儿行为极易导致受体早亡,很多疾病的致病率相对普通人而言也大大提升。同时,修饰后的基因带有遗传性,被基因编译过了的细胞可对子孙后代产生重要影响,甚至随着现象的普及,而污染人类的基因池。鉴于贺建奎团队基因编译婴儿的严重危害性,法院在当时的刑法框架下无法找到妥适的条款,最后以非法行医罪进行了追责,但是该案在解释论层面是无法契合非法行医罪的构成要件的。因此,修正案新增的非法植入基因编辑、克隆胚胎罪,正是对于刑法补充性地位作用的充分发挥。于立法政策而言,构建"严而不厉"的犯罪体系,更有利于实现刑法关于犯

---

① 参见游雪晴、张荔子:《人兔细胞融合引发争论》,载《科技日报》2001年9月20日,第5版。

罪控制和人权保护的两大机能。[①] 这里的“严”,即指代刑事法网应当日趋严密,在入罪层面的犯罪圈划定上应当完整,避免出现“漏网之鱼”,而不当的基因编译技术行为的入刑,正是推动刑事法网不断完善的必然结果。与此同时,在行为类型上,修正案仅把“将基因编辑、克隆的人类胚胎植入人体或者动物体内”“将基因编辑、克隆的动物胚胎植入人体内”两种典型的生物危害行为纳入刑法评价范畴,而未将其他类型的基因编译、克隆行为纳入规制,这已经体现了刑法犯罪圈扩张的克制。对于其他类型的生物犯罪而言,亦是如此。综上所述,于生物安全领域,进行犯罪圈的适度扩张,是有必要的。

(二)程序优位下的归责体系构建

诚如前文所述,基因操作技术犯罪在适用过程中,存在因果关系证明上的困境,限制了罪名适用的空间。拘泥于相当因果关系学说框架下的因果关系理论,存在用一般人的经验法则去框定专业领域因果关系“相当性”判断标准的缺陷,会导致法律适用上的底气不足。因此,摆脱归因问题上的实质评价的客观归责理论,则可以作为教义学解释规则建构的基础。至于客观归责理论在生物犯罪归责方面的部分障碍,则可以通过理论的完善适用,即通过程序优位理念的引入,予以缓解。

就基因操作技术行为而言,首先应当通过条件说的应用,判断事实层面上的归因可能性的有无。就结果犯而言,如果基因操作行为与危害结果之间存在“无a则无b”的条件关系,则基因操作行为与危害结果之间的事实归因成立。进一步地,需要判断损害结果可否“归责于”基因操作行为。对于这一问题的判断,我们应当跳出对于技术原理的分析。裁判者是适用规范断案的人,并非生物技术领域的专业人员,刑法上涉及专业技术领域的规范随处可见,我们不可能要求法官成为各

---

① 参见关振海:《从“厉而不严”到“严而不厉”:中国刑法结构的发展趋向》,载《理论与现代化》2009年第4期。

个专业领域的专家,否则便脱离实际。因此,与其纠结于实质层面的技术原理分析,倒不如转向基因操作技术程序规范性的分析,如此问题就得以迎刃而解了。之所以转向程序分析,在于生物技术行为风险的特殊性以及不可控性,立法对于技术行为的操作的程序规范性设置较高的要求是十分必要的。以非法采集人类遗传资源、走私人类遗传资源材料罪为例,本罪的构成要件要求"违反国家有关规定,非法采集我国人类遗传资源或者非法运送、邮寄、携带我国人类遗传资源材料出境,危害公众健康或者社会公共利益,情节严重",在因果关系的判断上,首先,如果行为人没有实施上述行为,则危害公众健康或者社会公共利益的结果就不会出现,那么归因成立;归责层面的"制造法所不容许的风险"的认定,结合构成要件对于"情节严重"的要求,应当以行为人是否严重违反了我国人类遗传资源采集、运送、邮寄、携带的程序性要求为判断标准。如果行为人严重违反,则直接认为行为人"制造了法所不容许的风险",而归责层面的"实现了法所不容许的风险",在本罪中只需要客观判断法定结果是否出现即可,这一点其实与第一层次归因分析上的结果判断是一致的。综上所述,在结果型的基因操作技术犯罪的因果判断上,通过事实层面的以条件说为基础的归因判断,结合程序优位下的风险制造判断,即可得出结论。

相对于结果犯而言,危险犯的因果判断较为复杂,原因在于危险犯的"危险结果",并非传统意义上的结果,而是对危害结果的一种广义层面的解读。对于这一类犯罪的因果判定,仅需要在前述基础上进行部分适应性调整即可。质言之,对于危险犯的归责,实际上只需要简化为程序优位层面的风险制造即可,因欠缺实害结果的要求,故无须归因层面的因果判断,亦无须归责层面的风险实现判断,只需要行为人的技术操作行为违反程序上的规范性即可。以非法植入基因编辑、克隆胚胎罪为例,本罪的构成要件要求"将基因编辑、克隆的人类胚胎植入人体或者动物体内,或者将基因编辑、克隆的动物胚胎植入人体内,情节严重",在认定过程中,只要行为人严重违背了基因操作技术的程序规范,实施了上述两种行为之一,即满足"制造法所不容许的风险"而予以归责。

(三)一体化视角下生物犯罪的规范衔接

包括基因操作行为在内的生物技术行为的规制,需要系统化的立法设计以及妥恰的解释视角。特别是在立法技术尚不完善、规范体系尚不健全的情况下,更要发挥法教义学的解释功能,以促进司法实践中规范适用的有序衔接。正如论者所指出的,生物犯罪入刑后,仍然存在基因操作技术行为刑法规制范围形式上的不周延问题。对此,不应在生物犯罪内部讨论行为规制,而应站在系统化的规范视角来消解该问题。于刑法体系内,应正确认识基因操作技术类犯罪与其他犯罪之间的关系,"在我国现有刑法体系中,生物刑法更多的是不纯正生物刑法,隐含在一般犯罪之中"①。因此,与基因操作技术相关的犯罪,并不局限于修正案新增的非法植入基因编辑、克隆胚胎罪与非法采集人类遗传资源、走私人类遗传资源材料罪两种,不纯正生物犯罪散见于危害公共安全罪、侵犯公民人身权利罪、妨害社会管理秩序罪、渎职罪等章节中,对于形式上不周延的基因操作技术犯罪,可以通过罪数理论得以解决。如前文提到的,非法采集人类遗传资源、走私人类遗传资源材料罪处罚的行为类型仅包括非法采集以及非法运送、邮寄、携带出境几种,对于行为人非法保藏、利用、对外提供我国人类遗传资源的行为却未能涉及。但是如若对行为予以系统性评价,则会发现其不成问题。行为人非法保藏我国人类遗传资源的行为,在行为类型上属于持有状态,始于作为,而后以不作为的方式保持这种不法状态。对其评价应当向前看,其基础性行为还是在于前序作为形式的非法采集,保藏只是非法采集行为的后续行为,因而在评价上得以被非法采集行为所吸收。行为人非法利用我国人类遗传资源的行为,则应当向后看,审视行为人利用的场域为何,如利用其进行非法的基因编译、克隆胚胎的,则会触犯非法植入基因编辑、克隆胚胎罪。又如利用其研制生物武器的,则可能会触犯以危险方法危害公共安全类犯罪,恐怖活动类犯罪等罪名。

① 姜涛:《我国生物刑法的困境与出路》,载《现代法学》2021年第2期。

行为人非法对外提供我国人类遗传资源的行为，可以结合后续行为，纳入走私的行为类型。

于刑法体系外，应当正确处理法律、行政法规以及其他规范之间的衔接问题，从而形成协调有序的生物安全规范保障体系。“此次刑法修正案(十一)增设非法采集人类遗传资源等新罪名，体现了刑法与生物安全法、人类遗传资源管理条例相衔接、相协调，加强了人类遗传资源安全的刑事法治保障。”①首先，正确处理民刑衔接的问题。《民法典》于“人格权编”的“生命权、身体权和健康权”一章，增设了对基因操作行为的限制性规定，表现为第1009条关于从事与人体基因、人体胚胎等有关的医学和科研活动时的义务的规定。以一体化视角分析该规定与刑法规定之间的关系，可以理解为当行为人违背法律、行政法规或国家有关规定的程序规范，从事与人体基因、人体胚胎等有关的医学和科研活动时，构成民事违法行为。当行为人严重违背法律、行政法规或国家有关规定的程序规范，植入基因编译、克隆胚胎的，则构成刑法上的非法植入基因编辑、克隆胚胎罪。也就是说，民法上的基因操作不法行为与刑法上的基因操作犯罪之间，是违法性或曰社会危害性“量”的差异，这与刑法谦抑主义的基本原理是一致的。其次，正确处理行刑衔接的问题。行刑规范衔接，主要涉及的是《刑法》与《生物安全法》的规范衔接问题。《生物安全法》是我国唯一一部专门、全面而系统地规制、防范和应对生物安全风险的法律，对于基因操作技术行为规范也进行了细致规定。如，第85条对于十一种学术用语进行了概念界定，第56条将四种基因操作行为纳入国务院科学技术主管部门行政审批的范畴，第74～75条、第79～80条规定了违规操作行为的法律责任。《生物安全法》对于基因操作技术行为规制的范畴含括了采集、保藏、利用、对外提供等行为类型，与刑法中的两项基因操作技术犯罪的衔接可以通过程序规范违反的严重程度，以及行为的向前延伸、向后延伸的解释视角予以解决，如果行为人严重违反程序规范，并且可以向前延伸

① 曹菲：《加强国家生物安全刑事法治保障》，载《民主与法制时报》2021年1月21日，第6版。

或者向后延伸纳入行为类型,则构成刑法上的犯罪,该部分在前文已述。刑法不仅是民法的兜底,也是行政法的最后一道屏障。《生物安全法》对于基因操作违法行为,设置了责令改正,警告,罚款,没收,责令停止研究、研发与应用,从业禁止,吊销许可证件、执业证件等处罚措施,以使行为人承担行政责任。如果行为人严重违法,符合了刑法上的构成要件,则进入刑事制裁体系,这也体现出了刑法谦抑主义理念。可见,《生物安全法》的出台,构架起了民事责任、行政责任与刑事责任三个层次的、逻辑有序的生物技术行为追责体系。

五、余论:基因操作技术法律规制的未来展望

非传统安全领域的生物安全,在风险特点上具有跨国性、不确定性、突发性、转化性、动态性等特征,并逐渐成为威胁我国和平与发展的重要问题领域。当前,以基因操作技术为典型代表的前沿生物技术的研发与应用,已经逐步引起各国注意并展开探索,如果不进行有效的监督和制约,则会带来灾难性后果。如军事领域的基因工程技术,在提升一国军事实力的同时,也正在成为对于人类安全的极大威胁。基于基因编辑技术对基因编码的修改,而研制出的新型生物武器,能够根据基因和人种,进行针对性的攻击。对于诸如这类行为风险的控制,将成为世界性难题。有论者指出,中国特色国家生物安全法治体系的目标,“是维护国家生物主权、生物安全和人类健康,促进生物科技和生物产业创新发展,推进生物安全全球合作共治,增强国家生物安全治理能力”①。这一目标的实现,不仅需要国内法律体系的完善,更重要的还要依赖各国达成共识,携手全球生物安全合作治理,筑牢生物安全防线。同时,我们还要在全球合作过程中,积极贡献中国方案,发出中国声音,维护好我国国家和公民的安全利益。

---

① 王康:《中国特色国家生物安全法治体系构建论纲》,载《国外社会科学前沿》2020年第12期。

Criminal Law Regulation of Gene Manipulation Technology under the Background of Overall National Security Concept

WANG Pengfei

[内容摘要]《刑法修正案(十一)》新增两项涉基因操作技术的生物犯罪,与《民法典》《生物安全法》形成了逻辑层次鲜明、责任脉络清晰的法律规范体系。生物犯罪的扩张与刑法谦抑主义并不矛盾,其正是在谦抑主义理念的指引下所进行的必要扩张。客观归责理论对于归因的形式化判断,以及与归责的二元分离,具有解释论上的优势,可以通过程序优位的理念对客观归责理论加以适度调整,从而明确风险责任边界,理顺归责问题。当前,以基因操作技术为典型代表的前沿生物技术的研发与应用,已经逐步引起各国注意并展开探索,其在风险特点上具有跨国性、不确定性、突发性、转化性、动态性等特征,如果不进行有效的监督和制约,则会带来灾难性后果。未来的生物安全治理,不仅需要国内法律体系的完善,更重要的还要依赖各国达成共识,携手全球生物安全合作治理,筑牢生物安全防线。

[关键词]总体国家安全观;基因操作技术;生物安全;风险防控;刑法规制

Abstract: The criminal law amendment (11) adds two biological crimes involving gene operation technology, forming a legal norm system with clear logical level and clear responsibility context with the civil code and bio-safety law. The expansion of biological crime is not contradictory to the modesty of criminal law. It is the necessary expansion under the guidance of the concept of modesty. The objective imputation theory has the advantage of interpretative theory for the formal judgment of attribution and the binary separation from imputation. The objective imputation theory can be appropriately adjusted through the concept of procedural priority, so as to clarify the boundary of risk responsibility and straighten out the problem of imputation. At present, the R & D and application of cutting-edge biotechnology represented by gene manipulation technology has gradually attracted the attention and exploration of various countries. Its risk characteristics are transnational, uncertain, sudden, trans-formative and dynamic. If it is not effectively supervised and restricted, it will bring disastrous consequences. The future bio-safety governance not only needs the improvement of the domestic legal system, but also depends on the consensus reached by all countries to join hands with the global bio-safety cooperative governance and build a strong bio-safety defense line.

Keywords: overall national security concept; gene manipulation technology; bio-safety; risk prevention and control; criminal law regulation

〔外国刑法〕

国外罪数处断规定的立法技术:比较与借鉴*

彭辅顺**

目　次

一、问题的提出

立法技术是从立法实践中总结出来的、用于具体立法活动的方法和技巧。立法的模式选择、体系安排、条文表达等都关涉立法技术。立法内容的体系化、立法内在品格的呈现、立法效果的实现均有赖于高明的立法技术。高明的刑法立法技术,既能够使刑法规定准确反映立法者的旨意,真正实现其价值,又能够使刑法规定形式简明,涵括性强,符

---

* 本文系作者主持的2017年度国家社科基金项目"刑法指示规定的理论构建与立法技术研究"(项目编号:17BFX077)的阶段性成果。

** 湖南大学法学院教授、法学博士。

合“该繁则繁、该简则简,繁简得当”的立法要求。①

由于犯罪现象的多样性、复杂性,刑法对犯罪行为的错综规定,一行为触犯数罪名以及具有关联性的数行为触犯数罪名的罪数处断问题具有普遍性,司法机关不可避免地要进行罪数处断,因此一个国家的刑法为实现罪刑法定和罪刑均衡,对罪数处断作出指示规定也就具有必要性。我国自 1979 年《刑法》颁布后的 40 余年时间里,刑法经历了 25 个单行刑法的修改和补充、1997 年的全面修订和 11 个刑法修正案的逐步修改完善。其间,刑法条款越来越多,罪名数量不断增加,犯罪圈不断扩大。与此同时,刑法分则中的罪数处断规定也从 1979 年《刑法》颁布时的 1 个条款(第 191 条第 2 款)增加到现行刑法的 39 个条款。其中尤以晚近颁布的《刑法修正案(九)》和《刑法修正案(十一)》贡献巨大,分别增设了 11 个条款和 8 个条款,占了目前罪数处断规定总数的约 1/2。在这 39 个条款中,有 17 个条款规定了“依照处罚较重的规定定罪处罚”,有 2 个条款规定了“依照处罚较重的规定定罪从重处罚”,有 11 个条款规定了“依照数罪并罚的规定处罚”。② 这 39 个罪数处断规定分散在刑法典分则的不同章或同一章的不同个罪的罪刑规范之后。其中,分则第二章有 4 个条款、第三章有 7 个条款、第四章有 6 个条款、第六章有 20 个条款、第九章和第十章分别有 1 个条款的罪数处断规定。笔者认为,对罪数处断规定采取的这种“分则分散立法模式”存在诸多弊端,需要反思与改进。基于此,本文在考察 14 个国家刑法典所作的罪数处断规定的基础上,总结其立法技术上的普遍性经验,以期为我国罪数处断规定立法技术的反思与改进提供参考。

二、国外罪数处断规定简述

从笔者所掌握的国外刑法立法资料来看,德国、意大利、西班牙、瑞

---

① 参见赵秉志:《刑法立法研究》,中国人民大学出版社 2014 年版,第 87 页。

② 除此之外,还存在其他类型的罪数处断规定,如《刑法》第 171 条第 3 款、第 196 条第 3 款、第 198 条第 4 款等。

士、荷兰、冰岛、波兰、俄罗斯、哈萨克斯坦、日本、阿根廷、哥伦比亚、智利等国家的刑法典中均存在罪数处断规定。下文就这些国家刑法典中的罪数处断规定分地域简要阐述。

(一)欧陆国家的罪数处断规定

在欧陆国家中,德国、意大利、西班牙、瑞士、荷兰、冰岛、波兰等国的刑法典中都有罪数处断规定。例如,《德国刑法典》第 52 条第 1 款、第 2 款对于属于行为单数的想象竞合作出了明确的处断规定,即"依规定刑罚最重的法规确定刑罚"和"所判刑罚不得轻于其他可适用法规所规定的刑罚";第 53 条第 1 款对于行为复数的处断规定了"因犯数罪同时受审判,因而被判处数个有期自由刑或罚金刑的,应宣告总和刑"①。

《意大利刑法典》对于犯罪竞合和连续犯的处断作出了明确规定。意大利将犯罪竞合区分为形式的犯罪竞合和实质的犯罪竞合。② 对于一个行为符合数个犯罪构成、触犯数个罪名的情形,意大利刑法将其区分为法条竞合与形式的异种数罪竞合。③ 对于法条竞合的处断,《意大利刑法典》第 15 条规定了"特别法优于一般法"的规则。④ 对于形式的异种数罪竞合,该法第 81 条第 1 款规定的处断规则是"按照对最严重的侵害行为本应科处的刑罚处罚,并且可在 3 倍的幅度内增加刑罚"。对于实质的犯罪竞合的处断,根据该法第 73 条第 1 ~ 3 款、第 74 条第 1 款、第 75 条第 1 款和第 77 条的规定,应采取数罪并罚的并科原则。对于连续犯的处断,该法第 81 条第 2 款规定的是"依照第一款规定的方

---

① 《德国刑法典》(2002 年修订),徐久生、庄敬华译,中国方正出版社 2004 年版,第 19 页。

② 前者是指行为人实施的一个行为触犯了数个刑法规范;后者是指行为人实施的数个行为触犯了数个刑法规范。参见[意]杜里奥·帕多瓦尼:《意大利刑法学原理》,陈忠林译,法律出版社 1998 年版,第 406 页。

③ 法条竞合是指一个行为触犯具有包含关系的数个法条,只适用其中一个法条的情形;形式的异种数罪竞合是指一个单独的作为或不作为同时触犯数个不同的刑法规范的情形。

④ 参见《意大利刑法典》,黄风译,中国政法大学出版社 1998 年版,第 9 页。

式处罚"[①],即按照形式的异种数罪竞合处罚。

《西班牙刑法典》对于连续犯、想象竞合和牵连犯的处断作出了规定。根据该法第74条第1项的规定,对于连续犯应适用处罚较重的规定。[②] 对于想象竞合和牵连犯,该法采取的是同一处断规则,即"一般在最严重罪行的法定刑幅度内取较重半幅度处罚,但也可以有限制地分别处罚"[③](第77条)。

《荷兰刑法典》对于一行为构成数罪、数行为构成一罪和数行为构成数罪的处断均有规定。对于一行为构成数罪的情形,该法区分法条竞合与想象竞合。对于想象竞合的处断,该法第55条第1款规定:"数个刑法条文对同一行为作出可罚规定的,仅适用其中一个条文,规定不同的,适用主刑最重的条文。"[④]对于法条竞合的处断,该法第55条第2款规定:"如果某一行为根据一般刑法条款和特别刑法条款均可罚,仅适用特别条款。"[⑤]显然,其法条竞合的处断规则是"特别法优于普通法"。对于数行为构成一罪的连续犯,根据该法第56条的规定,对于罪行完全相同的连续犯,适用一个刑法条文即可,而对于数行为罪行不同的连续犯,则应择主刑最重的条文处断;"伪造或变造货币并使用伪造或变造的货币的情形属于吸收犯,对于吸收犯,适用一个刑法条文即可"[⑥]。对于数行为构成数罪的情形,该法规定实行数罪并罚,不过,并罚的原则因情形不同而异。根据该法第57条、第58条的规定,同样是同时实施被认为是相互独立、无联系的数行为,如果构成一个以上可判处同等主刑的严重犯罪的,则应当判处一个主刑;如果构成一个以上可判处不同主刑的严重犯罪的,则可以判处所有刑罚。

《瑞士刑法典》对于想象竞合、法条竞合和实质数罪作出了处断规定。该法第68条第1款中的"一行为或数行为可能被科处数个自由

---

① 《意大利刑法典》,黄风译,中国政法大学出版社1998年版,第30页。

② 参见《西班牙刑法典》,潘灯译,中国政法大学出版社2004年版,第28页。

③ 《西班牙刑法典》,潘灯译,中国政法大学出版社2004年版,第29页。

④ 《荷兰刑法典》,龚馨译,中国方正出版社2007年版,第40页。

⑤ 《荷兰刑法典》,龚馨译,中国方正出版社2007年版,第40页。

⑥ 《荷兰刑法典》,龚馨译,中国方正出版社2007年版,第40页。

刑”,意味着一行为可能构成数罪、数行为可能构成数罪。一行为构成数罪属于想象竞合和法条竞合的情形,数行为构成数罪属于实质数罪的情形。该款中的“法官可就其最严重行为科处自由刑,并适当提高该自由刑的期限,但所提高之刑期不得长于应科处自由刑最高限之一半。判刑时法官应受刑种最高限的约束”是想象竞合、法条竞合和实质数罪的处断规则。①

《冰岛刑法典》第77条第2款中的“该犯罪涉及数个不同的刑法条款”属于想象竞合的情形;该款中的“应当在适用于其中最重之罪的刑法条款规定的范围内判处刑罚”,是想象竞合的处断与处罚规则。②

《波兰刑法典》第11条第2款中的“应当在所有的这些竞合条款中选择一个犯罪对行为人作出判决”以及第3款中的“应当在这些竞合条款中选择最重的刑罚予以适用”,是对竞合犯的处断规定,即从一重罪处断。

(二)亚洲国家的罪数处断规定

在亚洲国家中,日本和泰国刑法设置了罪数处断规定。《日本刑法典》对于想象竞合和牵连犯一并作出了处断规定。日本刑法严格区分想象竞合与法条竞合。③ 因其将法条竞合作为单纯一罪中的一种,④故未专门规定法条竞合的处断规则。但对于想象竞合的处断,《日本刑法典》第54条第1款规定了“按照其最重的刑罚处断”。在日本刑

① 参见《瑞士联邦刑法典》,徐久生、庄敬华译,中国方正出版社2004年版,第26页。

② 参见《冰岛刑法典》,陈志军译,中国人民公安大学出版社2009年版,第38~39页。

③ 前者“是指一个行为触犯两个以上罪名的场合”;后者“是指对于一个犯罪事实,存在数个可能适用的法条的情况”。参见[日]大谷实:《刑法总论》,黎宏译,法律出版社2003年版,第356~362页。

④ 参见[日]山口厚:《刑法总论》(第2版),付立庆译,中国人民大学出版社2011年版,第368页。

法中,牵连犯是指“作为犯罪的手段或结果的行为触犯了其他罪名”的情形。即在数个行为处于目的与手段或者原因与结果的关系时,应着眼于行为人犯罪意思活动的单一性,作为准照于一个行为的犯罪,按照科刑上的一罪来处断。① 从该法第54条第1款的规定来看,其处断规则与想象竞合相同,都是“按照其最重的刑罚处断”。意思是,比较所成立的犯罪的法定刑,其上限、下限均在相对更重的刑罚的范围之内予以处断;其理由在于,“由于具有犯罪意思活动的一次性、单一性,可以减少其责任谴责(责任评价上的一罪性)”②。

《泰国刑法典》对竞合犯也作出了处断规定。该法第90条规定:“同一行为触犯数法条的,从一重处断。”③该条中的“同一行为触犯数法条”是对竞合犯特征的规定,但该规定是对法条竞合还是想象竞合犯的规定,没有明确;“从一重处断”是竞合犯的处断规则。

(三)俄罗斯、哈萨克斯坦的罪数处断规定

俄罗斯刑法对于实质的数罪、想象的数罪和规范竞合都设置了处断规定。根据《俄罗斯联邦刑法典》第17条第1款的规定,实质的数罪是指行为人实施了两个或者两个以上的犯罪行为,且没有因其中任何一个行为受到刑事处罚的犯罪形态。对于这种实质的数罪,行为人应依照该法典相应条或款的规定对实施的每一种犯罪负刑责,也就是要按照该法第69条的规定实行数罪并罚。想象的数罪是实质数罪的对称,“是行为人的一个行为至少符合两个以上的犯罪构成,且这些犯罪具有各自独立的犯罪构成要件,它们由刑法典分则的不同条文加以规

① 参见[日]西田典之:《日本刑法总论》,刘明祥、王昭武译,中国人民大学出版社2007年版,第350页。

② [日]西田典之:《日本刑法总论》,刘明祥、王昭武译,中国人民大学出版社2007年版,第348页。

③ 《泰国刑法典》,吴光侠译,中国人民公安大学出版社2004年版,第20页。

定,在某些情况下,也可以由同一条文的不同款项加以规定的犯罪形态"①。根据该法第17条第2款的规定,想象的数罪视为数罪,按照实质的数罪处断,即"犯罪人应依照本法典相应条或款的规定对实施的每一犯罪承担刑事责任"。"刑法规范竞合是指有两个或者两个以上调整同一法律关系的法律条文,但是只能适用其中的一个法条的情形。"②对此,该法第17条第3款规定:"如果一个犯罪由一般规范和特殊规范作了规定,则不是数罪,其刑事责任依特殊规范。"这就是说,对于行为人实施的行为如果存在一般规范与特殊规范的竞合,就按照特殊规范追究刑责。

哈萨克斯坦刑法对于一行为符合数个刑法分则规定的构成要件和数行为符合数个刑法分则规定的构成要件的情形作出了处断规定。根据《哈萨克斯坦共和国刑法典》第13条对于并合罪的规定,③一行为既符合刑法分则条文的一般规定又符合刑法分则条文的特别规定的法条竞合不是并合罪,应根据包含特别规定的刑法分则条文追究刑责,即按照特别法条处断。对于一行为虽然符合数个法条规定的构成要件但不属于法条竞合的情形,应当视为并合罪。对于这种并合罪的情形,如果一个行为的构成要件能够被该法典对另一行为规定较重刑罚条款的规定所包含,就以该较重刑罚条款的规定追究刑责;如果一个行为的构成要件不能被该法典对另一行为规定较重刑罚条款的规定所包含,行为人就应对其实施的该法典分则条款规定的每一个行为承担刑责。对于数行为分别构成该法典分则不同条款规定的数罪的情形,应当视为并合罪。对于这种情形的并合罪,如果数行为的构成要件能够被其中处刑较重的分则条款所包含,就应以处刑较重的分则条款追究刑责;反之,如果数行为的构成要件不能被其中处刑较重的分则条款所包含,行

---

① [俄]Л. В. 伊诺加莫娃—海格主编:《俄罗斯联邦刑法(总论)》(第2版),黄芳、刘阳、冯坤译,中国人民大学出版社2010年版,第148页。

② [俄]Л. В. 伊诺加莫娃—海格主编:《俄罗斯联邦刑法(总论)》(第2版),黄芳、刘阳、冯坤译,中国人民大学出版社2010年版,第153~154页。

③ 参见《哈萨克斯坦共和国刑法典》,陈志军译,中国政法大学出版社2016年版,第16页。

为人就应对其所实施的每一个符合构成要件的行为承担刑责。

(四)拉美国家的罪数处断规定

拉美国家中,阿根廷、哥伦比亚、智利等国的刑法中均有罪数处断规定。例如,《阿根廷刑法典》第 54 条对犯罪竞合作出了处断规定,即"两个或两个以上的刑法条文对同一犯罪行为都有规定的,应当适用处罚更为严厉的条文"。此处的"两个或两个以上的刑法条文对同一犯罪行为都有规定"的情形属于犯罪竞合,包括法条竞合和想象竞合;"适用处罚更为严厉的条文"即为犯罪竞合的处断规则。对于实质竞合,根据该法第 55 条、第 56 条的规定,应实行数罪并罚,一般适用重刑吸收轻刑的原则,以适用更重、更严厉的刑罚为原则。

《哥伦比亚刑法典》虽然对于一行为构成的犯罪和数行为构成的犯罪设置了处断规定,但是未对想象竞合、连续犯、实质数罪等罪数形态的处断规则予以区分,一并作出如下规定:"一个作为或者不作为或者数个作为或者不作为,触犯数个刑法条款或者数次触犯同一条款的,应当根据其性质以数个行为中处罚最重者为基础,就其他行为进行加重,但不能超过对该数个当罚行为各自应当判处之制裁的算术总和。"①

《智利刑法典》对于想象竞合和牵连犯作出了处断规定。该法第 75 条中的"一个行为构成两个或者更多犯罪"的情形属于想象竞合;"一个行为是实施其他行为的必要手段"的情形属于牵连犯。对于想象竞合和牵连犯的处断,该法采取同样的处断规则,即"适用对其中最严重的犯罪之刑罚的高阶等级"②,而不适用该法第 74 条规定的数罪并罚。

从上述世界不同地域国家的罪数处断规定来看,作出处断规定的罪数形态有想象竞合、法条竞合(规范竞合)、牵连犯、连续犯、吸收犯

---

① 《哥伦比亚刑法典》,陈志军译,中国政法大学出版社 2015 年版,第 10 页。

② 《智利刑法典》,陈志军译,中国政法大学出版社 2015 年版,第 35 页。

和实质的数罪。不过,没有一个国家的刑法对这些罪数形态都作出了处断规定,而一般是只对其中的某一种或几种罪数形态作出处断规定。在上述国家的刑法典中,对想象竞合和法条竞合作出处断规定的居多,但在处断规则上,想象竞合的处断规则差别较大,有的采用"从一重罪处断",有的采用"从一重罪从重处断",有的采用"从一重罪加重处罚",甚至有的实行"数罪并罚"。其他罪数形态的处断规则基本趋同。例如,对于法条竞合,除了个别国家刑法规定要适用处罚更为严厉或更重的条文外,一般依照特别法或特别条款处断;对于牵连犯,一般与想象竞合规定在一起,有的以一重罪处断,有的以一重罪从重处断;对于连续犯一般是以一罪处断并从重处罚;对于实质的数罪,除个别国家有特别规定外,一般实行数罪并罚。

三、国外罪数处断规定的立法技术比较考察

在简述国外罪数处断规定立法的基础上,本部分拟从宏观到微观的思路,按照立法模式、法条定位、法条构成、法条表述的顺序,对国外罪数处断规定的立法技术进行比较考察。

(一)立法模式比较

这里的立法模式是指罪数处断规定的设置方式。具体来说,对于罪数处断规定,刑法是将之作为总则式条文予以规定,还是将之作为分则式条文予以规定;①是将之集中规定,还是对其分散规定。如果刑法将罪数处断集中在总则式条文中予以规定,就是"总则集中立法模式";如果刑法将罪数处断分散在总则式条文中予以规定,就是"总则分散立法模式";如果刑法将罪数处断分散在分则式条文中予以规

① 由于有的国家的刑法典没有区分总则与分则,因此笔者在此将刑法典中以原则式、共通式规定的条文称为总则式条文;将对类罪或个罪予以规定的条文称为分则式条文。

定,就是“分则分散立法模式”;如果刑法将罪数处断在总则式条文中和分则式条文中均予规定,就是“总则与分则相结合的立法模式”。通过对前述14个国家罪数处断规定的立法模式逐一考察,可以发现,这些国家都是在总则式条文中设置罪数处断规定,只不过有的国家采取的是“总则集中立法模式”,有的国家采取的是“总则分散立法模式”。

1. 罪数处断规定的总则集中立法模式

德国、荷兰、西班牙、瑞士、波兰、日本、泰国、俄罗斯、哈萨克斯坦、阿根廷、哥伦比亚等国刑法典均设有总则和分则。其将罪数处断集中规定在属于总则部分的某一条或某一章节的某几条之中,故属于“总则集中立法模式”。例如,《德国刑法典》将想象竞合、实质竞合的处断,集中规定在属于总则部分的第52条、第53条里。《荷兰刑法典》将罪数的处断,集中规定在属于总则部分的第55~58条里。《西班牙刑法典》中关于连续犯、想象竞合和牵连犯的处断,虽然没有连续规定在一起,而是分散规定在第74条(连续犯)和第77条(想象竞合和牵连犯)之中,但这两条都是集中规定在“特别规定”这一节当中。《瑞士刑法典》将想象竞合、法条竞合和实质数罪的处断,集中规定在属于总则部分的第68条里。《波兰刑法典》将竞合犯的处断,集中规定在总则第一章“刑事责任的原则”中的第11条里。《日本刑法典》将想象竞合、牵连犯的处断,集中规定在属于总则部分的第54条里。《泰国刑法典》将竞合犯的处断,集中规定于总则第一章“适用于一般犯罪的规定”的第七节“犯罪的竞合”中的第90条里。《俄罗斯联邦刑法典》将规范竞合、想象的数罪和实质的数罪的处断,集中规定在属于总则部分的第17条里。《哈萨克斯坦共和国刑法典》将罪数的处断,集中规定在属于总则部分的第13条里。《阿根廷刑法典》将犯罪竞合的处断,集中规定在属于总则部分的第54条里。《哥伦比亚刑法典》将罪数的处断,集中规定在属于总则部分的第31条里。

2. 罪数处断规定的总则分散立法模式

与上述国家不同,意大利的罪数处断规定采取的是“总则分散立法模式”。笔者之所以将意大利的罪数处断规定的立法模式称为“总则分散立法模式”,是因为意大利刑法的罪数处断虽然设置在总则中,但不像前述国家那样,将罪数处断集中规定在一起,而是分散规定在刑法典总则不同的章中。其中,法规竞合的处断被规定在“刑事法律”一章中(第15条),想象竞合和连续犯的处断被规定在“犯罪”一章中(第81条)。

从罪数处断规定的上述两种总则式立法模式的适用来看,“总则集中立法模式”为绝大多数国家罪数处断规定的立法模式,而“总则分散立法模式”只是个别国家罪数处断规定的立法模式。

(二)法条定位比较

法条定位,是指承载罪数处断规定的条文处于刑法典体系中的位置,是放到“犯罪”里规定,还是放到“刑罚”里规定;若放到“犯罪”里规定,那么是放到“犯罪”中的什么位置;若放到“刑罚”里规定,那么是放到“刑罚”中的什么位置。

通过对德国、意大利、荷兰、西班牙、瑞士、冰岛、波兰、日本、泰国、俄罗斯、哈萨克斯坦、阿根廷、哥伦比亚、智利等国刑法典中的罪数处断规定的考察,可以发现,这些国家刑法对罪数处断规定的定位并不一致,大致可归纳为如下三种。

1. 将罪数处断规定置于“犯罪”域

刑法是规定犯罪、刑事责任及其承担方式(包括刑罚、保安处分等方式)的法律。任何刑法都会有对犯罪的规定。将罪数处断规定置于“犯罪”域是指将罪数处断规定置于刑法典总则的“犯罪”编或“犯罪”章中。俄罗斯、哈萨克斯坦、哥伦比亚、泰国对罪数处断规定采取这种做法。例如,《俄罗斯联邦刑法典》总则分为六编,从第一编到第六编依次为“刑事法律”“犯罪”“刑罚”“免除刑事责任与免除刑罚”“未成年人的刑事责任”“医疗性强制措施”。其罪数处断规定置于“犯罪”编下的“犯罪的概念和犯罪的种类”一章中。该章共5条(第14~18条),是对犯罪的概念、犯罪的种类、多次犯罪、数罪和累犯的规定。第17条关于数罪的规定即是罪数处断规定。

《哈萨克斯坦共和国刑法典》总则包括七章,从第一章到第七章依次为"刑法""刑事犯罪""刑罚""量刑""刑事责任与刑罚的免除""未成年人的刑事责任""强制治疗处分"。其罪数处断规定置于"刑事犯罪"一章中的"并合罪"①一条(第 13 条)中。

《哥伦比亚刑法典》总则分为四编,从第一编到第四编依次为"刑法的指导原则""刑法的适用""当罚行为""当罚行为的法律后果"。根据该法第 19 条的规定,当罚行为分为犯罪和违警罪。"当罚行为"这一编实际上是关于犯罪的分类、犯罪的成立条件、未遂、共同犯罪和罪数的规定。其罪数处断规定(第 31 条当罚行为的合并)置于"当罚行为"这一编中,也就是置于"犯罪"域中。

《泰国刑法典》总则分为二章,第一章为"适用于一般犯罪的规定",第二章为"适用于轻罪的规定"。第一章的第五、六、七节都是关于犯罪形态的规定。关于竞合犯的处断规定置于第一章第七节"犯罪的竞合"中,显然其是置于"犯罪"域中。

2. 将罪数处断规定纳入"刑罚"域

刑罚是刑法应对犯罪的基本方法。各国刑法除了规定犯罪,还会有刑罚的种类及其适用的规定。将罪数处断规定纳入"刑罚"域是指将罪数处断规定纳入刑法典总则中的刑罚或刑罚的具体适用之中。德国、荷兰、西班牙、日本、阿根廷、智利等国家对罪数处断规定采取这种做法。例如,《德国刑法典》总则包含五章,从第一章到第五章依次为"刑法""行为""行为的法律后果""告诉、授权和要求判刑""时效"。其罪数处断规定置于总则第三章第三节"触犯数法规的量刑"中。从该节标题及其规定的内容来看,"触犯数法规的量刑"这一节规定的内容是如何进行犯罪竞合处断。显然,《德国刑法典》是将罪数处断规定置于"刑罚"域的,且放在量刑中予以规定。

《荷兰刑法典》总则包含九章,从第一章到第九章依次为"刑法典的适用范围""刑罚""排除或加重刑事责任""未遂和预备""共同犯罪""数罪并罚""只有告诉才能引起刑事诉讼的严重犯罪的起诉和撤

① 此处的"并合罪"不同于《日本刑法典》中的"并合罪",未涉及数罪并罚。

诉”“追诉时效和行刑时效”“关于未成年人的特别规定”“本法典部分用语和表达的定义”。其罪数处断规定(第55~58条)置于第六章“数罪并罚”中。

《西班牙刑法典》卷一下设七集,从第一集到第七集依次为“总规定”“犯罪及过失罪的刑事责任人”“刑罚”“保安处分”“由犯罪和过失罪引起的民事责任和诉讼费用”“刑事责任的消灭及其效力”。其罪数处断规定置于“刑罚”这一集下的第二章“刑罚的执行”中。

《瑞士联邦刑法典》总则包含两编,第一编为重罪与轻罪,第二编为越轨。第一编下设五章,其标题依次为“刑法的效力范围”“可罚性”“刑罚、保安处分和其他处分”“儿童和少年”“刚成年青年”。其罪数处断规定置于第三章“刑罚、保安处分和其他处分”下的第二节“量刑”中。

《冰岛刑法典》总则式规定共分九章,其标题依次为“关于刑罚权的限制条件与刑法的适用范围等的规定”“追究刑事责任的一般限制条件”“法人的刑事责任”“未遂与共犯”“关于起诉的规定”“刑罚”“附条件的暂缓起诉和暂缓处刑”“保安措施、剥夺公权与没收财产”“影响量刑的情节”“刑事责任的时效、前科消灭和公民权利的恢复”。其罪数处断规定置于第八章“影响量刑的情节”中。

《日本刑法典》总则包含十三章,从第一章到第十三章依次为“通则”“刑罚”“期间的计算”“缓刑”“假释”“刑罚的时效和刑罚的消灭”“犯罪的不成立和刑罚的减免”“未遂罪”“并合罪”“累犯”“共犯”“酌量减轻”“加重减轻的方法”。其罪数处断规定置于第九章“并合罪”中。并合罪“指的是实质数罪,因而是指数罪并罚的规定”①,因此,日本刑法也是将罪数处断规定置于“刑罚”域。

《阿根廷刑法典》总则包含十二章,从第一章到第十二章依次为“刑法典的适用范围”“刑罚”“缓刑”“损害赔偿”“刑事责任”“未遂”“共同犯罪”“累犯”“犯罪竞合”“诉讼和判决的消灭”“起诉职能的行使”“本法典部分术语的定义”。与上述国家刑法典不同的是,《阿根廷

① 陈兴良:《刑法竞合论》,载《法商研究》2006年第2期。

刑法典》总则第九章对“犯罪竞合”及其处断规则作出了专门的规定。虽然如此,但从这一章的内容来看,其实质上属于刑罚方面的。因此其罪数处断规定总体上看是归于“刑罚”域的。

《智利刑法典》第一编为总则式规定,包含五章,从第一章到第五章依次为“犯罪与刑事责任阻却、加重、减轻事由”“对犯罪承担责任的人”“刑罚”“对违反判决者和服刑期间再犯新罪者的刑罚”“刑事责任的消灭”。其罪数处断规定(第 74 条、第 75 条)置于“刑罚”章下“刑罚的适用”一节中。

3. 罪数处断规定既不纳入“刑罚”域,也不完全纳入“犯罪”域

罪数处断规定既不纳入“刑罚”域,也不完全纳入“犯罪”域的国家是意大利和波兰。《意大利刑法典》将法条竞合的特征及其处断规则置于第一章“刑事法律”中,将想象竞合的特征及其处断规则置于第三章“犯罪”下的第三节“数罪”中。这就说明,想象竞合是被纳入“犯罪”域规定的,但法条竞合既没有纳入“犯罪”域,也没有纳入“刑罚”域。《波兰刑法典》将竞合犯的特征及其处断规则置于总则第一章“刑事责任的原则”中,可见其关于竞合犯的处断规定既不是置于“犯罪”域,也不是置于“刑罚”域。

综上所述,罪数处断规定的法条定位在有些国家刑法典中具有相同性,在有些国家刑法典中具有相异性。总体上看,将罪数处断规定纳入“刑罚”域的国家占多数。罪数处断规定的法条定位在有些国家之所以不同,主要是因其法制传统不同而使刑法典体系的建构不同,从而导致对刑法典总则的内容安排不同。

(三)法条构成比较

“所谓法条是制定法下,基于立法技术之需要所发展出来的结构单元。”[①]“法条具有明显的形式性,是人的感官可以直接把握的客观实

① 黄茂荣:《法学方法与现代民法》(第 5 版),法律出版社 2007 年版,第 133 页。

在,但它也属于法的本体范畴,是法之所以为法的实存。”[①]虽然法条以文字表述为载体,但总是包含一定的内容。此处的“法条构成”不但是指一部刑法典中的罪数处断规定由几个条文构成,而且意味着表达罪数处断规定的条文由什么内容构成。通过对前述各国刑法典中的罪数处断规定的考察可以发现,各国刑法典中罪数处断规定的条文构成数量不尽相同,但条文构成的内容大同小异,基本上都是由适用条件和法律后果或处断规则构成的。

首先,从罪数处断规定的条文数来看,各国有所不同。较多国家的刑法典中只有1条罪数处断规定,《西班牙刑法典》(第74条)、《瑞士联邦刑法典》(第68条)、《波兰刑法典》(第11条)、《冰岛刑法典》(第77条)、《日本刑法典》(第54条)、《泰国刑法典》(第90条)、《俄罗斯联邦刑法典》(第17条)、《哈萨克斯坦共和国刑法典》(第13条)、《阿根廷刑法典》(第54条)、《哥伦比亚刑法典》(第31条)即是如此。有的国家的刑法典中有2条罪数处断规定,《德国刑法典》(第52条、第53条)、《意大利刑法典》(第15条、第81条)、《智利刑法典》(第74条、第75条)即是如此。还有个别国家的刑法典中存在4条罪数处断规定,《荷兰刑法典》(第55~58条)即是如此。

其次,从每条罪数处断规定的构成内容来看,基本上都是由适用条件和法律后果或处断规则构成的。例如,《日本刑法典》第54条中的“一个行为同时触犯二个以上的罪名,或者作为犯罪的手段或者结果的行为触犯其他罪名”属于罪数处断规定的适用条件;“按照其最重的刑罚处断”属于罪数的处断规则。《泰国刑法典》第90条中的“同一行为触犯数法条”属于罪数处断规定的适用条件;“从一重处断”属于罪数的处断规则。《波兰刑法典》第11条中的“如果某一行为符合两个或者更多的刑法条款规定的构成特征”属于罪数处断规定的适用条件;“法院应当在所有的这些竞合条款中选择一个犯罪对行为人作出判决”“法院应当在这些竞合条款中选择最重的刑罚予以适用”属于罪数的处断规则。

---

① 刘风景:《法条的功用与设置》,载《法学》2018年第5期。

不过,需要注意的是,有的国家罪数处断规定的适用条件和处断规则并未完全规定在一个条文中,对于处断规则的确定,需要参看另一条文。例如,《意大利刑法典》对于连续犯的处断规定。该法第81条第2款规定:“对于为执行同一犯罪计划,以数个作为或不作为,实施包括在不同的时间中实施数项触犯同一或不同法律条款的行为的人,依照第1款规定的方式处罚。”[①]该规定中的“对于为执行同一犯罪计划,以数个作为或不作为,实施包括在不同的时间中实施数项触犯同一或不同法律条款的行为的人”属于罪数处断规定的适用条件,“依照第1款规定的方式处罚”属于罪数的处断规则,但是该处断规则的确定需要参看第1款规定。

(四)法条表述比较

罪数处断规定总是要通过法条来表述的。法条是罪数处断规定的载体。通常一种罪数形态的处断规定是由一个构成完整的法条来表达的。不过,如果数种不同罪数形态的处断规定的处断规则相同,也可以由一个法条来表达。简言之,不同罪数形态的处断规定既可以合并表达,也可以分设条款单独表达。此外,一个罪数处断规定的适用条件与处断规则既可以在一条或一款中完整表述,也可以在一条中分设两款分别表述适用条件与处断规则。从前述14个国家罪数处断规定的法条表述来看,既有合并表述的做法,也有分设条款单独表述的做法;既有以一条或一款完整表述罪数处断规定的适用条件和处断规则的做法,也有在一条中分两款分别表述罪数处断规定的适用条件和处断规则的做法。

1. 罪数处断规定对于不同罪数形态的并述与单述

第一,罪数处断规定对于不同罪数形态的合并表述。有的国家将想象竞合和牵连犯的特征与处断规则合并到一个条文中进行表述。如《日本刑法典》第54条、《西班牙刑法典》第77条、《智利刑法典》第75

① 《意大利刑法典》,黄风译,中国政法大学出版社1998年版,第30页。

条的规定。有的国家将想象竞合和实质数罪的特征与处断规则合并表述,如《瑞士联邦刑法典》第68条的规定。有的国家将想象竞合、连续犯和实质数罪的特征与处断规则合并到一个条文中进行表述,如《哥伦比亚刑法典》第31条的规定。有的国家将想象竞合和法条竞合的特征与处断规则合并表述,如《瑞士联邦刑法典》第68条第1款、《波兰刑法典》第11条、《阿根廷刑法典》第54条、《泰国刑法典》第90条的规定。

第二,罪数处断规定对于不同罪数形态的单独表述。有的国家的刑法典专设一条或专设一款表述想象竞合的特征与处断规则,如《德国刑法典》第52条、《意大利刑法典》第81条第1款、《冰岛刑法典》第77条第2款、《哈萨克斯坦共和国刑法典》第13条第2款的规定。有的国家的刑法典专设一条或专设一款表述法条竞合的特征与处断规则,如《意大利刑法典》第15条、《荷兰刑法典》第55条、《俄罗斯联邦刑法典》第17条第3款、《哈萨克斯坦共和国刑法典》第13条第3款的规定。有的国家的刑法典专设一条或专设一款表述连续犯的特征与处断规则,如《荷兰刑法典》第56条、《意大利刑法典》第81条第2款的规定。

从上述两种表达方式涉及的罪数形态来看,二者都涉及想象竞合和连续犯。这就是说,各国刑法对于想象竞合和连续犯的处断规定,既有采用合并表述的做法,也有采用单独表述的做法。不过,单独表述想象竞合、连续犯的刑法条款占多数。从上述各国刑法对于罪数处断规定的法条表述还可以看到,对法条竞合作出处断规定的,大多采用单独表述,只有个别国家的刑法将其与想象竞合合并表述;凡对牵连犯作出处断规定的,都是采用与想象竞合合并表述的做法,没有一个国家的刑法对牵连犯的处断规定单独表述。

2. 罪数处断规定的适用条件与处断规则的并述与单述

在一个条款中既表述了罪数处断规定的适用条件,又表述了罪数的处断规则,即为罪数处断规定的适用条件与处断规则的并述。例如,《泰国刑法典》第90条中的"同一行为触犯数法条"是对竞合犯处断规定的适用条件的表述,"从一重处断"是对其处断规则的表述。《日本刑法典》第54条中的“一个行为触犯二个以上罪名,或者作为犯罪手段或犯罪结果的行为触犯其他罪名的”是对想象竞合和牵连犯的处断规定的适用条件的表述,“按照其最重的刑罚处断”是对其处断规则的表述。显然,该罪数处断规定的适用条件和处断规则完整地规定在一个条文中。这种做法较为普遍。《西班牙刑法典》第74条第1项,《荷兰刑法典》第55条、第56条,《瑞士联邦刑法典》第68条第1款,《冰岛刑法典》第77条第2款,《阿根廷刑法典》第54条,《哥伦比亚刑法典》第31条,《哈萨克斯坦共和国刑法典》第13条,以及《意大利刑法典》第81条第1款均是采用这种表达方式。

罪数处断规定的适用条件与处断规则不是完整地规定在一个条文中,而是分开规定在两款中,即为罪数处断规定的适用条件与处断规则的单述。例如,《智利刑法典》第75条第1款规定:“在一个行为构成两个或者更多犯罪,或者一个行为是实施其他行为的必要手段的情况下,不适用前条之规定。”该款规定了罪数处断规定的适用条件,但并未明确其处断规则。其处断规则是通过该条第2款表述的,即“在这些情况下,适用对其中最严重的犯罪之刑罚的高阶等级”。又如,《波兰刑法典》第11条第2款规定了竞合犯处断规定的适用条件和一定的处断规则,但对其处断规则没有作出完整的规定,第3款进一步规定了处断规则,即“法院应当在这些竞合条款中选择最重的刑罚予以适用”。《德国刑法典》第52条也是采用这种做法。

四、国外罪数处断规定的立法技术可为我国借鉴的经验

我国刑法典分则中的罪数处断规定关涉的罪数形态大多是想象竞合、法条竞合和牵连犯,司法实践中难以认定和处断不一的也主要是这三种罪数形态。通过上文对国外罪数处断规定的比较考察,可以发现,国外有关想象竞合、法条竞合和牵连犯的罪数处断规定的立法技术确有值得我国借鉴的经验。

(一)想象竞合、法条竞合、牵连犯处断规定的"总则集中立法模式"可为我国借鉴

前已述及,有的国家如德国、日本、瑞士、冰岛、智利等国的刑法对于想象竞合的处断规定采取"总则集中立法模式";有的国家如意大利、荷兰、俄罗斯、阿根廷等国的刑法对于法条竞合的处断规定采取"总则集中立法模式";有的国家如日本、西班牙、智利等国的刑法对于牵连犯的处断规定采取"总则集中立法模式"。笔者认为,这种"总则集中立法模式"与我国"分则分散立法模式"相比,有更多的优点,可为我国刑法借鉴。

第一,想象竞合、法条竞合、牵连犯的处断规定采用"总则集中立法模式"可以"一揽子"解决想象竞合、法条竞合、牵连犯的处断规则问题,具有更强的适应性。因为刑法典总则对分则的解释和适用具有指导、规范或约束的功能,所以,无论分则中哪一种具体犯罪,只要涉及想象竞合、法条竞合、牵连犯,就可以适用总则规定来处断,这就避免了"分则分散立法模式"下想象竞合、法条竞合、牵连犯的处断规则只能适用于其所依附的个罪与其他犯罪的竞合或牵连问题。因此想象竞合、法条竞合、牵连犯的特征及其处断规则采取"总则集中立法模式",具有更强的适应性。

第二,想象竞合、法条竞合、牵连犯的处断规定采用"总则集中立法模式"可以避免刑法典分则条款因刑法修正而不断增多,控制分则条款的数量,符合法典精简的技术要求。我国刑法立法实践证明,想象竞合、法条竞合、牵连犯的处断规定采取"分则分散立法模式",会导致该类处断规定在刑法典分则中不断增多,重复性规定不断出现;而采用"总则集中立法模式",在刑法典总则中专条规定想象竞合、法条竞合、牵连犯的处断规则,既可以使想象竞合、法条竞合、牵连犯的认定与处断有明确的法律依据,又可以适当减少分则条款的总数量,避免分则条款之间不必要的重复,因而在立法技术上符合法典精简的要求。

第三,想象竞合、法条竞合、牵连犯的处断规定采用"总则集中立

法模式”,可以避免对想象竞合、法条竞合、牵连犯的处断规定进行多次立法,从而节约立法资源。由于对罪数处断规定采取“分则分散立法模式”,会使该规定依附于个罪,不能适应于其他个罪与他罪的竞合或牵连问题,因此不可避免地导致对其多次立法、重复性立法;而采用“总则集中立法模式”,对罪数处断规定在总则中设专条一次性规定,其就可适用于分则任何想象竞合、法条竞合、牵连犯的认定与处断,即使以后通过刑法修正案新增的个罪出现与他罪的竞合或牵连问题,也同样适用该规定,无须再在该新增个罪之后重复作出此种处断规定,这就避免了针对想象竞合、法条竞合、牵连犯的处断规定出现多次立法、重复规定的情况,有利于节约立法资源。

第四,想象竞合、法条竞合、牵连犯的处断规定采用“总则集中立法模式”可以保证竞合犯、牵连犯的处断规定及其适用的确定性、稳定性、预测可能性。“刑法作为国家的裁判规范,应该以法的安定性为指导原理。”①法的安定性要求成文刑法典具有稳定性。因为刑法规范的稳定性能带来其适用上的确定性,也能保障国民的预测可能性,还能形成司法权威。想象竞合、法条竞合、牵连犯的处断规定采用“分则分散立法模式”,会使刑法没有明确规定处断规则的其他想象竞合、法条竞合、牵连犯的处断处于一种不确定的状态,既可能影响刑法的安定性和国民的预测可能性,又可能造成司法实践对竞合犯、牵连犯处理的不统一、不协调,影响刑事司法的权威性。采用“总则集中立法模式”可以使分则中所有的竞合犯、牵连犯都依照总则的原则性规定进行认定与处断,这既可以保证分则中所有的竞合犯、牵连犯有确定的认定标准与适用规则,使其认定与处断处于一种稳定的状态,而且能保障国民对自己所实施的行为在定罪处罚上的预测可能性,同时能够规范法官对于竞合犯、牵连犯问题的统一处理,维护司法权威。

① [日]大塚仁:《刑法概说(总论)》(第3版),冯军译,中国人民大学出版社2003年版,第20页。

(二)将罪数处断规定置于刑法典总则“刑罚”域的模式可为我国借鉴

前已述及,国外罪数处断规定的法条定位模式有三:一是将罪数处断规定置于刑法典总则“犯罪”域模式;二是将罪数处断规定置于刑法典总则“刑罚”域模式;三是罪数处断规定不完全置于刑法典总则“犯罪”域模式。其中,罪数处断规定的法条定位于“刑罚”域为多数国家采纳。笔者认为,定位于“刑罚”域的模式可为我国借鉴。理由是:虽然想象竞合、法条竞合、牵连犯等罪数处断规定的处断规则如“从一重罪处断”“从一重罪从重处断”等涉及定罪问题,但是,若其只是解决定罪问题,则依照个罪的构成要件分析便可,无须规定该规则,而“从一重罪处断”“从一重罪从重处断”显然是选取数罪中较重的刑罚来定罪,或者说选取重罪是为了解决一行为触犯数罪名或有关联性的数行为触犯数罪名的刑罚处罚问题,因此该规则的规定最终是为了解决犯罪人的刑罚处罚问题。既然如此,其就应置于刑法典总则的“刑罚”部分。正如有的学者所言:“罪数论·竞合论是在实体法上经过了对某一行为的违法、责任的判断阶段后,为量刑提供基础的领域的讨论”①;“竞合论所处理的问题,并非构成要件该不该当的问题,亦非罪成不成立的问题,而系以数被该当之构成要件为基础,确认可罚性之法律效果决定问题。”②

(三)法条竞合与想象竞合的处断规定分开表述模式可为我国借鉴

国外关于法条竞合与想象竞合的处断规定在表述上既有合并表述

① [日]只木诚:《罪数论·竞合论》,载山口厚、甲斐克则编:《21世纪日中刑事法の重要课题》,成文堂2014年版,第73页。转引自张明楷:《罪数论与竞合论探究》,载《法商研究》2016年第1期。

② 柯耀程:《刑法竞合论》,中国人民大学出版社2008年版,第11页。

模式,如《瑞士联邦刑法典》第 68 条第 1 款、《阿根廷刑法典》第 54 条的规定,也有分开表述的模式,如《意大利刑法典》第 15 条、《荷兰刑法典》第 55 条、《俄罗斯联邦刑法典》第 17 条第 3 款和《哈萨克斯坦共和国刑法典》第 13 条第 3 款设专门条款规定法条竞合,从而与想象竞合分开规定。笔者认为法条竞合与想象竞合分开表述模式值得我国刑法借鉴。因为法条竞合与想象竞合虽然同属于一行为触犯数罪名的竞合犯,但二者的构成特征毕竟存在着区别,不可混同。既然如此,其竞合特征与处断规则在表述上应有不同,所以当刑法对法条竞合和想象竞合作出规定时,分开规定各自的竞合特征和处断规则较为合适。

在法条竞合与想象竞合分开规定的情况下,对于法条竞合及其处断规则、想象竞合及其处断规则应如何表述的问题,意大利刑法与荷兰、俄罗斯、哈萨克斯坦等国刑法的做法不同。意大利刑法将法条竞合、想象竞合分别置于不同章、不同条文中规定(第 15 条、第 81 条),而荷兰、俄罗斯、哈萨克斯坦等国刑法将二者置于同一条规定。笔者认为,荷兰、俄罗斯和哈萨克斯坦等国刑法的做法值得我国刑法借鉴。因为法条竞合与想象竞合毕竟同属于竞合犯,刑法规定其处断规则,都是为了解决其刑罚处罚问题,所以将二者的特征与处断规则置于同一刑法条文中规定,有利于对二者进行比较与解释,使其更好地适用于司法实践。①

五、结　　语

《刑法修正案(九)》《刑法修正案(十一)》对刑法典分则进行大幅修改,使得新罪大量增设之后,分则罪数处断规定现已增至 39 个。可以预见,今后在积极刑法观的主导下,我国刑法的预防性功能将日益受到重视,轻罪立法还会增多,若对罪数处断规定仍然采用“分则分散立法模式”,分则罪数处断规定也还会继续随之增多。这种依附于个罪

① 参见彭辅顺:《“从一重罪处断”规则的立法模式重构——从刑法分则分散立法模式到总则集中立法模式》,载《辽宁师范大学学报(社会科学版)》2019 年第 6 期。

设立罪数处断规定的“分则分散立法模式”,使有关罪数处断规定的重复性条款增多,在立法的经济性上存在不足,而且也较难满足司法实践对于解决罪数处断问题的普遍性需求。对于司法实践中适用频率较高的有关竞合、牵连关系的罪数处断规定,建议借鉴国外普遍采用的“总则集中立法模式”,将法条竞合、想象竞合、牵连犯的特征与处断规则集中规定于刑法典总则的“刑罚”域,以更好适应我国的实践需要。

The Legislative Technology for Punishment Regulations on Number of Crimes in Foreign Countries: Comparison and Reference

PENG Fushun

[**内容摘要**]对于一行为触犯数罪名、具有关联性的数行为触犯数罪名应如何处断,不少国家的刑法典中均设有指示规定。通过对德国、意大利、日本等14个国家刑法典中罪数处断的指示规定在立法模式、法条定位、法条构成、法条表述等方面进行比较考察可以发现,“总则集中立法模式”为绝大多数国家所采用;将罪数处断规定纳入“刑罚”域的国家占多数;各国罪数处断规定的法条构成虽然在数量上不尽相同,但基本上都是由适用条件和处断规则构成的,且在法条表述上将这二者合并表述的居多;各国对于不同罪数形态的处断规定既有采用合并表述的做法,也有采用单独表述的做法。在这些国家刑法典中,想象竞合、法条竞合、牵连犯的处断规定的“总则集中立法模式”,罪数处断规定置于总则“刑罚”域的模式,法条竞合与想象竞合的处断规定分开表述的模式,均可为我国刑法借鉴。

[**关键词**]罪数处断规定;立法模式;法条定位;法条表述;立法技术

Abstract: There are regulations of directive as to how to punish a behavior violating multiple crimes and the related behavior violating multiple crimes in the criminal codes of many countries. By a comparative study of the regulations on the number of crimes in the criminal codes of

14 countries including Germany, Italy, and Japan in terms of legislative mode, legal article positioning, legal article composition, legal article expression, we can find that the "centralized legislative model of general provisions" is adopted by the vast majority of countries; the punishment provisions on number of crimes are placed in the "penalty" field in most countries; although the number of legal provisions on the number of crimes varies from country to country, it is basically composed of applicable conditions and punishment rules, and most of their legal expressions are combined. The sanctions for different forms of crimes have adopted the method either the combined expression or the separate expression in various countries. In the criminal codes of these countries, the "centralized legislative mode of general provisions", the "penalty" field of general provisions, and the separate expression of the "overlap of laws" and "concurrence of imagination" can be used for reference in China's Criminal Law.

Keywords: punishment provisions on the number of crimes; legislative model; legislative positioning; legislative statement; legislative technology

〔比较刑法〕

体系视角下对刑法上恐怖主义概念的厘清

黄礼登*

目　　次

一、问题的提出

在中国的刑法典中,“恐怖活动”一词出现22次,“恐怖活动犯罪”一词出现2次(总、分则各一次),“恐怖主义”一词出现9次,“恐怖主义犯罪”出现1次(分则第311条)。这就出现几个需要澄清的问题:刑法中的“恐怖主义”一词的含义是什么?“恐怖活动犯罪”与“恐怖主义犯罪”之间是什么关系?刑法中的“恐怖主义”概念应与其他法律中“恐怖主义”概念保持相同内涵吗?

从现有研究成果看,有学者认为应当将社会政治学意义上的“恐

* 西南财经大学法学院副教授、法学博士。

怖主义”概念转变为刑法意义上的“恐怖活动犯罪”概念。[①] 显然,持此观点的学者认为刑法上不必再使用“恐怖主义”的概念。还有学者承认“恐怖主义”也是法律术语,但将恐怖主义犯罪与恐怖活动犯罪相等同。[②] 与此相反,有学者在刑法上将恐怖活动理解为具有恐怖主义性质的一系列严重行为,这说明其认为二者并不能等同。[③] 刑法学者对刑法上的“恐怖主义”进行定义时大多直接援引《反恐怖主义法》(以下简称《反恐法》)第 3 条对“恐怖主义”的定义,[④]但在该定义的约束下“恐怖活动”的内涵与公安机关发布的刑法解释性质的规范性文件中关于“恐怖活动犯罪”的定义有较大差异,后者显然对于刑法上“恐怖主义”的内涵有着影响。因此,澄清刑法中“恐怖主义”的含义,对于界定具体恐怖主义犯罪的形象和构成要件必不可少,同时对于恐怖活动犯罪的认定也非常重要。

本文将从国际公约、普通刑法、《反恐法》以及域外相关国家法律规定进行分析,论证刑法中“恐怖主义”的既有内涵和应然定义,并探讨该定义对于刑法适用的影响。

二、钩沉:法律规范中恐怖主义的概念

(一)恐怖主义概念在国际公约中的定义

在《刑法修正案(九)》通过以前,狭义的刑法即刑法典中尚未出现“恐怖主义”这个概念。但是在我国参加的反恐国际公约中,却能够觅到该概念的踪影。我国签署的国际公约属于国家认可的法律规范,其

---

① 参见高铭暄、张杰:《关于我国刑法中“恐怖活动犯罪”定义的思考》,载《法学杂志》2006 年第 5 期。

② 参见康海军:《反恐刑事特别程序研究》,南开大学出版社 2016 年版,第 18 页。

③ 参见贾宇主编:《刑法学》(下册 · 各论),高等教育出版社 2019 年版,第 40 页。

④ 参见周光权:《刑法各论》(第 3 版),中国人民大学出版社 2016 年版,第 170 页。

中的刑事条款属于我国广义上的刑法。[①] 这些反恐国际公约均没有对恐怖主义直接进行定义,一般只是将所列举的行为方式作为恐怖主义的一部分表现。

但是,1999 年 12 月 9 日制定的《制止向恐怖主义提供资助的国际公约》中含有关于恐怖主义的间接定义。该公约第 2 条第 1 款通过(a)项和(b)项对被资助行为进行了具体化界定。(a)项将本公约附件所列 9 个反恐公约中规定为犯罪的行为确定为属于本公约中被资助的行为;(b)项对被资助行为的基本属性进行了描述,即意图致使平民或在武装冲突情势中未积极参与敌对行动的任何其他人死亡或者重伤的行为,如果这些行为因其性质或相关情况旨在恐吓人民,或迫使一国政府或者一个国际组织采取或者不采取行动。[②] 资助这些行为就是属于《制止向恐怖主义提供资助的国际公约》所规定的资助恐怖主义的行为。我国 2001 年签署了该公约,2006 年 2 月 28 日全国人大常委会批准了该公约。因此该公约中对恐怖主义间接进行的定义对我国是有约束力的。

这个定义有几个关键点值得注意:一是行为的对象是人而不是物或设施;二是没有将行为限定为暴力、威胁行为,诸如投毒等行为方式也是可以被涵摄进来的;三是行为的目的是恐吓人民、胁迫政府或国际组织;四是没有要求行为具有政治上、宗教上或者意识形态上的动机;五是没有要求行为必须是多人实施的。

显然,对恐怖主义具体行为方式不进行限定,以及不做政治上、宗教上的动机的要求,是有其合理性的,因为国际社会对于恐怖主义的刑

① 相关教科书一般仅将刑法典、单行刑法和附属刑法列为广义的刑法,没有提到国际公约。但从作为刑法的存在和表现形式的渊源来说,经国家认可的国际公约被学者界定为刑法的"正式渊源",由于不能直接援引其作为定罪判刑的依据,所以其是一种"间接渊源"(参见牛克乾:《刑事法官视野中的刑法渊源》,载《法律适用》2010 年第 1 期)。鉴于在上述意义上国际公约也属于刑法的渊源,因此本文将其列入广义的刑法范围。

② 参见任筱锋、郑宏、梁巍编:《国际反对恐怖主义公约汇编》,世界知识出版社 2015 年版,第 232 页。

法斗争往往会囿于各种复杂因素而做最大限度的妥协。但是将恐怖主义的行为对象限定为人过于狭窄,这会使很多恐怖主义犯罪的罪名难以成立,因为针对公共设施进行破坏比如炸毁大桥同样可以在民众中产生恐怖效应。从这个意义上讲,国际反恐公约中有关恐怖主义的界定并不完全适于国内刑事反恐的需要。尽管如此,由于《制止向恐怖主义提供资助的国际公约》对我国是有约束力的,我国国内一般以转化的方式适用国际公约,因此我国刑法中恐怖主义的概念应该体现出该反恐公约的精神和内容。

(二)恐怖主义概念在普通刑法中的体现

2015年8月公布的《刑法修正案(九)》第一次出现"恐怖主义"这个词,但"恐怖活动"与"恐怖活动组织"的概念却早已出现在1997年的刑法典文本中。《刑法》并没有对"恐怖主义"下定义。有学者认为,"主义"的本意是一种理论或主张,使用"主义"一词难以把非主义性质的恐怖行为涵盖在内,并且存在惩治思想的隐忧。[①] 这种说法笔者难以苟同,因为"主义"一词同时还有"行为方式"的含义,[②]这说明其有客观属性,并且即便涉及思想主张,刑法惩治的也是宣扬思想的行为。

根据2001年全国人大常委会法制工作委员会关于《刑法修正案(三)(草案)》的立法说明,中国刑法中设立资助恐怖活动罪是对联合国安理会2001年9月29日的1373号决议的落实,该决议明确提到了《制止向恐怖主义提供资助的国际公约》。[③] 由此可见,我国的"资助恐怖活动罪"中被资助的"恐怖活动"这个要素理应符合上述国际公约关于恐怖主义的间接定义。但这种个罪上的关联还不足以为我国刑法上

---

① 参见赵秉志、牛忠志:《〈反恐怖主义法〉与反恐刑法衔接不足之探讨》,载《法学杂志》2017年第2期。

② 参见王同亿主编:《高级汉语词典》,海南出版社1996年版,第1734页。

③ 参见胡康生:《关于〈中华人民共和国刑法修正案(三)(草案)〉的说明》,载《全国人民代表大会常务委员会公报》2002年第1期。

恐怖主义概念的整体内涵给出完整的界定。

《刑法修正案(三)(草案)》的立法说明显示,在危害国家安全犯罪、危害公共安全犯罪、扰乱公共秩序犯罪以及妨害社会管理秩序犯罪这些类罪之下均可以存在恐怖活动犯罪。它们的共同点是侵犯了公共的、群体性的利益。既然这样,那么危害国防利益的行为也就没有理由不纳入恐怖活动的范畴了。但不明确的是,单纯侵犯人身权利或财产权利的犯罪可否构成恐怖活动犯罪。同样不明确的还有,刑法分则内那些根据立法说明可以明确界定为恐怖活动犯罪的罪名,其构成要件是否不需要额外的主客观要素就可以直接被认定为恐怖活动犯罪。

全国人大常委会 2011 年通过的《关于加强反恐怖工作有关问题的决定》(已失效)对恐怖活动进行了定义:"恐怖活动"指的是以制造社会恐慌、危害公共安全或者胁迫国家机关、国际组织为目的,采取暴力、破坏、恐吓等手段,造成或意图造成人员伤亡、重大财产损失、公共设施损坏、社会秩序混乱等严重社会危害的行为,以及煽动、资助或以其他方式协助实施上述活动的行为。该决定虽然已经于 2016 年 1 月 1 日废止,但 2013 年起实施的《公安机关办理刑事案件程序规定》(以下简称《公安刑案程序规定》,已修改)在第 374 条对"恐怖活动犯罪"作出定义时,几乎原封不动地援引了上述全国人大常委会反恐决定中关于恐怖活动的定义,2020 年 7 月 20 日,公安部对该程序规定进行的修改并未触及该定义,这使该定义仍然具有实践意义。

根据该定义,恐怖活动要求有特定的目的、特定的手段和一定的实施方式。恐怖活动可以有三种目的:(1)制造社会恐慌;(2)危害公共安全;(3)胁迫国家机关或国际组织。2014 年的最高人民法院、最高人民检察院、公安部《关于办理暴力恐怖和宗教极端刑事案件适用法律若干问题的意见》(已失效)在认定组织、领导、参加恐怖组织罪时也明文要求这三大目的。恐怖活动采取的手段可以有暴力、破坏、恐吓等。恐怖活动要求造成严重危害社会的后果,或者要求恐怖活动人员意图造成这样的后果。除此之外,煽动、资助或者以其他方式协助实施恐怖活动的行为也算作恐怖活动。

通过对比我国对恐怖活动下的定义和《制止向恐怖主义提供资助

的国际公约》中对恐怖主义所作的间接定义,我们可以发现:首先,在我国的定义中,恐怖活动在主观方面所要求的故意既可以针对人,也可以针对物,乃至可以针对某些无形的系统比如网络,而国际公约中要求的主观故意(intent)只是针对人;其次,在行为的目的方面两个定义有共同之处,即恐吓民众或胁迫政府或国际组织,但是我国的定义中多出一个"危害公共安全";最后,两个定义中都要求对行为后果具有故意。显然,《制止向恐怖主义提供资助的国际公约》并不能涵盖我国"恐怖活动"的定义的各项要素。这说明:一方面,我国通过国内法转化的方式严格贯彻了该国际公约;另一方面,我国刑法中的恐怖主义内涵实际上更为广泛,还需要进一步厘清。

(三)恐怖主义定义在《反恐法》中的落实

我国首个对恐怖主义作出定义的法律文件是2016年1月1日起施行的《反恐法》(已修改)。根据该法第3条,恐怖主义是指:通过暴力、破坏、恐吓等手段,制造社会恐慌、危害公共安全、侵犯人身财产,或者胁迫国家机关、国际组织,以实现其政治、意识形态等目的的主张和行为。但在之前的一审草案中,恐怖主义被定义为"企图通过暴力、破坏、恐吓等手段,引发社会恐慌、影响国家决策、制造民族仇恨、颠覆政权、分裂国家的思想、言论和行为"①。在二审草案中,恐怖主义被定义为"通过暴力、破坏、恐吓等手段,制造社会恐慌、危害公共安全或者胁迫国家机关、国际组织的主张和行为"②。

将三者对比,我们可以发现几个重要变化:第一,一审草案"企图通过……制造社会恐慌……"这样的表达,说明引发社会恐慌等属于所追求的目的,而非一种现实状态,而二审稿和正式定义均删除"企

① 王爱立主编:《中华人民共和国反恐怖主义法解读》,中国法制出版社2016年版,第404页。

② 王爱立主编:《中华人民共和国反恐怖主义法解读》,中国法制出版社2016年版,第408页。

图”二字。从文字句法看,立法者由此将“制造社会恐慌”等塑造成了一种客观的行为或后果要素,但这会让恐怖主义犯罪的成立门槛大为提高。第二,正式定义增加了“侵犯人身财产”的表述,这使得恐怖主义的针对对象更加扩大。第三,一、二审草案中均没有规定恐怖主义要实现政治、意识形态等目的,而正式定义中明文提出了这一点,这一方面说明立法者认识到了上面第一点所说变主观目的为客观要素的做法存在缺陷,另一方面说明立法者并没有回归《反恐法》一审草案“企图……”这句话所表达的目的上,而是清晰地另行规定了“政治、意识形态等目的”。

根据2018年“两高两部”《关于办理恐怖活动和极端主义犯罪案件适用法律若干问题的意见》(以下简称2018两高两部《意见》)的解释,《反恐法》中的定义直接制约着司法机关办理涉恐刑事案件时对恐怖活动组织和恐怖活动人员的认定。但问题并没有得到彻底解决,因为2018两高两部《意见》并没有规定刑法中的“恐怖主义”或“恐怖主义犯罪”的认定也必须严格遵循《反恐法》的定义。实践中对恐怖主义的认定标准也不太明确,办案机关有时仅仅依据标志、旗帜等图案径直将有关暴力行为认定为恐怖主义,将传播含有这样标志或图案的载体的行为认定为宣扬恐怖主义思想。①

不仅如此,《公安刑案程序规定》(2020年7月新修正)第385条关于“恐怖活动犯罪”的定义还与《反恐法》的定义存在一定的冲突。根据公安机关的这个规定,恐怖活动犯罪不需要认定政治或意识形态上的目的,恐怖活动犯罪主观上应当“以制造社会恐慌、危害公共安全或者胁迫国家机关、国际组织为目的”,客观上采取暴力、破坏、恐吓等手段,后果上需要造成人员伤亡、重大财产损失、公共设施损坏、社会秩序混乱等情况(没有造成后果但意图造成这样的后果也可以认定),同时

① 参见北京市高级人民法院二审刑事裁定书,(2017)京刑终196号。该裁定书在证据部分载明公安机关依据“伊斯兰国”旗帜和标志认定相关视频涉及宣扬恐怖主义、极端主义思想,同时载明公安机关认为“该认定标准暂无明确固定的文件规定,但所有涉及暴力内容的案件审查均以此为标准”。

煽动、资助和以其他方式协助实施上述活动的也算恐怖活动犯罪。公安机关的规定虽然在效力上对检察机关和法院没有约束力,但前述2018两高两部《意见》也规定了公安机关关于恐怖活动组织和人员认定的意见可作为法院办案的参考,如果检察机关和法院关于恐怖主义的理解从根本上存在差异,会造成巨大的资源浪费。况且公安机关对该程序规定的修正是在《反恐法》实施4年多以后新近发生的,就不可能不注意到《反恐法》的相关规定。因此有必要从学理上将上述关于恐怖主义"目的"的冲突化解开。

对此,我们可以从作为主观要素的"意图"一词来切入。根据故意理论中的"意志说",故意必须同时具有认识要素和意志要素。① "意图"所表达的意志上的"欲"是以认识上的"知"为前提的。中国刑法学者认为,故意的认识内容是对构成要件事实的认识②。那么,恐怖主义犯罪的行为人应当认识到恐怖主义行为的哪些客观要素呢?

根据《反恐法》,恐怖主义行为需要客观上制造社会恐慌、危害公共安全、侵犯人身财产,或者胁迫国家机关、国际组织。从法条语句看,"制造""危害""侵犯""胁迫"更多描述的是一种行为样态,再加上定义中明确要求的"暴力""破坏""恐吓"等手段,这样恐怖主义行为就额外有了具体的手段表现形式。这种"手段+行为样态"两方面的要求,与《公安刑案程序规定》其实是一致的。该规定中的"恐怖活动犯罪"定义同样要求"暴力""破坏""恐吓"等手段,同时要求客观上"造成人员伤亡、重大财产损失、公共设施损坏、社会秩序混乱等严重社会危害"或者主观上"意图"造成此种危害。"意图"造成确定的行为后果,就要求行为手段需要具备客观行为样态,比如人员伤亡就意味着实施了侵犯人身的行为,而社会秩序混乱的后果对应着制造社会恐慌的行为。既然恐怖主义犯罪故意中的认识内容是一致的,那么他们故意中的意志也应当是一致的。《公安刑案程序规定》中"恐怖活动犯罪"

① 参见[日]大谷实:《刑法讲义总论》,黎宏译,中国人民大学出版社2008年版,第149页。

② 参见张明楷:《刑法学》(上),法律出版社2016年版,第252页。

定义中的"意图"一词,实际上就是对故意中意志要素的一种强调。《公安刑案程序规定》是在规定具体"目的"之外,同时使用了"意图"一词,也说明并非将"意图"视为作为主观超过要素的"目的",而仅仅是"故意"的内容。在这种理解下,《反恐法》中的恐怖主义定义除了"实现其政治、意识形态等目的"这一主观超过要素,其他主客观要素均能与《公安刑案程序规定》中恐怖活动犯罪的内涵高度契合。因此,在刑法中能否直接适用《反恐法》中的恐怖主义定义,就应当重点厘清刑法中的恐怖活动犯罪或恐怖主义犯罪是否需要上述额外的政治性目的。

(四)小　结

在我国所参加的国际公约中可以间接地找到关于恐怖主义的定义,但是由于其凝聚的是国际社会最低限度的共识,故并不完全适合国内打击恐怖主义的需要。国内刑法司法文件上有关恐怖活动犯罪的定义呈现了"手段+样态+目的"的主客观构成,奠定了确定刑法典上恐怖主义定义的形式和实质基础。《反恐法》上的恐怖主义定义在要素上除了政治性目的之外,与恐怖活动犯罪定义具有内在融洽性。

三、索隐:其他国家关于恐怖主义的定义

(一)英国关于恐怖主义的定义

英国有大量的反恐怖主义的法律,2020年一年就制定有四部反恐的制定法文件(statutory instruments)。[①] 最新的反恐方面的英国基本

---

① 分别是"The Terrorism Act 2000 (Proscribed Organisations) (Amendment) Order 2020""The Terrorism Act 2000 (Proscribed Organisations) (Amendment) (No. 2) Order 2020""The Counter-Terrorism and Border Security Act 2019 (Commencement No. 1) Regulations 2020""The Terrorism Act 2000 (Video Recording with Sound of Interviews and Associated Code of Practice) (Northern Ireland) Order 2020"。

法律(UK Public General Acts)是 2019 年制定的《2019 反恐怖主义及国界安全法案》(*Counter-Terrorism and Border Security Act* 2019)。英国对于恐怖主义的定义几乎只见于历年的这些反恐怖主义法案或制定法文件中。2000 年《恐怖主义法案》的第 1 条对恐怖主义作出了定义,根据法条的综合表述,恐怖主义是为了实现政治的、宗教的、其他意识形态的目的,为了影响政府、恐吓公众或恐吓公众中的一部分,使用或者威胁使用针对人身的严重暴力行为、严重损害财产的行为、危及行为人以外他人生命的行为、对公众或公众中一部分人的健康和安全构成严重风险的行为,企图严重侵入或严重破坏电子系统的行为。① 定义中特别使用了"影响"一词而非"强制",说明对胁迫的程度要求较低。此外,该定义还特别提及不论是否旨在影响政府或恐吓公众但使用武器或者爆炸物的行为,那么在上述条件中即便不满足"为了影响政府或者恐吓公众"这个要求,也属于恐怖主义。这个定义在英国后来的反恐怖主义立法中仍然得到了认可和贯彻。英国 2006 年的《恐怖主义法案》第 34 条专门对上述 2000 年的恐怖主义定义进行了修订,在"影响政府"这个表述后面加上了"国际政治组织"(international governmental organisation),使之更加全面。②

在英国脱欧以前,欧盟理事会 2002 年的《打击恐怖主义的框架决议》对英国有约束力,这使得英国在对自己的恐怖主义定义进行解释的时候,也要遵循欧盟定义的精神,但这并不妨碍它在国内法上同时有着自己的定义。在脱欧以后,英国国内法上的定义起到了完全主导的作用。

英国法律中恐怖主义的定义不仅要求满足于客观特征,同时要求主观上有一定的目标设定(如政治性的、宗教性的或者一般意识形态上的目标),而且要求追求行为的具体效果,即影响政府或者恐吓公

---

① 法条参见英国:《2000 年恐怖主义法》,载英国立法网,https://www.legislation.gov.uk/ukpga/2000/11/contents。

② 法条参见英国:《2006 年恐怖主义法》,载英国立法网,https://www.legislation.gov.uk/ukpga/2006/11/contents。

众。但是该定义也给出一个例外，即在客观上是使用武器或爆炸物的情形下，可以不要求具有这种效果追求。对比英国和中国反恐法律中对恐怖主义的定义，我们可以发现，英国恐怖主义的定义中有"目的"要素，中国恐怖主义的定义中也要求有政治或意识形态上的"目的"，二者基本一致。但是英国所要求的"为了影响政府或者恐吓公众"显然也是一种追求现实恐怖主义效果的主观要素，我们可以将其理解为一种为了最终实现政治性目的的中间目的，而在我国《反恐法》的定义中，由于没有"为了、企图"等表述，所以影响政府、恐吓公众等现实效果是一种客观要素。当然它同时应当有相对应的主观意志。

（二）美国关于恐怖主义的定义

和英国反恐法律中大体贯穿相同的关于恐怖主义的定义不一样，美国各种法律文件中存在大量关于恐怖主义的定义，有些规定在法律中，有些规定在行政规定中，有些甚至出现在政府文件内。在联邦法律内，据统计，在20世纪90年代上半期，一共存在22个关于恐怖主义的定义。[①] 比如2001年《爱国者法案》（USA PATRIOT Act）这样定义国内恐怖主义：主要发生在美国的司法领域内，包括美国联邦或州刑法上的威胁人生命的暴力行为，其意图在于对平民进行恐吓或强制，通过威胁或强制来影响政府的政策，或者通过大量破坏、暗杀或者绑架来影响政府的行为。《爱国者法案》由于其定义过于宽泛而受到批评，因为它很容易将抗议或示威行动涵盖在内。[②]

《美国联邦法典》（U. S. C. ）在刑事法部分没有单独对恐怖主义作出过定义，但有时采用了抽象定义外加列举法定构成要件的方式来进行界定，只有既符合抽象定义又满足所列举的构成要件时才能被归为恐怖主义犯罪。《美国联邦法典》第2332b条第5款将"联邦恐怖主义

① See Perry 30 Jounal of Legislation (2003/2004),249 (273).

② See Whitehead/aden 51 American University Law Review (2002),1081 (1093); Chemerinsky 51 UCLA Law Review (2004),1619 (1623 f.).

犯罪(Federal crime of terrorism)”定义为:基于这样的目的,即通过恐吓或者强制来实施影响、损害政府的行为,或者针对政府的行为实施报复,并且同时违反了下述法律规定之一(比如《保护航空、核设施和不受绑架法》)。《美国联邦法典》在有的地方还直接采用列举具体犯罪行为的方式,将其归为恐怖主义犯罪,比如该法典第 2339 条规定隐匿恐怖分子属于恐怖主义犯罪。还有的地方,法条并没有提及恐怖主义的字样,但是根据其行为严重程度将其归为恐怖主义犯罪,比如《美国联邦法典》第 2332 条 a 所规定的使用大规模杀伤性武器。

美国虽然有大量明确的关于恐怖主义的定义,但是都是有其特定的适用领域的,这种做法的好处是可以针对具体情况进行相应的规制。但不利之处在于在一个法律规范范围内被评价为恐怖主义的行为,很可能在另一个法律规范内就够不上恐怖主义,这说明美国法律中对恐怖主义的定义缺乏总体明晰性。从上面提到的《爱国者法案》和《美国联邦法典》的定义看,恐怖主义客观上要求有暴力破坏行为,主观上要求有恐吓平民或威胁政府的目的,但没有进一步要求具有政治性、宗教性或意识形态上的目的。这并不是说美国学者理解的恐怖主义不需要政治性等目的,从恐怖主义的词义上看,《美国传统大学英语辞典》将其解释为“对武力或者暴力的非法使用或者威胁使用,一个人或者一个有组织的集团以威胁或者胁迫社会或者政府为目的而危害人类或财产,常带有意识形态或政治原因”。我国学者分析,该定义实际上将主观因素的政治目的具体化为“威胁社会或者政府”。[①] 这一点和英国的做法并不相同。美国刑法文件中要求恐怖主义行为首先是违反某项法律刑事条款的行为颇有特色。其模式相当于一般刑法犯罪行为加上特定的目的就构成了恐怖主义犯罪行为。

(三)德国关于恐怖主义的定义

德国的反恐怖主义法律体系由诸多分散在不同法律中涉及反恐

① 参见段作瑞主编:《反恐怖主义法学》,法律出版社 2019 年版,第 103 页。

的条文综合组成。虽然有一部《打击恐怖主义法》(Terrorismusbekämpfungsgesetz),但这是典型的外套法(Mantelgesetz,又被称为法条法〈Artikelgesetz〉或者公共汽车法〈Ominibusgesetz〉),即它就一个主题对涉及的各项不同法律进行修改,将修改的条款综合在一起命名为一部法律。《打击恐怖主义法》有一个明确的有效期,通常为5年,然后在到期前决定是否延长,目前该法的有效期到2021年1月10日。德国的《打击恐怖主义法》和其他有关的反恐怖主义的法律规定,均没有对恐怖主义作出过定义。

在没有国内法定义的情况下,德国对具体法律规定的设计就较为灵活。比如其刑法典第129条a规定的建立恐怖主义组织罪,条文中没有一个有关恐怖主义的文字。第1款的罪状要求行为人建立或参加旨在实施谋杀、杀人、掳人勒索、扣作人质等所列举罪行的组织,即构成建立恐怖主义组织罪。因此恐怖主义组织要素的判断,依赖于该组织是否以实施特定严重犯罪行为为目的,而不需要具备政治性目的。但是欧盟理事会于2002年6月13日通过了《打击恐怖主义的框架决议》,该决议对恐怖主义犯罪及相关概念作出了定义(以下简称欧盟定义),德国为了贯彻欧盟理事会的决定,对刑法典第129条a进行了修订,与第1款相比,第2款列举了不法程度较低的行为,比如破坏计算机、毁坏建筑物、纵火等,规定建立或参加旨在实施这些行为的组织,并且实施这些行为需要具备下列的一项特别目的:(1)严重恐吓居民;(2)非法以暴力或暴力威胁强制国家机关或者国际组织;(3)废除或严重损害国家或国际组织政治的、宪法规定的、经济的或社会的基本结构。除此之外,第2款列举的这些行为还应当具有因其实施方式或效果对国家或国际组织造成严重损害的可能性。符合上述条件才能构成建立恐怖组织罪,第2款的构罪条件显然比第1款更多,要求构成建立恐怖主义组织罪需要相应的目的要素以及具体行为在政治上的危害适格性。

欧盟理事会2002年6月13日的《打击恐怖主义的框架决议》就恐怖主义犯罪的定义在很大程度上影响了德国反恐刑法的设计。从《德国刑法典》第129条a的结构和内容上看,其第2款和第3款都是对欧盟《打击恐怖主义的框架决议》的落实。对于欧盟决议所列举的各种行为,德国的立法者通过已有的相应具体罪名来落实。第 129 条 a 第 3 款就是对欧盟定义最后一项,即威胁实施各项行为的落实。

这里有几个要注意的地方:一是《德国刑法典》在第 129 条 a 第 1 款对谋杀、杀人、灭绝种族犯罪,反人类犯罪和战争犯罪,掳人勒索和扣作人质的行为人没有要求相应的目的,这说明立法者在这里对恐怖主义组织的认定标准仅仅在于具体行为类型和严重程度;二是欧盟的定义列举了众多恐怖主义的行为类型,而没有提出抽象的行为标准,这导致德国国内法也采取一一对应的方法来规范相应的行为,在这种情况下,恐怖主义的具体行为类型较少,并非所有侵犯人身或财产的行为都可以成为恐怖主义行为;三是欧盟定义中特别要求恐怖主义行为应当具有损害国家或国际组织的适格性(Eignung),这项要求同样落实到《德国刑法典》第 129 条 a 第 2 款中,因此第 2 款从立法技术上讲属于刑法理论上的"足以犯"(Eignungsdelikt)。[①] 它不要求出现损害国家或国际组织的具体后果,需要法官根据案情来具体判断是否可能导致这样的后果。

欧洲议会(European Parliament)和欧盟理事会(Council of the European Union)于 2017 年 3 月 15 日通过了替代 2002 年《打击恐怖主义的框架决议》的《打击恐怖主义法令》[Richtlinien(EU) 2017/541]。该法令在第 3 条对恐怖主义犯罪(Terroristische Straftaten)作出了定义,并且对哪些行为属于恐怖主义犯罪进行了列举。2020 年 9 月 30 日,欧盟委员会(European Commission)就成员国贯彻《打击恐怖主义法令》的情况发布了一份报告。报告指出,该欧盟法令第 3 条要求各成员国在国内法上将特定的行为贴上"恐怖主义犯罪"的标签,但是德国并没有在国内法上将上述欧盟法令所列举的行为规定为恐怖主义犯罪,在国内法上仅仅是将资助恐怖主义的行为和与恐怖主义组织有关

① Zöller, Terrorismusstrafrecht, Heidelberg, 2009, S. 141. 学界通常以"适格犯"来翻译该德语术语,"足以犯"译法的理由,参见黄礼登:《危险犯的第三类型探析》,载《光华法学》2016 年第 1 期。

的犯罪明确界定为恐怖主义犯罪。[①] 可见，德国的现行国内刑法中有关恐怖主义犯罪的规定，除了贯彻自己的立场外，目前基本上仍然以2002年欧盟《打击恐怖主义的框架决议》为基础。

（四）小　结

从英、美、德三国的法律规定和实践看，英国的国内法对恐怖主义的定义基本上是统一的，美国在不同的法律中有不同的关于恐怖主义的定义，而德国国内法上没有恐怖主义的定义，但是其贯彻了欧盟法律中关于恐怖主义的定义。就客观要素而言，英国的要求较为抽象，美国列举了具体的行为方式，而德国不仅列举了具体的行为方式，还列举了具体的罪名作为恐怖主义犯罪的客观表现。此外德国还有一项独特的要求，即所列举的特定行为客观上应具有损害国家或者国际组织的适格性。从主观要素看，一般要求有政治性目的，但有直接目的和最终目的这样层次上的差异，英国在立法上就坚持了这样的二分法。但美国和德国只要求实现恐吓民众、威胁政府等直接目的，不过在理论上承认政治性目的可以体现在直接目的之中。此外，英、美、德三国均规定有不需要界定主观目的就可以定性为恐怖主义犯罪的情况。

四、攻玉：我国刑法上恐怖主义的应然内涵

有人统计出共有22种要素出现在不同的恐怖主义定义中。[②] 有些要素显然不适合于刑法领域，比如“战斗方法、战略和策略”以及“作恶者为集团运动或组织”。刑法中的“恐怖主义”虽然与《反恐法》中该

---

① Vgl. Eur-Lex, Richtlinie (EU) 2017/541 des Europäischen Parlaments und des Rates vom 15. März 2017 zur Terrorismusbekämpfung und zur Ersetzung des Rahmenbeschlusses 2002/475/JI des Rates und zur Änderung des Beschlusses 2005/671/JI des Rates, https://eur-lex.europa.eu/legal-content/DE/TXT/?uri=CELEX:32017L0541.

② 参见朱建华主编：《刑法分论》（第2版），法律出版社2016年版，第53页。

概念的内涵有紧密关联,但 2018 两高两部《意见》并没有规定前者的认定必须与后者的规定一致,而这个问题的澄清并非没有必要性。一来,《刑法》第 311 条“拒绝提供恐怖主义犯罪证据罪”等罪名中的“恐怖主义”应当得到解释;二来,由于恐怖主义(行为)的内涵显然大于恐怖活动,因此即便按照《反恐法》的定义认定了刑法中的恐怖活动的组织或人员,并不代表同时认定了恐怖主义本身。就像德国那样,可以一方面在刑法典中贯彻欧盟关于恐怖主义的定义,另一方面又同时坚持自己的立场。在确定我国刑法上恐怖主义的应然定义时,有几个重点问题需要具体讨论一下。

(一)体系解释上的要求

就《反恐法》和刑法中的“恐怖主义”这个术语是否应当作一致的理解,我们首先应当从体系解释的角度进行分析。德国学者普珀提出,在进行体系解释时,不应局限于单独孤立地观察某个法律规范,也同时要观察不同规范间的关联,如果一个法律规范和另一个法律规范被共同规定在某个特定法域中,则他们共同形成一个体系。① 这种体系内部有时可能存在内在的矛盾。日本学者京藤哲久指出,统一法秩序视角下的内在矛盾实际就是逻辑法则矛盾以及目的和手段之间的矛盾。② 因此,在不同法律渊源的体系中探寻法律意义时,首先要尊重法律定义,其次要穷尽规则,只有穷尽法律规则不能解决问题时才诉诸法律原则。③ 就具体方法而言,由同一法律衍生出的同一解释规则要求

① 参见[德]英格博格·普珀:《法学思维小学堂——法律人的 6 堂思维训练课》,蔡圣伟译,北京大学出版社 2011 年版,第 51 ~77 页。

② 参见[日]京藤哲久:《法秩序的统一性与违法判断的相对性》,王释锋译,载《苏州大学学报(法学版)》2020 年第 1 期。

③ 参见陈金钊:《体系思维及体系解释的四重境界》,载《国家检察官学院学报》2020 年第 4 期。

相同概念一般应作相同解释。① 陈兴良教授也明确主张,对于刑法中的用语,如果其他法律有规定的,就应当按照其他法律的规定进行理解。除非刑法规定与其他法律规定之间存在不同,对此应当有法律的明文规定。② 但这种观点过于绝对,在没有法律明文规定的情况下,刑法中的概念、术语不受非刑法规范约束并具有自己独立意义的现象不在少数,比如《刑法》第276条之一"拒不支付劳动报酬罪"中的"劳动者",就大于劳动法上的劳动者的含义③,《刑法》第217条"侵犯著作权罪"中的"发行"也大于《著作权法》中"发行"的含义④。日本学者京藤哲久指出,这其实不是逻辑矛盾的问题,而是概念相对性的问题。在不同的范畴、层面上,不同含义的概念的存在并不是不妥当的。⑤

刑法和《反恐法》的目标是一致的,都是为了防范和惩治恐怖活动,维护国家安全、公共安全和人民生命财产安全,这一点可以从《刑法修正案(三)(草案)》《刑法修正案(九)(草案)》的立法说明和《反恐法》第1条规定的立法目的中得到清晰的印证。如果刑法中的"恐怖主义"一词不一定和《反恐法》保持一致,那么它应当有其自身的理由和必要性。

(二)目的要素的客观化转变

刑法中的恐怖主义概念在客观上可否只要求实施暴力、破坏、恐

① 参见陈金钊、吴冬兴:《体系解释的逻辑展开及其方法论意义》,载《扬州大学学报(人文社会科学版)》2020年第1期。

② 参见陈兴良:《赵春华非法持有枪支案的教义学分析》,载《华东政法大学学报》2017年第6期。

③ 参见最高人民法院:《指导案例28号:胡克金拒不支付劳动报酬案》,载最高人民法院网2015年2月9日,http://www.court.gov.cn/fabu-xiangqing-13344.html。

④ 参见张鹏:《〈刑法〉第217条"复制发行"概念的解释与适用》,载《知识产权》2018年第4期。

⑤ 参见[日]京藤哲久:《法秩序的统一性与违法判断的相对性》,王释锋译,载《苏州大学学报(法学版)》2020年第1期。

吓等活动,而将“制造社会恐慌、危害公共安全、侵犯人身财产,或者胁迫国家机关、国际组织”统统视为是一种主观目的?在对《反恐法》中恐怖主义的理解上,全国人大常委会法制工作委员会刑法室编著的《中华人民共和国反恐怖主义法解读》(以下简称《反恐法解读》)一书主张的就是这种观点。其认为恐怖主义的直接目的,是通过实施具体的暴力、破坏、恐吓等活动,在社会上制造恐怖气氛,恐吓政府机构、国际组织或社会公众,从而强迫政府、国际组织等从事或不从事某种行为。[①] 由于其编著者的特殊地位,该书的主张应当说是一种权威观点,传递了立法原意。但《反恐法》的二审草案及生效文本将一审草案中“企图通过……手段,引发社会恐慌……”中的“企图”二字删除,表述为“通过……手段,制造社会恐慌、危害公共安全……”,“制造社会恐慌”等要素被客观化的要求非常明显。

从法律解释的角度看,法律一经制定,就是一种客观存在,与立法原意产生了距离,需要根据用语的客观含义作出解释。[②] 不管《反恐法》的恐怖主义内涵如何被解读,就刑法中的恐怖主义的定义而言,坚持“制造社会恐慌、危害公共安全、侵犯人身财产,或者胁迫国家机关、国际组织”是一种客观要素是有其合理性的。第一,这样符合《反恐法》中恐怖主义定义的语义;第二,此类要素客观化会让恐怖主义犯罪的门槛增高,这符合刑法最后手段原则,与其作为《反恐法》的保障法的地位也相适应;第三,在解释论上,这种客观化认定其实和《反恐法解读》一书的立场也可以实现契合。比如当行为人对自己通过爆炸制造社会恐慌有认识时,他主观上对此可以是追求或放任心理,但在实现政治或意识形态目的的引领下,制造社会恐慌等行为实际上是一种实现其目的的筹码,这种目的就决定了他对制造社会恐慌不可能是放任而必然是追求的心理。因此在刑法上坚持恐怖主义需要实现政治性目的的前提下,“制造社会恐慌”等情形成为

---

① 参见王爱立主编:《中华人民共和国反恐怖主义法解读》,中国法制出版社2016年版,第14页。

② 参见张明楷:《刑法学》(上),法律出版社2016年版,第29页。

客观化要素之后,在故意的"意志"内容中,仍然存在相对应的实现该客观要素的主观追求。

(三)政治性目的存在的必要性

对特殊情况下不需要界定主观目的就可以认定为恐怖主义组织的情形,德国的立法理由是这类行为本身已经有了相当的严重性。① 那么,我国可不可以将特别严重的暴力犯罪比如预谋杀人、绑架人质、爆炸等直接认定为恐怖主义犯罪或恐怖活动犯罪呢?从实践中的情况看,有的地方的公安机关认为含有"残缺流血的肢体"内容的视频可能产生恐怖氛围,由此认定传播此类视频属于宣扬恐怖主义,而法院也没有进行政治、意识形态等目的上的认定,直接判处被告人构成宣扬恐怖主义罪。② 这种仅基于血腥、恐怖氛围等客观要素认定恐怖主义的立场,将导致无法区分恐怖主义犯罪和一般暴力犯罪。德国学者有一种观点,认为政治性目的实际上体现在相关行为对公众的恐吓之中,因为它否定了保障公众自由参与公共生活的制度秩序,恐怖主义的现象学中必然含有政治性目的的要素。③ 在我国总体国家安全观的立场上,创造良好生存发展条件和安定工作生活环境是《国家安全法》明文规定的一项维护国家安全的任务。那么对公民生存发展条件和安定工作生活环境的破坏其实质就是威胁国家安全的行为,因而其具有内在的政治性。秉持这样的立场,我们自然可以将严重暴力犯罪视为恐怖主义犯罪。但这样一来,会模糊具体法益对不同犯罪的界分功能,让所有严重的犯罪都成为政治性犯罪。所以,在实质上不要求"政治或意识形态等目的"对于刑法上认定恐怖主义犯罪并不合理。

但我们确实可以在形式上放弃这一要求。因为司法机关认定行为人故意实施了"制造社会恐慌、危害公共安全,或者胁迫国家机关、国

① BT-Drucks. 15/831,S. 1 (6).

② 参见广州市中级人民法院刑事判决书,(2020)粤01刑初150号。

③ Cancio Meliá,GA 159 (2012),12.

际组织"的行为,实际上就相当于对政治性目的进行了推定性认定。通常来说,前述追求背后,一般都隐含着政治性诉求。但也不排除极端情况下行为人仅仅出于报复社会的心理而不是追求上述目的。因此,当司法机关就"政治性目的"进行推定时,应当允许行为人提出反证。在这个意义上,《公安刑案程序规定》中"恐怖活动犯罪"的定义,和《反恐法》中"恐怖主义"的定义并不矛盾,前者是对后者的一种具体落实,其中暗含了认定恐怖活动犯罪的证明路径。

这种对政治性目的进行程序化虚化处理对于推进我国国际刑事司法协助还有一定的好处。政治犯不引渡原则是国际刑事司法协助中的一项基本原则。对政治犯罪不提供调查取证、查封、扣押、冻结涉案财物、移管被判刑人等协助,也为不少国家所认可。[①] 虽然国际社会不懈地对恐怖主义犯罪进行非政治化处理,但相关举措覆盖不足且执行效果不佳,比如有一半的《欧洲制止恐怖主义公约》缔约国保留了将恐怖主义行为视为政治犯罪的权利。[②] 政治性目的是让恐怖主义行为烙上政治犯罪印记的重要因素,在这种情况下,对恐怖主义犯罪政治性目的不进行正面认定,能够在一定程度上淡化该犯罪的政治色彩,从而有助于取得被请求国的协助。当然我们也没有必要走向另一个极端,即为了获得协助而刻意否定恐怖主义犯罪需要政治性目的。

(四)恐怖主义行为的适格性

刑法上恐怖主义概念是否需要行为达到"足以威胁政府或国际组织"的程度,换句话说是否需要"适格性/足以性"要素？否则即便采取

---

① 参见《中华人民共和国国际刑事司法协助法》第 14 条;瑞士《国际刑事司法协助法》第 3 条,载 https://www.admin.ch/opc/de/classified-compilation/19810037/201903010000/351.1.pdf;德国《国际刑事司法协助法》第 73 条规定,请求国可以违背公共秩序原则拒绝提供协助,而公共秩序原则可以涵盖对政治犯罪的优待,Vgl. Harckner/Schierholt, Internationale Rechtshilfe in Strafsachen, Ein Leitfaden für die Praxis, München 2010, S. 179。

② 参见叶俊:《国际恐怖主义犯罪人引渡的法律困境》,上海人民出版社 2015 年版,第 95 页。

了"手段+样态+目的"的定义模式,也可能将危害程度较低的行为认定为恐怖主义犯罪。特别是针对财产的犯罪,使用暴力、威胁等手段抢劫一个人的财物,以此来提出其政治上的主张,这也是满足《反恐法》上恐怖主义的定义的。实践中确有仅仅因为说了一句和恐怖主义有关的话就被认定为宣扬恐怖主义罪的案例。2016年9月4日晚,被告人杨某某在登录某微信群时使用了"本·拉登"头像。一个网友说了句"看,大人物来了"。杨某某于是接了一句"跟我伊斯兰,加入ISIS"。群内对此没有任何回应,大家接着聊其他话题,杨某某本人没有再说其他涉及恐怖主义的话,他的电脑和手机中也没有其他涉及恐怖主义、极端主义的信息。法院认定杨某某构成宣扬恐怖主义、极端主义罪,判处其有期徒刑9个月,并处罚金1000元。该判决受到了部分学者的批评。[①] 观点认为,法院对杨某某主观上有没有政治性目的没有进行判断,在客观层面将这种行为认定为恐怖主义犯罪也不合适,其行为客观上影响不大,不足以造成严重后果。

《反恐法》中关于恐怖活动的定义中所列举的第1项是严重危害社会的行为,就财产而言要求的是"重大财产损失"。《公安刑案程序规定》中关于恐怖活动犯罪的定义也是这样要求的。这说明满足《反恐法》中恐怖主义定义并不意味着就自然满足恐怖活动的定义。恐怖活动的成立门槛比恐怖主义更高,这就提示我们在刑法中确定恐怖主义定义时,可以在其中直接设置这样的门槛。这个门槛使用"足以犯"的立法技术较为合理。

所谓"足以犯",即学界所称的"适格犯",要求行为具备产生一定危险的能力和性质。之所以要作这样的判断,在于很多行为并非天然具有典型的危险性,而只有在具体情况下才会产生需要刑法规制的危险性。所以有德国学者将"足以犯"称为"准抽象危险犯",因为它并不需要对作为一种外部结果状态的具体危险进行判断,只需要判断行为的危险性,但是对行为是否具有典型危险性又无法进行抽象的一般判

① 案例参见北京市第一中级人民法院刑事判决书,(2017)京01刑初45号。对此的批评,参见简琨益:《恐怖主义的刑法规范识别》,载《法学家》2020年第5期。

断,而必须结合具体情况来判断,所以也可以把它看作一种介于抽象危险犯和具体危险犯之间的第三类型的危险犯。① 在刑法中我们要求恐怖主义的行为达到足以导致一定后果的程度,可以让认定标准更加清晰,也与恐怖活动的定义相契合。也只有在这个意义上,我国《刑法》上恐怖主义犯罪和恐怖活动犯罪才可以是同义的。鉴于恐怖主义犯罪与一般犯罪的核心区别在于主观上的政治性目的,而这种目的往往是针对国家和国际组织的诉求,因此在客观上要求行为"足以对国家或国际组织形成威胁"是较为合理的,这样也让恐怖主义犯罪在客观方面也可以和一般犯罪区别开。一个暴恐行为什么时候具有这样的"适格性"呢?可以借鉴德国提出的"损害了公众对于国家提供安全保障的信任"这样一个标准。② 因为在这种情况下,就足以对政府或国际组织形成威胁,国家就有采取刑法手段的必要了。这种客观要素的加入,特别对于宣扬、煽动和帮助恐怖主义类犯罪的成立可以发挥合理的限制作用。

五、结　论

基于体系视角,刑法上的恐怖主义是比一般恐怖主义更为严重的犯罪行为,因此其在概念上应当以《反恐法》的定义为基础,但在客观上应当体现出更重的性质。借鉴德国刑法上对恐怖主义"适格性/足以性"的要求,要求我国刑法上的恐怖主义也达到"足以威胁国家或国际组织"的客观程度是适当的。我国《刑法》唯一一次在第311条提到的"恐怖主义犯罪"从体系上看应当是和刑法中规定的"恐怖活动犯罪"同义,但也只有在恐怖主义犯罪行为具有"适格性/足以性"这一特征时,这一结论才能成立。从主观方面看,划分"(威胁国家或国际组织等)直接目的"和"(政治性)最终目的"并无必要,将"制造社会恐

① 参见黄礼登:《危险犯的第三类型探析》,载《光华法学》2016年第1期。

② Ostendorf, in: Kindhäuser/Neumann/Paeffgen, Strafgesetzbuch Kommentar, Band 1, 3 Auflage, § 129 a, § 129 b, Rn. 6.

慌、危害公共安全、侵犯人身财产,或者胁迫国家机关、国际组织”一律作为恐怖主义的客观行为样态要素,并不妨碍行为人对此需要主观认识和追求,因为这是行为故意的必然内容。同时,《反恐法》及其他域外诸国立法在理论上大都认为恐怖主义应当具备追求政治性目的这一要素,我国刑法在立法目的上不存在显著不同于《反恐法》等法律的价值追求,因此在刑法上坚持恐怖主义需要政治性目的也是合理的,但是对此不必正面证明,概念上已经基于客观要素进行了这样的推定。这种做法和一些域外国家不要求政治性目的也认定恐怖主义犯罪的实践至少在外部形态上具有一致性。

Clarifying the Concept of Terrorism in Criminal Law from the System Perspective

HUANG Lideng

[**内容摘要**]从体系视角观察国际公约、普通刑法、特别刑法和刑法外规范,以及典型域外国家的规定,无论是既有定义,还是基于法条的归纳,恐怖主义概念的主客观要素虽有较大区别,但大体都具有“手段+样态+目的”这样的基本组合。基于故意中认识和意志要素与外部客观要素一致性的要求,不同的表述均能实现客观上手段和样态组合的协调一致,也能解释部分主观要素转变为客观要素的合理性。德国刑法上行为需具有“适格性”这一要求可借鉴为我国恐怖主义概念的客观内容。主观方面的政治性目的是恐怖主义的应然之义,但在刑法上可用推定性认定代替正面证明。

[**关键词**]恐怖主义;定义;恐怖活动;政治性目的;特别刑法

Abstract: From the system perspective, international conventions, ordinary criminal law, special criminal law, other norms beyond criminal law, as well as the provisions of typical foreign countries, are quite distinct from each other in terms of the subjective and objective elements of the concept of terrorism, no matter basing on the existing definition or the induction of the articles. However, the concepts of terrorism share common features in terms of a combination of means, forms, and purposes. Based on the requirement of consistency in the cognition, elements of will in intention, and the external objective elements, different expressions can achieve the coordination between objective means and state combinations, and can also explain the rationality of transforming some subjective elements into objective elements. The requirement for "fitness" of behavior that applied in German criminal law can be used as the objective content of the concept of terrorism in China. In the subjective aspect, the political purpose is the proper meaning of terrorism, but in criminal law, presumption can be used instead of positive proof.

Keywords: terrorism; definition; terrorist activities; political purposes; special criminal law

医师的紧急救助义务及展开[*]

余秋莉[**]

目　次

一、问题的提出

医者,救死扶伤者也! 古人云:"医者不可不仁慈,不仁慈则招非。"(宋·寇宗奭《本草衍义》)。著名的《希波克拉底誓词》有言:"我愿尽余之能力与判断力所及,遵守为患者谋取利益之信条,绝不伤害他人。"①无论是古今还是中外,医师都被寄予了相同的期待,即应循生命至上之理,行治病救人之职。这似乎是天经地义之事! 尤其是在患者处于生命危急的紧急情况下,医师更应争分夺秒、全力以赴地救治患

* 基金项目:安徽省哲学社会科学规划青年项目《生物安全犯罪防控一体化研究》(项目编号:AHSKQ2022D122)。

** 安徽师范大学法学院讲师、法学博士。

① 参见曹斐:《专断治疗行为的刑法规制》,北京大学2015年博士学位论文,第89页。

者。如果医师面对急危患者选择见危不救,致使患者的身体健康、生命法益遭到重大损害,则该医师不仅仅要遭受道德的谴责,而且还可能会面临法律责任甚至刑事责任的追究。

"见危不救",是指对生命、身体健康处于紧急状态的他人能救助而不予救助的行为。一般认为,在满足以下两个要件时即可构成"紧急状态":一是存在生命、身体健康的重大危险性;二是存在"稍有迟延,危险必至"的时间紧迫性。[①] 在我国,一般人的见危不救行为不为罪,但医师被普遍认为对患者负有紧急救助义务,如对急危患者袖手旁观则可论以刑责。但是,对于医师的见危不救行为,司法实践的态度各异:有的追究了刑事责任,有的没有;有的适用此罪,有的适用彼罪;存在入罪标准不够明确、罪名适用并不统一的问题。本文拟通过医师见危不救行为的刑事责任问题的探讨,为司法实践的操作提供参考,同时,也希望在一定程度上督促医师履行紧急抢救义务,引导树立尊重生命、救死扶伤的医学伦理观念。以下,将从医疗实践中的典型案例入手,对医师见危不救问题展开讨论。

案例1:【肖志军拒签案】

2007年11月20日,妊娠41周的孕妇李某某因重症肺炎被其男友肖志军(以夫妻名义同居3年,但未办理结婚手续)送往北京市朝阳医院京西分院救治。医院诊断后表示必须立即手术,否则孕妇及胎儿均会死亡。李某某尚存意识时示意由肖志军决定,但肖志军坚决反对手术,并在手术书上签具"坚持用药治疗,坚持不做剖腹产手术,后果自负"。医院经过多番劝说均无效,并在试图联系李某某的其他家属未果后向上级请示,上级的答复为:无患者家属的同意,不得做手术。医院无奈之下只能放弃手术,最后造成了孕妇、胎儿均双双死亡的悲剧。[②]

① 参见满洪杰:《作为知情同意原则之例外的紧急专断治疗——"孕妇死亡"事件舆论降温后的思考》,载《法学》2008年第5期。

② 参见吕英杰:《"肖志军拒签案"医生的刑事责任分析》,载《政治与法律》2008年第4期。

案例 2:【南江县中医院遗弃案】

2004 年 3 月 30 日,四川巴中市南江县一妇女失足掉入洞内,后被南江县干警救起送往南江县中医院救治。该院院长、副院长等人在对无名氏妇女进行初步诊治后,发现该妇女囊空如洗且无人照料,遂认为该妇女系流浪人员,于是决定将该无名氏妇女拉出院外抛弃。次日,该无名氏妇女在被抛弃地死亡。法医鉴定为:因饥饿、疾病致全身重要器官衰竭而死亡。①

案例 3:【烫伤儿童被拒诊案】

2000 年 7 月 16 日,一名 3 岁大的儿童因严重烫伤被其父母刘夫妇紧急带去市内医院寻求治疗。刘夫妇首先赶到了乌鲁木齐市第一人民医院挂了急诊,但接诊医师以没有交押金为由拒绝抢救,即使刘夫妇哭着下跪苦苦哀求也无济于事。两人无奈之下又抱着孩子赶往了新疆建工医院,该医院以没有烧伤科为由推荐他们去新疆维吾尔自治区人民医院。但是赶到自治区人民医院后,刘夫妇得到的答复却是医院已无床位。不得已,刘夫妇只好再赶往 10 多公里之外的新疆医科大学附属医院,但这家医院仍然以无床位的理由拒绝收治。此时,距离孩子烫伤已经 4 个多小时了,经过几十公里的颠簸后,原本哭闹不止的孩子已奄奄一息,等刘夫妇最后到达兰州军区乌鲁木齐总医院时,孩子已经处于严重脱水状态,最终于凌晨 4 时 50 分在这家医院结束了他幼小的生命。②

医师见危不救的情形在实践中表现多样,有的是基于患者本人或其家属的反对意见而不予抢救,有的是因为金钱物质原因而拒绝抢救(这在美国法上被称为“抛弃患者”的行为),有的是因为医院设备、技术条件限制而无法救治患者,还有的是因为医院资源不足而不得已拒

---

① 参见苗志勇、王雨杰、路明:《遗弃乞丐女病人 四川南江中医院院长获刑》,载中国法院网,https://www.chinacourt.org/article/detail/2004/11/id/140487.shtml。

② 参见葛莉曼、郝磊:《四家医院拒绝收治 三岁幼童烫伤惨死》,载 http://www.piccc.com/jkw/special/64/3/2004/08/2518033590.html,最后访问日期:2020 年 9 月 20 日。

绝收治患者……尽管各种见危不救的原因有别,但归结起来无非为两大类:一类是基于患方反对意见而放弃抢救,由于这是患方与院方的意见达成一致的结果,因而可将此类行为称为"合意型见危不救",上述案例1【肖志军拒签案】即属此类;另一类是基于院方单方面原因而拒绝救助患者,对于此类行为可称为"拒绝型见危不救",上述案例2【南江县中医院遗弃案】与案例3【烫伤儿童被拒诊案】均属此类。"合意型见危不救"与"拒绝型见危不救"虽然本质上都是"不救",但前者是基于尊重患方意见的"不救",而后者是拒绝了患方请求的"不救",二者"不救"的原因存在重大差异,有必要区别讨论。又由于医师的见危不救责任以其存在紧急救助义务为前提,因此这里首先讨论医师的紧急救助义务界限。

二、医师紧急救助义务的界限

(一)医师紧急救助义务的一般原理

原则上,医师对急危患者负有紧急救助义务,这在我国的医事法律法规中已有明确的规定。《医师法》第27条第1款规定:"对需要紧急救治的患者,医师应当采取紧急措施进行诊治,不得拒绝急救处置。"《民法典》第1220条规定:"因抢救生命垂危的患者等紧急情况,不能取得患者或者其近亲属意见的,经医疗机构负责人或者授权的负责人批准,可以立即实施相应的医疗措施。"《医疗机构管理条例》(2022年修订)第30条规定:"医疗机构对危重病人应当立即抢救。对限于设备或者技术条件不能诊治的病人,应当及时转诊。"根据这些规定可知,原则上医师不得拒绝患方请求对急危者见危不救,即使患者处于意识昏迷的无意思表达能力的状态,医师也应当通过推定同意的法理实施紧急抢救。也就是说,在没有得到患方明确的拒绝抢救意思的情形下,医师原则上都对急危患者负有紧急救助义务。

根据这些规定可知,原则上医师不得拒绝患方请求对急危者见危不救,即使患者处于意识昏迷的无意思表达能力的状态,医师也应当通过推定同意的法理实施紧急抢救。也就是说，在没有得到患方明确的拒绝抢救意思的情形下，医师原则上都对急危患者负有紧急救助义务。

据此，上述案例2【南江县中医院遗弃案】中南江县中医院抛弃无人照料的流浪妇女的行为，与案例3【烫伤儿童被拒诊案】中首诊医院即乌鲁木齐市第一人民医院以押金不足为由的拒诊行为，都违背了法律上的紧急抢救义务而属于违法行为。虽然【烫伤儿童被拒诊案】发生在2000年，但当时已有《执业医师法》(1998)与《医疗机构管理条例》(1994)，这两部规范性文件均明确规定了医师的紧急救助义务。此外，早在1986年，原卫生部就曾出台过《卫生部关于进一步加强急诊抢救工作的补充规定》，明确规定："凡急诊抢救病人，不受划区医疗限制。医疗单位一律实行医院、科室、医生的急诊首诊负责制，坚决杜绝院间、科室间和医生之间相互推诿病人的现象。"因此，即使是在2000年时，无论是按照首诊负责制还是按照《执业医师法》(1998)与《医疗机构管理条例》(1994)规定，医院对急危患者都负有紧急抢救义务。如今，又新增加了《医师法》第27条以及《民法典》第1220条规定，进一步从法律上强化了医院的紧急抢救义务，医院拒绝抢救行为属违法行为。

医院不得因为金钱物质抛弃急危患者，这早已成为人们的共识。除此之外，医院能否以设备、技术条件为由拒绝救治患者呢？如上述案例3【烫伤儿童被拒诊案】中的第二家医院新疆建工医院就以没有烧伤科为由拒绝收治，与之相类似的拒诊理由还有专业能力不足、设备不足、诊疗水平不足等，这些拒诊理由都可以概括成欠缺相应的诊疗条件。此类见危不救是否属于违法行为呢？根据1994年《医疗机构管理条例》第31条的规定，"医疗机构对危重病人应当立即抢救。对限于设备或者技术条件不能诊治的病人，应当及时转诊"。因此，医院仅在设备或者技术条件上达不到抢救要求时可以免除紧急抢救义务，但此时仍有转诊义务。至于第三、四家医院以没有床位为由拒绝抢救则非属于设备或者技术条件上的原因，此种情况下医院不能免除抢救义务，所以第三、四家医院的行为同第一家医院的行为一样，都是属于违反紧急抢救义务的违法行为。

实践中还存在一种较有争议的情形是,医院能否因为担心引发院内传染而拒绝抢救传染病患者?例如在 SARS 事件中,部分医院因为担心被 SARS 病毒传染而不予抢救高烧患者。对此,杨秀仪教授认为,可根据紧急避险原理不予抢救。① 但是本文认为,紧急避险成立的前提是存在"急迫的危险"和"不得已"的要件,如果接诊医院具备抢救能力而不救则非属"不得已",所以不能一概以紧急避险为由拒绝抢救,而要具体判断是否具备救治传染病患者的条件,以及救治传染病患者是否会给医院带来不可控制的危险。换言之,只要未达到"不得已"的程度医院就不得拒绝抢救,哪怕是面对有重大传染疾病的患者,医师也应当履行治病救人、救死扶伤的义务,非到万不得已不能以紧急避险逃避责任。

综上所述,一般情形下,急危患者来到医院就是为了寻求救助的,医师作为患者及其家属乃至整个社会所信赖的群体,对急危患者负有紧急救助的义务,只能因客观不能救而不救,不能因主观不愿救而不救。概言之,法律法规对医师提出的一般要求为:"能救必救!"

(二)医师紧急救助义务的特别判断

虽然医师对急危患者负有紧急救助的义务,但这种义务的存在前提是患者本人未加以拒绝。基于对患者自我决定权以及人性尊严的尊重,患者本人有拒绝治疗、放弃治疗的权利。医师并不被允许从事任何违反患者意愿的强制医疗行为,因为患者的自我决定权在其相对应的范围内具有限制医师保证人保护责任的效果,②当患者明确作出放弃治疗的意思表示时,医师所负有的治疗或者急救义务已被解除。如果患者已经明确放弃治疗了,法律还要追究医师未予救治的刑事责任,那

---

① 参见杨秀仪发表在我国台湾地区期刊上的《法定急救义务?强制缔约义务?》一文。

② 参见林书楷、林淳宏:《从法律与医学伦理的观点论积极安乐死之合法化》,载《东大法学》2010 年第 2 期。

么该有多少医师会因患者放弃抢救而被追究刑事责任呢？显然这种主张太过强人所难，是不现实的也是不合理的。而且就法理而言，对于法所禁止的行为采取不作为，无论如何都不构成“不法”，也就是说，只有在行为不被认为是违法的前提下，才可能存在实施该行为的作为义务。① 例如，如果法律将侵犯患者自我决定权的专断医疗行为规定为违法行为，那么医师就不存在实施该专断医疗行为的作为义务，只有在该专断医疗行为不违法的前提下，医师才有实施作为行为的义务。

如果患者本人反对抢救那么医师当然无抢救义务，但问题是，处于紧急状态的患者多已昏迷不醒，无法作出意思表示，此时就不得不由其家属代行决定。那么问题就来了，当患者家属反对抢救时医师还负有紧急救助义务吗？【肖志军拒签案】就属于此类情形的典型案件。在该案中，本欲施行手术抢救的医师们因为肖志军的强烈反对而作罢，结果导致了孕妇李某某及其腹中胎儿双双毙命。

毫无疑问，无论是《医疗机构管理条例》（2022 年修订）第 32 条还是《民法典》第 1219 条，都要求医师在实施手术等行为时有获得患者同意的义务，在无法获得患者同意时则有获得患者家属同意的义务。甚至《民法典》第 1219 条第 1 款规定，“不能或者不宜向患者说明的，应当向患者的近亲属说明，并取得其明确同意”。由此可见，患者家属的意见在医疗决定中极其重要，医师一般不得擅自对患者实施医疗行为。但这是否意味着医师只能依据患者家属意见行事？尤其是在紧急医疗的情形下，当患者家属明确反对时医师是否就无紧急救助义务？对此，学者们的意见针锋相对，根据对相关法条的不同解释以及对知情同意原则的不同理解，分别形成了肯定论派与否定论派的观点。

1. 肯定论：患者家属反对时医师仍有抢救义务

大多数学者都肯定地认为，在患者家属明确反对救治的情形下医师仍负有紧急救助义务，医师的紧急救助义务不因患者家属的反对而解除。其肯定的路径主要分为以下几种：

① 参见林书楷、林淳宏：《从法律与医学伦理的观点论积极安乐死之合法化》，载《东大法学》2010 年第 2 期。

一是通过综合运用多种法律解释方法肯定抢救义务。首先是文义解释方法,如上官丕亮教授将1994年《医疗机构管理条例》第33条[①]中的“其他特殊情况”解释为包括紧急情形,认为该条规定体现了患者的生命权高于家属的同意治疗权的精神,像[肖志军拒签案]这样因对医院存在极度偏见、对患者病情存在错误认识而作出违背常理的医疗决定的情形完全属于该条规定的“其他特殊情况”,院方应当依照1994年《医疗机构管理条例》的规定,由经治医师提出医疗处置方案,在取得医疗机构负责人或者被授权负责人员的批准后实施。其次是体系解释方法,即主张应结合该条例第31条的规定来解释第33条的含义。由于第31条规定,“医疗机构对危重病人应当立即抢救。对限于设备或者技术条件不能诊治的病人,应当及时转诊”。所以第33条规定的需取得患者或者家属同意的“手术”仅指正常情况下的一般手术,不包括需要对危重患者立即实施的抢救手术。再次是目的解释方法,从1994年《医疗机构管理条例》第1条、第3条的规定来看,“救死扶伤”是该条例的制定目的,也是医院的存在目的,因此在对该条例第33条进行解释时不能违背这一基本目的,医师不得根据患者家属意见放弃抢救。最后是合宪解释方法,由于宪法的基本精神就是保障人权,而生命是一切的基础,是第一人权,必须首先予以尊重和保障,因而在危及患者生命的紧急状态下医师必须予以紧急抢救。[②]

二是根据上位法优于下位法的判断规则来肯定抢救义务。即认为上位法1998年《执业医师法》第24条的规定可以排除下位法1994年《医疗机构管理条例》第33条的适用。例如,吕英杰博士虽然认为1994年《医疗机构管理条例》第33条中的“其他特殊情况”不包括紧急

---

① 1994年《医疗机构管理条例》第33条规定:“医疗机构施行手术、特殊检查或者特殊治疗时,必须征得患者同意,并应当取得其家属或者关系人同意并签字;无法取得患者意见时,应当取得家属或者关系人同意并签字;无法取得患者意见又无家属或者关系人在场,或者遇到其他特殊情况时,经治医师应当提出医疗处置方案,在取得医疗机构负责人或者被授权负责人员的批准后实施。”

② 以上各种解释方法的详细阐述,参见上官丕亮:《要用生命权至上理念来理解医疗法规——“孕妇死亡”事件留给我们的启示》,载《法学》2007年第12期。

医疗情况,但是提出在紧急情况下应当适用上位法1998年《执业医师法》第24条的规定,即对于急危患者医师不得拒绝急救处置。所以,即使认为1994年《医疗机构管理条例》第33条的"其他特殊情况"不包括紧急状况,医师也得依原《执业医师法》进行抢救。①

三是通过解释知情同意原则的内涵来肯定抢救义务。依据钱叶六教授的观点,知情同意的实质内核在于尊重患者本人的意见而非患者家属的意见,患者家属的意见毕竟不是患者本人真实、有效的意思,只不过是对本人选择的一种尝试性接近罢了。因此,患者家属的意见只有在体现患者的可能意志与最佳利益时才值得被尊重,当家属的意见或者决定可能会危害患者利益和可能意志时,医生无须听从家属的意见而得实施紧急抢救。②

2. 否定论:患者家属反对时医师无抢救义务

否定论者如杨丹博士认为,在患者无法作出意思表示的紧急状态下,仍然需要家属(关系人)同意,1994年《医疗机构管理条例》第33条赋予了家属(关系人)完全代表患者作出医疗决定的权利,因此患者家属的反对意见可以解除医师的紧急抢救义务。③ 其理由为:

首先,否定1994年《医疗机构管理条例》第33条中的"其他特殊情况"包括紧急医疗情形。在此问题上,杨丹博士与吕英杰博士的观点相同,其均认为该条文中"其他特殊情况"与"无法取得患者意见又无家属或者关系人在场"之间属并列关系,应该指代的是相等价或者相类似的情形,因而不能对"其他特殊情况"的内涵进行无限扩张。从文字上来看,"其他特殊情况"应该是指"无法取得患者意见又无家属或者关系人在场"之外的情形,如虽有患者家属(或者关系人)在场,但由于未成年或者有精神障碍而不能作出有效同意的情形,而不包括紧

① 参见吕英杰:《"肖志军拒签案"医生的刑事责任分析》,载《政治与法律》2008年第4期。

② 参见钱叶六:《医疗行为的正当化根据与紧急治疗、专断治疗的刑法评价》,载《政法论坛》2019年第1期。

③ 参见杨丹:《医疗刑法研究》,中国人民大学出版社2010年版,第213页。

急医疗。[①]

其次,否定适用上位法优于下位法的判断规则。杨丹博士认为,上位法优于下位法的前提是,二者针对同一问题作出的规定是抵触的。然而,2009年《执业医师法》第24条规定的是"医师"的义务,而1994年《医疗机构管理条例》第33条规定的是"医疗机构"的义务,由于两者规制的对象不同,因此不能认为前者能够优先于后者适用。虽然1994年《医疗机构管理条例》第31条也规定了"医疗机构"的紧急救助义务,但是这与"医疗机构"取得同意的义务处于同一部法规内部且不存在冲突的问题,当法规未明确规定孰者优先时,两类义务具有同等地位,不得以紧急救助的义务来泛泛地否定取得同意的义务。

最后,否定"抢救义务"与"获得同意义务"之间构成义务冲突。杨丹博士认为,自我决定权与生命权、健康权都是患者内在固有的基本权利,"获得患者同意"的义务是为了尊重患者的自我决定权,而"抢救义务"是为了保护患者的生命权、健康权,这两种义务存在不同的价值取向,它们不构成义务冲突。即使无法取得现实的患者同意,其正当化根据是患者的推定承诺,仍然是对患者意思的尊重,只是看立法者对推定承诺的取得作出怎样的规定。根据1994年《医疗机构管理条例》第33条的规定,无法取得患者意思时必须取得在场家属的同意,即使在紧急情况下也不例外。

由此得出的结论为:医疗行为应当取得患者的同意,这是为了保护患者的自我决定权,而抢救义务则是为了保护患者的生命权和健康权,这两类义务具有不同的价值取向,它们之间不构成义务冲突;即使是无法取得患者本人的现实同意的紧急医疗,其正当化的根据是推定承诺,仍然是对患者意思的尊重,只是需要考查立法者对推定承诺的取得是怎样规定的;在我国,1994年《医疗机构管理条例》第33条明确将家属(关系人)的同意作为患者意愿的根据,即使在紧急情况下,只要家属(关系人)在场且能够作出有效的意思表示,就必须同时履行取得家属(关系人)同意的义务和抢救的义务。

---

① 参见杨丹:《医疗刑法研究》,中国人民大学出版社2010年版,第213页。

3. 本文结论:实定法的规定否定了家属反对时医师的抢救义务

其实,否定论者杨丹博士虽然从实定法分析的角度否定了医师的抢救义务,但是认为在应然法上医师应当履行抢救义务,因为家属意见不能代替患者自我决定权的行使,否则就是曲解了"知情同意"的精神内涵和制度目的。① 由此可见,否定论者也认为应当肯定医师的抢救义务,只不过这种抢救义务无法从实定法的规定中推导出来,所以肯定论与否定论最根本的分歧点在于,能否单纯从实定法的规定中推导出医师的紧急抢救义务?

以往对于家属反对时医师有无抢救义务的问题,学者们的争论点主要集中在对1994年《医疗机构管理条例》第33条"其他特殊情况"的解释。大多数肯定论者认为"其他特殊情况"包括紧急抢救情形,因此,在患者急危时医师可以通过请求上级批准的方式实施紧急抢救。否定论者则认为对于"其他特殊情况"仅能作出与"无法取得患者意见又无家属或者关系人在场"相并列的解释,即诸如患者家属虽在场但由于未成年或者患有精神障碍而无法作出决定等情形。当时囿于法律规定的欠缺,双方观点都有一定道理,谁也无法说服对方。但是,2020年修订的最高人民法院《关于审理医疗损害责任纠纷案件适用法律若干问题的解释》(以下简称2020年《解释》)间接地为这一问题提供了答案。2020年《解释》是对《民法典》中有关医疗损害责任部分的具体解释,《民法典》第1220条规定了紧急情况下的医疗处置,即在不能取得患者或者其近亲属意见的情况下,经医疗机构负责人或者授权的负责人批准,可以对生命垂危的患者实施医疗措施。对此,2020年《解释》第18条具体规定了五种"不能取得患者或者其近亲属意见的"情形,分别为:(1)近亲属不明的;(2)不能及时联系到近亲属的;(3)近亲属拒绝发表意见的;(4)近亲属达不成一致意见的;(5)法律、法规规定的其他情形。这五种情形显然不包括患者家属反对或者家属意见明显不合理的情形。因此,结合《民法典》第1220条与2020年《解释》第18条的规定来看,在患者近亲属明确反对抢救时,法律就不再科以医师紧

① 参见杨丹:《医疗刑法研究》,中国人民大学出版社2010年版,第217页。

急抢救义务。

由此可见,2020 年《解释》第 18 条对"不能取得患者或者其近亲属意见的"规定作出解释之后,法律的态度就已经很明确了,即优先考虑患者和患者家属的意见,以此来规避医方的责任。此后,于 2022 年 3 月 29 日修订的《医疗机构管理条例》更加明确了这一法律态度,该条例第 32 条已经删除了"或者遇到其他特殊情况时"这一可能引发歧义的表述,而直接改为:"因抢救生命垂危的患者等紧急情况,不能取得患者或者其近亲属意见的,经医疗机构负责人或者授权的负责人批准,可以立即实施相应的医疗措施。"至此,相关问题也就可迎刃而解了。

首先,关于上位法优于下位法的法律适用问题。肯定论者中如吕英杰博士虽然认为 1994 年《医疗机构管理条例》第 33 条中的"其他特殊情况"不包括紧急医疗,但是仍然主张通过优先适用 1998 年《执业医师法》第 24 条上位法的规定来肯定医师的抢救义务。或许正是为了避免产生这样的理解,2020 年《解释》对"不能取得患者或者其近亲属意见的"进行了专门解释,从而在《民法典》层面对这一问题作出了明确回答。其后,《执业医师法》(1998)被 2021 年的《医师法》取代,《医疗机构管理条例》(2022 年修订)又删除了"或者遇到其他特殊情况时"这一表述,这一问题已不复存在。

其次,关于通过知情同意理论肯定抢救义务的问题。应该说这仅是一种应然法的理想化构想,并不符合实定法的规定。诚然患者家属的意见不能完全等同于患者的意见,从尊重患者自我决定权的角度应该以患者意见为先,即使不能得到现实的患者意见,也应该根据推定承诺的原理作出医疗决定,而不是固守于患者家属的意见。然而理想终究敌不过现实,在现行法已有明确规定之下,无法单纯通过知情同意理论对医师科以紧急抢救义务。

最后,关于法律解释的问题。肯定论者如上官丕亮教授认为可通过文义解释、体系解释、目的解释以及合宪解释等方法肯定医师的抢救义务。但是如前文所述,在 2020 年《解释》作出规定之后,法律态度就已明确,无论是从文义解释还是体系解释来看,在已有家属明确反对抢救的意见时,医师不再负有抢救义务。至于目的解释,虽然不可否认医疗法的制定目的中肯定包含有救死扶伤的目的,但如果考察同样有规制医疗行为内容的《民法典》的话,就会发现"维护社会秩序"亦是法律明文规定的立法目的。《民法典》第1条明确规定:"为了保护民事主体的合法权益,调整民事关系,维护社会和经济秩序,适应中国特色社会主义发展要求,弘扬社会主义核心价值观,根据宪法制定本法。"显然,2020年《解释》与此"维护社会秩序"的立法目的一脉相承,为避免引发医疗纠纷、激化医患矛盾,该解释将取得患者家属同意的义务置于了履行紧急抢救义务之前,要求医师在决定紧急抢救时必须尊重患者家属的意见,这其实就是为了防止抢救失败时可能引发的医患矛盾。因此可以说,2020年《解释》在"救死扶伤"与"维护社会秩序"这两个立法目的中优先选择了后者,前者的实现要受到后者的制约。至于合宪解释,上官丕亮教授认为保障人权已成为我国宪法的基本精神,而生命权是第一人权,因此医院应以保障患者生命权的精神和理念来解释1994年《医疗机构管理条例》的有关规定。① 但是一般在能够根据文义解释得出明确结果的情况下不涉及合宪性解释,即使要考虑合宪性解释也难以断然认为2020年《解释》就违背了宪法关于人权的规定。因为该解释将患者家属作为了无意思表达能力的患者的代言人,从尊重人权的观点来看,患者有放弃、拒绝医疗的权利,那么代表患者意思的家属亦有放弃、拒绝医疗的权利,即通过将患者家属的拒绝抢救意见视为患者本人的意见的做法来否定医师的紧急抢救义务。由于这也是尊重患者自我决定权的意思表现,因而不能认为2020年《解释》违背了宪法关于人权的规定。

由此可见,单纯从我国现行医疗法律法规的规定来看,难以认为在患者家属明确反对时医师仍有紧急抢救义务,尤其是当2020年《解释》出台之后,这一结论就变得更加清楚明了了。肯定论的观点虽然从维护患者利益的角度来看更具合理性,但是由于欠缺实定法的依据而得不到支持。

---

① 参见上官丕亮:《要用生命权至上理念来理解医疗法规——"孕妇死亡"事件留给我们的启示》,载《法学》2007年第12期。

不过,即便在家属反对抢救时医师的紧急救助义务已被解除,但医师仍可秉持以人为本、生命至上的原则,从保护患者的最善利益角度出发对患者实施紧急抢救,即使抢救失败也不会承担责任。因为无论是民法还是刑法都明确规定了紧急避险原则。《民法典》第 182 条规定:因紧急避险造成损害的,由引起险情发生的人承担民事责任。危险由自然原因引起的,紧急避险人不承担民事责任,可以给予适当补偿。《刑法》第 21 条规定了紧急避险行为造成损害的不负刑事责任。因此,对于紧急抢救行为,医师可依紧急避险原则阻却违法。① 只是,由于《医师法》《医疗机构管理条例》等法律法规没有明确规定在紧急状态时可以实施抢救,故医院仍然会因为畏惧承担责任而不愿实施抢救。因此单靠上述紧急避险的规定无法从根本上解决问题。在患者家属作出的决定会明显侵害到患者利益时,仍需要在医疗法律法规中明确医院的紧急抢救义务或者借鉴其他国家的规定限制家属决定权的滥用。例如,在英国,当拒绝手术会显著侵害到子女利益时,父母具有同意医疗的义务。② 在德国,当父母因为迷信、经济因素或者其他不合理理由而拒绝医疗、阻止医疗时,医师虽然不能无视父母的意见,但可以请求法院停止父母的亲权另行任命监护人,根据新任命的监护人的同意实施医疗行为。③ 在紧急医疗的情况下,英国的做法更为可取。

三、医师见危不救行为的刑法应对

如上所述,医师对急危患者负有紧急救助义务,违反这种义务而致患者的生命、身体健康受到损害的,则有可能受到刑事责任的追究,除非存在被害人承诺(患者或其家属明确拒绝抢救)、紧急避险等正当化

① 参见满洪杰:《作为知情同意原则之例外的紧急专断治疗——“孕妇死亡”事件舆论降温后的思考》,载《法学》2008 年第 5 期。

② 参见吕英杰:《“肖志军拒签案”医生的刑事责任分析》,载《政治与法律》2008 年第 4 期。

③ 参见黄丁全:《医事法》,中国政法大学出版社 2003 年版,第 272 页。

事由。即使医院受设备、技术条件等的限制没有能力对患者进行抢救，根据2022年《医疗机构管理条例》第30条的规定其也仍然负有转诊义务。对于医师违反紧急救助义务的见危不救行为，在民事法上既可依合同法追究违约责任，亦可依侵权责任法追究侵权责任；[①]在行政法上则可依《医师法》《医疗机构管理条例》等相关规定，处以吊销医师执业资格、罚款、没收违法所得等行政处罚；那么，在刑法上又该如何追究医师的刑事责任呢？对此，学界存在不同的见解，以下具体检讨之。

（一）解释论路径的局限

1.故意杀人罪（伤害罪）适用的检讨

在不履行紧急救助义务是否构成故意杀人罪或者伤害罪的问题上，有学者认为，医生具有职务和业务上的紧急救助义务，当其不履行紧急救助义务而导致患者死伤的，成立不纯正不作为犯，依主观方面的不同，可以构成相应的故意犯罪或者过失犯罪。[②] 例如，杨丹博士指出："医生不履行紧急救治义务，放任患者死亡或者伤害发生的，构成故意杀人罪或者故意伤害罪；若医生对于损害结果的发生仅存在过失，则构成医疗事故罪。"[③]根据该观点，只要能够肯定医生主观上存在放任患者死亡或者伤害的故意，那么就能肯定医生故意杀人或者伤害罪的成立。但陈子平教授则认为，对于违反紧急抢救义务的行为，要判断其是否具有与杀人或伤害之积极作为行为的等价性，不能仅因为违反防止结果发生之作为义务就肯定其构成杀人罪或者伤害罪的不纯正不作为犯，通常在仅单纯拒绝诊疗、拒绝紧急救治等情况下，即便造成了患者死亡或病情恶化的结果也难以构成杀人罪或重伤罪。[④] 简言之，

① 参见陈云良：《基本医疗卫生立法基本问题研究——兼评我国〈基本医疗卫生与健康促进法（草案）〉》，载《政治与法律》2018年第5期。

② 参见杨丹：《医疗刑法研究》，中国人民大学出版社2010年版，第89～90页。

③ 杨丹：《医疗刑法研究》，中国人民大学出版社2010年版，第90页。

④ 参见陈子平：《医师违反紧急救治义务之刑事责任》，载《月旦法学杂志》2008年第7期。

违反紧急救助的不作为与一般杀人行为的作为之间欠缺等价性,通常情况下不能以故意杀人罪或者故意伤害罪处罚之。

相较之下陈子平教授的观点更具合理性。虽然医师对于危重病人负有紧急救助的作为义务,但这并不意味着不履行救助义务的不作为与故意杀人或者伤害的作为具有同等程度的违法性。就如同警察看到妇女被他人强奸而不予施救的行为难以被评价为强奸行为一样,医师单纯的见危不救行为也难以同故意杀人或者伤害行为画等号。另外,从交通肇事逃逸致死伤的相关规定中也可以推导出这一结论。交通肇事者对于受伤的被害人显然具有救助义务,但是法律并没有将其具有不作为性质的逃逸行为一般性地评价为故意杀人或者故意伤害行为,而是特别设定了交通肇事逃逸致人死亡的处罚规定,这就表明法律通常是将单纯的不救助行为与故意杀人、伤害的作为行为区别对待的。而且在交通肇事致人死伤的场合,行为人对被害人的死伤结果还存在产生严重、紧迫危险的先行行为,而在医师见危不救的场合,医师对于被害人生命危急状态的出现并没有实施任何先行行为,从此点来看,医师的见危不救行为与肇事逃逸不救行为相比过错程度更低,因此,如果交通肇事逃逸行为都没有被法律一般性地评价为故意杀人罪、故意伤害罪的话,那么医师的见危不救行为就更不能被如此评价。

2. 过失致人死亡罪适用的检讨

此观点将医师的紧急救助义务理解为刑法上防止危害结果发生的作为义务,又由于防止结果发生的作为义务同时属于过失犯注意义务的基础,因此,当医师违反紧急救助义务而促进患者死亡时,可以过失致人死亡罪处罚。例如,陈子平教授指出:“在独占医疗事业的法制下,‘紧急救治义务’不仅含有对于人身的保护义务,亦属于刑法上防止结果发生之义务,同时亦属于过失犯之注意义务之基础,因此在具有紧急救治义务之情况下,医师不仅负有预见危急病人生命、身体危险之义务(预见义务),且亦负有回避该结果发生之义务(结果回避义务),如违反该义务而导致结果发生时,即违反刑法上之注意义务而得成立过失犯。”①

实务中也有以过失致人死亡罪处罚的判例。例如,在【南江县中医院遗弃案】中,四川省南江县中医院的几位被告人在接治一位无名氏妇女后,发现该妇女系流浪人员而将该妇女拉出去丢弃,致该无名氏妇女死亡。法院最后判定三被告丢弃妇女的行为构成过失致人死亡罪。②

不过,以过失致人死亡罪处罚将会面临一个难题,即因果关系的认定与证明问题。正如杨秀仪教授指出的,“如果是一名车祸外伤的病人,到达医院时已经因为大出血而量不到血压,脉搏微弱,如果立即施予急救,或有 10% ~20% 的治愈率,但因医院拒绝收治,病人死于救护车上。是否病人的死亡和医院的拒绝收治有因果关系呢？就算医院符合规定,予以救治,病人也未必能救活啊”③！由此可见,危急患者的死亡结果,完全可能是患者固有的疾病或者意外伤害导致的,是否和医师之拒绝诊治有因果关系存在认定上的困难。因此,在拒不抢救的情形下,医院的拒不抢救行为与患者的死亡结果之间的因果关系往往很难认定,如果两者的因果关系无法认定的话,那么就无法以过失致人死亡罪来处罚,因而会造成刑罚上的漏洞。而且,前来求救的患者往往都处于生死攸关的紧急时刻,如果医师不予抢救则会将患者的生命、身体健康置于更加危险的境地,极容易造成患者死亡或者重伤害的严重后果。因此刑法有必要事先对医师的见危不救行为进行评价,而不是只有等到危害结果发生后才发动处罚。因此,从这一点来说,单纯以过失致人死亡罪来应对并不能从根本上解决问题。

3. 遗弃罪适用的检讨

有个别学者主张适用遗弃罪来处理医师的见危不救行为。例如,

---

① 陈子平:《医师违反紧急救治义务之刑事责任》,载《月旦法学杂志》2008 年第 7 期。

② 参见陈兴良:《非家庭成员间遗弃行为之定性研究——王益民等遗弃案之分析》,载《法学评论》2005 年第 4 期。

③ 参见杨秀仪发表在我国台湾地区期刊上的《法定急救义务？强制缔约义务？》一文。

钱叶六教授指出:"对于医生因拒绝履行紧急救助义务而造成危重患者死亡或者其他严重后果的,应结合医生的主观责任情况,相应地追究医生的医疗事故罪、遗弃罪等罪之刑责。"①杨丹博士则明确表示反对,她认为我国《刑法》第261条规定的遗弃罪的犯罪主体是"负有扶养义务的人",承担紧急救治义务的医生并非适格主体,故无成立遗弃罪的余地。②

根据我国《刑法》第261条遗弃罪的规定,"对于年老、年幼、患病或者其他没有独立生活能力的人,负有扶养义务而拒绝扶养,情节恶劣的,处五年以下有期徒刑、拘役或者管制"。其中,如何理解"扶养义务"是解决问题的关键。如果认为"扶养义务"包括紧急救助义务,那么医师当然能够成为该罪的适格主体,反之,如果认为不包括则无适用该罪的余地。

对此,肯定论者张明楷教授认为,由于遗弃罪已由原来的妨害婚姻、家庭罪类型修改为侵犯公民人身权利、民主权利罪类型,因此该罪的保护法益应是被害人的生命安全,那么就应当将"拒不扶养"解释为导致被害人的生命产生危险的行为。③ 于是,将他人生命、身体置于危险境地,或者不救助他人生命、身体的行为,也应属于"拒绝扶养"的遗弃行为。④ 否定论者陈兴良教授则认为应当区分扶养义务与救助义务,因为我国遗弃罪中规定的"扶养"是指法律上的扶养,只有具备一定亲属身份的人之间才有可能存在这种扶养关系,亲属身份之外的人之间不产生法定的扶养义务。⑤ "救助"是指当他人处于生命危难的状

① 钱叶六:《医疗行为的正当化根据与紧急治疗、专断治疗的刑法评价》,载《政法论坛》2019年第1期。

② 参见杨丹:《医疗刑法研究》,中国人民大学出版社2010年版,第89页。

③ 参见张明楷:《刑法分则的解释原理》(上),中国人民大学出版社2011年版,第48~49页。

④ 参见张明楷:《刑法分则的解释原理》(上),中国人民大学出版社2011年版,第156~157页。

⑤ 参见陈兴良:《非家庭成员间遗弃行为之定性研究——王益民等遗弃案之分析》,载《法学评论》2005年第4期。

态之际,给予抢救或者扶助,使其脱离危险。这种救助义务是由职务、业务或者先行行为产生的,不能将之解释为扶养义务。[①] 钱叶六教授也认为,在现有遗弃罪规定之下无法将救助义务解释为扶养义务,只有借鉴德日国家的做法,将遗弃罪中的遗弃行为修改为包括拒绝救助行为才能解决问题。因此,现行的遗弃罪无法规制拒不救助行为,只有通过修改遗弃罪犯罪构成的方法才能以该罪处罚拒不救助行为。[②] 由此可见,前述钱叶六教授主张的适用遗弃罪的观点,实际上是建立在遗弃罪被修改的基础之上的,如果根据现行遗弃罪的规定则无法将医师的见危不救行为作为遗弃行为处罚。

本文也支持否定论的观点,主要是基于以下理由:首先,扶养义务与救助义务的内涵有别,前者是保障被害人基本生存的义务,而后者是保护被害人的生命、身体免受侵犯的义务,我们可以说扶养义务是救助义务的一种,但不能反过来说救助义务是扶养义务的一种,救助义务的外延要广于扶养义务。

其次,从量刑规定上来看,对遗弃行为的处罚仅为"五年以下有期徒刑、拘役或者管制",而对交通肇事逃逸中不履行救助义务的行为则处以"三年以上七年以下有期徒刑",因逃逸致人死亡的,处"七年以上有期徒刑"。由此可见,不履行救助义务而严重侵犯被害人生命、身体健康的行为所受到的处罚远重于单纯的遗弃行为。并且,在遗弃行为致人死伤的场合,现有遗弃罪的刑罚无法完全评价行为人的罪行。所以在司法实践案件中,如果被害人的生命面临紧急急迫的危险,而负有救助义务的行为人却放任不管致其死亡的,一般会根据等价性原理处以故意杀人罪或者过失致人死亡罪,而不会处以遗弃罪。例如,在一起交通肇事案中,肇事者在撞伤被害人后将其送上了去往医院抢救的出租车,但在出租车行驶途中肇事者却借口下车离去,等出租车司机发现

---

① 参见陈兴良:《非家庭成员间遗弃行为之定性研究——王益民等遗弃案之分析》,载《法学评论》2005 年第 4 期。

② 参见钱叶六、胡嘉金:《德日刑法中的遗弃犯罪及对我国刑法的启示——从一则案例谈起》,载《南京财经大学学报》2006 年第 1 期。

肇事者逃逸后遂将被害人抛弃,被害人因失血过多而死亡,此案中,肇事者不履行救助义务的行为被法院判定为构成故意杀人罪。[①] 所以在当前规定下,不履行紧急抢救义务而致被害人死亡的,遗弃罪难以全面评价行为人的罪行,而故意杀人罪或者过失致人死亡罪的适用,则仅限于不救助行为与杀人的作为行为具有等价性的场合。

最后,2015 年最高人民法院、最高人民检察院、公安部、司法部颁布的《关于依法办理家庭暴力犯罪案件的意见》指出,要准确区分遗弃罪与故意杀人罪的界限,对于只是为了逃避扶养义务,并不希望或者放任被害人死亡,将生活不能自理的被害人弃置在福利院、医院等地希望由他人救助的,一般以遗弃罪定罪处罚;对于希望或者放任被害人死亡,不履行必要的扶养义务,致使被害人因缺乏生活照料而死亡,或者将生活不能自理的被害人丢弃至人迹罕见的场所,使被害人难以得到救助的,应当以故意杀人罪定罪处罚。从这一规定可以推导出,违反扶养义务一般不会紧迫地危及被害人的生命,反过来,如果行为人的行为已经紧迫地危及被害人的生命安全则不宜再评价为遗弃行为,而应以故意杀人罪或者过失致人死亡罪处罚。例如,在 2013 年南京"饿死女童案"中,负有扶养义务的乐某将两个女儿(1 岁和 2 岁多)锁在家中,仅留少量食物和饮水,自己离家长达一个多月,沉溺于吸毒和上网等,导致两女饿死。南京市中级人民法院判决乐某成立故意杀人罪。[②] 此案中行为人的不作为已经对被害人的生命造成了严重威胁,其身为母亲所违反的义务已经由扶养义务升格为救助义务,所以其不作为构成的是故意杀人罪而非遗弃罪。

因此,在现行遗弃罪规定之下,遗弃行为仅是指违反保障被害人基本生存的扶养义务但又不至于重大、急迫地侵害到被害人生命安全的行为,对于像医师不履行紧急救助义务、交通肇事逃逸者不履行救助义

---

① 参见孙亚:《肇事后移置被害人为何要定杀人或伤害》,载《检察日报》2004 年 9 月 21 日。

② 参见陈迪晨、陈婧:《江宁饿死女童案昨当庭宣判》,载《扬子晚报》2013 年 9 月 19 日。

务会给被害人生命安全带来重大、急迫危险的行为，不能将之评价为遗弃行为。因而在现行刑法规定之下，对于医师的见危不救行为不存在适用遗弃罪的余地。

综上所述，我国现行刑法的规定难以妥善应对医师的见危不救行为，无论是适用故意杀人（伤害）罪、过失致人死亡罪还是遗弃罪，均有不妥之处，因而有必要另寻其他应对路径。

（二）尚不适宜增设"见危不救罪"

对于见危不救行为的刑法应对，有部分学者提出了设立"见危不救罪"的立法路径。如冯军教授认为："在和谐社会，如果个别社会成员处于危难之中，就需要其他社会成员在可能的时候救助处于危难之中的社会成员。其他社会成员在可能的时候必须救助处于危难之中的社会成员，这应该被上升为法律义务。因此，应该借鉴德国《刑法》第323条c的规定，在我国《刑法》分则中增设'见危不救罪'。"[①]但反对意见亦很多，主要有"道德义务刑法化"[②]、不具有操作性[③]、违反刑法谦抑性、不利于实现预防犯罪的刑罚目的[④]等。

应当指出，医师的见危不救行为不同于一般的"见义不为"或者"举手不劳"型等单纯路人性质的见危不救行为，[⑤]前者有《民法典》《医师法》《医疗机构管理条例》明确规定了医师、医院的紧急抢救义

---

① 参见冯军：《和谐社会与刑事立法》，载《南昌大学学报（人文社会科学版）》2007年第2期。

② 参见梁文彩：《对"见危不救"犯罪化的合理性质疑》，载《甘肃政法学院学报》2013年第2期。

③ 参见刘洋：《给"见危不救"犯罪化一记响亮的耳光——走一条完整的道德入法路径》，载《厦门大学法律评论》2016年第2期。

④ 参见梁文彩：《对"见危不救"犯罪化的合理性质疑》，载《甘肃政法学院学报》2013年第2期。

⑤ 根据黎宏教授的观点，见危不救可分为"见义不为型"与"举手不劳型"两种类型。参见黎宏：《一定条件下的见危不救入刑研究》，载《中外法学》2018年第3期。

务,属于法定义务,而后者的救助义务并没有法律上的根据,仅是一种道德义务,刑法设立见危不救罪实质上就是一种将道德义务上升为法律义务的做法。如果这种道德义务被人们普遍认为应上升为法律义务的话那自然无可非议,但是如果人们认为这是法律给自身施加的过重的负担,是对自己行为自由的不合理限制,那么是否设立见危不救罪就应该审慎对待了。正如付立庆教授所指出的:"尽管法律可以利用其固有的威慑力迫使人们就范,但若没有人们对见危不救罪的普遍认可,没有人们对于见义勇为发自内心的追求,结果只会是,要么因为对于现实民众之要求过于苛刻、触犯法律者太多而使群众叫苦不迭,要么因为在实践中难以执行而导致法律条文虚置——这两种情况都是立法者所不愿见到的。"①

由此可见,增设见危不救罪并非应对良策,有强行将道德义务升格为法律义务的嫌疑,会给人们增加过重负担而无实施的可行性。

(三)本文主张:修改完善遗弃罪的规定

如果放眼域外的话,就会发现不少国家是以遗弃罪来应对的。以德日刑法为例,根据德国《刑法》第221条与日本《刑法》第217～219条的规定,对于医师的见危不救行为均可作为遗弃行为处罚。其遗弃罪的规定存在以下显著特征:

首先,区分无义务型遗弃行为与有义务型遗弃行为。前者是指没有保护义务的行为人将被害人置于无助状态的行为,此种遗弃行为是通过作为行为实现的,即只有当行为人实施了"移置"这样的行为时才可构成该罪,如将处于自己车内或者庭院的被害人移置于其他场所,这样的规定是为了避免处罚一般的不救助行为。② 后者是指有保护义务的行为人不给予被害人其生存所必要的保护,此种遗弃行为是不真正

① 付立庆:《"见危不救"的合理应答》,载《江淮法治》2003年第3期。

② 参见[日]西田典之:《日本刑法各论》,刘明祥、王昭武译,武汉大学出版社2005年版。

不作为犯,只要行为人不对被害人履行保护义务即可构成该罪,如行为人将因车祸受重伤的被害人弃置现场而离去,或者不将生病的被害人送到医院去救助等。相较而言,无义务型遗弃行为的犯罪成立要求更高,需要行为人实施了“移置”这样的作为行为才能构成该罪,避免将作为义务不当扩大化。

其次,区别规定不同类型遗弃行为的刑事责任。德国刑法将遗弃行为区分为三个处罚等级:(1)针对无义务之人的遗弃行为与有一般保护义务之人的遗弃行为,处3个月以上5年以下自由刑;(2)针对遗弃行为人本人孩子的行为,或者遗弃行为人本人有教育指导、生活照料义务之人的行为,处1年以上10年以下自由刑,情节较轻的则处6个月以上5年以下有期徒刑;(3)针对致使被害人死亡的遗弃行为,处3年以上自由刑,情节较轻的则处1年以上10年以下自由刑。日本刑法亦区分为三个处罚等级:一是对于无义务之人的遗弃行为处以1年以下惩役;二是对有保护责任者的遗弃行为处以3个月以上7年以下惩役;三是对遗弃致死伤行为,与伤害罪比较,依照较重的刑罚处断。由此可见,一般情况下,有义务型遗弃行为较无义务型遗弃行为的刑事责任更重,有特殊保护义务人之遗弃行为较一般保护义务之人遗弃行为的刑事责任更重,致死伤型遗弃行为较危险型遗弃行为的刑事责任更重。

最后,加重处罚遗弃致死伤行为。德日刑法均将遗弃罪的刑罚设置为“基本犯+结果加重犯”的处罚模式,基本犯的成立要求遗弃行为对被害人的生命、身体健康造成了严重危险,结果加重犯的成立则要求遗弃行为导致了被害人伤亡结果的发生。特别规定遗弃致死伤行为的刑事责任,既是为了完善对遗弃行为的刑事处罚体系,也是为了区别对待不作为形式的故意杀人(伤害)致死伤行为与遗弃致死伤行为。同样是在出现了被害人死亡、身体伤害的情况下,单纯的遗弃行为较故意杀人(伤害)行为,不仅行为人的主观恶性更低,而且遗弃行为的危险性也更低,所以理应对遗弃致死伤行为处以更轻的刑罚。如果不特别规定遗弃致死伤行为的刑事责任,则在发生被害人死伤的情况下,无论是按照遗弃罪的基本犯处罚还是按照故意杀人(伤害)致死伤罪处罚,均存在不妥,即前者的刑事责任过轻,而后者的刑事责任过重,会出现罪刑不相适应的结果。

以上特征是我国刑法所欠缺的,不过基于国情传统及实践需求的考虑,不必一味求同。首先,如前所述,依目前我国法治建设的进程,尚不适宜对一般人的见危不救行为处以刑罚,所以,在现阶段没有必要像德日刑法那样规定无义务型遗弃行为的刑事责任。其次,我国遗弃罪中有关于"情节恶劣"的规定,可在一定程度上灵活应对不同类型遗弃行为的刑事责任问题。此外,以行为情节作为量刑的考量因素,符合我国一贯的法律规定传统,而且与刑法的其他条文具有体系上的协调性,因而可保留现有关于"情节恶劣"的规定。但是,德日刑法中有关遗弃致人死伤的结果加重犯的规定值得借鉴。一来,致使被害人重伤、死亡的遗弃行为的危害性远大于一般类型的遗弃行为,其在行为性质的恶劣程度上存在质的不同,需要予以重罚;二来,诸如虐待罪、故意伤害罪等相类似的涉人身类犯罪均特别设置了结果加重犯的处罚,从对被害人生命、健康法益保护的全面性、完整性角度来看,也有必要对我国的遗弃罪增加相应的规定。至于如何将遗弃罪的主体从具有扶养义务的主体扩大至具有紧急救助义务的主体,本文认为只需将该罪中的"扶养义务"改为"扶助义务"即可,因为在文义上可将"扶助义务"解释为包括"扶养义务"与"救助义务"。剩下的问题就是如何设置结果加重犯的量刑。由于逃逸致人死亡的法定刑为7年以上有期徒刑,所以同样是不履行救助义务的遗弃致人死亡行为的法定刑也应作类似规定。因此,基于以上考虑,本文建议将遗弃罪修改为:

"对于年老、年幼、患病或者其他没有独立生活能力的人,负有扶助义务而拒绝扶助,情节恶劣的,处五年以下有期徒刑、拘役或者管制。

犯前款罪,致使被害人重伤、死亡的,处五年以上有期徒刑。"

如此规定的话,既可以有效应对医师的见危不救行为,也可以避免将一般的道德义务上升为法律义务,不当扩大见危不救行为的刑事处罚范围,还可以较为妥当地追究遗弃致死伤行为的刑事责任,全面而完整地保护被害人的生命、健康法益,具有刑法修改的必要性与可行性。

四、结　语

对处于生死攸关的急危患者实施紧急抢救，既是医师救死扶伤的崇高使命，又是对患者生命和健康的尊重和人文关怀。① 我国的《民法典》《医师法》《侵权责任法》《医疗机构管理条例》等法律法规均明确规定了医师的紧急抢救义务，因此，对医师的一般要求是“能救必救”。但在患者或者患者家属明确表示放弃抢救的情形下，我国相关法律法规不再作强制要求，医师救与不救完全由其内心道德、职业精神决定，即所谓的“能救可救”。法律作为行为规范仅能作最低的道德要求，不能强人所难，但也要能保障义务的履行。我国现行刑法对与故意或者过失杀人、伤害的作为行为不具有等价性的不作为行为应对存在不足，难以妥善处理像医师这类特殊主体的见危不救的刑事责任问题。因此，有必要修改完善遗弃罪的规定，将特殊主体的见危不救行为纳入刑法的规制范畴，使相关的民事法、行政法与刑法有机协调统一，以加强对身处险境的弱者的生命、健康法益的保护，彰显“以人为本”的法律精神。

The Obligation and Expansion of Doctor's Emergency Rescue

YU Qiuli

[内容摘要] 医师通常对急危患者负有紧急救助义务，除非患者本人或其家属明确表示放弃抢救，不过此种情形下的抢救仍可依据紧急避险免责。对于医师拒不履行紧急救助义务而危及患者生命的，我国现行刑法不足应对，又暂不适宜增设“见危不救罪”，故有必要修改完善遗弃罪的规定以填补刑罚漏洞。一方面，我国遗弃罪规定的“扶养义务”是指法律上存在扶养关系的人负有的义务，并不包括紧急救助义务。另一方面，见危不救属于典型的不作为，如果不作为行为与杀人

① 参见杜万华等：《〈关于审理医疗损害责任纠纷案件适用法律若干问题的解释〉的理解与适用》，载《人民司法（应用）》2018 年第 1 期。

的作为行为不具有等价性,则无法适用故意杀人罪处罚,以过失致人死亡罪处理则无法达到事前规制的效果。因此,只有将遗弃罪的“扶养义务”改为“扶助义务”,同时增加遗弃致人死伤行为的加重处罚,才能更为妥善地应对诸如医师等特殊主体实施的见危不救行为。

[**关键词**]见危不救;紧急救助义务;扶养义务;遗弃罪;不作为

Abstract: Doctors generally have the obligations to rescue patients in emergencies, unless the patients or their family members explicitly give up on the rescue. But even failures in such rescue cases can be exempted from liability based on necessity. For those whose refusal to perform the emergency rescue duty endangers the lives of patients, the effectiveness of China's current Criminal Law in dealing with such situation is insufficient. However, in the current situation, it is not suitable to criminalize the behavior of "failure to render emergency aid". Hence, there is an urgent need to revise and supplement the regulations on the crime of abandonment to cover the loopholes in the penalty. On the one hand, the fostering duty stipulated in the crime of abandonment in China refers to the obligation of the person bound to furnish due support in accordance with the law, excluding the obligation of emergency aid. On the other hand, the behavior of "failure to render emergency aid" is a typical omission. If the omission is not equivalent to the act of homicide, punishments for intentional homicide shall not be applied to the omission, while the crime of negligent homicide shall no longer bear the effect of *ex ante* regulations. Therefore, only by modifying the "fostering duty" stipulated in the crime of abandonment into "fostering and rescue duty" and setting tougher punishment for the behavior of abandonment that leads to death and injury, can the behavior of "failure to render emergency aid" by such special subjects as doctors be handled properly.

Keywords: failure to render emergency aid; emergency rescue obligation; fostering obligation; crime of abandonment; omission

〔国际刑法〕

将制造假药视为国际犯罪的原因和方式*

[加]阿米尔·阿塔兰** 罗伯·贝特*** 梅甘·肯德尔**** 著

卢建平***** 贾一帆****** 译

目 次

一、前 言

制造假药是一个全球公共卫生危机。最新的估算显示，全球药品

* 原文载于《国际刑事司法杂志》(Journal of International Criminal Justice)2011年第9期。

** 阿米尔·阿塔兰，加拿大渥太华大学法律与医学学院副教授。

*** 罗伯·贝特，列格坦研究所全球繁荣问题研究员。

**** 梅甘·肯德尔，加拿大渥太华大学法学院。

***** 卢建平，北京师范大学法学院教授、博士生导师。

****** 贾一帆，伦敦国王学院法学院博士生。

供应中约有 15% 是假药,[①]而在非洲、亚洲和拉丁美洲的发展中地区销售的药品中,假药的比例可能超过 30% 。[②] 这是一个致命的行业,甚至治疗众所周知的致命性疾病(如疟疾)的药中也存在假药。在一些国家,有证据表明销售的抗疟疾药中有一半是假药。[③]

制造假药就像伪造货币一样,是高度全球化的,走私药品十分容易。但与伪造货币不同,制造假药的犯罪人不用那么害怕,而且代价很小。值得注意的是,当今没有国际法律框架去追究和惩罚这些制造假药并跨国贩卖的犯罪人。

然而奇怪的是,对这种全球化且致命的恶行,人们却不是那么愤怒。国际制药协会(International Federation of Pharmaceutical Manufacturers and Associations)有力地指出,"如果在边境被抓到携带一公斤海洛因,你会被判入狱很久,但如果被抓到携带一公斤假药,可能你受到的惩罚和携带一公斤假冒 T 恤衫是一样的"[④]。问题在于一国的跨国管辖权,更准确地说,是缺少跨国管辖权。目前,如果 A 国的制假者生产并出口无效甚至致命的药品到 B 国,通常只有 A 国有权起诉制假者,因为犯罪行为发生在 A 国领域内。尽管 B 国的公民受害,但 B 国通常没有刑事管辖权。B 国可能对制造假药的帮助行为,如诈骗、走私等行为有管辖权,但该管辖权不是针对制造假药这个罪,甚至不是针对同一个犯罪人的,而且很可能对这些帮助行为没有适当处罚。因为没有国际公约将制造假药视为一个严重罪行,A 国和 B 国的司法合作和警务合作也并非理所

① See R. Cockburn et al. , *The Global Threat of Counterfeit Drugs: Why Industry and Governments must Communicate the Dangers*, 2 PLoS Medicine (2005) e1O0.

② See World Health Organization (WHO), *Counterfeit Medicines*, *Fact Sheet No.* 275, available at http://www. who. int/mediacentre/factsheets/fs275/en/index. html (visited 24 November 2020). 译者注:该网页数据已经更新。

③ See A. M. Dondorp et al. , *Fake Antimalarials in Southeast Asia are a Major Impediment to Malaria Control: Multinational Cross-Sectional Survey on the Prevalence of Fake Antimalarials*, 9 Tropical Medicine and International Health, (2004) 1241 - 1246.

④ P Taylor, *Counterfeiting Conference to Hear of Burden in Developing World* (InPharmaTechnologist), available at http://www. in-pharmatechnologist. com/Industry-Drivers/Counterfeiting-conference-to-hear-of-burden-in-developing-world (visited 24 November 2010).

当然的，这也在很大程度上导致了假药制造者不受惩罚的后果。

明知并故意制造对人没有疗效、有害甚至致命的假药，应当被认定为一种比现在更加严重的跨国罪行。其他的跨国、广泛、有系统地故意威胁生命的邪恶举动，如恐怖主义或劫机，如今都受到了更为严厉的法律处理。伪造货币也一样，虽然它是一种古老的犯罪，但在1929年即成了国际犯罪。当时国际法律界声明那些伪造货币的人应当"永远不会有罪不罚"，[①]且将伪造货币置于普遍管辖权下，使它可以在任何国家被起诉，而不仅仅是制假的行为地。在伪造货币成为国际犯罪后近一个世纪的今天，出于人性和保护公共健康的考虑，我们需要对假药贸易采取同样的行动。

本文解释了为什么制造假药盛行、难以防范并悄然威胁着人们的健康甚至生命，但是却没有引起国际刑法的关注。本文论证了在国际层面将制造假药犯罪化没有不可逾越的法律障碍，而且比仅靠各国国内法有更大的优势。

本文分为三个部分。第二部分探讨了假药贸易的国际性质，阐释了为何现有的法律制度会使致命的制假行为不受惩罚。第三部分讨论了利用现有的法律原理来更好地使制造假药犯罪化，探讨话题从最基本的对假药中"假"的法律定义，到将最为严重的情形归于危害人类罪的可能性。第四部分讨论了国际治理机制，特别是可以在世卫组织商讨并通过假药公约。最后对现有的预防性公共卫生政策提出了一些批评意见。

二、假药问题的医学和法律现状令人不满

大量医疗产品是假的。购买抗生素、激素、止疼药、抗组胺药或者治疗癌症、高血压、高胆固醇的药物的患者，过去和现在一直都是假药的受害者。[②] 假药市场的规模可能是不得而知的：被报道的相关案例

① See International Convention for the Suppression of Counterfeiting Currency 20 April 1929 (hereafter, "Currency Convention"), at Art. 18.

② See World Health Organization (WHO), Counterfeit medicines, Fact sheet No. 275, available at http://www.who.int/mediacentre/factsheets/fs275/en/index.html (visited 24 November 2020). 译者注：该网页数据已经更新。

每年都在增加,[①]但是在一些地方,情况可能有所改善。[②] 世卫组织引用了公益医学中心(Center for Medicine in the Public Interest)的数据,到2010年全球假药市场价值可高达750亿美元。[③] 如果真是这样,那么加总之后的全球假药市场价值是全球最畅销药品市场价值的几倍之多。

制造假药是一种有组织犯罪。制造假药通常不是一人所为的。相反,要渗透合法药品市场,手段高超的犯罪集团会模仿真正制药企业的商业模式。犯罪集团的生产部门负责生产假药,例如,将替代原料压成药片,或者打印以假乱真的包装,包装还经常带有假冒的商标。销售部门负责协调秘密分销假药,欺骗检验员和批发商(在下游环节还有独立的零售部门)。最后,财务部门对这些非法收入进行洗钱。

上文描述的犯罪集团绝对不是小打小闹。它不可能是无计划的,否则就会失败。制造假药和其他犯罪可能存在联系,即国际刑警组织相信一些假药犯罪的黑钱流向了恐怖组织,包括“基地”组织(Al Qaida)。[④]

(一)跨国犯罪国家执法的复杂性

世卫组织指出了使假药增多的一些因素,包括:

(i)国家对药品的生产销售监管不力;

(ii)现行法律执行不力;

(iii)对违反药品监管的惩罚过轻;

---

① See Pharmaceutical Security Institute, *Incident Trends*, available at http://www. psi-inc. org/incidentTrends. cfm (visited 24 November 2010).

② See R. Bate and K. Hess, *Anti-Malarial Drug Quality in Lagos and Accra-a Comparison of Various Quality Assessments*, 9 Malaria Journal, (2010) 157.

③ See WHO, *Counterfeit Medicines*, *Fact Sheet No.* 275, *Revision of* 14 *November* 2006, available at http://web. archive. org/web/20080724031944/http://www. who. int/mediacentre/factsheets/fs275/en/ (visited 24 November 2010); See Center for Medicine in the Public Interest, *Counterfeit Drugs and China New*, available at http://www. cmpi. org/in-the-news/testimony/counterfeit-drugs-and-china-new (visited 24 November 2010).

④ See L. Gibson, *Drug Regulators Study Global Treaty to Tackle Counterfeit Drugs*, 328 British Medical Journal 486(2004).

(iv)出口国和自由贸易区的监管不力;

(v)交易复杂,涉及很多中间商;

(vi)治疗和防治性药物以及疫苗的高需求和高价;

(vii)各利益相关者的合作低效。①

事实上,现在减少假药的努力主要集中在前两条,即完善国内立法和执法上。② 这些努力虽然是必要且受欢迎的,但不全面,有事实和法律两方面原因。

事实上,很多假药贸易是跨国的,媒体报道和科学报告比比皆是。③ 例如,最近的一项法医学研究显示,假药从邻近国家流入柬埔寨、老挝、缅甸、泰国和越南。④ 在这项研究中的所有假药都是对致命的热带疟疗效显著的青蒿琥酯(artesunate),但在零售层面收集的样本中,药片或胶囊不包含任何活性成分,或者活性成分含量极少,远低于治疗剂量。⑤ 这些产品不仅会导致原本完全可以避免的疾病和死亡(尤其是对受疟疾影响最重的儿童),而且还助长了疟原虫的青蒿素耐药性。长期来看,其破坏了真药的临床疗效,削弱了公众和卫生保健工作者对各种药物治疗的信心。⑥ 这两者在公共卫生的角度都是灾难性的。

---

① See Counterfeit Drugs: Guidelines for the development of measures to combat counterfeit drugs, UN Doc. WHO/EDM/QSM/99.1, 1999.

② See T. K. Mutabingwa, *Artemisinin-based Combination Therapies (ACTs): Best Hope for Malaria Treatment but Inaccessible to the Needy* 95 *Acta Tropica* (2005) 305 – 315.

③ USAID in association with US Pharmacopia maintains a "Matrix of Medicine Quality", documenting hundreds of counterfeit drug incidents in countries assisted by USAID: See MediaReports on Medicine Quality: Focusing on USAID-assisted Countries (Promoting the Quality of Medicines program) available at http://www.usp.org/pdf/EN/dqi/ghcDrugQualityMatrix.pdf (visited 24 November 2010).

④ See PN. Newton et al., *A Collaborative Epidemiological Investigation into the Criminal Fake Artesunate Trade in South East Asia*, 5 PLoS Medicine e32 (2008).

⑤ Ibid.

⑥ See PN. Newton, R. McGready et al., *Manslaughter by Fake Artesunate in Asia-will Africa be Next?* 3 PLoS Medicine e197 (2006); RN. Newton et al., *Counterfeit Anti-infective Drugs*, 6 The Lancet Infectious Diseases 602 – 613 (2006).

国内法层面的定罪和执法导致各国对制假的执法和处罚差异很大。[①] 一方面,制造假药在一些国家根本不是犯罪,尽管各国政府可能会像叙利亚最近这样,在出现问题后迅速制定法律。[②] 其他国家有着包括死刑在内的严厉处罚,但经常出现选择性执法和执法不一致的情况。[③] 很少有国家采取灵活的做法,在监禁和罚款上有司法自由裁量权。菲律宾(最高可达无期徒刑和罚款25,000美元)和印度(最高可达10年有期徒刑和罚款32,000美元)的相关做法值得借鉴。[④]

各国刑法有如此大的差距,给跨国执法造成困难。引渡法通常要求双重犯罪标准,即只有一个人被指控的行为在两国有基本相同的罪名和处罚时,才可以按照B国的请求从A国进行引渡。[⑤] 但现在对制造假药是犯罪这种基本问题,各国都无法达成一致,这给了犯罪人逃避或者拒绝引渡的依据。

世卫组织曾经尝试让各国统一国内法律,但是局限在于世卫组织的权限是公共卫生而不是法律执行。[⑥] 此外,在公共卫生领域,法律没有得到充分利用。只有20%的国家有完善的药品监管,50%的国家有有限的药品监

---

① See V Reggi, *Counterfeit Medicines*: *An Intent to Deceive*, 19 The International Journal of Risk and Safety in Medicine 105(2006).

② See C. Clarke, *Counterfeiting Abroad and at Home*, 271 The Pharmaceutical Journal 4:53－454(2003); See R. Bate, *Lessons from a Syrian Drug Bust*, Wall Street Journal (28 April 2010), available at http://online. wsj. com/article/SB1000142405274870442350457 52119 20119322724 . html (visited 24 November 2010).

③ See L. Beck, *China to Extend "Arduous" Drug Industry Clean-Up*, Reuters (3 December 2007).

④ See Philippines, *Special Law on Counterfeit Drugs*, *Republic Act*, No. 8203 (Chan Robles Virtual Law Library) available at www. chanrobles. com/republicactno8203. htm (visited 24 November 2010); See R. Bate, *Fighting Fake Drugs in India*, The American (18 November 2008), available at http://www. american. com/archive/2008/november－11－08/fighting-fake-drugs-in-inda (visited 24 November 2010).

⑤ M. C. Bassiouni and E. M. Wise, *Aut Dedere Aut Judicare*: *The Duty to Extradite or Prosecute in International Law* (Dordrecht: Martinus Nijhoff Publishers, 1995).

⑥ See S. Nebehay, *Counterfeit Drugs on Rise*, *Pose Global Threat-WHO*, Reuters (20 May 2010), available at http://www. alertnet. org/thenews/newsdesk/LDE64126E. htm (visited 24 November 2010).

管,30%的国家几乎没有药品监管。① 在后两者中充斥着腐败和治理不力。最贫困的发展中国家,比如,肯尼亚和刚果,没有足够的资源去评估市场上药品的质量,②其中很多药品未在药品监管部门登记。③ 其他贫穷国家,比如,柬埔寨,被假药分销商和政府权势人士的亲密关系所困扰。④

(二)假药制造的规模和影响

没有人真正知道假药制造的规模,但这个规模肯定很大,上文提到世卫组织的估计是750亿美元的市场值。无论如何,给一个问题固定一个美元币值固然重要,但这既没有让人们充分了解到假药销售网的市场规模,也没有让人们关注到假药对健康和社会的影响。⑤

---

① See WHO, *What Encourages Counterfeiting of Medicines*? available at http://www.who.int/medicines/services/counterfeit/faqs/15/en/index.htm (visited 24 November 2010).

② See M. A. Atemnkeng, K. De Cock and J. Plaizier-Vercammen, *Quality Control of Active Ingredients in Artemisinin-derivative Antimalarials within Kenya and DR Congo*, 12 Tropical Medicine & International Health 68 - 74(2007).

③ See Kenyan Ministry of Health, *Antimalarial Medicines in Kenya*, available at http://apps.who.int/medicinedocs/documents/s16424e/s16424e.pdf (visited 24 November 2010).

④ See J. C. Cohen, M. Mrazek and L. Hawkins, *Tackling Corruption in the Pharmaceutical Systems Worldwide with Courage and Conviction*, 81 Clinical Pharmacology and Therapeutics 445 - 449(2007); Philippines, *Special Law on Counterfeit Drugs*, *Republic Act*, No. 8203 (Chan Robles Virtual Law Library) available at www.chanrobles.com/republicactno8203.htm (visited 24 November 2010).

⑤ 以疟疾为例,这种疾病每年导致100万人死亡,其中大部分是儿童。非洲、亚洲和其他地方的该病患者经常是自我诊断和自我处方,没有医疗监督,直接使用从市场上购买的药物。问题在于,市场上的先进治疗方式(青蒿素类药品)越来越多是假药。最近的研究显示,在东南亚竟有33%~35%的这类药品不含活性成分。科学家警告说,非洲也有类似的趋势。See A. M. Dondorp et al., *Fake antimalarials in Southeast Asia are a major impediment to malaria control: Multinational cross-sectional survey on the prevalence of fake antimalarials*, 9 Tropical Medicine and International Health 1241 - 1246(2004); N. Newton, R. McGready et al., *Manslaughter by Fake Artesunate in Asia-will Africa be Next*?, 3 PLoS Medicine e197(2006). 某种情况下,在监管体系薄弱或者腐败的国家,假药做工粗糙,制假者一点也不怕被抓,以至于连药品名称都有拼写错误。虽然缺乏官方估计,但每年有成千上万人死于假抗疟药也不足为奇。See J. Harris, P. Stevens and J. Morris, *Keeping It Real: Combating the Spread of Fake Drugs in Poor Countries*, (International Policy Network) available at http://www.policynetwork.net/sites/default/files/keepingit.realL2009.pdf (visited 24 November 2010).

尽管制假问题在监管薄弱的贫穷国家尤为猖獗,但是由于全球化,世界上没有一个地方是完全安全的。即使在美国这样一个几乎算是世界上监管最严的医药市场,2000～2006 年报告的假药案例也上升了 800%。① 基本上没有一个国家可以置身事外。②

制假者从事着复杂的、精心策划的犯罪活动。最高超的制假者可以把药品仿制得几乎完美。造假者甚至能仿制防伪全息图中嵌入的商标,③用

① Editorial, Combating Counterfeit Drugs, 371 Lancet (2008) 1551.

② 在海地、印度、尼日利亚和孟加拉国,约有 500 名儿童在服用二甘醇制成的假冒对乙酰氨基酚止咳糖浆后死亡,二甘醇具有肾毒性,用于防冻。World Health Organization (WHO), Counterfeit medicines, Fact sheet No. 275, available at http://www.who.int/mediacentre/factsheets/fs275/en/index.html (visited 24 November 2020). 译者注:该网页数据已经更新。在尼日尔 1995 年脑膜炎暴发期间,大约有 6 万人接种了邻国尼日利亚捐赠的疫苗,但令人遗憾的是,疫苗是假的,无法保护人们远离致命疾病,造成大约 2500 人死亡,其中大部分是儿童。See J. Pinel et al., *Des Faux Vaccins Anti-meningococque Lors Dune Epidemie de Meningite au Niger*, 27 Mddecine et maladies infectieuses 1 – 563(1997); M. Chauve. *La lutte Contre a Contrefaqon de M6dicaments en Afrique: Exp6riences et R61e des Pharmaciens*, 331 Comptes Rendus Biologies 982 – 985(2008). 在巴西,大约有 200 例意外怀孕的发生,是因为巴西先灵葆雅公司一批含有小麦粉而不是活性成分的测试用口服避孕药被偷了,行为人将其包装得像真的一样,然后卖掉了。[See C. Claudio, *Epidemic of Counterfeit Drugs Causes Concern in Brazil*, 352 Lancet 553(1998).] 令人遗憾的是,先灵葆雅公司的高管掩盖了这起盗窃案。在加拿大,当 11 名患者离奇死亡后才发现,安大略省的一个药房销售假的降压药络活喜。[See Criminal Intelligence Service Canada, *Counterfeit Pharmaceuticals in Canada* (Government of Canada), available at http://www.cisc.gc.ca/pharmaceuticals/pharmaceuticals.e.html (visited 24 November 2010).] 在一些死亡调查中,验尸官无法排除"未经批准的替代性药物的可能性"。See Ontario College of Pharmacists, *Discipline Case: Bhusmang Mehta*, available at http://www.ocpinfo.com/client/ocp/ocphome.nsf/ab26815c7d6d78e58525732bO0626f24/aa6045f7b9733ec9852570d10060bld1? OpenDocument (visited 24 November 2010). 在美国,在假药渗入分销渠道后,食品和药品管理局召回了 1800 万片降胆固醇药即立普妥。随后对立普妥制造商的调查揭示了一个正在运作的非常大胆的全球犯罪组织:"用来自美国的工具和辅料,和从中国香港的瑞士企业运来的药物成分,在哥斯达黎加制造假药。" See Pfizer, *Case Study: Lipitor US Recall*, available online at http://media.pfizer.com/files/products/LipitorUSRecall.pdf (visited 24 November 2010).

③ R Aldhous, *Counterfeit Pharmaceuticals: Murder by Medicine*, 10 Nature 132 – 136 (March 2005).

能模拟出真正原料在实验室测试中的化学特性的替代材料去制造药品。[①] 为蒙混通过基本的技术分析,制假者可能会在制剂中添加少量的正确成分。[②]

最终,我们无法得知这种“犯罪兵工厂”具体造成了多少损害。侦测假药的监管体系薄弱,可用的估算不完全,例如,一个经常被引用的估算是假药每年造成70万人死亡。[③] 即便如此令人吃惊,但这个数字可能依然低估了问题的严重性,因为其只关注到了有形的死亡,忽略了对公众健康的无形损害。那些用了假药以后没有好转的患者,他们对现代医学的治疗能力失去信心是可以理解的,尤其是在贫穷国家的患者,他们可能转而求助于传统治疗师或者江湖医生。尤其可恶的是治疗传染病的假药中含有过少(如低于治疗剂量)的活性成分,因为它们会通过增加耐药病原体而破坏真药的临床疗效——在东南亚观察到的疟疾耐药性现象。[④] 不仅是对单个患者而言,这种方式让药物败给了耐药性,而且在医学实践中这种影响可能是全球性和永久性的。

三、目标、学说和假药公约的建议

很明显,在国家层面去应对如今盛行的制造假药问题还有很多不足之处,故将假药贸易在国际层面规定为犯罪会使问题得到改善。巴西尼奥认为,如果该罪行危及整个国际社会,或者国际合作是有效控制

---

① Editorial,Combating Counterfeit Drugs,371 Lancet (2008) 1551.

② See PN. Newton et al., *A Collaborative Epidemiological Investigation into the Criminal Fake Artesunate Trade in South East Asia*, 5 PLoS Medicine e32(2008); K. A. Hall et al., *Characterization of Counterfeit Artesunate Antimalarial Tablets from Southeast Asia*,75 American Journal of Tropical Medicine and Hygiene 804 – 811(2006).

③ See J. Harris, P. Stevens and J. Morris,*Keeping It Real: Combating the Spread of Fake Drugs in Poor Countries*, (International Policy Network) available at http://www.policynetwork.net/sites/default/files/keepingit.reaL2009.pdf (visited 24 November 2010).

④ See P. Olliaro,*Drug Resistance Hampers Our Capacity to Roll Back Malaria*,41 Clinical Infectious Diseases S 247 – S257(2005).

该行为所必需的,或者两者兼而有之,则该罪行应被上升为"国际犯罪"。[①]

按照这个标准,制造假药应当是一种"国际犯罪",因为制造假药的公共卫生后果超越国界,特别是抗药性,而且许多或者说大部分假药是通过国际贸易流通的,任何一个国家单独行动都无法成功地完成起诉,要依靠国家间的合作,如引渡,这是制造假药应成为国际犯罪的有力理由。

其他人也初步得出这个结论。世卫组织在2006年关于打击假药的国际会议上制定的《罗马宣言》中指出,假药"广泛存在并已经上升到如此程度,必须在国际层面进行有效的协调合作,才能使国家和地区的对策更为有效"[②]。接下来的几年,世卫组织国际医疗产品打假专题小组(WHO-IMPACT)召集的法律专家组对由本文其中一位笔者提出的议案达成了共识,即对制造假药罪应当有普遍管辖权,任何一个国家都可以起诉,但是并没有提出用公约来实现这一点。[③] 奇怪的是,带头反对这个公约的是制药行业的代表,尽管出现假药后是制药企业首当其冲地受到经济损失和名誉风险。[④]

因此几年来,进展停止在一个奇怪的中间点,对需要一个有普

---

① See M. C. Bassiouni, *The Penal Characteristics of International Criminal Law*, 15 Case Western Reserve Journal of International Law 27(1983), at 28 – 29.

② See Declaration of Rome, *Conclusions and Recommendations of the WHO International Conference on Combating Counterfeit Medicines*, 18 February 2006 at Section 4, available at http://www.who.int/medicines/services/counterfeit/RomeDeclaration.pdf (visited 26 November 2010).

③ See Draft Principles and Elements for National Legislation against Counterfeit Medical Products (International Medical Products Anti-Counterfeiting Taskforce), available at http://www.who.int/entity/impact/events/PrinciplesElementsforNationalLegislation.pdf (visited 26 November 2010).

④ 行业代表团的领导是美国礼来企业的全球反假药行动主管迈克尔·J. 穆勒。See ibid. 穆勒先生似乎在劝告其他行业代表这个条约不好这件事上有很大影响力,并向其中一个作者(阿塔兰)表达了这个观点。显然他们担心更有力地打击假药会引起公众的关注,可能会削弱公众对医药产品的信心。

遍管辖权的国际犯罪达成一致，但对是否需要一个公约来实现它却存在分歧。唯一的进展来自欧洲理事会，欧洲理事会在2009年悄然颁布了一个《欧洲理事会假冒医疗产品及类似的危害公共健康的犯罪公约草案》（以下简称《公约草案》），又叫《医药犯罪公约》（MEDICRIME Convention）。[①] 这个草案虽有很严重的缺陷（下文会讨论），但对于打破制定假药公约的禁忌还是有所帮助的。

过去几十年，劫持航空器、[②]劫持人质、[③]贩卖毒品[④]和伪造货币[⑤]等行为都以多边条约的形式成为了国际犯罪。制造假药有着相似的对生命的危害和相似的犯罪网络，理应成为这类公约的对象。先前这些公约中已有的法律理论为其提供了先例。

本文认为，制造假药要成为国际犯罪，不应该从零开始或者发明一个新的法律原理，因为这么做会引发不必要的争论。更为渐进有效的做法是借鉴伪造货币、劫持航空器、贩卖毒品等现有公约中的法律原理，整合修改后形成一个新的公约。

上文提到的公约有以下特点：（1）精确地定义了公约所针对的基

---

① See Draft Council of Europe Convention on Counterfeiting of Medical Products and Similar Crimes Involving Threats to Public Health (European Committee on Crime Problems), available online at http://www. coe. int/t/dghl/standardsetting/pharmacrime/CDPC/202009. 15Fin% 20E% 20Draft% 2OConvention% 2009% 2011% 2009CM. pdf (visited 26 November 2010).

② See Hague Convention for the Suppression of Unlawful Seizure of Aircraft, 860 UNTS 105; 22 UST 1641; 10 International Legal Materials (ILM) (1971) 133 (hereafter, "Hijacking Convention").

③ See International Convention against the Taking of Hostages, GA Res. 34/146 (XXXIV), 34 UN GAOR Supp. (No. 46) at 245, UN Doc. A/34/46 (1979); 1316 UNTS 205; TIAS No. 11081; 18 ILM 1456 (1979).

④ See Single Convention on Narcotics Drugs, 520 UNTS 204; 18 UST 1407; 14 ILM 302 (1975); as amended by the Protocol Amending the Single Convention on Narcotic Drugs, 976 UNTS 3; 26 UST 1439; 11 ILM 804 (1972); Convention on Psychotropic Substances, 1019 UNTS 175: 32 UST 543; 10 ILM 261 (1971).

⑤ See International Convention for the Suppression of Counterfeiting Currency 20 April 1929 (hereafter, "Currency Convention"), at Art. 18.

本的“恶”,例如,恐怖主义、劫机或伪造货币;(2)列出了国际公认是犯罪的不法行为,要求国家立法禁止和惩罚在属人或属地管辖权内的具体犯罪行为;(3)在犯罪的严重性和规模性上达成共识,将最严重的称为危害人类罪;(4)要求国家逮捕在该国领域内被指控的犯罪人,无论该犯罪行为发生在领土之内还是之外,该犯罪人是本国人还是外国人;(5)对被指控的犯罪人,要求国家或者在他们的羁押下起诉,或者引渡到其他国家进行起诉;最后(6)承诺各国在预防和执法方面相互协助,例如,共享信息和证据,或者和同意的国际组织合作。篇幅所限,在接下来的章节里不能讨论所有内容,本文重点关注最重要和最不明显的几个。

(一)目标一:不法行为

国际公约要求在就其所禁止的不法行为的范围上达成一致。另外,它要求大部分公约成员国(尽管也许不是那些一元法律体系的国家)在国内法层面将这些不法行为犯罪化。

抛开下节要讨论的假药的确切定义不谈,似乎没有争议的是,多个违法行为需要被制止。假药的供应链可能很长,责任可能属于分工专业的精密犯罪集团。为使公约完全有效,必须对链条上的每个阶段的每个参与者实施刑事禁令。受1929年《防止伪造货币的国际公约》(以下简称《货币公约》)的启发,如果故意实施以下行为,似乎适合以国家管辖权范围内的一般罪行予以惩罚:

(i)制造和准备制造假药;

(ii)提供或持有制造或准备制造假药的设备、器械和原料;

(iii)出售、提供出售、经销、运输、出口或者进口假药或用于制造或准备制造假药的设备和原料;

(iv)伪造与假药和其原料有关的文件;

(v)共谋实施,准备实施,协助、教唆、便利、指导实施上述任何行为。

需要注意的是,上述提议的犯罪行为都与知识产权无关。已经有很多多边或双边条约要求各国在其管辖范围内对知识产权进行保护,所以在新的假药犯罪公约中重申这些罪行是多余的,也可能会让现有的知识产权标准受挫。①

程序公正要求上述提议的罪行必须严格限制在被告人有犯罪意图时。人们不会希望那些被骗或不知情而销售假药的人成为犯罪人。同样地，人们不希望让那些在不知道是违法用途的情况下提供制造假药的原料、设备的人成为犯罪人。对提议的任何罪行不宜适用绝对责任，相反，犯罪意图是定罪所必需的。

有两种方法被引入意图这个必要因素。欧洲理事会的《公约草案》里用的方法是，将意图的认定和具体行为相结合：例如，"故意制造"假药是犯罪，而非故意则不是犯罪。② 一个不太明显但肯定更明智的方法是，将意图因素嵌入对假药的"假"的定义本身，那么如果没有证据显示故意欺骗，一个药物永远不可能跨越"假"的门槛。这两者的差别似乎很小，但有足够的理由否定欧洲理事会所用的方法，在下节会有所解释。

（二）目标二：定义假药

如果要制定一个打击假药的公约，就要对假药这个术语有一个准确的定义。遗憾的是，各国没有在定义上达成一致，正如世卫组织正确地观察的那样，"各国对假药的定义很不同，以至于在实施打击假药的措施上困难重重"③。迄今为止最接近达成共识的一次是在 1990 年，在打击假药论坛上世卫组织给出的定义：

① 那些试图将知识产权纳入假药公约的顽固派们，最好回忆一下上次公共卫生和医药知识产权发生冲突的情形，关于 2001 年的《TRIPS 与公共健康多哈宣言》爆发了一场巨大的争议，最终是削弱而不是加强了对知识产权的保护。

② Draft Council of Europe Convention on Counterfeiting of Medical Products and Similar Crimes Involving Threats to Public Health (European Committee on Crime Problems), at Art. 40, and the offences at Arts 5 - 9.

③ See Combating Counterfeit Drugs: A Concept Paper for Effective Collaboration (World Health Organization), available at http://www. who. int/medicines/services/counterfeit/CombatingCounterfeitDrugs. Conceptpaper. pdf (visited 26 November 2010), at 2.

假药是指在特性和/或来源方面故意和欺骗性地贴错标签的药物。假药可能是专利药或仿制药。假药产品所含活性成分可能正确或不正确,或不含活性成分,或活性成分含量不足或虚假包装。[①]

世卫组织的这个定义虽然不完美,但却有着被低估的伟大优点,那就是其中包含了"故意和欺骗性的错误标记"。通过这样的描述将犯罪意图纳入"假"的定义中,世卫组织的定义有效地消除了是不是真正违法行为的疑问。在世卫组织的定义中,没有意外制造假药这种情况。

然而,根据欧洲理事会《公约草案》中的定义,意外制造假药是有可能的,这是一个很大的问题,使他们的这种定义无法被接受,尤其是对合法医药行业来说。进一步解释,假设,一个诚实的医药企业员工诚实地出了一个差错,把错误的或有缺陷的原料放入压片机里,或者把药片放入错误的包装盒里,或者将药片存放在温度不适宜的地方导致其变质。所有上述行为都会导致这个药品成为被错误标记的药品。于是错误发生了。

在世卫组织的定义下,这些药品不会被称为"假药",因为没有"故意和欺骗性的错误标记"。这个假设中的企业和员工面临很大问题,但是不用担心以犯罪被起诉。

令人惊讶的是,在欧洲理事会的定义下,这些人就是犯罪人。《公约草案》将"故意制造"假药认为是犯罪,[②]但弄巧成拙的是,他们将"假"定义为仅需要含有"对构成和/或来源的虚假陈述",[③]不管这个虚假陈述是不是故意的。在《公约草案》的用词方法下,形容词"故意的"修饰动名词"制造",即它既不修饰形容词"假",也不归入"假"的定义中。这样的表述会将那些故意制造了意外虚假陈述的药的行为认

---

① Counterfeit Drugs: Guidelines for the development of measures to combat counterfeit drugs, UN Doc. WHO/EDM/QSM/99.1, 1999, at 8. 译者注:该网页的定义在 2017 年进行了修改。

② Draft Council of Europe Convention on Counterfeiting of Medical Products and Similar Crimes Involving Threats to Public Health (European Committee on Crime Problems), at Art. 5(1).

③ Ibid. at Art. 4(j).

定为犯罪,也就是上文假设中的企业和员工的问题。

总的来说,世卫组织准确地针对那些故意虚假陈述药物的人,而欧洲理事会《公约草案》将那些仅仅是错误虚假陈述药物的,基本上是无意的制假者,也认为是犯罪人。这样过于激进的做法,不符合刑法中将犯罪意图作为犯罪基础的准则,而且无视先例,即在1929年的《货币公约》里没有出现这样的错误。① 任何一个(也可能是所有)曾经犯过错的医药企业可能都不会接受欧洲理事会的《公约草案》。

然而,尽管世卫组织的定义具有优越性,但由于世卫组织在2009年不合时宜地试图修订和改进该定义,使得它现在被争议所掩盖。世卫组织的意图是值得赞赏的,其希望这个定义超越假药,适用于所有伪劣医疗产品,如医疗器械。不幸的是,这一变化正赶上一场激烈的争论,由对“假”货和知识产权的定义的严重误解所引起。

这个混乱开始于欧盟向肯尼亚施压,要求其通过一个过于宽泛的法律,认定未经药品专利持有人授权而生产的专利药为“假”药,其中专利持有人不仅指肯尼亚本国的,而且包括世界上任何地方的,如果按条文执行,会导致肯尼亚很多合法仿制药变成非法的和犯罪的。② 欧盟荒谬地将从印度运往巴西途中的仿制药作为假药截获,仅仅因为他们在有专利存在的欧洲港口临时中转。③ 巴西和印度将欧洲的这些姿态解读为挑衅,他们正确地向世界贸易组织(WTO)提起诉讼,但错误地指责世卫组织在反假药方面的努力是为了促进知识产权而非保护公

---

① International Convention for the Suppression of Counterfeiting Currency 20 April 1929 (hereafter, “Currency Convention”), at Art. 3. 阅读这部分——下列行为应作为普通犯罪予以处罚:(1)伪造或变造货币,无论用什么方法……(4)以上各项的未遂和故意参与上述罪行;注“故意参与”(第4项)对货币的“伪造”(第1项)被定为刑事犯罪。这种聪明的措辞完全排除了偶然的伪造,因为其中的“造”必须是“伪造”,从事制造的人必须有故意参与“伪造”的意图。

② See A. Mullard, *EU Implicated in Controversial Counterfeiting Bill*, 375 Lancet 1335(2010).

③ See J. Lynn, *India, Brazil Challenge EU at WTO over Drugs*, Reuters (12 May 2010), available at http://www.alertnet.org/thenews/newsdesk/LDE64BlO6.htm (visited 26 November 2010).

共卫生,实际上世卫组织与这两起事件都无关。①

如今,欧洲理事会的《公约草案》以更大更危险的规模重复这个错误。它的表述要求各国将以下行为认为是犯罪:“如果该国国内法要求批准但未经批准而制造、为供应而储存、进口、出口、供应[和其他涉及的行为]……医药产品。”②然而,这一表述忽略了国内法在处理药品问题时通常需要一个以上的“许可”,一个当然是依健康和安全法的政府许可,还有依知识产权法的专利权人的许可,欧洲理事会的《公约草案》有意无意地在这个问题上没有指明是哪项许可,就将所有这些都归为犯罪。因此,即使是一家声誉卓著的高质量仿制药制造商,也可能因任何侵犯专利的情况而被当作犯罪人受到控告、起诉和惩罚,这到目前为止在欧洲从未出现过。这种改变很可能使患者无法获得合法且必需的仿制药,这使得欧洲理事会的《公约草案》成为打击假药的一种极其愚蠢的方式,现有的医学文献解释了原因。③

在专利药行业的引导下,欧洲理事会等机构的过激行为,势必会激怒非政府组织。④ 然而非政府组织也有问题,它们反应过度,沉溺于对所有反假药措施的不合理或下意识地反对。例如,第三世界网络

---

① See S. Dey and K. Singh, *WHO won't Redefine Fake Drugs*, Economic Times (India) (27 January 2009), available at http://economictimes. indiatimes. com/rssarticleshow/4034234. cms? prtpage =1 (visited 26 November 2010).

② 全文在 Art. 8(a)(i) of the raft Council of Europe Convention on Counterfeiting of Medical Products and Similar Crimes Involving Threats to Public Health' (European Committee on Crime Problems), available online at http://www. coe. int/t/dghl/standardsetting/pharmacrime/CDPC/202009. 15Fin% 20E% 20Draft% 2OConvention% 2009%2011%2009CM. pdf (visited 26 November 2010), reads that parties to the treaty are required to criminalize "the manufacturing, the keeping in stock for supply, importing, exporting, supplying, offering to supply or placing on the market of... medicinal products without authorization where such authorization is required under the domestic law of the Party".

③ See R. Bate and A. Attaran, *A Counterfeit Drug Treaty: Great Idea, Wrong Implementation*, 376 Lancet 1446(2010).

④ 一个可疑的做法是欧洲理事会欢迎赛诺菲-安万特公司参加起草公约的工作组,但没有邀请仿制药企业和非政府组织参与讨论。See Bate and Attaran, ibid.

(Third World Network)错误地认为,因为"假"是贸易法中与商标相关的定义,所以世卫组织打击假药的行动无情地"破坏了公共健康"。[①]这种对知识产权"议程"的本能恐惧阻碍了其他必要步骤,以消除有医学危险的假药。[②]

解决这个问题需要在公共健康意义上的"假"(如无疗效)和知识产权意义上的"假"(如侵权)的区别上下功夫。因此,一项新的假药公约不应沿用知识产权公约中已有的"假"的定义,如果这么做,新公约就是多余的。相反,新公约应该紧紧抓住对公共卫生和安全的威胁来定义"假"药,以世卫组织(2009年以前)的旧定义作为一个起点。通过强调行为人的犯罪行为,即会造成治疗中的伤害或死亡而故意贩卖,"假"这个词较知识产权条约中的词有着完全不同并且更加邪恶的性质。这样做还避免了像肯尼亚那样过于宽泛的法律和欧洲理事会的《公约草案》中不适当的用词那样,错误地将合法、高质量的仿制药贸易认定为刑事犯罪。

这样建构后,一个打击假药的公约就不会将知识产权置于公共卫生问题之上,也不会危及正当仿制药的供应。事实上,如果像第三世界网络那样,为支持公共健康或仿制药而继续下意识地反对,就会出现一个极其愚蠢的适得其反的结果——那些保护专利药的现有知识产权条约仍将有效,而保护公共卫生和仿制药供应的条约却不会出台。[③] 事实上,这些反对造就了一个完美的环境,在这个环境中,制假者使仿制药供应变得危险。这是因为相比于仿制药企业,专利药企业将会倾向

① See "WHO's 'Counterfeit' Programme Legitimises IP enforcement Agenda, Undermines Public Health", 63rd World Health Assembly, 17 – 21 May 2010 (Third World Network), available at http://www.twnside.org.sg/title2/briefing-papers/nontwn/.

② See D. Cahoy, *Addressing the North-South Divide in Pharmaceutical Counterfeiting*, 8 Wake Forest Intellectual Property Law Journal 407 (2008).

③ See L. P Viana, *New US IP Enforcement Plan May Have International Impact* (Intellectual Property Watch), available at http://www.ip-watch.org/weblog/2010/O6/23/new-us-ip-enforcement-plan-may-have-international-impact/ (visited 26 November 2010); See White House Office of Management and Budget, 2010 *Joint Strategic Plan on Intellectual Property Enforcement* (June 2010), available online at http://www.whitehouse.gov/omb/assets/intellectualproperty/intellectualproperty-strategic-plan.pdf. (visited 26 November 2010).

于拥有更多的知识产权并更为积极地进行监管,聪明的制假者便会转而制造假的仿制药,因为被抓和被惩罚的风险降低了。这样的结果不可能是正品仿制药拥护者所希望的,所以需要一个公约,将假药规定为犯罪而不管它的知识产权状态。

(三)目标三:将制造假药中最严重的情形归为危害人类罪

一旦确定了哪些涉及药物的欺诈行为是刑事犯罪,下一个问题就是法律上对这些罪行应该多彻底地进行定罪和惩罚。比例原则当然意味着轻罪(如提供少量假药)应当轻罚。但本节只关注最肆无忌惮和极其恶劣的制假情形,按其犯罪规模和严重程度可以归于危害人类罪。

以一家名为 RxNorth. com 的加拿大网上药店为例,这家药店的业务是将加拿大(或其声称是加拿大)的药物销往美国和世界其他国家。制药企业调查员和记者发现 RxNorth. com 实际是从假货源头采购药品。① 这些药先到了中国香港地区,然后到了阿拉伯联合酋长国和巴哈马,最后才从英国邮寄过来,以掩饰它们迂回的路线。② RxNorth. com 告诉其员工,要对顾客隐瞒药品不是来自加拿大的事实。③ 有关部门获得并检验了 RxNorth. com 的一些药品,发现了包括救命药在内的假药。④

---

① See W, Bogdanovich, "*Counterfeit Drugs*" *Path Eased by Free Trade Zones*, The New York Times (17 December 2007), available at http://www. nytimes. com/2007/12/17/world/middleeast/17freezone. html? pagewanted = print (visited 26 November 2010).

② Ibid.

③ See K. Tomlinson, *Ex-worker Blows Whistle on Popular Web Pharmacy*, CTV News (25 May 2006), available at http://www. ctv. ca/servlet/ArticleNews/story/CTVNews/20060510/whistleblowerinternetdrugs. 060525/20060525/ (visited 26 November 2010).

④ See J. Appleby, *FDA: Tests of Cross-border Drugs Found Counterfeits*, USA Today (30 August 2006), available at http://www. usatodaycom/money/industries/health/drugs/2006-08-30-fdacounterfeit-drugs. x. htm (visited 26 November 2010).

RxNorth. com 就此关闭,它的创始人安德鲁·史藤佩失去了药店执照,离开了加拿大——当他成为有钱人之后。① 在最近的报道中,史藤佩在巴拿马一个加勒比海小岛上的自由贸易园区内的办公室销售药品。②

那些像史藤佩一样从事假药贸易的人应该被绳之以法,如果被判有罪应该受到严厉的惩罚。史藤佩曾说,"我完全相信我们将会被全球追捕",但实际上他却享受到了财富并免于惩罚。③ 可耻的是,加拿大基本算是包庇和保护了他,加拿大拒绝透露是否调查了史藤佩,而且花了将近 10 年才吊销了他的药店执照。④ 供应链上的其他国家——阿拉伯联合酋长国、英国和巴哈马确实对中间商进行了调查和(或)起

① See J. Skerritt, *Online Drug Pioneer Tumbles-Allegedly Retailed Counterfeit Meds*, Winnipeg Free Press (24 February 2010), available at http://www. winnipegfreepress. com/breakingnews/online-drug-pioneer-tumbles - 85182602. html? viewAllComments = y (visited 25 November 2010); C. Krauss, *Going Global at a Small-Town Canadian Drugstore*, The New York Times (5 March 2005), available at http://www. nytimes. com/2005/03/O5/international/americas/05strempler. html (visited 25 November 2010).

② See J. Skerritt, *Online Pharmacist Eludes Ban: Strempler Moves Business to Caribbean, Manitoba Regulators can't Stop Him Now*, Winnipeg Free Press (26 February 2010), available at http://www. winnipegfreepress. com/local/0nline-pharmacist-eludes-ban - 85460077. html (visited 26 November 2010). See also the website of PharmaCheck: http://www. pharmacheck. com/contact. cfm. (译者注:该案有更新进展。)

③ C. Krauss, *Going Global at a Small-Town Canadian Drugstore*, The New York Times(5 March 2005), available at http://www. nytimes. com/2005/03/O5/international/americas/05strempler. html (visited 25 November 2010).

④ W, Bogdanovich, "Counterfeit Drugs" Path Eased by Free Trade Zones, The New York Times (17 December 2007) available at http://www. nytimes. com/2007/12/17/world/middleeast/17freezone. html? pagewanted = print (visited 26 November 2010),报道称,2001 年曼尼托巴省医药协会就得出结论,即史藤佩有很多没有处方的药品。但是直到 2010 年该协会才宣布吊销他的执照, See J. Skerritt, Online Drug Pioneer Tumbles-Allegedly Retailed Counterfeit Meds, Winnipeg Free Press (24 February 2010), available at http://www. winnipegfreepress. com/breakingnews/online-drug-pioneer-tumbles - 85182602. html? viewAllComments = y (visited 25 November 2010).

诉,但没有追击史藤佩和 RxNorth. com 的管辖权。[①] 正如一位沮丧的美国官员在谈到这种情况时说:“他们不受美国规制,因为我们没有管辖权;他们不受加拿大规制,因为药品要运往巴哈马;因为同样的原因他们也不受英国规制。”[②]

简而言之,这就是为什么如果不将假药贸易视为一种国际罪行,就不能阻止它的原因。像史藤佩这样的假药贸易的重要人物做着奇怪的生意:普通企业努力让供应链短而省钱,而 RxNorth. com 则故意让供应链长而错综复杂,为消费者提供虚假来源,摆脱当局监管并逃避起诉。

笔者认为,如此具有欺骗性的复杂供应链表明其在广泛、系统的基础上实施犯罪的决心。“广泛的”和“系统的”在国际刑法中特别重要:具体而言,在《国际刑事法院罗马规约》(以下简称《罗马规约》)第 7 条第(1)款中,它们构成了“危害人类罪”定义的一部分,并区别出那些人类公敌(hostis humani generis)所犯的深深震惊良知的犯罪行为。在法理学中,“广泛的”一般指犯罪规模,而“系统的”指犯罪方法。[③] 这样算来,最大的最有组织的制造假药不仅是广泛或系统的,实际上他们经常是广泛和系统的。RxNorth. com 广泛地出售假药到美国,系统地有计划地收购假药,并欺骗性地将其歪曲为“加拿大”药品。在这当中,

---

① See W, Bogdanovich, “*Counterfeit Drugs*” *Path Eased by Free Trade Zones*, The New York Times (17 December 2007), available at http://www.nytimes.com/2007/12/17/world/middleeast/17freezone.html? pagewanted = print (visited 26 November 2010).

② See K. Tomlinson, *Ex-worker Blows Whistle on Popular Web Pharmacy*, CTV News (25 May 2006), available at http://www.ctv.ca/servlet/ArticleNews/story/CTVNews/20060510/whistleblowerinternetdrugs.060525/20060525/ (visited 26 November 2010).

③ 这些词汇在此有更好的解释。See G. Mettraux, *Crimes Against Humanity in the Jurisprudence of the International Criminal Tribunals for the former Yugoslavia and for Rwanda*, 43 Harvard International LawJournal 237 (2002). See also, the International Criminal Tribunal for Rwanda (ICTR) Trial Chamber decision in Akayesu (ICTR – 96 – 4 – T), 2 September 1998, § 580: “‘广泛的’可以定义为,大量、频繁、大规模的行动,全部有相当大的严重性并直接针对众多受害者进行。‘系统的’可以定义为,涉及大量公共和私人资源的公共政策方面,很有组织性并遵循固定模式。没有要求这个政策必须是正式的国家政策,但它必须是某些事先形成的计划或政策。”

制造假药与有组织犯罪相关联,[①]或者发现一个特定的制假配方遍布整个地区,[②]或者一家药店就有 10 万片假药,[③]所有这些都发生了,就不能说犯罪人是被卷入了随机的或独立的事件中,因为这些罪行的规模太广泛,方法太系统了。

此外,最恶劣的制造假药的情况也将构成针对平民人口进行的攻击,这是危害人类罪的另一要件。《罗马规约》第 7 条第(2)款第(A)项规定,这种攻击意味着"行为过程包括多次实施"针对平民的指定犯罪,"根据国家或组织的政策实施这些攻击"。后者不应被解读为要求非国家组织在攻击上必须以某种方式与国家的公共政策有联系。最近的法学理论表明这种要求是不存在的。[④] 国际刑事法院预审法庭在批准对肯尼亚共和国的局势进行调查时决定,"与国家无关的组织可以……制定和执行对平民实施攻击的政策"[⑤]。这一法学理论符合《罗马规约》的现有规定,即《罗马规约》中已经有各种危害人类罪的行为本质上是由私人犯罪组织实施的,其很少或者从来没有被国家实施过,例如,贩卖人口。在这方面,制造假药几乎是一样的。

这些理论因素应不加区别地适用于假药贸易中的所有人,不管是大王还是小卒。一个人在犯罪组织中的等级并不重要,他实施犯罪计

① See T. Kelesidis et al., *Vounterfeit or Substandard Antimicrobial Drugs: A Review of the Scientific Evidence*, 60 The Journal of Antimicrobial Chemotherapy 214 – 236(2007).

② K. A. Hall et al., Characterization of CounterfeitArtesunate Antimalarial Tablets from Southeast Asia, 75 American Journal of Tropical Medicine and Hygiene (2006) 804 – 811.

③ PN. Newton, R. McGready et al., *Manslaughter by Fake Artesunate in Asia-will Africa be Next*? 3 PLoS Medicine e197(2006). Newton et al., Fake Artesunate in Southeast Asia, 357 Lancet 1948 – 1950(16 June 2001).

④ 在最近的法学理论之前,有对非国家组织(如恐怖组织)适用危害人类罪的争论,像沙巴斯写道,"危害人类罪是否也进入(这个领域)……很难被作为法律问题来解决"。See W, Schabas, *Punishment of Non-State Actors in Non-International Armed Conflict*, 26 Fordham International Law Journal 907(2002), at 929.

⑤ Decision Pursuant to Article 15 of the Rome Statute on the Authorization of an Investigation into the Situation in the Republic of Kenya (ICC – 01/09 – 19), Pre-Trial Chamber Ⅱ, 31 March 2010, § 92 et seq.

划的犯罪意图才是重要的。被告人被认为具有犯罪意图并应承担刑事责任,当他或她"知道或可能知道攻击的大背景,这意味着被告必须知道他或她的行为",即使单独审视时是小的或看似微不足道的,"是根据一定政策或计划和针对平民人口进行的广泛或有系统的攻击的一部分"①。国际法庭的判例法认为,如果符合上述标准,个人参与的动机是不相干的,②被告"不需要共享攻击背后的目的和目标"③。

虽然本文建议应将制造假药规定为危害人类罪的一种具体罪行,但目前危害人类罪中的"灭绝"最接近这个想法。国际法将"灭绝"定义为"故意施加某种生活状况,如断绝粮食和药品来源,目的是毁灭部分人口"④。没有任何假药案例造成过人口的灭绝,但即便如此,灭绝的定义十分值得注意。国际法已经规定,断绝药品来源可以是攻击平民人口的一种手段,并且可以成为反人类罪的根源。⑤ 当制假者提供一种缺乏真正药物疗效的假药时,他们所做的就是断绝药品

① Judgment, Kayishema and Ruzindana (ICTR - 95 - 1 - T), Appeals Chamber, 21 May 1999, § § 133 - 134.

② See Judgment, Kunarac, Kovat and Vukovie (IT - 96 - 23 & IT - 96 - 23/1 - A), Appeals Chamber, 12 June 2002, § 130.

③ Ibid., § 103.

④ Art. 7(2)(b) ICCSt.;有意思的是,区分灭绝与第7条项下的另一个罪行谋杀。卢旺达问题国际刑事法庭在阿卡耶苏案中解释说"灭绝的性质是直接针对一群人的犯罪""需要大规模毁坏的因素而谋杀并不需要"。[Judgment, Akayesu (ICTR - 96 - 4 - T), Trial Chamber, 2 September 1998, § § 591 - 592.]

⑤ 在纳粹德国,人们因为提供残酷和不道德的医学实验药物,以及为集中营提供"药品"(实际上是毒气)而被指控为危害人类罪。虽然,这两种情况都不是完美的类比,但他们证实,那些广泛或有系统地将一种产品商业化而故意无视它会造成死亡或伤害的人,在法律上被视为人类公敌。See The Farben Case, in Trials of War Criminals Before the Nuerenberg Military Tribunals Under Control Council Law No. 10 (Washington: United States Government Printing Office, 1953): "Trial of Bruno Tesch and Two Others" (The Zyklon B Case; British Military Court, Hamburg), in United Nations War Crimes Commission (ed.), Law Reports of Trials of War Criminals (London: HMSO, 1947); and K. R. Jacobson, *Doing Business with the Devil: The Challenges of Prosecuting Corporate Officials Whose Business Transactions Facilitate War Crimes and Crimes Against Humanity*, 56 The Air Force Law Review 168 - 231 (2005).

来源。

国际法包括各种危害人类罪,包含“故意造成重大痛苦,或对人体或身心健康造成严重伤害的其他性质相同的不人道行为”①。国际法院自由地使用了“其他不人道行为”这一类别,以起诉暴行,包括造成残肢或其他形式的严重身体伤害,殴打和其他暴力行为,造成严重的身心伤害,强制转移,不人道和有辱人格的待遇,强迫卖淫和强迫失踪。②

在这一框架内通常不难确定,故意将真药换成假药的制假者,具有犯罪意图并且实施了能够造成巨大痛苦或对健康造成严重伤害的行为。重要的是,假药犯罪的受害者生病但痊愈了或者他们的痛苦过去了不能作为辩词,因为前南斯拉夫问题国际刑事法庭的判例法清楚地表明:痛苦“不需要持久,只要是真实和严重的”③。严重性而不是永久性,才是标志。

总之,虽然现在还没有以制造假药为罪行的危害人类罪,但目前的法律理论肯定会使它成为可能。笔者相信这种危害人类罪应当非常谨慎地被使用,而且只在符合广泛或有系统地攻击平民的法律标准的极其恶劣的制造假药案件中被使用;它绝不应该在较小的、普通的也是占绝大多数的制造假药案件中被使用。但对那些犯罪达到最高程度的人,和有意识地参与能造成大批民众生病和死亡的有组织犯罪集团的人,法律必须拥有并偶尔使用其最特殊的措施。将这类犯罪人作为人类公敌来起诉是很恰当的。

---

① Art. 7(1)(k) ICCSt.

② Judgment, Kvotka and others (IT - 98 - 30/1 - T), Trial Chamber, 2 November 2001, § 208. 前南斯拉夫问题国际刑事法庭认为,这一类别的目的就是要避免让大家认为所列举的危害人类罪的罪行是详尽的,以及“详尽分类只会给逃避禁令的字面意思创造机会”。[Judgment, Kupre § kid and others (IT - 95 - 16 - T), Trial Chamber, 14 January 2000, § 563.]

③ Judgment, Krnojelac (IT - 97 - 25 - T), Trial Chamber, 15 March 2002, § 131.

(四)目标四:当假药贸易国际化,要减少各国司法差距

对犯罪提起诉讼的管辖权通常被赋予犯罪行为发生地国家。因此,诈骗、杀人、也许制造假药常见于国内刑法中,用这些法律在自己的领土上起诉违反这些法律的人是没有争议的。但起诉那些在域外行为或居住的制假者很困难,因为大多数国家认为他们的刑法有领土限制。例如,加拿大刑法第6条第(2)款规定,"不得对加拿大境外的犯罪之人判罪或撤销指控",除非加拿大法律规定了允许的例外情况。①

然而,对管辖权的领土限制并不是国际法所要求的。近一个世纪前,常设国际法院在"荷花号"案件中对领土界限问题进行了审理并作出了判决:"不仅没有全面禁止国家将其法律的适用范围和法院的管辖权扩大到其领域之外的人、财产和行为,(国际法)在这方面给他们留下了很大的自由裁量权,仅在某些情况下受到禁止性规则的限制;至于其他情况下,每个国家都可以自由地采用它认为是最好和最合适的原则。"②

"荷花号"案件准许了国家将发生在其领土以外的行为规定为犯罪并予以惩罚。当国家认为它是"最好和最合适"时,便可以对在域外行为或居住的犯罪人提起诉讼,并请求其他国家协助逮捕和引渡这些人。当国家认为一个问题足够紧迫或严重时,甚至可以选择行使普遍管辖权——也就是说,一种在起诉国与犯罪、犯罪人或被害者之间没有联系的管辖权。③ 毫无疑问,这种扩大国家管辖权的决定在政治上是困难的,因为外交原因也不会轻易作出,但国际法是允许的。以下三个部分将讨论国际公约如何能使全球追捕那些买卖假药的人更容易。具

① See Criminal Code of Canada, R. S. C. 1985, c. C-46.

② The Case of the S. S. "Lotus" (France v. Turkey) (1927) PCIJ Ser. A. No. 10, at 19.

③ See M. P Scharf, *Application of Treaty-Based Universal Jurisdiction to Nationals of Non-Party States*, 35 New England Law Review 378-379 (2001).

体来说,公约可以迫使各国不要成为制假的避风港,可以给除此之外很难强制适用的普遍管辖权提供支持,并且可以减轻警察和检察官跨越国际边界的工作。

1."或引渡或起诉"条款

国际刑法只有在国际合作的质量使其具有可执行性的情况下才是有用的。因此,与国际犯罪有关的条约规定了必要的合作形式,以起诉在其领土内的犯罪人,或者引渡犯罪人到其他地方受审,该义务被称为"或引渡或起诉"(*aut dedere aut judicare*)原则,正如其他人所指出的那样:

> [它]载于若干旨在确保制止某些犯罪行为的国家合作的多边条约中。这一义务本质上要求一个国家如果控制了犯有国际影响的罪的人,要么将其引渡到准备审判其的另一个国家,要么采取措施在本国法院审判。①

引渡还是起诉的偏好随着时间而改变。20 世纪初,引渡比起诉更受欢迎。② 例如,1929 年《货币公约》第 9 条规定:"[刑事]起诉义务,以该被告人曾被他国要求引渡,但因有与该案罪行无关的他种理由而不能予以引渡为条件。"③

近期的条约平等对待这两种选择,在引渡和起诉之间没有偏好。因此,各国可以根据其国内刑法选择引渡或起诉,但不能什么也不做。例如,1971 年《关于制止非法劫持航空器的公约》(以下简称《海牙公约》)第 7 条规定:"在其境内发现被指称的罪犯的缔约国,如不将此人引渡,则不论罪行是否在其境内发生,应无例外地将此案提交其主管当局以便起诉。该当局应按照本国法律以对待任何严重性质的普通罪行

---

① M. C. Bassiouni and E. M. Wise, Aut dedere aut judicare: The Duty to Extradite or Prosecute in International Law (Dordrecht: Martinus Nijhoff Publishers, 1995), at 3.

② See Amnesty International, *Universal Jurisdiction-the Duty of States to Enact and Enforce Legislation*, available at http://web. amnesty. org/pages/legaLmemorandum (visited 27 November 2010); L. Reydams, Universal Jurisdiction: International and Municipal Legal Perspectives (Oxford: Oxford University Press, 2003).

③ Currency Convention, at Art. 9.

案件的同样方式作出决定。”①

因此,“或引渡或起诉”原则规定,只要某一特定国家领土上存在伪造货币者或劫持飞机者,该国就有义务起诉,如果该国无法或不愿意起诉,那就引渡;有罪不罚不是一种选择。

然而,引渡并不是直截了当的。首先,有些国家广泛存在着引渡要求“双重犯罪”的习惯或规则,这意味着刑事犯罪在请求国和被请求国要以实质上等同的方式存在。② “双重犯罪”的要求再次凸显了迫切需要一个公约的原因,因为如果没有就制造假药及其相关刑事罪行的定义达成国际一致,引渡往往是不可能的。引渡还需要一个与审判截然不同的独特法律程序——引渡听证会。这些引渡听证会可能由特别法律制度管辖。例如,在加拿大和美国之间,由于双边引渡条约中的表述,“或引渡或起诉”原则在《海牙公约》中得以生效。③ 因此,像《海牙公约》一样,任何含有“或引渡或起诉”表述的打击制造假药的公约都需要在许多引渡条约中得到确认,否则将缺乏效力。

起诉这个选项更容易实施。假设一国刑法规定了国际假药公约中的罪行,该公约包含“或引渡或起诉”的表述,那么通常国家也会作出例外规定并将其国内刑法扩大到其领土以外的犯罪。例如,德国《刑法》第6条第(9)款规定:“不论犯罪行为地的法律如何,德国刑法应进一步适用于……这些行为,即根据对德意志联邦共和国有约束力的国际条约,在国外实施的行为也将受到起诉。”④对条约规定的犯罪,如果

① Hague Convention for the Suppression of Unlawful Seizure of Aircraft, 860 UNTS 105; 22 UST 1641; 10 International Legal Materials (ILM) (1971) 133 (hereafter, 'Hijacking Convention'), at Art. Z.

② See G. Mullan, *The Concept of Double Criminality in the Context of Extraterritorial Crimes*, Criminal Law Review 17(1997).

③ The Treaty on Extradition Between the Government of Canada and the Government of the UnitedStates of America, CTS 1976 No. 3,在其附表中指出,该条约适用于引渡被指控实施了“在飞机上以武力、暴力或威胁使用武力或暴力或任何其他形式的恐吓方式非法劫持或控制飞机的人”。

④ Criminal Code (Strafgesetzbuch, StGB), 13 November 1998.

不是所有那就是大多数国家都有这类例外，包括上文提到的，法律明确规定领土管辖权为一般规则的加拿大。①

2. 普遍管辖权

然而有些情形下，“或引渡或起诉”原则是不够的。这一原则规定了一国在其领土内逮捕犯罪人时必须采取的行动——引渡或起诉，但它没有提及对哪个国家能或不能请求引渡或进行起诉的门槛问题。这些都是密切相关但又相互独立的管辖权因素。

回想一下“荷花号”案件，其中提到国家可以合法地在他们的自由裁量权下决定何时在域外适用其法律。通常这种自由裁量权是在外交上可接受的范围内进行的，这个限制就是坚持被告的罪行与请求引渡或起诉的国家之间有事实联系：例如，被告在其领土上，或伤害其公民或其财产（分别是属地管辖权和属人管辖权）。缺乏事实联系时，国家要求引渡或起诉的决定通常会遇冷，除非有先前的国际协定即国际公约规定不需要任何联系。

简单地说，普遍管辖权是商定的不需要联系的管辖。它见于许多国际刑法条约。法学家将普遍管辖权定义为“仅仅基于犯罪性质的刑事管辖权，不管犯罪地、被指控或被定罪的行为人的国籍、被害人的国籍或与行使该司法管辖权有关的其他与国家的联系”②。普遍管辖权意味着不仅是那些有联系的国家，而是“所有国家”都可以“不考虑犯罪地点”地行使起诉犯罪人的管辖权。③ 重要的是，普遍管辖权仅作为最后手段被接受，避免一个更适合的国家不能或不愿执法导致犯罪人不受惩罚。④

---

① Criminal Code of Canada, R. S. C. 1985, C. C – 46, Section 7 规定了许多受条约启发的例外情况，例如，劫持人质、恐怖主义、核材料处理不当等。加拿大甚至有可能起诉发生在太空的罪行。

② Program in Law and Public Affairs, Princeton University, The Princeton Principles on Universal Jurisdiction (Princeton: Program in Law and Public Affairs, 2001), at 28.

③ Ibid.

④ See C. Wilke, *A Particular Universality: Universal Jurisdiction for Crimes Against Humanity in Domestic Courts*, 12 Constellations 83 – 102 (2005).

关于制造假药的问题,普遍管辖权满足了既不是假药的来源地也不是目的地的第三方国家的需要,例如,其领土被用于转运的国家。现在,如果第三方国家在其领土上发现一批假药,可能会扣押货物并且通知来源地和目的地国家,但这可能是他们所能做的一切。假药既不在其领土上制造,也不在其领土上供应,也不会伤害其公民。因此,如果第三方国家最大限度地发挥其"荷花号"案件的自由裁量权起诉这些域外罪行,就会被批评为太过激。

实际上,这意味着假药供应链中很大一部分国家没有执法,因为没有通常的事实联系。具有讽刺意味的是,这种联系只有在假药到达目的地,提供给病人,可能导致他们生病或死亡时才会再次出现。因此,在目前狭窄的管辖范围内,现今的法律对增加了假药造成刑事伤害的风险这样糟糕的结果负有责任。

为解决这个问题,制造假药需要和伪造货币有一样的待遇。1929 年的《货币公约》否认犯罪人有罪不罚,无论国籍和犯罪发生地,基本上是普遍管辖权。《货币公约》第 18 条规定,罪行"应在每个国家被界定、起诉和惩处,不允许有罪不罚"。其范围略小于完全的"普遍"管辖权,因为它只对公约缔约国有约束力,这段的原意是防止任何情况下的有罪不罚现象,包括不适用属地管辖权和属人管辖权的地方。

如果针对制造假药的规则是"不能有罪不罚",那么将填补懒惰或腐败的政府容忍假药贸易的漏洞。鉴于国际法在近一个世纪前就在伪造货币问题上达到这一程度,故这并不是一个过于激进的建议。如果出现像加拿大这样,从来没有表现出对安德鲁 · 史藤佩或 RxNorth. com 假药集团的其他参与者进行刑事调查的倾向,更不用说起诉他们的国家,那么将由行使普遍管辖权更加严厉的国家的调查人员和检察官,如阿拉伯联合酋长国、英国和巴哈马,来填补这个漏洞。如果为了像加拿大这样对自己领土上的假药贸易者视而不见或溺爱的国家,而剥夺有关第三方国家将高度有组织的国际罪犯绳之以法的管辖权,那么目前的国际法律制度一定是令人难以置信的落后和不满的。

3. 辅助的司法协助

为成功起诉,除一国或是选择"或引渡或起诉"来处理在其领土内的犯罪人,或是援引普遍管辖权来追捕被另一个国家庇护的犯罪人的这些高级别决定外,还需要政府间的合作。合作可以表现为提供实物证据或言辞证据,分享警察的调查,或参与联合监视或卧底行动等。大多数国际刑法条约都将这种司法协助规定为强制性的。① 例如,《海牙公约》规定,"缔约国对关于罪行和其他禁止的行为而提出的刑事诉讼应相互给予最大程度的协助……"②

通常,假药的来源国也就是制造假药的国家不知道有任何犯罪行为,直到假药出口并在接受国被发现,在这种情况下国际合作的必要性是最大的。

这可能是历史上最骇人听闻的假药案件,因为犯罪人的目标是儿童疫苗。在上文脚注中提到过的1995年尼日尔脑膜炎流行期间,尼日尔开展了疫苗接种运动,并从邻国尼日利亚收到了88,000支捐赠的疫苗,该疫苗由巴斯德梅里埃和史克必成制药公司提供。③ 但是疫苗接种运动一开始,无国界医生组织的工作人员就注意到,疫苗粉溶解后表现得很奇怪,这引发了一个可怕的发现——有人把这些公司提供的真疫苗换成了表面上看似完美但不含任何活性成分的假货。不幸的是,那时已有6万人接种了疫苗,数千人死亡。

很明显,那些把真疫苗换成假疫苗的人犯了罪,如果法律存在的话甚至算是危害人类罪。但除非警方和检察官被要求跨国提供司法

---

① C. Bassiouni, The Penal Characteristics of International Criminal Law, 15 Case Western Reserve Journal of International Law (1983) 27, at 28 – 29.

② Hague Convention for the Suppression of Unlawful Seizure of Aircraft, 860 UNTS 105; 22 UST 1641; 10 International Legal Materials (ILM) (1971) 133 (hereafter, "Hijacking Convention"), at Art. 10(1).

③ J. Pinel et al., "Des Faux Vaccins Anti-meningocoque lors dune Epidemie de Meningite au Niger", 27 Mddecine et maladies infectieuses (1997) 1 – 563; M. Chauve. 'La lutte Contre a Contrefaqon de M6dicaments en Afrique: Exp6riences et R61e des Pharmaciens', 331 Comptes Rendus Biologies 982 – 985(2008).

协助,否则很难做到适当的定罪。想象一下,就像很可能发生的那样,欺骗性地换掉疫苗的行为发生在一个国家(尼日利亚),而对平民的袭击只在另一个国家(尼日尔)产生了结果。没有国际合作,尼日尔当局只可以证明在其领土的轻微罪行,如欺诈或商标侵权,能证明其他犯罪的可能性很小。① 即使这个案子作为更严重的制造假药案被起诉,尼日利亚受到的最高罚款也只在70美元左右,几乎没有惩罚的意义。②

该案例从各个层面揭示了司法系统面临的严峻现实,即没有条约也因此没有国际协议将制造假药视为极其危险的有组织犯罪来进行追查和惩处。③ 除非国际社会认真对待假药公约,否则不可能阻止这种唯利是图的贸易。

四、世卫组织有权组织对打击假药公约的谈判

制定公约需要有进行谈判的场所:这一政治现实可能与商定实质性法律文件一样令人望而生畏。在制定《货币公约》和许多反恐公约的漫长岁月里,外交官们有无数机会开会并讨论最糟糕的经济或安全突发事件,但却只有一个地方来讨论健康、疾病和死亡,即世卫组织,这是没有假药公约的明显原因。

虽然这样做不尽如人意且有点狭隘,但简化了战术选择。用世卫组织作为谈判场所,需要对世卫组织内部的权力杠杆有一个外交上的理解。首先是健康权,其在大多数国家批准的人权文书中都有所规定,

① 尽管如此,仍没人追究任何犯罪行为,史克必成公司被批评没有采取哪怕是针对商标侵权而进行的法律行动,只是因为不想妨碍与尼日利亚的贸易关系。See A. Raufu, *Nigeria Leads Fight Against Killer Counterfeit Drugs*, 84 Bulletin of the World Health Organization 685 – 764(2006).

② See Editorial, *Fighting Drug Fakes*, New York Times (12 December 2006).

③ 这并不意味着以两国间的成功合作来打击假药是不可能的,只是少见且不系统的。尼日利亚与中国、印度两国政府合作,试图将制假者绳之以法。参见作者之一贝特与尼日利亚反假药局领导保罗·奥里希(Paul Orihii)的私人通信,2010年2月26日。

并总在世卫组织试图推动某个议程时被提起。① 假药当然是健康权的冤家。1948 年的《世界卫生组织组织法》(以下简称《组织法》)确立了该组织的宗旨,即“各民族企达卫生之最高可能水准”②。《组织法》赋予该组织许多职权,就当前目标而言最重要的是“发展,建立,并提倡……药物……制品之国际标准”③。《组织法》还允许世卫组织“提议公约、协约及规章,并作有关国际卫生诸项之建议”④。

因此,世卫组织是一个适当的机构,可在其中提出、谈判和构建关于卫生问题的新国际法。有人指出阻碍来自保守主义的官僚文化,以及对国际法发展可能性关注的一贯缺乏。⑤ 它还受到自身《组织法》的制约,该法要求世卫组织会员国 2/3 的绝对多数才能通过一项公约。⑥ 这些反对意见是有道理的,但与其他选择相比,它们未必是不可逾越的障碍。在世卫组织之外召开一次各国的特别会议来协商公约,是更困难、也许是不可能完成的任务,与此相比,即使是像绝对多数这样的困难,也不那么令人害怕。

---

① See, for example: Universal Declaration of Human Rights, GA Res. 217 A (III), 1948 at Art. 25 规定“人人有权享受为维持他本人和家属健康和幸福的福利所需的生活水准,包括……医疗”; International Covenant on Economic, Social and Cultural Rights, GA Res. 2200A (XXI), 1976 at Section 12.2 规定“人人有权享有能达到的最高的体质和心理健康的标准”。除其他外,这包括“预防、治疗和控制传染……疾病”和“创造保证人人在患病时能得到医疗照顾的条件”; Convention on the Rights of the Child, GA Res. 25, 1990 at Section 24.

② Constitution of the World Health Organization, 14 UNTS No. 185, 7 April 1948, at Art. 1 (hereafter the “WHO Constitution”).

③ Ibid., at Art. 2(u).

④ Constitution of the World Health Organization, 14 UNTS No. 185, 7 April 1948, at Art. 2(k).

⑤ See A. Taylor, *Global Governance, International Health Law and WHO: Looking Towards the Future*, 80 Bulletin of World Health Organization 975 (2002); D. Fidler, *The Future of the World Health Organization: What Role for International Law?* 31 Vanderbilt Journal of Transnational Law 1079 (1998).

⑥ Constitution of the World Health Organization, 14 UNTS No. 185, 7 April 1948, at Art. 19.

世卫组织只为《烟草控制框架公约》(以下简称《烟草公约》)行使过一次公约制定权。[①]《烟草公约》的序言承认了一些与制假相似的问题。烟瘾被贴上"对公共卫生造成严重后果的全球问题,需要尽可能广泛的国际合作"的标签。[②] 特别是,《烟草公约》呼吁采取"合作行动,消除一切形式的香烟和其他烟草产品的非法贸易,包括"——这是一个有趣的附加——"非法制造和制假"。[③]

写作本文时,《烟草公约》成员国正在商定《消除烟草制品非法贸易议定书草案》(以下简称《议定书草案》),目的是使打假目标和国际合作方式具体化。[④]《议定书草案》的内容包含了几个(但不是全部)本文提议的假药公约的特点。其内容有:包括"伪造烟草制品"在内的刑事犯罪的定义(第12条),国际法律援助的规定(第21条、第24条、第28条和第30条),"或引渡或起诉"义务的条件(第31条)。[⑤]

本文认为,如果世卫组织的条约制定权可以针对假冒伪劣香烟这样的祸害,那也可以针对假药。《烟草公约》成为国际法的历程具有指导意义并值得效仿。

世界卫生大会也就是世卫组织成员国年度大会通过了一项决议,开始向《烟草公约》迈出第一步。1996年,大会通过了一项决议(Wa49.17),要求世卫组织总干事发起《烟草公约》的进程。关键的问题是,这项决议没有给出达成公约的详细步骤,为避免争论,它坚持用

① See WHO, *WHO Framework Convention on Tobacco Control*, available at http://www.who.int/fctc/textdownload/en/index.html (visited 27 November 2010).

② Ibid., at preamble.

③ Ibid., at preamble.

④ Draft Protocol to Eliminate Illicit Trade of Tobacco Products, UN Doc. FCTC/COP/INB-IT/4/7, 14 – 21 March 2010.

⑤ 只有一个值得注意的区别,不像药品,伪造烟草不能构成任何明显的对平民人口的攻击,且肯定不会比合法烟草更有杀伤力。因此,对伪造烟草不必要用危害人类罪和普遍管辖权这样极端的原则,因为对于所造成的伤害,烟草是首先的,伪造只是其次的,这些都不在草案里。

最无关痛痒和笼统的条款:整个决议只有一页纸![1]

世卫组织挣扎了一段时间,想知道如何处理决议中这个开放性的任务。两年后,新任世卫组织总干事格罗·哈莱姆·布伦特兰博士宣布,全球烟草控制是一个优先事项并将这一问题在1999年重新提交世界卫生大会。这次大会通过了一项更详细的决议(wa52.18),设立了《烟草公约》工作组和一个政府间谈判机构。[2] 工作组开始工作并在第二年向世界卫生大会提交了一份报告,第三项决议(Wa53.16)授权世卫组织开始商定《烟草公约》。[3]

就这样,世卫组织及其成员国用了短短三年时间,就把反对烟草公约从小到一页纸就装下的框架概念变成商定公约的工作。然后又花了三年时间就《烟草公约》的内容达成一致,公约取得了很大成功。在本文撰写之时,公约共有171个缔约国(译者注:截至2020年3月,公约共有181个缔约国)。

《烟草公约》的制定提供了一些有益的经验。一项公共卫生公约,不应完全照搬现有公约,欧洲理事会出台的漏洞百出的公约就犯了这个错误;也不应因为反对公约最后可能的结果而将其扼杀在摇篮里,巴西和印度草率地反对世卫组织的反假药努力就犯了这个错误。世界卫生大会的做法更为明智,即以一个概念来着手开始《烟草公约》的制定,然后请各国向政府间谈判机构提出其关切和反对意见。没有证据显示,像巴西和印度这样有着世界上最有才华的外交官的经验丰富的国家,不能在这样的谈判中坚持自己的立场。

笔者强调:通过这种方式逐步进行,从最初达成的仅是烟草有害健

---

① International framework convention for tobacco control, UN Doc. WHA49.17, 25 May 1996.

② Towards a WHO framework convention on tobacco control, UN Doc. WHA 52.18. 24 May 1999.

③ See WHO, *Working Group preceding the Intergovernmental Negotiating Body on the WHO FCTC* (1999 - 2000) (WHO), available at http://www.who.int/fctc/about/pre.neg-workinggroup/en/index.html (visited 27 November 2010); Framework convention on tobacco control, UN Doc. WHA53.16, 20 May 2000.

康这样的基本一致可以预想到,世卫组织在适当的时候可以制定一项完全成熟的烟草公约。如果各国递交的都是公约的既成事实,或从第一天起就打得不可开交,而不是在详细的公约谈判过程中表现出必要的克制,以反映和维护他们的利益,同样的结果可能无法实现。如果认为在假药问题上也有可能达成类似的基本共识,即它们对健康有害,那么至少必须承认制定公约是肯定可行的。

五、结　论

为保护国际社会,使其不受假药的侵害,必须逮捕、起诉和惩处制假者,这是显而易见的。但现在令人担忧的是,很少有国家认真对待这一罪行,而且没有任何条约强调罪行的严重性,或要求国际合作将肇事者绳之以法。

本文提议制定一项打击制造假药的公约,讨论了所有的必要部分:造假的定义、将最严重的制造假药情况作为起诉危害人类罪的先决条件、"或引渡或起诉"原则、填补司法空白的普遍管辖权。这些在法律上已经确立了,剩下的就是商定公约,把这些部分整合成一个连贯的整体。《货币公约》《海牙公约》等很多其他公约;前南斯拉夫问题国际刑事法庭和卢旺达问题国际刑事法庭的判例对危害人类罪理论的细化;当然还有《烟草公约》的公共卫生先例和新出现的《议定书草案》,这些都证明了这是可行的,而且也并没那么大野心。本文不主张全"新",更像是将前辈的好想法借用并创造性地重组一下。

本文还提供了假药是全球公共卫生危机的证据,只要打击假药的努力仍然令人遗憾地不对等,它就会愈演愈烈。当被问到为什么没有像烟草一样,有打击制造假药的国际公约时,世卫组织代表指出是缺乏政治意愿。① 不过这是一个有些错误的评价,一些国家,特别是巴西和印度,尽管是在阻止世卫组织打击假药的必要努力这样错误的方向上,它

① See C. Kapp, *Counterfeit Drug Problem "Underestimated", says Conference*, 360 Lancet 1080(2002).

们也花费了相当大的政治意愿。① 他们的抵制源于一种可以理解的担忧,这种担忧被一些令人不安的事件所证实,欧盟和欧洲理事会中的国家对此负有责任,即反假药措施掩盖了一个秘密的知识产权议程。在2010年世界卫生大会上提出的相互矛盾的决议表明,各国并不缺乏解决假药问题的意愿,但不幸的是,他们的意愿是相互角力而不是解决问题。②

不能因一时的担忧而阻碍公共利益的实现。个别国家肯定有这样的理念,但总的来说,他们未能将其转化为建设性的工作,如商定公约,在2010年世界卫生大会上,这种情况再多不过了。与此同时,假药继续杀害他们的公民,绝对没有哪个国家能幸免。没什么比当代公共卫生外交的现状更糟的了。

希望本文能引发建设性的辩论,并使人们认识到现在有机会解决日益严重的假药犯罪和有罪不罚的问题,就像1929年国际行动遏制了伪造货币一样。因假药造成伤亡的受害者们需要这样的正义。

Why and How to Make an International Crime of Medicine Counterfeiting

Written by Amir ATTARAN, Roger BATE and Megan KENDALL,
Translated by LU Jianping and JIA Yifan

[内容摘要]本文探讨了为什么在制造假药盛行、难以防范并悄然威胁着人们健康甚至生命的今天,假药问题依然没有得到解决,并因此在国际刑法中处于"合法"地位。笔者认为,在国际层面上将制造假药认定为犯罪没有不可逾越的法律障碍,而且比仅依靠各国国内法有明

① See S. Shashikant, *Clash over WHO's Role in Counterfeits*, IMPACT, SUNS (25 May 2010) (Third World Network), available at http://www.twnside.org.sg/title2/health.info/2010/health2OlOO5O5.htm (visited 27 November 2010).

② See WHO, *Decisions and List of Resolutions*, 63rd World Health Assembly, 8 June 2010, available at http://apps.who.int/gb/ebwha/pdffiles/WHA63/A63.DIV3 - en.pdf (visited 27 November 2010).

显的优势。笔者提出了一种对“假”(counterfeit)的法律定义,讨论利用现有的法律原理来更好地将制造假药规定为犯罪,包括将其中最严重的情形认定为危害人类罪;阐释了缩小各国司法差异的必要性,有组织犯罪集团正是利用各国的司法差异来进行假药的跨国买卖。笔者建议,应在世卫组织的主持下起草国际假药公约,并以已经存在并不断改进的《烟草公约》为例,来说明制定国际假药公约的可行性。

[关键词]制造假药;国际犯罪;危害人类罪;世界卫生组织

Abstract: The article explores why-when the counterfeiting of medicines is so prevalent, hard to detect and quietly dangerous or fatal-it remains totally unaddressed and therefore legal in international criminal law. It is argued that criminalizing the counterfeiting of medicines on an international scale would present no legally insurmountable barriers, and would offer significant advantages over the current national-scale approaches. The authors propose a legal definition of counterfeit, canvass the current legal doctrines that could be arrayed to better criminalize medicine counterfeiting, including classifying the severest instances as crimes against humanity, and explain the mechanisms necessary to close the jurisdictional gaps that are currently exploited by organized criminals who trade in counterfeit medicines across borders. They suggest that a counterfeit medicine treaty should be drafted under the auspices of the World Health Organization, and illustrate the feasibility of doing so with existing and developing treaty law on another health danger, tobacco.

Keywords: counterfeiting of medicines; international crime; crime against humanity; world health organization

异化与规制:新型网络跨境犯罪刑事管辖权问题研究

李涵笑*

目　次

数据时代的跨境犯罪在网络空间中异化出与传统跨境犯罪大相径庭的犯罪类型。依托网络空间的跨境抽象属性,一国领域内的普通犯罪行为实质具备了跨境犯罪的实施场域。越来越多原本难以在跨境场域内实施的犯罪,如诈骗、盗窃等普通犯罪,借助网络场域的无限性和流通性,最终均异化为新型的跨境犯罪,犯罪危害性呈几何倍数加剧。① 这

---

* 中国政法大学刑事司法学院博士研究生、诉讼法学研究院教授助理。

① 所谓传统意义上的跨境犯罪(transnational crime)一词,产生于20世纪70年代,联合国毒品和犯罪问题办公室对该概念的描述是"其开始、实施和(或)直接或间接影响涉及一个以上国家"的犯罪。1995年联合国界定了贩毒、贩卖人口、器官贩卖、贩卖文化财产、造假、洗钱、恐怖活动、盗窃知识产权、非法贩卖武器、公职人员的腐败和贿赂以及有组织犯罪集团实施的其他犯罪在内的18种典型的跨境犯罪。See John Wilson, *Transnational Crime*, in Alexander Lautensach and Sabina Lautensach, eds., Human Security in World Affairs: Problems and Opportunities, BCcampus Press, 2020.

类异化的网络空间跨境犯罪打破了传统犯罪中单一犯罪对象的限制,使得网络中的任何一个环节或者所有环节均有可能成为其实施犯罪的犯罪对象。同时,受到以国家为中心的国家治理模式的影响,主权国家的刑事管辖权具有明确的物理边界,这与网络空间特有的抽象边界之间属性相悖,从而导致网络跨境犯罪在实施空间上的难界定与刑事追责上的有界限之间的矛盾越发激化,最终产生难以有效遏制猖獗的网络犯罪活动,并且严重时可能出现危及相关国家主权的消极局面。

一、异化:新型网络跨境犯罪的刑事管辖挑战

在数据时代,由于信息技术系统和法律系统之间的发展差异,网络场域中的跨境犯罪已经超出了联合国所界定的几类传统意义上的跨越国家司法辖区的犯罪。这种不仅仅将网络作为犯罪媒介或工具,而是融合网络因素诞生的全新跨境犯罪形态已经逐渐成为当前全球范围内跨境犯罪中的主要犯罪形态。①

(一)新型网络跨境犯罪的主要特性

新型网络跨境犯罪的犯罪形态、犯罪对象以及犯罪结果,均对传统意义上的刑事管辖规则构成了挑战,难以通过特定主权国内的刑事法规范进行规制。

1. 畸变的犯罪形态

据最高人民检察院网上发布厅统计,我国网络犯罪活动跨境化趋势明显。“截至2020年,我国利用暗网或境外通信软件实施的网络犯罪案件同比增长近70%,出境实施网络犯罪的人数超过上一年

① 联合国毒品和犯罪问题办公室于2018年指出:“网络犯罪是跨境犯罪中最公开可见的犯罪之一。它有可能造成真正的身体伤害和重大经济损失。从2017年的全球勒索软件攻击可以看出,网络犯罪确实是无国界的,需要真正的全球响应。”参见联合国《毒品和犯罪问题办公室2018年年度报告》(UNODC Annual Report 2018)。

的 2 倍。”①相应地,国内理论界对普通犯罪异化形成的新型网络跨境犯罪也越发关注。为了明确理论界近年来重点研究的网络跨境犯罪的核心犯罪特征,本文借鉴哥伦比亚大学法学院中国法研究中心教授本杰明·利伯曼(Benjamin L. Liebman)等学者使用的对大量裁判文书进行聚类分析的实证方式②,采用文献聚类法以中国学术期刊网络出版总库(CNKI)收录的 558 篇以研究网络犯罪为主题的 SCI、CSSCI 以及北大核心期刊论文为研究对象,运用 CiteSpace 知识网络分析工具③从关键词聚类、时空分布、热点词凸显方面,绘制国内网络犯罪研究知识图谱,根据关键词和关键词频次高低分布来研究该领域发展动向和研究热点。④

本文运用 CiteSpace 学习工具将每个时间切片内发文频次域阈值设为 50(TopN = 50),NodeTypes(节点类型)设置为“keywords”,最终绘制成 257 个节点、316 条连线的关键词共现知识图谱(见图 1)。“在 CiteSpace 中,用模块值(Q 值)和平均轮廓值(S 值)来衡量聚类的效果。当 Q > 0.3 时,表示划分出来的结构是显著的,当 S > 0.5 时,说明聚类结果是合理的。”⑤图 1 中显示的 Q 值约为 0.97,S 值约为 0.98,说明本文研究的关键词聚类结构显著,聚类结果合理,且 S 值均大于 0.5,说明各个聚类内部具有较高的同质性。

---

① 最高人民检察院网上发布厅:《2020 年检察机关起诉涉网络犯罪人数上升近五成》,载最高人民检察院官网 2021 年 4 月 7 日,https://www.spp.gov.cn/xwfbh/wsfbt/202104/t20210407_514984.shtml#2。

② 参见左卫民:《实证研究:正在兴起的法学新范式》,载《中国法律评论》2019 年第 6 期。

③ 由美国德雷塞尔大学陈超美教授开发的 CiteSpace 知识图谱软件,能够将海量的文献以可视化图谱形式展示其前沿动态。

④ 本文选取的 558 篇文献是通过以下步骤整合而来:在“中国知网 CNKI”的高级检索中将主题限定为“网络犯罪”,时间范围限定为“2016 ~ 2021”,文献来源选择“学术期刊”,来源类别为“北大核心” + “CSSCI” + “SCI 来源期刊”,得到 558 篇文献,整合导出文献数据以确定研究样本。

⑤ 陈悦、陈超美、胡志刚:《引文空间分析原理与应用:CiteSpace 实用指南》,科学出版社 2014 年版,第 2 页。

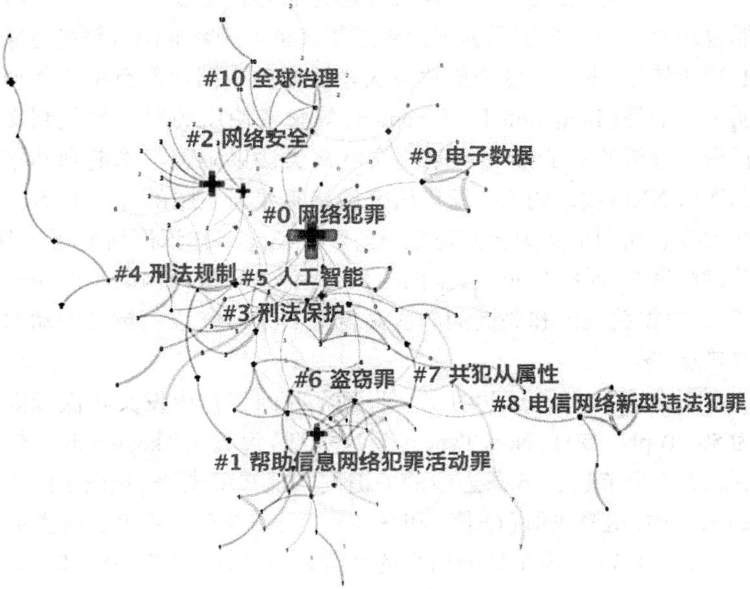

图 1　高频关键词共现信息分析图谱

图 1 中节点的大小表示关键词出现频次的高低,节点越大,关键词的字体越大,表示该关键词出现的频次越高。按照关键词出现的频次由高到低进行排序,本文发现,除研究网络犯罪构成、网络犯罪刑事责任和网络犯罪治理路径的各项高频关键词之外,“盗窃罪”和“电信网络新型违法犯罪”“电子数据”这类聚焦于网络犯罪形态的关键词也赫然在列。由此可见,近年来传统犯罪通过网络空间异化后形成的新型网络犯罪已经成为网络犯罪领域的研究热点,作为关键词在网络犯罪研究领域中出现的频次相当高。这类新型网络跨境犯罪畸变的犯罪形态已经引起理论界较为普遍的重视。为更清晰地探究网络犯罪从 2016 年至 2021 年来的发展趋势和研究动向,本文运用 CiteSpace 关键词聚类的时区视图(TimeZoneView)生成关键词时区线图(见图 2),从时间维度呈现出我国网络犯罪中犯罪形态的演化趋势。

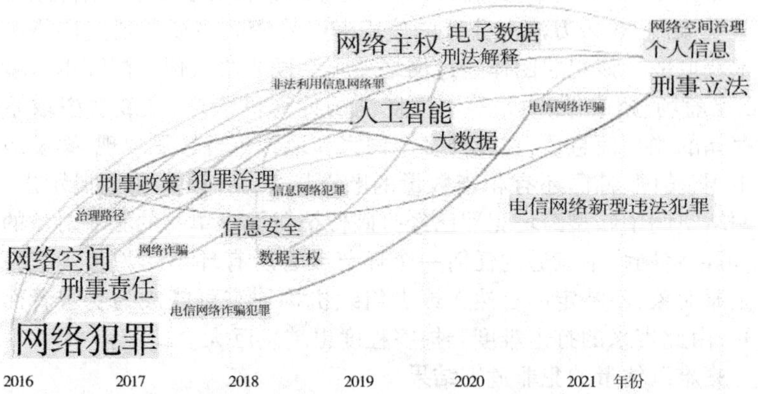

图 2　关键词时区线信息分析图

从图 2 显示的关键词演变特征可见,在网络犯罪的研究主题下,由普通犯罪异化形成的网络诈骗犯罪、网络盗窃犯罪在 2017 年至 2020 年一直是理论界研究的热门,并且这类异化后的新型网络犯罪逐渐突破国家主权的物理边境,在网络空间中跨境蔓延发展,现有刑事政策难以有效遏制这类犯罪。从图 2 呈现出的关键词发展趋势不难发现,2019 年网络空间治理和网络主权理论也逐渐浮出水面,新型网络跨境犯罪的刑事管辖权问题已经并仍将继续成为理论界研究的方向。

2. 不特定的犯罪对象

新型网络跨境犯罪的犯罪对象为不特定的不同国籍和所在地的自然人或者组织机构。网络空间中的新型跨境犯罪的犯罪对象具有不特定性。尤其是有关公民个人隐私数据和国家公共安全方面的犯罪,其犯罪对象并非像传统犯罪一样局限于某个区域或者特定的自然人和组织机构,这类犯罪所针对的对象基数庞大,往往以网络技术为媒介,利用网络的无国界性和即时流动性,对全球范围内的自然人或者组织机构实施犯罪行为。澳洲警方成功破获的一起跨境信用卡盗窃案就是很好的印证。该案中的犯罪分子利用网络黑客手段,窃取大量的信用卡账户信息及密码来进行无实体卡交易(Card Not Present, CNP)或者生产伪造信用卡用于后续交易活动,澳大利亚联邦警察局高科技犯罪调查组布拉德·马登(Brad Marden)警司介绍案情时表示,该案件中犯罪分子获取的50余万澳洲公民的信用卡账号密码主要是通过网络黑客技术获取的。该犯罪团体通过网络技术手段非法入侵了澳洲本国境内100家商场、超市、加油站等小型商铺的计算机账户,在成功盗取系统中存储的账户信息后,在境外多个国家和地区进行转账取现,案发地覆盖中国、美国、韩国还有相当数量的欧洲国家。[①] 该案例也揭示出,当前网络空间中新型跨境犯罪已经打破传统犯罪中单一的犯罪对象的限制,可以将网络中流通的任何一个环节或者所有环节作为其实施犯罪的犯罪对象,不特定的自然人或者组织机构均有可能成为受害者而不自知,由此带来的打击难度和损害程度也越发巨大。

3. 难以估量的犯罪危害结果

原本犯罪结果仅仅产生于一国国内或者两个特定国家之间的普通犯罪在网络场域异化后,产生的新型犯罪形态的犯罪行为导致结果的严重性和破坏性将以几何倍数增长。在电信诈骗赌博领域,这类新型网络跨境犯罪屡见不鲜。据统计,2020年利用网络实施的诈骗和赌博犯罪已占网络犯罪总数的64.4%。[②] 2021年6月16日,公安部督办的"10.18"特大跨境电信网络诈骗案在成都铁路运输中级法院正式宣判,该案在我国国内被害人达1500余名,涉案金额高10,458.3052万元。[③] 2020年9月,河北邢台警方连续破获的两起跨境网络赌博案中,均以境外设立的赌博网站实施跨境赌博,涉案赌资高达百万。[④] 2017

---

① See Anjani Trivedi, *Romanian Gang Arrested in Australia's Biggest-Ever Credit Card ID Theft*, CNN News (Nov. 29, 2012), https://edition.cnn.com/2012/11/29/business/australia-credit-card-fraud/index.html.

② 参见最高人民检察院网上发布厅:《2020年检察机关起诉涉网络犯罪人数上升近五成》,载最高人民检察院官网2021年4月7日,https://www.spp.gov.cn/xwfbh/wsfbt/202104/t20210407_514984.shtml#2。

③ 参见四川省高级人民法院,《"10.18"特大跨境电信网络诈骗案今日宣判》,载澎湃新闻网 https://m.thepaper.cn/baijiahao_13163232,最后访问日期:2023年3月24日。

④ 参见张鹏翔、周照田:《河北邢台连续破获两起跨境网络赌博案》,载中国新闻网2020年9月26日,https://baijiahao.baidu.com/s?id=1678892292501135204&wfr=spider&for=pc。

年10月中国上海警方破获特大跨境信用卡诈骗案,涉案金额千万余元。通过上述真实案例可以发现,新型网络跨境犯罪产生的犯罪结果已经远远超过原本普通犯罪能够带来的危害和损失,其造成的损害结果巨大且资金流向复杂,难以精确计量和溯源。不但产生了巨大的经济损失,也严重扰乱了社会秩序,侵犯了公民基本人身权利,甚至还威胁到主权国家和地区的公共安全。

(二)新型网络空间跨境犯罪面临的管辖挑战

1.网络地域交织造成的管辖竞合困境

目前我国在刑事管辖权方面采取扩张性属地管辖理念,即"行为实施地与结果发生地都是犯罪地,行为或结果有一项发生在本国领域内,就适用本国刑法"①。据此理论对网络跨境犯罪主张管辖权时,只需要犯罪的行为发生地或者结果发生地满足"网络犯罪行为的服务器所在地、网络接入地、网站建立者、管理者所在地发生在我国领域内"中任何一项,即可主张刑事管辖权。以网络赌博犯罪为例,赌博犯罪服务器所在地、网络接入地,赌博网站建立者、管理者所在地,以及赌博网站代理人、参赌人实施网络赌博行为地在本国境内的②,我国均可以对其主张刑事管辖权。进言之,在扩张性管辖理论下,一旦我国成为新型跨境犯罪的受害国,无论是网络传输的过程还是传输的节点,只要涉及我国属地管辖原则规定的犯罪,我国均可以主张刑事管辖权。此种做法的本质是将原本依托主权国家物理边界设置的属地管辖原则较为普遍地适用于网络跨境犯罪,以保护本国受害方权益。然而在司法实践中,新型网络跨境犯罪基于网络传播速度快、追踪定位难的特性,在传输过程中所覆盖的地理位置往往涉及多个主权国家,并且在传输中无须经过各主权国家的同意,一旦发生问题,受害方、服务器或服务器运营商以及被告方等涉案方极有可能不在一个主权国家。基于国家主权的基本原则,任何一个受侵害国均不会放任自己辖域内被规定为普通

① 张明楷:《刑法学》(第5版),法律出版社2016年版,第71页。

② 参见屈学武:《因特网上的犯罪及其遏制》,载《法学研究》2000年第4期。

犯罪的行为由于刑事管辖权缺位而难以救济受害方权益,因此各国纷纷在本国通过法律规范确立扩张性属地管辖权规则以便对相关犯罪进行刑事追责。在此趋向下,新型网络跨境犯罪的地域交织带来的管辖竞合将不可避免,而目前国际上对普通犯罪在网络空间异化产生的跨境犯罪尚未构建一个明确的责任领域。扩张性属地管辖规则的盲目扩张和网络空间的无界流通属性交织,在司法适用中不但难逃网络犯罪管辖权竞合的困境,还变相增加了网络跨境犯罪的打击难度。

2. 法律定性不一引起管辖难题

除网络地域交织引起的管辖竞合外,刑事司法实践中还存在由于法律定性不一带来的管辖难题。此处的法律定性不一,从刑事管辖权的角度讲,是指不同主权国家由于刑事司法体制差异,对于网络跨境犯罪在刑法空间适用范围上的界定差异。在网络跨境犯罪中,属地管辖原则和属人管辖原则两大基本原则的刑法适用法在国际范围内基本上没有异议,差异主要体现在对保护管辖原则等补充性管辖原则的适用差异。① 实践中常出现某一主权国家在对网络跨境犯罪的犯罪行为依据保护管辖原则圈定刑法适用空间范围时,犯罪行为实施地牵涉的主权国家并不认为这种行为构成违法犯罪,各国法律体系对合法性判定不一导致相关受害国对于这类网络跨境犯罪的刑罚制裁难以实现。在我国司法实践中,网络赌博犯罪较为典型地反映了合法性判定不一带来的管辖难题。特大网络跨境赌博犯罪不但犯罪金额巨大,犯罪手段隐蔽,而且在公安机关进行侦查时由于犯罪行为发生地、犯罪结果地对于博彩业相关合法性判定标准的不同,给案件的侦查带来了极大的困难,为相关犯罪分子逃避法律责任提供了法律制裁的“避风港”“真空带”,为延伸发展的保护管辖原则的主张和适用带来了司法实践上的巨大障碍。

3. 管辖冲突适用规则的困境

国际刑事管辖权冲突,是指在全球范围内,两个以上法域基于各自

① 普遍管辖原则也是属地原则和属人原则的补充与发展。但是由于其建立在保护各国共同利益的标准上,要求所犯罪行为国际条约所规定的罪行。因此此处由普通犯罪在网络场域异化形成的网络跨境犯罪并不在法律定性不一造成的管辖难题的讨论范畴中。

刑法关于空间效力的规定对特定刑事案件同时具有刑事管辖权,进而形成相互冲突的法律现象。① 面对网络跨境犯罪这一国际性犯罪形式时,多国都具有管辖权并且提出实际管辖主张,如何解决管辖冲突并实现管辖权是一个具有普遍意义的问题。有学者提出:"处理网络跨境犯罪管辖冲突,应按照先后行使管辖权的顺序,即领域管辖权、登记国管辖权、属人管辖权、保护管辖权、普遍管辖权的次序排列,其中领域(属地)管辖权的实际行使居于优先地位。"②但是从目前各国实践来看,对这一理论还缺少普遍共识和较高的国际认可程度。一些国家更加倾向于依照本国刑事管辖冲突解决规则对这类管辖冲突主张管辖权,较为著名的就是美国的"长臂管辖"原则③。一个典型体现就是2019年美国联邦贸易委员会(Federal Trade Commission,FTC)诉英国Cambridge Analytica数据分析公司案。美、英两国均主张对该案进行管辖,理论上按照属地原则应当由英国进行实际管辖,但经过英美两国的政治博弈,英国最终放弃对管辖权的主张,交由美国司法机关对该英国公司进行长臂管辖。④ 这种解决方式一方面体现了美国这种"长臂管辖"原则本身相较于属地管辖具有更强的政治依赖性;另一方面也说明管辖冲突解决的普适性规则的缺位将限制顺利化解网络跨境犯罪管辖冲突的地缘政治边界。由于国际范围内解决刑事管辖权冲突的有效机制并没有建立起来,目前国际社会上存在的"公平原则""实际管辖规则""优先管辖规则"等各种关于管辖冲突的解决规则,

① 参见时延安:《中国区际刑事管辖权冲突及其解决研究》,中国人民公安大学出版社2005年版,第34页。

② 参见张智辉:《国际刑法通论》,中国政法大学出版社1999年版,第99页。

③ The Federal Trade Commission v. Cambridge Analytica,65 F. 2d 15 (D. C. Cir. 2019). 2019年美国联邦贸易委员会诉剑桥分析公司案就是一个很好的例子。在美国和英国对案件均享有刑事管辖权的前提下,由于英美两国原本就具备较好的刑事司法合作框架和丰富的司法合作经验,英国主动放弃管辖权而允许美国对其公民行使境外管辖权。但试想如果案件发生在多个政治体制和法律体系不同的主权国家,刑事管辖权的冲突则难以复刻英美之间的模式。

④ 《美FTC正式起诉CambridgeAnalytica,"剑桥分析"究竟做错了什么?》,载奇点财经网, https://sfl.global/news_post/meiftczhengshiqisucambridge-analyticajianqiaofenxijiujingzuocuoleshenmefuftcxingzhengsu/,最后访问日期:2023年3月24日。

仍然多适用于政治体制和刑事司法体系相似的主权国家和地区之间。这种管辖冲突规则适用的"有选择性"在打击网络犯罪上将难以应对网络跨境犯罪的犯罪行为和犯罪结果的"无选择性"。

二、追溯:新型网络跨境犯罪管辖权困境的成因

现行的主权国家刑事管辖权理论在新型网络跨境犯罪的出现后存在诸多适用困境,犯罪人在犯罪行为实施时,充分利用了网络的"无国界性"和"无限延展性",而在承担法律责任时,刻意强调了法律时空效力上的"国界性"。我国在面对这类犯罪时能够采取的刑事司法程序严重受限,在行使管辖权过程中各主体间难以达成一个合理的管辖界定。要化解此种管辖适用困境,有效规制网络跨境犯罪,需要追根溯源,对我国网络跨境犯罪管辖权困境背后的成因进行分析。

(一)扩张性属地管辖理论与司法适用的两重悖离

新型网络跨境犯罪是结合了普通犯罪构成要件和网络因素从而异化形成的新的犯罪类型,在一定程度上对这类犯罪的管辖已经超出当代刑法学中所规定的几类管辖权的范围,对主权国家的刑事追责体系提出更高的构建要求。我国采取的刑事管辖规则是以属地管辖、属人管辖为主,兼具保护管辖和普遍管辖的遍在说理论①。这种"遍在说"的刑事管辖的理念也体现在我国为打击网络犯罪所颁布的相关法律文件中。目前我国主要有九个法律法规和规范性文件明确涉及网络犯罪中的属地管辖规定,具体规定内容如表1所示:

① "遍在说"是张明楷老师提出的一个观点,即行为实施地与结果发生地都是犯罪地,行为与结果有一项发生在本国领域内,就适用本国刑法。据此,行为与结果均发生在我国领域内的,适用我国刑法;仅行为发生在我国领域内或仅结果发生在我国领域内的(包括前述中间地),也适用我国刑法。不仅如此,只有一部分行为或者只有一部分结果发生在我国领域内时,也应认为是在我国领域内犯罪。因为行为或者结果的其中任何一部分发生在我国领域内,就侵犯了我国国家或国民的利益;为了维护国家主权与国民的利益,应认为可以适用我国刑法。参见张明楷:《刑法学》(第5版),法律出版社2016年版,第71页。

表1 我国关于网络犯罪管辖权的具体规定

法律文件名	司法管理规定
《中华人民共和国刑法》(2020修正)第6条	凡在中华人民共和国领域内犯罪的,除法律有特别规定的以外,都适用本法。凡在中华人民共和国船舶或者航空器内犯罪的,也适用本法。犯罪的行为或者结果有一项发生在中华人民共和国领域内的,就认为是在中华人民共和国领域内犯罪。
最高人民法院《关于适用〈中华人民共和国刑事诉讼法〉的解释(2021)》(法释〔2021〕1号)第2条	针对或者主要利用计算机网络实施的犯罪,犯罪地包括用于实施犯罪行为的网络服务使用的服务器所在地,网络服务提供者所在地,被侵害的信息网络系统及其管理者所在地,犯罪过程中被告人、被害人使用的信息网络系统所在地,以及被害人被侵害时所在地和被害人财产遭受损失地等。
《公安机关办理刑事案件程序规定》(中华人民共和国公安部令第159号修正)第17条	针对或者主要利用计算机网络实施的犯罪,用于实施犯罪行为的网络服务使用的服务器所在地,网络服务提供者所在地,被侵害的网络信息系统及其管理者所在地,以及犯罪过程中犯罪嫌疑人、被害人使用的网络信息系统所在地,被害人被侵害时所在地和被害人财产遭受损失地公安机关可以管辖。
最高人民法院、最高人民检察院、公安部《关于办理网络犯罪案件适用刑事诉讼程序若干问题的意见》(法发〔2022〕23号)第2条、第3条	信息网络犯罪案件由犯罪地公安机关立案侦查。必要时,可以由犯罪嫌疑人居住地公安机关立案侦查。信息网络犯罪案件的犯罪地包括用于实施犯罪行为的网络服务使用的服务器所在地,网络服务提供者所在地,被侵害的信息网络系统及其管理者所在地,犯罪过程中犯罪嫌疑人、被害人或者其他涉案人员使用的信息网络系统所在地,被害人被侵害时所在地以及被害人财产遭受损失地等。涉及多个环节的信息网络犯罪案件,犯罪嫌疑人为信息网络犯罪提供帮助的,其犯罪地、居住地或者被帮助对象的犯罪地公安机关可以立案侦查。 有多个犯罪地的信息网络犯罪案件,由最初受理的公安机关或者主要犯罪地公安机关立案侦查。有争议的,按照有利于查清犯罪事实、有利于诉讼的原则,协商解决;经协商无法达成一致的,由共同上级公安机关指定有关公安机关立案侦查。需要提请批准逮捕、移送审查起诉、提起公诉的,由立案侦查的公安机关所在地的人民检察院、人民法院受理。

续表

法律文件名	司法管理规定
最高人民法院、最高人民检察院、公安部《关于办理网络赌博犯罪案件适用法律若干心题的意见》(公通字[2010]40号)第4条	网络赌博犯罪案件的地域管辖,应当坚持以犯罪地管辖为主、被告人居住地管辖为辅的原则。"犯罪地"包括赌博网站服务器所在地、网络接入地,赌博网站建立者、管理者所在地,以及赌博网站代理人、参赌人实施网络赌博行为地等。公安机关对侦办跨区域网络赌博犯罪案件的管辖权有争议的,应本着有利于查清犯罪事实、有利于诉讼的原则,认真协商解决。经协商无法达成一致的,报共同的上级公安机关指定管辖。对即将侦查终结的跨省(自治区、直辖市)重大网络赌博案件,必要时可由公安部商最高人民法院和最高人民检察院指定管辖。为保证及时结案,避免超期羁押,人民检察院对于公安机关提请审查逮捕、移送审查起诉的案件,人民法院对于已进入审判程序的案件,犯罪嫌疑人、被告人及其辩护人提出管辖异议或者办案单位发现没有管辖权的,受案人民检察院、人民法院经审查可以依法报请上级人民检察院、人民法院指定管辖,不再自行移送有管辖权的人民检察院、人民法院。
最高人民法院、最高人民检察院、公安部《关于办理电信网络诈骗等刑事案件适用法律若干问题的意见》(法发〔2016〕32号)第5条第1款	电信网络诈骗犯罪案件一般由犯罪地公安机关立案侦查,如果由犯罪嫌疑人居住地公安机关立案侦查更为适宜的,可以由犯罪嫌疑人居住地公安机关立案侦查。犯罪地包括犯罪行为发生地和犯罪结果发生地。"犯罪行为发生地"包括用于电信网络诈骗犯罪的网站服务器所在地,网站建立者、管理者所在地,被侵害的计算机信息系统或其管理者所在地,犯罪嫌疑人、被害人使用的计算机信息系统所在地,诈骗电话、短信息、电子邮件等的拨打地、发送地、到达地、接受地,以及诈骗行为持续发生的实施地、预备地、开始地、途经地、结束地。"犯罪结果发生地"包括被害人被骗时所在地,以及诈骗所得财物的实际取得地、藏匿地、转移地、使用地、销售地等。

续表

法律文件名	司法管理规定
最高人民法院、最高人民检察院、公安部《关于办理电信网络诈骗等刑事案件适用法律若干问题的意见(二)》(法发〔2021〕22号)第1条	电信网络诈骗犯罪地,除最高人民法院、最高人民检察院、公安部《关于办理电信网络诈骗等刑事案件适用法律若干问题的意见》规定的犯罪行为发生地和结果发生地外,还包括:(一)用于犯罪活动的手机卡、流量卡、物联网卡的开立地、销售地、转移地、藏匿地;(二)用于犯罪活动的信用卡的开立地、销售地、转移地、藏匿地、使用地以及资金交易对手资金交付和汇出地;(三)用于犯罪活动的银行账户、非银行支付账户的开立地、销售地、使用地以及资金交易对手资金交付和汇出地;(四)用于犯罪活动的即时通讯信息、广告推广信息的发送地、接受地、到达地;(五)用于犯罪活动的"猫池"(Modem Pool)、GOIP设备、多卡宝等硬件设备的销售地、入网地、藏匿地;(六)用于犯罪活动的互联网账号的销售地、登录地。
《人民检察院办理网络犯罪案件规定》(2021)第5条	网络犯罪案件的管辖适用刑事诉讼法及其他相关规定。有多个犯罪地的,按照有利于查清犯罪事实、有利于保护被害人合法权益、保证案件公正处理的原则确定管辖。因跨区域犯罪、共同犯罪、关联犯罪等原因存在管辖争议的,由争议的人民检察院协商解决,协商不成的,报请共同的上级人民检察院指定管辖。

由表1可见,目前国内对于网络跨境犯罪刑事管辖确定问题采取的做法是在属地管辖原则的基础上,结合网络空间的虚拟性和物理世界中的打击现实性,以犯罪地或者网站服务器所在地为连接虚拟空间和物理世界的连接点,通过将网络犯罪的源头服务器、网络流通中间环节上网站的建立管理者所在地、犯罪行为或结果发生地以及被害人及其财产所在地纳入网络犯罪地域管辖范围内,从而解决网络犯罪案的刑事追责问题。这实际上是属地管辖权的一种"有限制的扩张",通过列举的方式,扩张性解释了我国刑法属地管辖原则中关于犯罪行为以及结果发生地的内涵。

这种看似面面俱到的扩张性属地管辖列举了几乎所有可能涉及的网络犯罪的具体节点并佐之相应的管辖权限,但在司法实践中却出现了规范层面的详细和适用层面的无序在境外和境内适用场域的两重悖离现象。

在境外方面,主要体现为在根据我国"遍在说"理论确定适用属地管辖权后,根据遍在说适用我国刑法并不现实,其最终会导向管辖积极冲突问题。实际上国际社会上有不少学者就网络犯罪对遍在说提出了不少限制主张。例如,有人指出,结果发生地仅限于结果犯与具体危险犯中的最初结果发生地;有人提出,结果发生地仅限于实害结果发生地;有人建议,结果发生地仅限于行为人在行为时所认识到的结果发生地;如此等等。① 目前学界较为普遍的观点是,在境外有关属地管辖原则的适用是以解决管辖冲突,实现公正司法为出发点。各项属地管辖的限制性主张实际上是遵循了"有利于查清犯罪事实,有利于诉讼"的国际刑事司法合作原则。② 归根结底,境外部分属地管辖原则的适用问题仍然需要在国际层面与世界各国协商处理,这种协商机制往往依托于各国间建立的国际刑事司法合作条约和加入的国际公约。目前我国尚未就网络管辖适用程序方面缔结或参加相关的国际条约,扩张性管辖原则在境外适用方面仍然依赖于国与国间的双边刑事司法协助条约,对于涉及多个主权国家的网络跨境犯罪难以适用扩张管辖进行规制。

在境内方面,主要矛盾焦点体现在如何进一步通过我国国内具体的刑事诉讼程序对网络犯罪进行追责并明确进行追责的具体执法机关。不同于部分学者主张的"遵循'以最初受理地为主,以主要犯罪地为辅'原则"的管辖争议解决方式,③新型网络跨境犯罪由于其异化的犯罪形态,极有可能出现最初受理地并不具备相应的受理条件的情况。为解决这种情况,我国立法机关提出了"两个有利于"的地域管辖处理

① 参见张明楷:《刑法学》(上)(第5版),法律出版社2016年版,第72页。

② 参见张明楷:《刑法学》(上)(第5版),法律出版社2016年版,第71~73页。

③ 参见吴孟栓、候庆奇:《〈关于办理网络犯罪案件适用刑事诉讼程序若干问题的意见〉理解与适用》,载《人民检察》2014年第14期。

规则。然而“两个有利于”的指定管辖规则作为我国刑事诉讼程序中解决具体地域管辖问题的基本路径，其实操层面仍然存在困难。具言之，“两个有利于”规则只为指定管辖的应用提供了实在法基础，却没有对指定管辖的具体执行权限和适用范围等问题做出明确的解释，尤其是在指定管辖问题上关于“有争议”“特殊情况”等内容，立法均没有做出明确解释。“几乎所有网络犯罪案件在国内诉讼程序中均有可能适用指定管辖的局面”①也与此有一定关系。如果无法有效确立我国境内刑事诉讼程序中具体地域管辖权的归属，也无法明确境内承担刑事管辖权具体执行工作的执法机关，会对我国进一步通过执法机关就网络犯罪境外部分开展国际刑事司法合作工作带来冲击。

（二）跨境调查取证的刑事司法协助程序仍然欠缺

狭义的刑事司法协助“基本上是紧紧围绕一个中心，即合作调查取证”②。以往国际刑事司法协助中调查取证的重点和难点多聚焦于查找、辨认有关人员方面，随着信息化时代网络犯罪的出现和蔓延，原本调查取证工作的重点对象和遵循的规则不再能够满足网络跨境犯罪对电子数据的调查取证需求，无法实现跨国打击网络犯罪的协助目的，从而导致相关主权国家对网络跨境犯罪主张刑事管辖权的诉求难以得到有力支持。

1. 跨境电子取证规则较为模糊

在网络虚拟空间中，具有价值的不再是物理世界中的人或物，而是流动的数据流。无论是网络诈骗赌博还是泄露公民个人隐私信息的犯罪，其存在的载体抑或是其在网络空间中的表现形式都是一串串数据。在社会信息系统中，网络跨境犯罪的犯罪行为、犯罪手段、犯罪工具均以数据的客观形式出现。这类数据构成了网络跨境犯罪中调查取证的主

---

① 孙潇琳：《我国网络犯罪管辖问题研究》，载《法学评论》2018 年第 4 期。

② 黄风：《国际刑事司法合作的规则与实践》，北京大学出版社 2008 年版，第 107 页。

要主体,即电子证据。在司法实践中,要对新型网络跨境犯罪主张刑事管辖权的重要前置程序就是获取具有证明力的证据材料以明确该网络跨境行为构成犯罪,而这种证据绝大部分以电子证据的形式加以呈现,这对我国进行跨境电子取证的刑事司法协助程序提出了更加严苛的标准。

在跨境电子取证方面,我国司法实践中目前采取的是一种远程跨境搜查的取证方式。下述两例判例就是这种远程跨境取证在实践中的体现:2016年湖北省武汉市中级人民法院判决一起非法获取计算机信息系统数据、非法控制计算机信息系统案,该案中嫌疑人焦某归案后主动向公安机关提供了位于美国的另一台主控服务器的IP地址、用户名和密码。公安人员经过“远程勘验”在该服务器上提取了相应的“主控程序”以及“登录日志”和“主控列表”等电子数据。① 同年在云南省楚雄彝族自治州中级人民法院审理的一起寻衅滋事案中,侦查机关通过对境外网站登载的文章、照片进行“远程勘验”获得了相应电子数据。②

需要注意的是,我国无论对境外非公开数据,如非法获取计算机信息系统数据、非法控制计算机信息系统案中的电子数据,还是对境外公开数据,如云南寻衅滋事案中的境外文章、照片,所采取的远程勘验的方式均是一种单向单方的取证行为,在严格意义上来说并没有经过法定刑事司法协助程序征得他国的同意或者正式批准。回顾我国有关电子数据证据方面的立法情况,目前有关电子数据证据方面的取证具体规定出现在《公安机关办理刑事案件电子数据取证规则》和最高人民法院、最高人民检察院、公安部《关于办理刑事案件收集提取和审查判断电子数据若干问题的规定》中,相较于其他国家在协作程序中有关电子数据取证详细的范围、用途和明确的准据法规定③,我国在这方面的规定仍然存在空白。尤其是对于境外电子证据的获取需要通过何种

① 参见湖北省武汉市中级人民法院刑事判决书,(2016)鄂01刑终176号。

② 参见云南省楚雄彝族自治州中级人民法院刑事判决书,(2016)云23刑终82号。

③ 如欧盟出台的《网络犯罪公约》、《为获得刑事诉讼中使用的物品、文件和数据的欧盟证据令》和美国的《境外数据合法使用法》等文件对于远存储在他国境内的数据的获取和使用范围及方式都提供了明确的规范,圈定了取证的范围。

程序,对于不同电子证据的证据能力是否具有不同的判定标准等方面的立法较为模糊,不能在司法实践中起到很好的指引规范作用。

2. 跨境调查取证适用主体范围的局限性

目前我国协助调查取证的合作往往仅限于在主权国家的执法机关间展开,尚不包括国家执法机关和民间组织机构或者国家执法机关和权利人之间的跨境协助。就我国而言,无论是向外国请求调查取证还是协助外国在本国境内进行调查取证,其法定请求送达对象和请求接收方都是主权国家。然而这种局限在国与国横向执法机关之间开展的刑事司法协助调查取证已经逐渐无法满足网络跨境犯罪中以电子数据和计算机服务器为主体的调查取证需求。

在目前国际刑事司法协助实践中,确实还存在几种不同的协助调查取证主体适用规则,并已经被信息技术发达的国家和地区在司法实践中予以应用。第一种是请求国执法机关直接与来源服务提供者合作开展调查取证。这种程序设计在欧盟《刑事案件中电子证据生成与保存令草案》第7条中得到明确,要求在所寻求的数据作为托管或软件服务提供商向某一公司提供的基础设施的一部分被存储或处理的情况下,公司本身应当是调查当局请求的主要收件人。① 第二种是请求国执法机关直接与权利人合作开展调查取证。这种方式赋予具有合法权限的自然人(person)以同意开展跨境调查取证的权利和责任。②

我国在面对这类由信息化时代技术发展带来的新型网络跨境犯罪时,国内法有关普通犯罪中调查取证所规定的内容大部分不再适用于

---

① Proposal for a REGULATION OF THE EUROPEAN PARLIAMENT AND OF THE COUNCIL on European Production and Preservation Orders for electronic evidence in criminal matters, COM/2018/225 final - 2018/0108 (COD).

② 直接与权利人展开合作的方式在2001年的欧盟《网络犯罪公约》第32条第2款出现已有规定:“如果一方获得具有合法权限的人的合法和自愿同意,则可以通过本国境内的计算机系统访问或接收位于另一方的存储的计算机数据,该人具有通过该计算机系统向该方披露数据的合法权限。”Council of Europe, Convention on Cybercrime, 23. XI. 2001, European Treaty Series-No. 185, Article 32 - Trans-border access to stored computer data with consent or where publicly available.

此类犯罪。现行制度下协助调查取证主体范围的局限性,导致在司法实践中网络跨境犯罪的调查取证合作较难实现。此外,在我国与其他国家开展国与国执法机关间的调查取证协助时,还有可能面临一项挑战,就是当两国之间没有建立刑事司法合作关系时,我国执法机关将花费大量时间开展调查取证合作而给相关犯罪证据被销毁或匿名化留下空间。

(三)保护管辖原则中双重犯罪条件的限制

由于网络的开放性,属地管辖原则并不能解决发生在境外、由外国人在境外实施的危害本国国家或者本国公民利益的网络犯罪。为了避免出现在网络场域中的本国国家和公民利益受到外国人在境外侵犯却难以管辖的情况,在属地管辖原则和属人管辖原则以外,包括我国在内的很多主权国家对于新型网络跨境犯罪普遍适用保护管辖原则。如此规定的本意是有效遏制这类网络犯罪,但是却未注意到保护管辖权规定中双重犯罪条件的限制。

1. 刑事管辖权确定时的限制

我国《刑法》规定的"外国人在中华人民共和国领域外对中华人民共和国国家或者公民犯罪,而按本法规定的最低刑为三年以上有期徒刑的,可以适用本法,但是按照犯罪地的法律不受处罚的除外"这条刑法适用原则,在网络跨境犯罪中被犯罪分子利用,因为相当数量的网络跨境犯罪的犯罪地为法治不发达的地区或者与我国《刑法》对相关罪行规定不同的国家,影响了我国公民和组织机构受到这类犯罪侵犯的权利救济。

网络空间中的连接不同于物理世界中地域之间的连接,互联网跨境数据之间由于跳板的存在,很多时候无法判定一个攻击的发起人在哪里,如"A国能够看到攻击的直接来源是B国,但看不见谁在利用B国的节点进行攻击,更看不见真正的攻击源头,因为很有可能是犯罪嫌疑人利用C国的节点链接B国节点,并通过B国节点作为跳板来对A

国进行攻击"①。显然,在上述涉及的A、B、C三国中,仅有受侵国A国认定这种行为为犯罪行为应当受到管辖是不够的,必须要同时满足C国甚至B国在其本国的刑事归责体系中也承认这种行为是犯罪行为的条件,才能够完成对网络跨境犯罪的一个完整的刑事追责链条,否则犯罪分子很有可能利用合法性判定不一的条件,而选取其所实施的行为不被认为是犯罪的地域开展危害巨大的跨境犯罪活动。国际社会之所以对于那些严重危害人类社会的罪行通过国际公约的方式上升为国际罪行,一个很重要的原因就是避免对这类跨国犯罪的惩治存在法外之地。然而,新型网络跨境犯罪的出现对于传统的国际性犯罪体系带来了冲击。

目前在我国司法实践中,这类案件并不罕见。较为典型的是网络跨境赌博诈骗类案件,这类案件中犯罪分子将网络服务器设置在赌博活动被认定为合法的国家和地区,大量吸纳我国公民赌资,实际上是打着赌博的幌子通过虚假诈骗手段骗取赌客大额财产。② 如果要对这类犯罪主张我国的保护管辖原则,"(1)所犯之罪必须侵犯了我国国家或者公民的法益。(2)所犯之罪按我国《刑法》规定的最低刑为3年以上有期徒刑。(3)所犯之罪按照犯罪地的法律也应受处罚"这三个限制条件缺一不可。其中,"按照犯罪地也应受到处罚"提出了关于保护管辖适用的双重犯罪条件这一必要限制。有学者指出,该条双重犯罪条件限制之所以具有必要性,因为"外国人在国外时只需遵守所在国的法律,不能要求一个人在任何地方遵守一切国家的法律"③。然而网络跨境犯罪的异化犯罪形态,使得任何地方都有可能因为一个人的行为受到利益侵害,这种传统保护管辖僵化的限定条件和网络场域普通犯

① 方滨兴主编:《论网络空间主权》,科学出版社2017年版,第335页。

② "警方提示:网络赌博十赌九骗,警方在侦办案件中发现,网络赌博团伙通过各种手段骗取赌客的钱财,有的利用虚假的境外彩票私自坐庄坐局。有的甚至采用打伙牌方式,假扮玩家与赌客对赌。"参见《5万赌客豪赌涉案金额上亿!跨境网络赌博案暴露惊人内幕》,载央视新闻网,https://baijiahao.baidu.com/s?id=1640375686149549722&wfr=spider&for=pc,最后访问日期:2023年3月24日。

③ 张明楷:《刑法学》(第5版),法律出版社2016年版,第74页。

罪的异化趋势之间的矛盾冲突将随着网络跨境犯罪的日益猖獗而逐步深化。

2. 跨境追缴网络犯罪所得时的限制

我国《国际刑事司法协助法》第14条明确指出,当出现"根据中华人民共和国法律,请求针对的行为不构成犯罪"的情形时,可以拒绝提供协助。这一条款限制也适用于外国向我国请求查封、扣押、冻结涉案财物以及没收违法所得的程序中。有学者进一步指出:"在以资产追缴为目的的查封、扣押、冻结问题上,我们要严格遵循双重犯罪条件,这一条件在这个时候是刚性的,因为为追缴资产而实行的查封、扣押、冻结是具有强制性的行为,意味着对当事人财产权的一种限制。如果外国查封、扣押、冻结请求所针对的行为根据中国法律并不构成犯罪,我们不能贸然地限制当事人的财产权。"①针对网络跨境犯罪,欧盟《网络犯罪公约》在第25条第5款也要求"被请求方被允许以双重犯罪为条件提供互助"②。

网络跨境犯罪由于其在网络场域的特殊性质,一改传统跨境犯罪中所存在的部分涉案财产为物理世界中的财物或银行金融机构存储的流通货币的形式,以各种虚拟的网络货币或者具备价值的网络数据的方式存在,并持续为犯罪分子牟利。对于这类犯罪违法所得的查封、扣押或者冻结,本质上要求有关执法机关充分运用信息技术手段对与犯罪行为相关的访问数据、服务器数据等具有财产性质的数据进行查获、封存和冻结,使其不再具有财产性价值,不能成为有关犯罪的牟利依据。对于这类新型网络跨境犯罪的违法所得,欧盟《网络犯罪公约》第29条第4款规定:"被请求国要求以双重犯罪为条件来接受请求国为查封、扣押或类似保护或披露存储数据而提出的互助请求的,对于根据本公约第2条至第11条确立的犯罪以外的犯罪,如果有理由认为披露

---

① 黄风:《检察机关实施〈国际刑事司法协助法〉若干问题》,载《国家检察官学院学报》2019年第4期。

② Council of Europe, Convention on Cybercrime, 23. XI. 2001, European Treaty Series-No. 185, Article 25 – General principles relating to mutual assistance.

时不能满足双重犯罪的条件,保留拒绝根据本条提出的互助请求的权利。"由此可见,网络犯罪中协助资产追缴的关键性前提为双重犯罪条件。

但是网络跨境犯罪之所以会引起管辖权冲突,其中很重要的原因就是存在对双重犯罪条件的违背可能性。网络的无界性使得不同法域的国家或地区面临相同的犯罪行为,至于该行为或者结果是否在每一个牵涉其中的国家都构成犯罪或者构成同一类犯罪是难以预测的。尤其是当犯罪分子故意利用双重犯罪条件的限制,将违法所得资产以数据等虚拟的形式转移到对其实施犯罪行为不认为是犯罪的国家或地区时,对于这类违法所得的查封、扣押、冻结以及没收程序将由于得不到国际刑事司法协助而难以跨境开展实施,影响对被害方被侵害的财产性权利的有效救济。

三、规制:我国应对新型网络跨境犯罪刑事管辖的规范路径

目前我国立法机关对于这类犯罪的刑事管辖问题尚存在较大分歧,对于在网络场域的刑法适用空间范围是否需要发生根本性转变的理解还未达成一致。构建我国应对新型网络跨境犯罪刑事管辖的规范路径,不但能够降低这类犯罪发生的风险概率,而且有助于控制其危害结果发生的严重程度,营造清朗的网络空间。

(一)管辖立法导向的预见性与现实性

从法社会学的角度而言,在风险社会的背景下,社会高度分工化、匿名化,其中的安全问题是由于社会的系统性运作而引发的,刑法立法上倘要合理而有效地解决这种安全风险,便不能只限于对导致危险现实化的最后一个环节进行治理,而是需要从源头开始,对每一个环节都进行必要的控制;同时,需要形成一种整体性的治理与规制策略。新型网络跨境犯罪活动在证据收集、事实认定与法律适用方面存在诸多困

难,基于网络犯罪预备行为不仅可能威胁重大、众多法益,而且其法益侵害危险较之传统犯罪预备具有倍增性、现实性和不可控性,因此刑法对其进行提前干预的必要性凸显。①

刑法的这种预先风险干预倾向与刑事管辖权的立法导向息息相关。任何风险预防性的罪刑规定只有依托于刑事管辖权理论,才能真正运用到刑事司法实践中发挥作用。结合我国目前的立法活动和司法实践可以发现,仅仅在犯罪行为以及犯罪结果发生后采取刑罚手段已经不能满足风险预防的惩治需求,需要从网络活动本身可能存在的风险性入手,制定相关预防性规制措施。毋庸置疑的是,通过主权国家公权力所能主张的最强有力的风险规制手段必然是将刑事管辖权在此类犯罪上的适用进行前置,采取预防性的刑法适用法理念以规制其可能存在的危害。

域外关于这类犯罪的刑事管辖理念之间的碰撞可以为我国明确相应的刑事管辖立法思路提供借鉴。一部分国家主张在原有的管辖权理论上适度扩大以建立新的刑事管辖权规则。例如,美国建立了最低联系规则,规定只要存在最低限度的联系,最低限度联系所在州的州法院就有权获得对跨境网络犯罪的管辖权。又如,新加坡颁布《不当使用计算机令》,规定只要实施网络犯罪的行为人或者其使用的工具、数据信息等在新加坡境内,新加坡法院就可以主张对该跨境网络犯罪享有管辖权。

回归我国立法实践,新型网络跨境犯罪作为一种全新犯罪形态,需要在立法上加以涵括从而为后续的司法活动提供实在法基础。在把握其管辖权立法导向时,应当注意以下几个方面内容,以实现风险预防倾向和现实需求倾向的动态平衡:(1)正视各国信息技术发展水平存在差异的现实,统一的全球标准很多时候并不具有真正的"全球性",在处理相关管辖问题时仍然需要因地制宜,不能过分关注风险规则而忽视现实打击需求,从而耗费巨大司法资源却不能实质上使受侵害方得

---

① 参见梁根林:《传统犯罪网络化:归责障碍、刑法应对与教义限缩》,载《法学》2017 年第 2 期。

到救济。(2)面对这类全球性犯罪可能存在的犯罪风险,应当在全球层面考虑国内管辖规则与国外规则的衔接而不是基于主权理念盲目扩张管辖权范围,在网络跨境犯罪中没有国家是一个孤岛,一味地采取风险规制的立法策略可能会阻碍跨国刑事司法协助的开展。(3)要充分重视国内网络跨境犯罪刑事管辖方面立法的合宪性问题。避免过度扩张有关机关权限带来的风险。

综合上述现实性需求以及预防风险的必要性,我国在确立网络跨境犯罪的刑事管辖立法思路时需要兼顾风险预防和现实性立法导向,以达成一个符合我国国情的立法导向,为刑事管辖权具体规则的建立提供正确的指引。

(二)传统四大刑事管辖范式的补充与修正

面对新型网络跨境犯罪的,基于其具有的普通犯罪的犯罪属性,这类犯罪极易被包括在主权国家主张适用本国刑事管辖权制裁的范围内。就我国网络犯罪的入罪现状而言,虽然传统犯罪的网络变异趋势极为明显,但是“传统刑法以扩张解释的方式完全可以解决大多数问题”,难点在于,确定罪刑后如何有效实现我国的刑事政策,使之免于成为象征性的“僵尸”条款。

刑事管辖权作为国家主权的重要延伸和基本组成部分,相关规定被置于我国《刑法》的总则部分,是贯穿我国刑事司法制度的纲领性条款。必须明确的是,对于刑事管辖权的增补或创设活动,不宜超过《宪法》所规定的范围。新型网络跨境犯罪刑事管辖权的确定,应当秉持预见性和现实性相结合的立法思路,对于现有的管辖权规范进行适度的解释和补充。这种做法已经在德国得到普遍的应用,德国在网络犯罪管辖方面提出了限制德国“扩张性”管辖权规则的“限制结果地原则”。该理论主张认为,仅当境外的网络犯罪人企图将犯罪结果发生地置于本国境内,或者行为者在充分认识到完全有可能发生危险结果的风险,在明知的状况下仍然实施犯罪行为时,才适用本国管辖规则进行规制。

基于四大基本刑事管辖原则在我国乃至世界范围内已经被普遍接受,这种刑法适用法范式已经发展得相当成熟,另起炉灶重新为网络跨境犯罪创设一种管辖权法律体系显然是极为艰巨且难以得到普遍承认的,而且也不利于我国与各主权国家就这类犯罪开展国际刑事司法合作。因此应当在保留国内现行四大管辖范式的基础上,适当做出以下几个方面的修正与补充:

首先,建立扩张性属地管辖原则。对于网络跨境犯罪可以通过司法解释的方式建立一个"扩张性属地管辖权"的主原则,在《刑法》第6条第3款"犯罪的行为或者结果有一项发生在中华人民共和国领域内的,就认为是在中华人民共和国领域内犯罪"规定中,针对网络犯罪的技术性,对于犯罪行为、犯罪结果地进行扩张解释,包括数据行为、网络犯罪预备行为和帮助行为,[①]如对于网络诈骗等以网络为工具实施的预备行为,其犯罪行为或结果地在我国域内可以主张管辖;还有为网络跨境犯罪提供互联网接入、服务器托管、网络存储、通信传输等技术支持,或者提供广告推广、支付结算等帮助的情节严重的行为或其提供帮助产生的危害结果地,只要在我国域内也应当主张刑事管辖权。

其次,对保护管辖原则的例外条款进行修正适用。就我国《刑法》对保护管辖原则所设置的双重犯罪的限制条件,在新型网络跨境犯罪方面进行适用时,可以借鉴英国在《网络犯罪公约》中的倡议,适当降低对双重犯罪条件的要求标准,或者针对网络犯罪不适用该条规范,以避免保护原则成为这类犯罪的惩治真空地带。

最后,积极提高普遍管辖原则的适用率。在我国司法实践中,《刑法》所规定的普遍管辖规则的运用不多。究其原因,一方面是前述几项管辖原则几乎可以涵盖并解决主要的刑事归责问题,另一方面就是

① 国内已有不少学者主张将网络犯罪的数据类犯罪、网络犯罪预备行为及帮助行为纳入刑法规制的范围中。参见陈兴良:《网络犯罪的刑法应对》,载《中国法律评论》2020年第1期;刘艳红:《网络犯罪的刑法解释空间向度研究》,载《中国法学》2019年第6期。

目前我国加入的国际刑事司法类条约并不多,[①]尤其是在网络犯罪方面,我国目前尚未加入《网络犯罪公约》等涉及网络犯罪的国际刑事司法合作规约[②]。梳理网络犯罪的惩治方式,不可否认的一点是,这类犯罪刑事归责的有效实现很大程度上与是否存在一个相对统一的国际网络犯罪管辖条约有关。在网络犯罪跨境起诉方面,通过缔结或参加有关的网络犯罪国际公约,能有效杜绝实施网络犯罪的犯罪分子适用安全避风港原则。因此我国在网络犯罪方面应当积极落实普遍管辖原则,重视其在网络犯罪刑事管辖权上的实际作用。

(三)跨境刑事司法协助程序的完善与规范

网络跨境犯罪国内刑事管辖权的确定,只是主权国家打击网络犯罪的第一步,即自身刑法适用范围的明确,保障这类犯罪按照本国刑法适用法规定有法可依。接下来在司法实践中,管辖规则能否适用以及通过何种方式适用,则往往超出单纯依靠一国国内法就可以管辖的范围。进一步探析可以发现,有效实现新型网络跨境犯罪管辖需要具备三个基本要素:一是构建协调的惩治网络犯罪的法律规约以形成国际上惩治犯罪的统一;[③]二是建立明确有效的冲突解决规则以实现相关法律的惩治功能;[④]三是完善国际刑事司法协助机制以提高这类犯罪打击力度。

第一,新型网络跨境犯罪的有效实现,需要建立在法律协调统一的国际刑法框架下。在法律基本协调的框架下,各国将更加容易在网络犯罪管辖冲突时对犯罪的性质和基本类别达成基本共识,这直接关乎

① 参见马呈元:《论中国刑法中的普遍管辖权》,载《政法论坛》2013 年第 3 期。

② See Susan W. Brenner, *Cybercrime: Criminal Threats From Cyberspace*, Praeger, 2010, p. 56.

③ See Alexandra Perloff-Giles, *Transnational Cyber Offenses: Overcoming Jurisdictional Challenges*, 43 Yale Journal of International Law 191 (2018).

④ See Neil Boister, "*Transnational Criminal Law*"?, 14 European Journal of International Law 953 (2003).

横向国际执法机关间能否顺利开展国际刑事司法合作。实际上英国和澳大利亚已经在打击网络犯罪的司法实践中认识到这一点,并在本国网络犯罪刑事制裁体系中落实展开。在 2011 年英国颁布的《网络安全战略》(Cyber Security Strategy)中指出,由于网络空间允许犯罪分子在世界各地实施犯罪行为,英国正在努力将《网络犯罪公约》中关于跨境数据犯罪的指导性规定转化为国内法,通过建立兼容的法律框架以实现有效的跨境执法,并否认网络罪犯的安全庇护所的存在。① 与之相似,2016 年澳大利亚《政府网络安全战略》中明确指出,澳大利亚政府积极搭建专门信息管理机构,以促进统一澳大利亚与其他司法管辖区和国际网络安全的法律框架,进行跨越地理边界的信息共享和执法合作,并设立首个澳大利亚网络大使,对外发布国际网络参与战略。② 我国刑法中关于网络犯罪的制裁体系仍然属于传统的计算机犯罪类型,已经不能满足不断异化的犯罪形态和打击需求,我国 2016 年公布的《网络安全法》中注意到了这一点并加以细化,然而由于上位法本身滞后性的存在,新出台的法律法规并没有强有力的刑法制裁体系作为支撑,其实质打击力度也相应降低。

因此,要有效实现我国网络跨境犯罪刑事管辖权,需要认识到跨境属性导致的国际司法合作是不可避免的。有效实现这类犯罪的管辖权,势必要建立在一个协调的刑事制裁体系的基础上,我国针对主要网络犯罪的刑事立法规制需要与国际制裁理念接轨,通过积极参与跨境网络犯罪国际制裁体系的构建,加入相对成熟的网络犯罪国际制裁框架等方式,完善我国国内的网络犯罪刑事制裁体系,为跨境合作消除管辖权行使的理论障碍。

第二,需要建立明确有效的管辖冲突解决适用规则。网络跨境犯

---

① Cabinet Office and National Security and Intelligence, *The UK Cyber Security Strategy* 2011 – 2016: *Annual Report*, GOV. UK(Apr. 14, 2016).

② Australian Government, Australia's 2020 Cyber Security Strategy, (Aug. 07, 2021) https://www. homeaffairs. gov. au/about-us/our-portfolios/cyber-security/strategy/australias-cyber-security-strategy – 2020.

罪导致的管辖冲突在国际刑事司法话语体系中属于国际刑事管辖权平行冲突的类别,即各个主权国家和地区之间就同一网络犯罪产生管辖权的争议。关于解决这类冲突的具体规则,国际刑法规范中并没有统一定论。目前国际社会上存在的对这类冲突的主要解决规则分别是"优先管辖规则"[①]、"实际控制规则"[②]和"最密切联系规则"[③]。"优先管辖规则"在国际刑事司法程序中往往以国际性"最佳实践指导"的冲突解决规则的形式出现,很多时候在具体操作问题上仍然是依靠各国传统的刑事管辖权适用顺序以及各国间的协商来解决冲突。"最密切联系规则"在欧盟境内被广泛适用,依赖的则是欧盟区域内各国之间的高度信任以及司法体制的高度统一。[④] 而"实际控制"规则本身是从国际私法的适用法演变而来的,在刑事司法体系中转变后类似于"扩张性属地管辖"规则。这三种管辖冲突解决规则在司法实践中均取得过良好的适用效果,其本身的规则制定对我国构建管辖冲突解决规则具有一定的借鉴价值。

然而相较单纯照搬这三种刑事管辖冲突的适用规则,笔者更倾向于在我国处理网络跨境犯罪刑事管辖冲突时,结合"实际控制"规则以及"最密切联系"规则,依据我国实际国情,采取"实际控制及联系程

---

① 我国张智辉教授在《国际刑法通论》中主张:"国际公约在规定国际犯罪时,对国际犯罪的刑事管辖权应当按照下列顺序授予:1. 犯罪地国;2. 犯罪人国;3. 受害国;4. 在其领土内发现被指控的犯罪嫌疑人的其他国家。"参见张智辉:《国际刑法通论》,中国政法大学出版社 1999 年版,第 99 页。

② 有学者指出:"仔细研究最初受理地规则可以发现,其适用实际上是建立在实际控制的事实基础上的,只有当犯罪嫌疑人、被告人被实际控制,司法活动才有意义。"参见张淑平:《海峡两岸刑事司法互助研究》,九州出版社 2011 年版,第 25 页。

③ 有学者提出将国际私法中的适用性理念引入国际公法有关管辖权冲突的解决规则中,确立"最密切联系规则"以调和各管辖主张间的冲突。参见吕岩峰、李海滢:《国际刑事管辖权冲突的"适当法"观照——来自国际私法学的借鉴》,载《当代法学》2004 年第 4 期。

④ See Alfiya Kayumova, *Overcoming Conflicts of Criminal Jurisdiction of EU Member States and the Practice of Applying the Principle of Mutual Recognition of Judicial Decisions*, 4 Kazan University Law Review 6 (2019).

度”规则。所谓“实际控制及联系程度”规则,即在发生网络犯罪时首先按照我国《刑事诉讼法》判断涉外犯罪的任意环节在物理世界中是否被我国境内实际控制,这种“实际控制”与本国国家或公民是否受到实际侵害并无联系,即使我国并非实际受害国,但是该犯罪行为或者犯罪结果的任何环节在我国刑事管辖权实际控制范围内,均可以适用。在此实际控制的基础上,通过案件具体情况,分析该实际控制环节与整个案件实际侵害对象的密切程度。这种刑事管辖冲突的解决规则一方面能够衔接我国在网络犯罪方面确定的“扩张性属地管辖权”的立法导向,实现对网络犯罪的犯罪环节的实际控制;另一方面,通过密切联系程度的论证,既限制了我国刑事管辖权的过度扩张,也为进一步开展国际刑事司法协助打下良好的基础。

第三,在打击新型网络跨境犯罪方面,一个明确有效的国际刑事司法协助程序将保障各国执法机构在跨境打击这类犯罪时有明确的协作对象和协作程序,减少跨境司法资源的浪费,提高精准打击网络犯罪的司法效率。鉴于我国近年才出台并施行《国际刑事司法协助法》,立法本身的滞后性导致其在有些协作程序的规定上没有及时满足新兴网络犯罪的打击要求。笔者认为可以从以下两个方面入手,完善我国网络犯罪刑事司法协助程序。

一方面是通过立法弥补跨境刑事司法协作程序中有关电子数据取证的详细范围、用途和明确的准据法规定方面的空白。在国际刑事司法协助的调查取证环节,要取得有效可靠的电子数据证据,可以在借鉴域外立法经验的基础上,具体从以下两方面展开,弥补我国跨境电子证据取证以及相应的证据能力方面的立法空白:一是通过进一步完善我国跨境电子数据取证法规,细化取证范围、取证用途和证据能力评估标准,以构建跨境电子证据的取证规则。具体而言,包括针对电子证据在境外的不同存在形态规定不同的取证程序和手段,建立专业机构对电子证据的证据能力进行评估等方面的法律法规。二是可以就网络犯罪的特性制定针对性的协助调查取证规则,突破原本国与国之间协助的窠臼,对于特定的网络跨境犯罪电子数据类证据,简化请求国与被请求国之间的文书程序,侧重于请求国执法机关及其工作人员与相关服务提供者之间的配合联系，并通过规范性文件对这种合作的方式、范围和主要对象加以明确和限定。

另一方面是在网络犯罪涉案财产的认定以及没收程序的启动方面，可以尝试采取“两步走”的方式：第一步明确网络跨境犯罪涉案财产（包括实体财产和虚拟财产）所在司法辖域，明确是否满足双重犯罪条件，将符合部分的涉案财产适用协助程序进行追缴。第二步，对于不符合双重犯罪条件的资产追缴请求，基于网络跨境犯罪的特殊性，在遵循双重犯罪条件的基础上，对涉案财产中被犯罪分子利用双重犯罪限制逃脱程序制裁的违法财产部分，加大信息技术侦查手段的强度和力度，聘请专业技术侦查人员详细分析网络空间中的各种访问行为、局域网址的设立、流动数据的源头和终端、相关服务器的传输存储功能等，最终获取明确的涉案财产来源非法证据。在不侵害被请求国利害关系人合法权益的前提下，将该证据作为提供给被请求国以获得协助追缴涉案财物的实质关联性证明，以此作为协助查封、扣押、冻结及没收违法所得的依据。

四、结　语

综上所述，网络跨境犯罪的刑事管辖权问题并非一个单纯的刑事法律问题，在可以预见的未来，网络跨境犯罪刑事管辖权问题将成为无法回避的全球性刑事管辖权问题。在信息化高速发展的时代，没有任何国家或者公民能够抗拒这种网络发展的浪潮，普通犯罪在网络场域的异化趋势不可阻挡，网络空间中的跨境犯罪趋势不断普遍化、常态化，意识到并有效规制这类犯罪将成为世界上任何一个主权国家都需面临的重大挑战。

就我国而言，作为大数据时代科技发展的中流砥柱，在大力发展信息技术的同时更要清醒地认识到全球共享网络的现状，对于可能存在的侵犯国家主权和公民基本权利的网络跨境犯罪保持足够的警惕。这类犯罪的司法管辖问题不但给我国当前的刑事管辖体系带来巨大的冲击和挑战，还与我国在国际政治场域的地位和国家形象息息相关。在解决这类犯罪的司法管辖方面的问题时,要立足于我国主权和国情,创新适用的新型刑事管辖冲突解决规则,构建完善的跨境刑事司法协助程序,并做好与国内各部门法的衔接。在打击网络跨境犯罪上建立国际视角,明确规则意识,以期在面对网络跨境犯罪刑事管辖规则这一全世界共同面临的课题时,提出我国的创新解决方案,在这类犯罪的国际管辖规则的构建和适用中体现中国理念、中国力量。

Dissimilation and Regulation:Research on Criminal Jurisdiction of New Cross-border Crimes in Cyberspace

LI Hanxiao

[**内容摘要**]数据时代催生的网络场域已经打破传统的水陆空三大管辖场域,形成第四管辖场域。传统犯罪在网络场域中异化形成新型跨境犯罪,各主权国家在主张刑事管辖权以有效打击犯罪上,面临管辖权适用竞合、管辖规则适用冲突等挑战。司法实践中扩张性属地管辖理论的泛化适用、跨境调查取证程序的标准缺位、保护管辖原则中双重犯罪条件的限制是构成网络跨境犯罪刑事管辖权困境的三大主要成因。完善数据时代我国网络空间跨境犯罪的刑事管辖权,需要以风险预防和现实需求为导向,在立法上创新网络跨境犯罪的刑事管辖权范式,在司法上建立明确的刑事管辖冲突解决规则以及规范的跨境刑事司法协助路径。

[**关键词**]网络空间;新型网络跨境犯罪;刑事管辖权;国际刑事司法协助

Abstract:The cyber field spawned by the data age has broken the traditional three jurisdictional fields of water, land and air, and gradually formed a new fourth field of crime. Traditional crimes are alienated in the cyber field to form new types of cross-border crimes. Sovereign countries are facing challenges in substantive and procedural laws such as jurisdictional overlap and jurisdictional conflicts in effectively combating crimes and earnestly claiming criminal jurisdiction. In the final analysis, the causes of many of the above dilemmas are mainly composed of the vague application path of the expansion territorial jurisdiction theory, the lack of criminal judicial assistance procedures for cross-border evidence collection, and the limitation of the dual criminality condition in the cross-border recovery of cybercrime proceeds. To improve the criminal jurisdiction of cross-border crimes in cyberspace in China in the data era, it is necessary to take risk prevention and actual needs as the guide, innovate the criminal jurisdiction paradigm of online cross-border crimes in legislation, and establish clear rules for resolving conflicts over criminal jurisdiction and standardized cross-border criminal justice assistance paths in the judicial field.

Keywords: cyberspace; new cross-border crimes in cyberspace; criminal jurisdiction; international criminal judicial assistance

〔犯罪学与刑事政策〕

“犯罪互动中心论”:犯罪学面相与刑法学启示

马荣春* 马光远**

目 次

刑法学和犯罪学一直被学界“厚此薄彼”,但在“刑事一体化”①视野下,透视“犯罪互动中心论”的犯罪学面相之后,其所能给予刑法学的重要启示,将改变我们对犯罪学学科地位的不客观和不公允态度。

一、“犯罪互动中心论”的犯罪学面相

犯罪学缘起、理论特质和策略导向构成了“犯罪互动中心论”的基本犯罪面相。

---

* 南京航空航天大学人文与社会科学学院刑法学教授。

** 海南大学犯罪研究所研究员、博士研究生。

① 参见储槐植:《再说刑事一体化》,载《法学》2004 年第 3 期。

(一)"犯罪互动中心论"的犯罪学缘起

何谓"犯罪互动中心论"？学者指出,对于犯罪形态的理解,犯罪学中历来存在两大理论倾向:"罪行中心论"认为,犯罪行为才是基本的犯罪形态,即犯罪研究、犯罪控制、否定评价所面对或者指向的只是犯罪行为而非犯罪人;"罪人中心论"认为,犯罪人才是基本的犯罪形态,即实施犯罪的人才是犯罪研究活动所关注的、犯罪控制实践所指向的、与否定评价的规范标准相悖的犯罪存在方式。"罪行中心论"和"罪人中心论"都是将行为或行为人从特定时空条件下的"加害—被害"关系中剥离出来,孤立地描述犯罪行为或犯罪人,即都忽视了任何犯罪的重点都是一定"加害—被害"关系中的行为或行为人这一事实。实际上,犯罪中的"加害—被害"关系才是我们关注的焦点。而"犯罪互动"应当是同时包容了罪行与罪人且更接近犯罪实际的犯罪学范畴。因此,犯罪学的研究焦点应当实现从"犯罪中心"("罪行中心"和"罪人中心")向"犯罪互动中心"的转移。[①] 可见,"犯罪互动中心论"系围绕犯罪形态而兼容"罪行中心论"和"罪人中心论"的一种犯罪学理论,是关于犯罪形态的"兼容论"。

由上可见,"互动性"是"犯罪互动中心论"的理论特色所在,我们可先切入犯罪学之犯罪本体来对其作初步描述。具言之,在"犯罪互动中心论"中作为犯罪学犯罪本体层面之一的"罪行"实际上是已犯者与社会之间过往发生的一种互动,因为"罪行"本身征表着已犯者对社会的"价值反叛",而"罪行"又因一个"罪"字而表达了社会对"罪行"的价值反应或"价值逆动"。又当作为犯罪学犯罪本体又一层面的"罪人"表达着社会立于当下的现实资料而对已犯者再犯的"实际可能性评估",且此"实际可能性评估"既考虑已犯者的行为规律和人格规律,也考虑其"反社会性"。"罪人"也因一个"罪"字而征表着社会与已犯者之间的互动。因此,"罪行"与"罪人"所分别征表

① 参见白建军:《关系犯罪学》,中国人民大学出版社2014年版,第190~191页。

的社会与已犯者之间的互动,便存在以下两点区别:一是"罪行"所征表的互动带有一种"过往性"和"回顾性",而"罪人"所征表的互动则带有一种"将来性"和"前瞻性";二是在"罪行"所征表的互动中,已犯者一方和社会一方分别带有较多的"主动性"和"承受性",而在"罪人"所征表的互动中,社会一方和已犯者一方分别带有较多的"主动性"和"承受性"。

既然"互动"系"犯罪互动中心论"的理论特色,则该特色仍须联系犯罪现象的固有属性予以深化。学者指出,犯罪现象具有三个事实学属性,即互动性、相对性和自然性。所谓犯罪现象的互动性,是指犯罪事件中"加害—被害"关系中的相互作用性,其有三个方面的含义:其一,犯罪是加害人与被害人之间关系冲突激化的表现;其二,在加害人与被害人的冲突中,也有来自被害人对加害人的刺激与影响;其三,在加害人与被害人之间的冲突中存在着"被迫型互动""缺席型互动""交易型互动"等互动形式。正如社会危害性、违法性和当罚性是刑法学视野中的犯罪属性,互动性、相对性和自然性也是犯罪学视野中犯罪现象的三种基本属性。① 在本文看来,犯罪现象的互动性不能仅仅局限于具体的加害人与被害人之间的互动性,因为存在无具体被害人的犯罪现象,如诸多侵害"国家法益"或"社会法益"的犯罪。因此,犯罪现象的互动性应扩大理解为犯罪群体与作为社会代表的"国家"之间的互动性。易言之,犯罪现象的互动性有着两个层面:一是具体的犯罪加害人与具体的犯罪被害人之间的互动性,二是作为抽象的或整体的犯罪人群体与作为社会代表的"国家"之间的互动性。由于具体的犯罪加害人与具体的犯罪被害人分别归属于作为抽象的或整体的犯罪人群体和由"国家"所代表的社会,故前述第一个层面的互动性便被蕴含或包容在第二个层面的互动性之中。

实际上,不仅犯罪现象的互动性能够直接印证"犯罪互动中心论"的"互动特色",而且犯罪现象的相对性和自然性也能够间接印证其"互动特色"。具言之,既然"相对性"是指代表社会的国家赋予某种社

① 参见白建军:《关系犯罪学》,中国人民大学出版社2014年版,第8~12页。

会现象或行为类型以犯罪属性与犯罪意义,其便征表着国家或其所代表的社会对成为犯罪的社会现象或行为类型的一种互动性,因为国家或社会赋予某种社会现象或行为类型以犯罪属性和犯罪意义,实即犯罪定义活动,而犯罪定义活动实即刑事活动。因此,犯罪定义活动所对应的犯罪定义权实即一种代表社会或"国家"的刑事权力,则犯罪定义活动对某种社会现象或行为类型的犯罪属性与犯罪意义的赋予,便征表了社会或作为其代表的"国家"与犯罪现象之间的一种互动。既然"自然性"包含犯罪现象与其他各种社会现象之间不可避免的相互影响性,则其也在征表着犯罪现象与其他各种社会现象之间的一种互动性,因为当自然性是指犯罪现象在其产生、发展过程中所表现出来的犯罪现象与其他各种社会现象之间不可避免的相互影响性,则此相互影响性便同样有着"互动性"的意蕴。由此可见,"犯罪互动中心论"所征表的"互动性"包含两个层面或维度:一是"横向互动",即具体加害和具体被害之间的互动和犯罪现象与其他社会现象之间的互动,此为"水平互动";二是"纵向互动",即成为犯罪现象的社会现象或行为类型本身与定义犯罪的上层建筑包括刑事权力之间的互动,此为"上下互动"。最终,"互动"构成了"犯罪互动中心论"的"理论之基"。

对"行为中心论"和"行为人中心论"的"兼容性"与"互动特色"集中描述了"犯罪互动中心论"的理论缘起。

(二)"犯罪互动中心论"的犯罪学特质

"互动"即相互影响或相互作用,当相互影响或相互作用形成某种关系,"互动中心"便是"关系中心"。于是,"犯罪互动中心论"便是一种关系犯罪论,即以"关系"为视角来审视犯罪问题的一种理论,正如储槐植教授所指出的,犯罪在关系中存在,在关系中变动。[①]"犯罪互

① 参见储槐植:《刑事一体化与关系刑法论》,北京大学出版社 1997 年版,第 128 页。

动中心论”表明犯罪是“关系中”的犯罪,或犯罪以“关系”而得以“凝聚”,甚至犯罪在“关系中”得以“存活”。

但凡事物形成了某种关系,便意味着其有某种构造性。由此,“犯罪互动中心论”不仅是一种“关系犯罪论”,而且是一种“构造犯罪论”,即以“构造”为视角来审视犯罪的理论。详言之,“罪行中心论”把“罪行”即行为强调为犯罪的基本形态,“罪人中心论”把“罪人”即行为人强调为犯罪的基本形态。但“罪行”和“罪人”分别对应犯罪的“客观面”与“主观面”,因而分别使得“罪行中心论”和“罪人中心论”都陷入了一种“扁平化”。“扁平化”又意味着没有“中心性”可言,更没有“构造性”可言。由此,“罪行中心论”和“罪人中心论”都难堪“中心论”之谓。相反,“犯罪互动中心论”把“罪行”和“罪人”都作为考察和审视犯罪形态的基点,而且“罪行”和“罪人”都可予以“互动性言说”,即“关系言说”,故“犯罪互动中心论”在克服“罪行中心论”和“罪人中心论”的“扁平化”的同时形成了自身的“立体性”,而其立体性又蕴含着“构造性”。易言之,“犯罪互动中心论”的“构造性”是其“立体性”的逻辑延伸。由此,“犯罪互动中心论”又可称为“立体犯罪论”和“构造犯罪论”。详言之,“立体犯罪论”是立于“立体”视角来考察和审视犯罪问题,而“构造犯罪论”则是立于“构造”视角来考察和审视犯罪问题。进一步来说,在某种意义上,我们甚至可以将“犯罪互动中心论”视为“系统犯罪论”,因为“犯罪互动中心论”的“立体性”和“构造性”又有着“系统性”的意味,且“犯罪互动中心论”本有的“关系性”就有“系统性”的初始蕴含了。但要说明的是,把“犯罪互动中心论”视为一种“关系犯罪论”“立体犯罪论”、“构造犯罪论”和“系统犯罪论”,这并不是“犯罪互动中心论”所直接标示出来的,而是从中引申出来的。最终,“关系犯罪论”、“立体犯罪论”、“构造犯罪论”和“系统犯罪论”,便构成了对“犯罪互动中心论”的犯罪学特质的多层次表述和递升性揭示。

实际上,用“关系犯罪论”、“立体犯罪论”、“构造犯罪论”和“系统犯罪论”来表述或揭示“犯罪互动中心论”的犯罪学特质,也隐含着对“犯罪互动中心论”的方法论交代。具言之,在犯罪学的研究方法上,学者提出所谓"犯罪学研究的系统观",其中包括两条法则:一是"整体法则",即研究者应将犯罪现象、犯罪原因和犯罪预防作为一个系统,并从系统的整体和全部出发来研究系统内部各要素之间以及各个子系统之间的整体结构和功能;二是"双向法则",即研究者在犯罪学研究中对同一个问题应从不同的两极作双向考察,以求得对于犯罪问题的深刻把握。① 其实,"犯罪互动中心论"直接流露了"双向法则"的学术方法,而把"犯罪互动中心论"视为"关系犯罪论"、"立体犯罪论"、"构造犯罪论"和"系统犯罪论",又有着"整体法则"和"系统观"的方法论响应。但是,"犯罪互动中心论"的方法论最终还是在"普遍联系"和"对立统一"的哲学逻辑之中。这里,对"犯罪互动中心论"的方法论省察是对其犯罪学特质的一种深化。

(三)"犯罪互动中心论"的犯罪治理策略导向

既然犯罪是"加害"与"被害"之间的互动现象,则犯罪治理也可在"被害"一方找到应对之策,即消除"被害"一方"引诱"或"刺激"犯罪的消极因素。有人指出,"罪因结构"是指犯罪原因的诸因素相对稳定的联系方式,即犯罪原因的组合与作用形式。② 由此,立于"被害"一方寻找应对之策就是试图破解"罪因结构"或"罪因系统",以将犯罪发生的概率降到最小,而破解"罪因结构"或"罪因系统"实即疏导可能发生或重复发生的犯罪。既然犯罪现象具有相对性,即社会现象或行为类型的犯罪属性与犯罪意义可由犯罪定义活动来赋予,则"犯罪化"或"非犯罪化"便具有"相对性"和"可控性",而"犯罪化"或"非犯罪化"的"相对性"和"可控性",又意味着犯罪治理可适当抑制"犯罪化"的刑事权力冲动,从而使得应对犯罪的"缓冲措施"有较多或更多的作用机会或施展空间。既然犯罪现象具有产生、发展的客观必然性及其与其他各种社会现象相互影响的不可避免性所表现出来的自然性,则其

① 参见许章润主编:《犯罪学》,法律出版社2016年版,第14~15页。
② 参见许章润主编:《犯罪学》,法律出版社2016年版,第138~139页。

给予我们难得的启示便是“最好的社会政策就是最好的刑事政策”[①]。正如学者指出,在犯罪治理的过程中,不能将眼睛紧紧盯在对犯罪分子的“身体惩戒”上,而应更加关注社会心理失衡现象。近年来,敌意型个体犯罪的增加以及由群体心理失衡所诱发的群体性犯罪的增多已经给我们敲响了警钟。因此,除要在改革和完善利益分配制度、建立健全社会保障制度等方面加大力度外,还需通过各种有效的干预措施积极引导社会心态走向健康、稳定。[②] 所谓“改革和完善利益分配制度、建立健全社会保障制度”,意味着要设计和落实“最好的社会政策”;所谓“各种有效的干预措施”实即“最好的社会政策”的具体落实手段和保障措施。而设计和落实“最好的社会政策”的宗旨便在于谋求最小化的“犯罪饱和”,即“犯罪饱和”的“存量最小化”。由此,“最好的社会政策”就是“最好的犯罪疏导政策”。最终,“犯罪互动中心论”所呼吁或导向的应对犯罪策略即“疏导型策略”,而此“疏导型策略”即“治理型策略”。

前述“犯罪学缘起”、“犯罪学特质”和“犯罪治理策略导向”让我们基本看清了“犯罪互动中心论”的面相。学者指出,犯罪学研究对犯罪知识生产科学性的提升,将更有益于世俗世界对犯罪的科学理解和控制。[③] 当“世俗世界对犯罪的科学理解和控制”包含刑法学的科学理解和刑法的科学控制,“犯罪互动中心论”必将对刑法学给出重要启示,从而体现出犯罪学对刑法学的学术贡献。

二、“犯罪互动中心论”对刑法学的本体论启示

“犯罪互动中心论”对刑法学的本体论启示,大致可从刑法学的犯

---

① 马克昌主编:《近代西方刑法学说史略》,中国检察出版社1996年版,第186~188页。

② 参见周建达:《转型期我国犯罪治理模式之转换——从“压力维控型”到“压力疏导型”》,载《法商研究》2012年第2期。

③ 参见白建军:《关系犯罪学》,中国人民大学出版社2014年版,第12页。

罪本体论、刑罚本体论和罪刑关系本体论予以展开。

(一)"犯罪互动中心论"对刑法学犯罪本体论的启示

互动关系是社会对犯罪作出反应的重要依据。[①] 由于社会对犯罪的反应包括刑法反应,故互动关系也是刑法应对犯罪的重要依据。又由于"犯罪互动中心论"实即审视、理解和定义犯罪的"关系中心论",故互动关系之于刑法应对犯罪的"依据意义"便可被转换到"犯罪互动中心论"之于解答刑法应对犯罪问题的刑法学本体论的"依据意义"上来。而这里所说的"依据意义"就是前者对后者的启发意义。但是,"犯罪互动中心论"对于刑法学本体论的启发意义,应该体现为"犯罪互动中心论"带给我们对刑法学本体论有关范畴或命题的新理解、新界说或新建构。于是,我们还得返身到"犯罪互动中心论"的"关系性"、"立体性"、"构造性"及其"系统性"之中。

作为对"罪刑中心论"和"罪人中心论"的一种"兼容论","犯罪互动中心论"实即将"罪行"和"罪人"作为两个基本的支撑点,而所谓"互动"实即在这两个基本支撑点上所发生的犯罪人或潜在犯罪人与具体被害人或潜在被害人之间的互动,或者是犯罪人或潜在犯罪人与被国家所代表的社会之间的互动。于是,"罪行"和"罪人"便作为犯罪学的犯罪本体层面而"暗示"着刑法学的犯罪本体层面。刑法学的犯罪本体层面问题起初对应的是"犯罪本质一元论"与"犯罪本质二元论"之争。在"犯罪本质二元论"看来,犯罪的刑法学本体或刑法学的犯罪本体中除所谓"已然之罪"外,还有所谓"未然之罪",而"未然之罪"又包含"再犯可能"与"初犯可能"。[②] 所谓"再犯可能",是指已犯者再次犯罪的可能性或危险性;所谓"初犯可能",是指潜在犯罪人初次犯罪的可能性或危险性。于是,作为犯罪学犯罪本体的一个层面,"罪行"便"暗示"着作为刑法学犯罪本体的一个层面即"已然之罪";

① 参见白建军:《关系犯罪学》,中国人民大学出版社 2014 年版,第 163 页。

② 参见陈兴良:《刑法哲学》,中国政法大学出版社 1997 年版,第 129 ~ 142 页。

而作为犯罪学犯罪本体的另一层面,“罪人”便“暗示”着作为刑法学犯罪本体的另一层面即“未然之罪”。于是,犯罪学的犯罪本体是由“罪行”和“罪人”所构成,刑法学的犯罪本体是由“已然之罪”和“未然之罪”所构成,而后一构成与前一构成共同体现着“刑事学的一体化”。由于是“犯罪互动中心论”的两个基本支撑点,“罪行”和“罪人”对“已然之罪”和“未然之罪”的“暗示”,便最终是“犯罪互动中心论”通过犯罪学犯罪本体论而对刑法学犯罪本体论的启示。

“犯罪互动中心论”通过犯罪学犯罪本体论对刑法学犯罪本体论的启示,还进一步体现在作为刑法学犯罪本体论其中一个层面的“未然之罪”的内涵上。正如前文指出,“犯罪本质二元论”将“初犯可能”也纳入了“未然之罪”。于是,“未然之罪”是否应该包括所谓“初犯可能”,便构成了有待进一步澄清的问题。正如我们所知,“再犯可能”即再犯危险性,亦即一个已犯者再次危害社会的可能性或危险性。而“初犯可能”,则是指一个未犯者即“潜在犯罪人”初次或第一次犯罪的可能性或危险性。但无论从概念关系还是从刑法价值等角度来看,“初犯可能”都应从作为刑法学犯罪本体论其中一个层面的“未然之罪”中予以排除。① 而今看来,作为刑法学犯罪本体论其中一个层面的“未然之罪”是否应该包含“初犯可能”,又可从犯罪学的“犯罪互动中心论”中得到一番新解。具言之,按照“犯罪互动中心论”,犯罪学的犯罪本体即“罪行”与“罪人”的“合体”。当“罪行”面向过去而强调已然行为的客观经过与已成既往的实际损害或危险,则“罪人”便是面向将来而强调已有“罪行”的人再次危害刑法秩序的实际可能性。可见,“罪人”是以“罪行”为概念前提的,而“罪行”与“罪人”正是在“回顾”和“前瞻”的两个方向上“合成”了犯罪的犯罪学本体。于是,在“犯罪互动中心论”通过犯罪学的犯罪本体而为刑法学的犯罪本体作“启示”的过程中,也就同时对属于刑法学犯罪本体论其中一个层面的“未然之罪”予以“再犯可能”即再犯危险性的“启示”,而此“启示”实即“限定”。这里,虽然犯罪学“限定”刑法学可能令刑法学不悦,但刑法学应

① 参见马荣春:《罪刑关系论》,中国检察出版社2006年版,第32~40页。

充分尊重犯罪学所揭示的犯罪客观规律。"犯罪互动中心论"通过犯罪学的犯罪本体而为刑法学的犯罪本体作出"启示",其体现出的学科洽接性和犯罪这一事物的"本真性",正如学者指出,刑法学与犯罪学共同研究犯罪问题,只是各自视野中的犯罪具有不同的显现方式。①

(二)"犯罪互动中心论"对刑法学刑罚本体论的启示

"犯罪互动中心论"不仅对刑法学犯罪本体论有所启示,而且对刑法学刑罚本体论也有所启示。具言之,既然"犯罪互动中心论"的"互动"终究将体现为刑法应对,而刑法应对又体现为立法环节的制罪配刑和司法环节的定罪量刑,则"犯罪互动中心论"的"互动"便隐含着对犯罪问题的罪名应对和刑罚应对。易言之,对犯罪问题的罪名应对和刑罚应对是"犯罪互动中心论"的题中之义。于是,"犯罪互动中心论"所能给刑法学刑罚本体论的启示便是:犯罪学犯罪本体论中的"罪行"层面需要刑法学刑罚本体论剖出一个层面与之对应,而这个层面可称为"已然之罪之刑"、"报应之刑"和"一般预防之刑";犯罪学犯罪本体论中的"罪人"层面也需要刑法学刑罚本体论剖出一个层面与之对应,而这个层面可称为"未然之罪之刑"、"特殊预防之刑"或"个别预防之刑"。而这里所谓"对应",其背后便是"互动",即代表社会的国家通过刑事权力而与犯罪人就其曾经的"罪行"和当下仍有的"再犯危险性"进行"互动"。

在传统的报应观念中,我们不难接受"罪行"与"已然之罪之刑"、"报应之刑"或"一般预防之刑"之间的对应及其所隐含的"互动",但我们可能较难接受"罪人"与"未然之罪之刑"、"特殊预防之刑"或"个别预防之刑"之间的对应及其所隐含的"互动"。这是因为我们长期接受的是"罪行中心论"而非"罪人中心论",而这又恰恰凸显了"犯罪互动中心论"作为"罪行中心论"和"罪人中心论"的"兼容论"的观念更新意义及其对刑法学本体论的启发意义。具体到刑法学刑罚本体论,

① 参见白建军:《关系犯罪学》,中国人民大学出版社 2014 年版,第 12 页。

"犯罪互动中心论"能够体现出较强或更强的启发意义。具言之,在"犯罪互动中心论"中,犯罪是"实然之罪",且其有三层内涵:一是犯罪乃"经验之罪",即犯罪是通过经验研究所感知到的犯罪;二是犯罪乃"必然之罪",即犯罪的客观必然性来自犯罪原因的客观必然性,且其中有的因素较为活跃;三是犯罪乃"个别之罪",其强调犯罪的具体性、异质性和多样性等。其中,"个别之罪"的逻辑起点是"行为人中心主义",即体现"行为人中心论"。在"行为人中心主义"即"行为人中心论"看来,以"人"为中心有两个理论意义:其一,人是行为的原因,即行为是人所实施的,故只有了解行为人,才能最终了解犯罪行为;其二,人是各种社会因素影响的承受者,各种犯罪都是通过人引起行为的,故只有以人为中心,各种犯罪原因才有了实实在在的中介或载体。于是,"行为人中心主义"即"行为人中心论"便导出了"个别之罪"。显然,"个别之罪"是针对"应然犯罪学"将社会对犯罪的反应建立在"抽象人""平均人"这一假定上而提出来的。由"个别之罪"出发,则"罪人"之间的差异性必然大于"罪行"之间的差异性,且在"罪人"身上充满着无法重复的个别性、差异性,而这些个别性、差异性才是"实然犯罪"的"真实面",进而构成社会反应的根据。于是,基于"个别之罪"的理念,作为"返祖"现象的刑罚、刑罚个别化、刑罚民事化和刑罚替代物,便构成了犯罪对策阶梯。① 这里,我们虽然应否定"行为人中心主义"即"行为人中心论"理解和定义犯罪时的片面性,但我们又应肯定其通过"个别之罪"来否定"应然犯罪学"对"抽象人""平均人"的理论假定,而我们对"个别之罪"的肯定包含在我们对"犯罪互动中心论"的肯定之中。于是,"犯罪互动中心论"便通过"个别之罪"而对刑法学刑罚本体论给出了启示,且此启示已在前面对"个别之罪"的评述中有所显现:"个别之罪"即"个性之罪",其中蕴含着"罪人之罪"。而当"罪人之罪"之中又潜藏着应用"再犯可能"即"再犯危险性"来限定的"未然之罪"的部分,则作为对犯罪的社会反应的刑罚反应应体现为在刑罚本体中另外"辟出"一个层面来与之对应,而此另外"辟出"的层面即"未然之罪之

① 参见白建军:《关系犯罪学》,中国人民大学出版社 2014 年版,第 65～72 页。

刑"、"特殊预防之刑"或"个别预防之刑"。

边沁关于犯罪动机的论断有助于我们理解犯罪学犯罪本体论中"罪人"与刑法学犯罪本体论中"未然之罪"和刑罚本体论中"特殊预防之刑"即"个别预防之刑"的先后对应关系,从而有助于我们更加深切地理解"犯罪互动中心论"起步于犯罪学犯罪本体论中"罪人"层面从而对刑法学刑罚本体论中"特殊预防之刑"即"个别预防之刑"层面形成的启示。"犯罪动机论"是边沁在设计罪刑均衡或罪刑相称时提出来的。具言之,边沁将动机分为四种:纯社会动机——善行;半社会动机——对名誉的酷爱、友谊的愿望和宗教信仰;反社会动机——与社会格格不入;个人动机——感官享受、权力欲望、金钱嗜好和自我保护愿望。在边沁看来,上述动机都不存在一般意义上的好或坏,但它们的区别可以提高或降低行为的道德标准。纯社会动机和半社会动机可称为"保护动机",它们本身谈不上是否正当,但可以成为减轻罪过、减少刑罚必要性的理由。反社会动机和个人动机可称为"诱惑动机",它们本身并没有罪过,但它可能成为加重罪过的由头。① 边沁之所以反对将动机本身区分"好"和"坏",是因为任何动机的产生,或是由于求乐的缘故,或是由于避害的缘故,而求乐避害乃人之本能。在本文看来,动机本身虽然因出自人之本能而难以作出"好"与"坏"的区分,但可作出"危险"与否以及"危险"大小的区分。正如边沁所指出的,当犯罪是出自特殊的动机而这种动机又不常见时,则社会惊恐也就很有限;如果这种犯罪是出自普通的、频繁的、有影响的动机,则社会惊恐就会很大,因为人们会发现他们生活在"危险"之中。② 可以肯定的是,虽然动机本身难分"好坏",但当导向犯罪的动机即犯罪动机。进一步成为"增加"或"减少"所谓"刑罚必要性"的理由时,则又暗含着刑法学刑罚本体论应有一个层面即"特殊预防之刑"或"个别预防之刑"来作为对犯罪动

① 参见[英]吉米·边沁:《立法理论——刑法典原理》,孙力等译,中国人民公安大学出版社1993年版,第12~14页。

② 参见[英]吉米·边沁:《立法理论——刑法典原理》,孙力等译,中国人民公安大学出版社1993年版,第11页。

罪应当次之,而违反国家权力的犯罪应当最轻。[①] 当"犯罪互动中心论"里的"互动"遵从和体现着犯罪治理的内在规律,则作为对"犯罪互动中心论"的"响应"的罪刑关系应然态即罪刑均衡或罪刑相适应也相应遵从和体现着犯罪治理的内在规律,并同时体现出刑法的权利保障精神。

"犯罪惊恐论"也是边沁在设计罪刑均衡或罪刑相称时提出来的。边沁把犯罪的恶害分为不同层次,且不同层次的犯罪恶害对应着不同程度的社会惊恐,而影响犯罪的社会惊恐程度的因素包括犯罪情节、犯罪目的、犯罪动机、罪犯身份、犯罪技巧、预防难易和罪犯性格。其中,当犯罪是出自普通的、频繁的、有影响的动机,则社会惊恐就大;而当犯罪越容易预防,则其引起的社会惊恐就越小。[②] 由此,受害人不同意就无法进行的犯罪,就不会引起很大的社会惊恐;入室抢劫比在公路上抢劫,能够引起更大的社会惊恐;犯罪的性质和情节导致很难发现犯罪和抓获罪犯,社会惊恐程度就会增大;由于犯罪性质的缘故而使罪犯能被发现,社会惊恐程度就会大大减弱。只有根据犯罪的社会惊恐程度确定对罪犯的惩罚,且惩罚的严厉程度只有与犯罪的社会惊恐程度成正比,才能真正做到惩罚恶害即犯罪,从而使得美德得到人们遵守,最终实现"最大多数人的最大幸福"。[③] 对于边沁所说的"犯罪的惊恐性",我们可作如下解析:一是"犯罪的惊恐性"里面隐含着犯罪学犯罪本体即犯罪关系的"罪行"层面,因为"犯罪的惊恐性"高低首先意味着"逃避惩罚的难易程度"甚或"犯罪黑数"所对应的犯罪预防程度,而犯罪预防程度又直接说明着犯罪对社会的客观危害即"罪行"本身的状况;二是"犯罪的惊恐性"里面还隐含着犯罪学犯罪本体即犯罪关系的"罪人"层面,因为"犯罪的惊恐性"高低意味着"犯罪者的身份"和"犯罪

① 参见白建军:《关系犯罪学》,中国人民大学出版社2014年版,第190页。

② 参见[英]吉米·边沁:《立法理论——刑法典原理》,孙力等译,中国人民公安大学出版社1993年版,第6~15页。

③ 参见向泽选、李伟:《从〈立法理论—— 刑法典原理〉看边沁的法律思想》,载《法律科学(西北政法学院学报)》1997年第1期。

动机"等所对应的"社会危险性"即"再犯危险性"。于是,在从左到右的方向上,犯罪学犯罪本体便要求刑法学犯罪本体和刑法学刑罚本体应形成一种整体的对应关系,且此整体的对应关系即刑法学罪刑关系。又当犯罪的社会惊恐程度与惩罚的严厉程度成正比例关系,则刑法学罪刑关系便在整体上"具象化"为其应然态即罪刑均衡或罪刑相称。

当罪刑均衡是"已然之罪"与"报应之刑"或"一般预防之刑"均衡和"未然之罪"与"特殊预防之刑"或"个别预防之刑"均衡的"合体",则罪刑均衡也便呈现出一种"立体性"、"构造性"乃至"系统性"。而罪刑均衡的"合体性"、"立体性"、"构造性"乃至"系统性"则是"犯罪互动中心论"中的"犯罪关系"即犯罪学犯罪本体的"合体性"、"立体性"、"构造性"乃至"系统性"的折射或"遥相呼应"。而罪刑均衡本身及其"合体性"、"立体性"、"构造性"乃至"系统性",则是"犯罪互动中心论"对刑法学罪刑关系本体论启示的进一步体现。刑法学犯罪本体和刑罚本体的"合体性"、"立体性"、"构造性"和"系统性"和罪刑关系本体以及作为其应然态的罪刑均衡的"合体性"、"立体性"、"构造性"和"系统性"。它们的来处可以说明:犯罪学的"犯罪关系"是刑法学的犯罪本体、刑罚本体和罪刑关系本体的"母体"。由此,"以刑制罪"将得到一番别开生面的展开:"以刑制罪"的"制罪"不应局限于司法意义上的定罪,而应前移到立法意义上的"犯罪化",且立法意义上的"犯罪化"必须慎重考量"前立法阶段"的犯罪学范畴或命题及其所采用的理解和定义犯罪的理性思维。同时,刑法学中的犯罪和刑罚的公正性以及罪刑关系的公正性,其最初的根基恐怕就是在"犯罪互动中心论"所描述的犯罪本体即犯罪关系之中。

三、"犯罪互动中心论"对刑法学的刑法观启示

"犯罪互动中心论"在犯罪学上所表达了一种科学完整的犯罪观,能够给予刑法学以刑法观启示。

(一)"犯罪互动中心论"对权利刑法观的启示

在犯罪学中,"犯罪互动中心论"意味着应将犯罪视为一种互动的社会现象。这里的互动在微观层面上体现为具体犯罪中的加害人即犯罪人与被害人之间的互动,而在宏观层面上则体现为加害人即犯罪人与由国家作代表的社会之间的互动。无论是在微观层面的互动中,还是在宏观层面的互动中,都存在犯罪人即加害方的权利表达问题,只不过其权利表达往往是"畸形"的。具言之,由于可把犯罪视为价值诉求的一种体现,在作为犯罪学犯罪本体其中一个层面的"罪行"中,犯罪人常常作出的是"畸形"的权利表达;而在作为犯罪学犯罪本体另一层面的"罪人"中,犯罪人仍有畸形"权利表达"的"现实可能"或"实际可能"。于是,"畸形"的权利表达便构成了"犯罪互动中心论"中犯罪人一方的常规性征,而作为互动另一方的社会应对犯罪人一方即使是"畸形"的权利表达,也应予以一定的省察乃至"体恤",甚至形成"犯罪理解"。进一步地,作为社会代表的国家在进行犯罪定义活动和设置应对犯罪的制度机制乃至刑事政策时,应对犯罪人一方的权利诉求做到"心中有数",因而国家所掌握和行使的犯罪定义权乃至整个应对犯罪的刑事权力应被赋予"权利基底"。而这里所说的"权利基底"既意味着应倾听犯罪人一方的权利诉求,也意味着赋予犯罪定义活动所有参与者关于何为犯罪以及何种犯罪的"平等见解权"。于是,"犯罪互动中心论"便能够给予刑法学以权利刑法观的启示。

"犯罪互动中心论"给予刑法学以权利刑法观的启示,可通过犯罪定义权予以深入揭示。正如我们所知,刑事权力包括刑事实体权力和刑事程序权力,还有刑事政策权力。当解答什么是犯罪以及何种犯罪所对应的犯罪定义活动体现着官方的话语力量时,便在事实上形成了一种特殊的刑事权力即犯罪定义权。这里,犯罪定义权是犯罪学上有着学术标杆意义的新概念。在"首创"犯罪定义权这一概念后,学者给出了如下论断:刑法权利的平等意味着许多人对犯罪定义权的分享;"控制犯罪控制"也意味着许多主体对犯罪定义权的分享;惩戒资源的最优化同样意味着所有与社会资源分配有关的人对犯罪定义权的分享。而这三种分享各自从不同角度彰显刑法意义上的"公正",故刑法上的"公正"就是"社会最大多数人对犯罪定义权的最优分享"。① 前述论断首先直接肯定了犯罪定义权是一种可"分享",同时也是平等享有的权利。由于"最大多数人"的分享就是"共享"和"公享",而权利的"共享"和"公享"又意味着要采取"权力"形式即诉诸"权力",因为权利最终需要权力的防护或保障,故最终被视为"权力"的犯罪定义权便是以权利为"基底"的权力,即犯罪定义权最终是具有"权利基底性"的一种权力。这样,犯罪定义权便可以被视为一种以权利为缘起而以权力为"收官",从而以权利为"内在"而以权力为"外显"的犯罪"定义系统",即犯罪定义权是以"犯罪定义权利"为"基底"的犯罪"定义系统"。由此,"权利基底性"喻示着犯罪定义权的构造性所在。由于立法制罪和司法定罪是刑法实践的重要内容,故以刑法实践为研究对象的刑法学必须面对和正视立法制罪和司法定罪问题。而当立法制罪和司法定罪实即犯罪定义活动,故作为犯罪定义活动的"话语力量"便对应着一种刑事权力即犯罪定义权。因此,犯罪定义权将直接影响乃至决定立法制罪和司法定罪。但是,犯罪定义权应在接受"权利基底性"的赋予或形塑之后而使得其所影响乃至决定的立法制罪和司法定罪即犯罪定义活动也富有"权利考量",从而使得刑法实践成为一种"权利考量"的刑事活动。

我们早已有了"权利刑法"即"自由刑法"的观念,②但"犯罪互动中心论"所启发的权利刑法观不同于以往的权利刑法观,因为以往的权利刑法观只强调应依据罪刑法定原则、罪刑相适应原则和适用刑法人人平等原则等来保障个案犯罪人的应有权利,即其对权利保障的强调具有"事后性",而"犯罪互动中心论"所启发的权利刑法观则意味着在刑法立法过程中就要进行一般或普遍的"权利考虑",以便对某种社会现象的"犯罪化"或"非犯罪化"作出科学的和正当的立法安排,即其

① 参见白建军:《关系犯罪学》,中国人民大学出版社2014年版,第379页。
② 参见张明楷:《刑法学》,法律出版社2016年版,第19页。

对权利保障的强调具有“事前性”。当然,“犯罪互动中心论”所启发的权利刑法观也能够影响司法定罪,如在非法经营罪等法定犯的司法定罪中,罪与非罪在根本上应受到“权利考量”的影响,而“权利考量”又是进行在“犯罪互动中心论”所描述的“犯罪关系”之中,并且司法者是否怀有权利观念及其强弱,则又受其是否具有“犯罪互动中心观”及其强弱的影响。由于立法制罪是刑法实践的开端或起始,而刑法实践的权利理性在其开端或起始就应得到体现,故“犯罪互动中心论”通过犯罪定义权的“权利基底性”而对权利刑法观的启示,便是其对刑法学的“第一时间的启示”。由其对权利刑法观的启示中,我们可以感悟到“犯罪互动中心论”中的“互动”并非“对立面”而是“对应面”之间的互动,而这种感悟将重复在“犯罪互动中心论”对共识刑法观和公信刑法观、理性交往刑法观和融合范式刑法观的启示中。

权利刑法观与权力刑法观相对立,而权利刑法观与权力刑法观又分别与“权利刑法”和“权力刑法”相对应。由于权力刑法观及其所对应的“权力刑法”一直为我们所警惕,故“犯罪互动中心论”对权利刑法观的启示是顺应社会发展规律和刑法文明进步的要求。进一步来讲,由于“互动”意味着犯罪言说中的权利表达或权利诉求,故“犯罪互动中心论”对刑法学以权利刑法观的重要启示,其背后意在提醒刑法学对权利的关注应有“事前性”而非仅仅停留在强调“事后保障”,从而体现出更强的“人性化”。

(二)“犯罪互动中心论”对共识刑法观和公信刑法观的启示

立足于犯罪人群体,社会中之所以会存在犯罪现象或发生犯罪,乃是因为犯罪人群体选择并实施了背离社会共识的行为;立足于被国家所代表的社会,某种社会现象或行为类型之所以被赋予犯罪的性质与意义,乃是因为社会及作为其代表的国家将社会共识作为标准而对之予以价值评判。由此,犯罪可视为犯罪人群体对社会共识的“反动”即“否定”,而作为社会代表的国家赋予某种社会现象或行为类型以犯罪的性质与意义,或曰使得犯罪能够成为犯罪,便是通过社会共识而对犯罪予以"反动之反动"即"否定之否定"。而无论是从"罪行"层面,还是从"罪人"层面,我们都可以洞察到这种对社会共识及作为其体现的社会主流价值观的"反动"即"否定"和"反动之反动"即"否定之否定"。于是,"犯罪互动中心"便对应了"价值互动中心",亦即"价值反动与反反动中心"。

但正如前述,"犯罪互动中心论"里面隐藏着审视、理解和定义犯罪的"权利考量"。而这里的"权利考量"首先对应着同样是犯罪定义参与者的犯罪人群体对何为犯罪以及为何种犯罪的权利表达,然后对应着其他犯罪定义参与者对何为犯罪以及为何种犯罪的平等话语权。于是,犯罪定义权又构成了"犯罪互动中心论"来"启发"某种刑法观的出发点。具言之,"犯罪互动中心观"能够赋予犯罪定义权以"权利基底性",而"权利基底性"意味着犯罪定义权的掌握和行使应充分考量犯罪人群体的权利诉求和其他犯罪定义参与者的平等话语权。于是,在犯罪定义权切实影响乃至决定刑法实践时,其"权利基底性"便能够"浸润"刑法实践及其观念,从而形成权利刑法观。但是,社会主流价值也具有一种"流变性",或者说社会共识也并非一成不变,故权利刑法观并非仅仅停留于权利言说,而是要通过或抓住"权利机会"以谋求犯罪人群体原本正当的权利诉求能够被社会主流价值所理解、体恤,从而来充实甚至适度更正社会共识,以最终获得一种合情合理合法的话语地位。

法国著名社会学家迪尔凯姆曾指出,为了在一定的社会里使被视为犯罪的行为不再发生,就得让被损害的感情毫无例外地在所有的意识中得到恢复,并有必要的力量来遏制相反的感情;①而如果社会上没有犯罪,则是以集体感情达到前所未有的强度为前提的。道德意识享有的权威不应该过度,否则就无人敢评价它,它也就容易固定为一成不变的模式。若要使道德意识能够向前发展,就必须使个人的独创精神

---

① 参见[法]E.迪尔凯姆:《社会学方法的准则》,狄玉明译,商务印书馆1995年版,第85页。

能够实现。但是,哪里有犯罪,哪里的集体感情就处于为形成新的形式所必要的可塑状态。不仅如此,犯罪有时还为预先决定集体感情应采取什么形式作出过贡献。① 前述论断所集中表述的就是犯罪与集体感情之间的互动关系,即集体感情能够抑制犯罪,但犯罪也可重塑集体感情,而犯罪可以重塑集体感情隐含着犯罪可以重塑社会共识。其实,当迪尔凯姆所说的集体感情对应着社会共识以及作为其表达的社会主流价值观,则迪尔凯姆的论断对于我们运用"犯罪互动中心论"来形塑相应的刑法观是不无启发的,而这里所说的相应的刑法观即共识刑法观。另外,学者们所提出的"社会有机体论"、"犯罪必存论"、"犯罪病变论"和"犯罪有益论",也有助于说明"犯罪互动中心论"对共识刑法观的启示。帕斯奎努指出,在古典刑法理论中犯罪属于一种心智的故障和表达的混乱,而新的刑法理论则将犯罪人视为社会机体的排泄物。②由此,犯罪可视为社会有机体的"代谢",且犯罪这种"社会代谢"既是避免不了的,也是有一定"益处"的。而在迪尔凯姆看来,把犯罪看作是一种"社会疾病",就是承认疾病不是某种偶发的东西,而是来自一种"基本体质",③并且犯罪原因本身在使犯罪行为的源泉干涸的同时,马上又开辟了新的源泉。④ 此即"犯罪必存论"和"犯罪病变论",而"犯罪必存论"又正如学者指出,犯罪乃是自从有人类社会以来一直存在于人类社会,而且无法完全禁绝的社会现象。⑤ 这里,把犯罪归于正常社会学的现象,也是确认犯罪是社会健康的一个因素,即犯罪是健康

① 参见[法]E. 迪尔凯姆:《社会学方法的准则》,狄玉明译,商务印书馆1995年版,第88~89页。

② 参见[德]帕斯奎努:《犯罪学:一种特殊知识的诞生》,劳东燕译,载陈兴良主编:《刑事法评论》第8卷,中国政法大学出版社2001年版。

③ 参见[法]E. 迪尔凯姆:《社会学方法的准则》,狄玉明译,商务印书馆1995年版,第84页。

④ 参见[法]E. 迪尔凯姆:《社会学方法的准则》,狄玉明译,商务印书馆1995年版,第85页。

⑤ 参见林山田:《刑法通论》,北京大学出版社2012年版,第2页。

的社会整体的一个组成部分;[①]而之所以如此,是因为犯罪同整个社会生活的基本条件联系在一起,故也就成为有益的,即与犯罪有密切联系的基本条件本身是道德和法律的正常进化所必不可少的。[②] 因此,我们不应该把犯罪放在极窄的范围内观察,因为当犯罪率下降到明显低于一般水平时,这不但不是件值得庆贺的事,而且与这种表面的进步同时出现并密切相关的是某种“社会紊乱”。[③] 最终,“凡是正常的就是有益的(即使不太必要)”[④]。此即“犯罪有益论”。既然犯罪是社会这个“有机体”所不可避免的,甚至会带来益处的“代谢”和“病变”,则应该允许并安排“对话”或“商谈”,以使得犯罪问题得到在不要奢望“消灭”之下的最好应对或治理。由此,“犯罪互动中心”不仅是一种“权利言说中心”,而且是一种“社会共识言说中心”。于是,立于犯罪定义权的“权利基底”及其所能营造的“社会共识言说”,“犯罪互动中心论”便隐秘地暗示刑法实践要形成一种包括与犯罪人群体应力求达成共识的刑法观念即共识刑法观。

无论是对共识刑法观作出启示,还是对公信刑法观作出启示,“犯罪互动中心论”立于犯罪定义权的“权利基底”最终还是要采用“常识常理常情话语”,即其是在犯罪定义权的“权利基底”上通过“常识常理常情言说”来作出对共识刑法观和公信刑法观的启示,因为正如学者指出,当社会中的各个群体对刑事犯罪的定义有严重分歧,则刑法的道德权威就处于紧张和危险中,故更为重要的是法律要遵循公众的观点。[⑤] 这里,所

---

① 参见[法]E.迪尔凯姆:《社会学方法的准则》,狄玉明译,商务印书馆1995年版,第84页。

② 参见[法]E.迪尔凯姆:《社会学方法的准则》,狄玉明译,商务印书馆1995年版,第89~90页。

③ 参见[法]E.迪尔凯姆:《社会学方法的准则》,狄玉明译,商务印书馆1995年版,第89~90页。

④ 参见[法]E.迪尔凯姆:《社会学方法的准则》,狄玉明译,商务印书馆1995年版,第81页。

⑤ 参见[美]保罗H.罗宾逊:《刑法的分配原则》,沙丽金译,中国人民公安大学出版社2009年版,第192~217页。

国犯罪学必须先谋求自身的“学术强盛”,才能对中国刑法学形成一种“话语权”,从而跨越两个刑事学子学科之间的既往“鸿沟”,亦即架起两个子学科之间的“话语桥梁”。但这需要一个根本前提,即犯罪学在刑事学科中的应有定位。当此定位意味着我们对犯罪学在整个刑事学科中的地位态度和认知,其便直接影响着犯罪学的“学术投入”,从而影响着犯罪学的理论状况与“学术境界”。这就要求我们今后对犯罪学应予以竭尽全力的“学术投入”,且此“学术投入”意味着犯罪学应采用所能采用的一切研究方法包括互联网技术所能提供的“大数据方法”,以创造有最大宽度和最大深度的犯罪学理论,从而使得中国犯罪学在中国刑法学面前变成真正有力的“基础学”和“母体学”。

“The Theory of Interaction Center of Crime”: The Face of Criminology and the Enlightenment of Criminal Law

MA Rongchun & MA Guangyuan

[**内容摘要**]在体现对“罪行中心论”和“罪人中心论”的“兼容性”的同时,又通过“关系性”、“立体性”、“构造性”和“系统性”征表其理论特质,进而通过“疏导型犯罪治理策略”来隐现其策略导向,这些刻画了“犯罪互动中心论”的犯罪学面相。立于犯罪学犯罪本体即犯罪关系,“犯罪互动中心论”不仅给刑法学以犯罪本体论、刑罚本体论和罪刑关系本体论的重要启发,而且通过“犯罪定义权”给予刑法学以权利刑法观、共识刑法观、公信刑法观、理性交往刑法观和融合范式刑法观的重要启示。“犯罪互动中心论”对刑法学的重要启示既有刑法本体论方面的,也有刑法价值论方面的,还有刑法学方法论方面的。“犯罪互动中心论”给予刑法学的重要启示生动有力地说明:犯罪学具有作为刑法学的“基础学”和“母体学”的重要地位,因此刑法学与犯罪学的“方法交叉”,甚至是“理论融汇”,不仅是必要的,而且是可行的。进一步来说,“刑事学一体化”不仅是必要的,而且是可行的。

[**关键词**]犯罪互动中心论;犯罪学本体;刑法学本体;犯罪定义权;刑法观

Abstract: At the same time of showing "compatibility" of "theory of crime center" and "theory of offender center", with "relationship", "stereospecificity", "constructivity" and "systematicness" to indicate its theoretical characteristics, further expressing its strategic leading by "convective crime-governing strategies", and those portrait the face of criminology of the "theory of interaction center of crime". Based on that crime ontology is criminal relation in criminology, "theory of interaction center of crime" not only gives out important enlightenment of criminal law crime ontology, punishment ontology and ontology of crime-punishment relationship, but also gives out important enlightenment of right concept of criminal law, consensus concept of criminal law, credibility concept of criminal law, communicative reason concept of criminal law and converged paradigm concept of criminal law by "power of definition of crime". The important enlightenments to criminal law by "theory of interaction center of crime" in not only on aspect of criminal law ontology, but also on aspects of criminal law axiology and methodology. The important enlightenments by "theory of interaction center of crime" deeply show: criminology has important position as "foundation" and "matrix" to criminal law, thus "cross-referencing methodologies" even "theoretical fusion" is both necessary and possible. Further more, the "integrated criminal science" is both necessary and possible.

Keywords: theory of interaction center of crime; criminology ontology; criminal law ontology; power of definition of crime; concept of criminal law

毒品犯罪治理模式的系统省思与结构优化

张健一*

目　次

一、问题的缘起

20世纪90年代以来,毒品犯罪——因其关联的民族记忆与现实蔓延态势①——始终居于犯罪治理的紧要位置。与如火如荼的治理实践相比,法学界对毒品犯罪治理模式的学术研究略显迟滞、研究的方法

---

* 江苏警官学院副教授,法学博士。本文系江苏省公安厅公安理论及软科学项目"公安机关治理毒品犯罪模式研究"(2020LX008)的阶段性成果。

① 1990~2014年,禁毒机构缴获的海洛因、病毒、大麻数量除阶段性起伏外,均处于增势。2007~2016年,人民法院审结毒品犯罪案件数量、生效判决人数整体呈上升趋势。上述两项数据,2016年均为2007年的三倍以上。数据来源:2013~2016年最高人民法院工作报告;刘建宏主编:《中国毒品犯罪及其反制》,人民出版社2014年版,第15~18页;2014~2016年国家禁毒委员会发布的《中国毒品形势报告》;苏智良:《中国毒品史》,上海社会科学院出版社2017年版,第527页。

与视角也存在些许偏狭、研究路径尚未跃出书斋性的思辨范式。首先,2014 年以前,诸如毒品犯罪治理、毒品犯罪刑事政策的研究都未形成气候。① 其次,多数研究立足规范法学,或者注重技术层面解说毒品犯罪的构成要件,厘定毒品犯罪的既未遂标识,或者在规范分析基础上批判立法与司法解释的严苛。即便学界并不否认毒品犯罪治理模式本就是犯罪学的重要课题,但是,到目前为止,仅有零星成果借鉴犯罪学、法社会学、经济学范式检讨毒品犯罪治理问题。② 再次,有学者立足毒品犯罪人与毒品市场,致力于在治理策略层面为毒品犯罪治理问题建言献策,③却未能从价值理念、制度安排等更宏观的视角审视毒品犯罪治理模式。最后,为数不少的文献秉持"毒品治理模式未能有效遏制毒品犯罪——应当重构毒品犯罪治理策略"这一理性思辨范式,④既未能理性认知作为客观社会现象的毒品犯罪,又未能给毒品犯罪治理模式"接地气"的评价。

"犯罪治理模式是人类有关犯罪治理的价值理念、制度安排、方法选择等一系列共识和实践的系统概况或规律总结。"⑤作为因应毒品犯罪的行动艺术与策略,毒品犯罪治理模式是社会组织体立足治理资源,以宏观层面的价值理念为指导,以微观层面的治理方法,实现中观层面制度安排的实践总结。当下的毒品犯罪治理模式的确存在诸如重刑泛化等罅隙,却也并非如理论指责的那般严重。公允评价并体系优化毒

① 在中国知网平台以"毒品犯罪治理"为检索词,2014 年以前的发文量共计 30 篇;以"毒品犯罪刑事政策"为检索词,2014 年以前的发文量共计 41 篇。

② 参见蔡磊、蒋跃金:《毒品治理的法经济学分析》,载《学术探索》2011 年第 5 期。该文主张用"成本———收益"关系去衡量毒品治理的效果。莫洪宪:《毒品犯罪的挑战与刑法的回应》,载《政治与法律》2012 年第 10 期。该文从犯罪学视角审视毒品犯罪现象,提倡将刑法适用与毒品犯罪特征、预防犯罪的政策导向相结合。

③ 参见麦买提·乌斯曼:《我国惩治毒品犯罪刑事政策的调整》,载《江西社会科学》2018 年第 10 期。

④ 参见何荣功:《我国"重刑治毒"刑事政策之法社会学思考》,载《法商研究》2015 年第 5 期。

⑤ 周建达:《转型期我国犯罪治理模式之转换——从"压力维控型"到"压力疏导型"》,载《法商研究》2012 年第 2 期。

品犯罪治理模式,离不开作为其运作背景的时代特征与社会结构,脱离现实语境的批判与建构或许只是“看起来很美”。鉴于此,本文首先透视当下毒品犯罪治理模式的结构样态,解决毒品犯罪治理模式“是什么”的问题。进而,立足中国语境下的治理现实,借鉴犯罪学、社会学等研究方法,力争理性审视并客观辨析其演变逻辑,剖析毒品犯罪治理模式“何以至此”,为优化毒品犯罪治理模式奠定方法论基础。最后,择要型构毒品犯罪治理模式的优化路径,回答毒品犯罪治理模式“往何处去”的问题。其中,辨析毒品犯罪治理模式的演变逻辑既是对过往经验教训的总结,也提供了调整毒品犯罪治理模式的“指南针”。

二、毒品犯罪治理模式的结构样态

当下,毒品犯罪治理模式的结构样态呈现为:价值理念上基于家长主义的立场的极化处置即矫治吸毒成瘾者并敌人化毒品供销产业链;制度安排上立足分治毒品供需的二元框架,模糊化设定禁毒法制内部各法域的功能区间,追求毒品犯罪的综合治理;方法选择上以“一过性”的运动式打击为主,以“恒久性”的常态化治理为辅。

(一)价值理念

伦理、法律意义上的对家长主义的讨论源于作为其对立面的自由主义者。一般认为,家长主义是以限制行为人自由的方式,达成保护其利益的目的。[①] 禁吸毒品背后是借由行政法干预行为人的选择,避免形成或深化瘾癖的直接家长主义。与之相对地,禁毒领域的间接家长主义旨在借由全流程、高强度打击毒品供销产业链的刑事法路径,寻求对毒品的供给侧管制,达成最终消解毒品消费市场的目的。非法持有毒品行为的犯罪化——以是否从属于毒品供给为标准——分别呈现出

① 参见黄文艺:《作为一种法律干预模式的家长主义》,载《法学研究》2010 年第 5 期。

直接家长主义与间接家长主义的色彩。无论是直接家长主义还是间接家长主义,都生动昭示着施政者敌视毒品供给、力图禁绝毒品的价值理念。

本来,对吸食毒品等典型的自损行为,基于"每个人都是本人利益的最高主权者和最佳监护者"的立场,①法律应当充分尊重个体意思自治而不予干预。然而,鉴于个体几乎无法抵御吸毒行为的成瘾及其可能衍生的疾病传播等各类风险,现代各国立法几无例外地基于家长主义立场处罚吸食毒品行为。有别于日本等国刑法将吸食毒品行为犯罪化的严厉态度,我国当下的禁吸立法只是彰显出行政强制的色彩,未将强制戒毒作为矫治吸毒的首要选择。决策者在清晰认知吸毒成瘾病态而非罪态本质的基础上,基于治疗、矫正而非谴责、惩治的价值定位,力求多措并举教育和挽救吸毒人员。

有别于对吸毒者的关爱与包容,"禁毒人民战争"等官方用语恰如其分地反映出毒品犯罪治理模式通过敌人化毒品供销产业链,彻底隔离毒品及其衍生风险的意图。如果说矫治吸毒是基于"舐犊情深"的关爱,与毒品犯罪"势不两立"的敌对态度,则是间接家长主义致力于为民众尤其是吸毒者"遮风挡雨"的体现。鉴于以剥夺公民基本权利为内容的刑事制裁与"禁毒人民战争"的价值取向最相匹配,"严厉治毒"的刑事政策顺理成章地成为上述价值理念的典型代表。"严厉治毒"的刑事政策以刑事法网既"严"又"厉"为基本要义。②

刑事法网之"严"体现为刑事治理泛化、司法推定的常态化。一方

① [英]密尔:《论自由》,程崇华译,商务印书馆1959年版,第13页。

② 在刑事政策视角下,刑法分则的罪刑结构有"严而不厉""厉而不严""既严又厉"三种类型。"严而不厉"意味着特定类型的犯罪构成要件严密,但具体个罪的刑罚配置不高,渎职犯罪是其典型代表。"厉而不严"是指犯罪构成要件并未涵摄该类型的所有行为,但具体个罪的刑罚量较高,侵犯生命健康权的犯罪是其典型代表。"既严又厉"的罪刑结构兼具犯罪构成要件严密、具体个罪的刑罚配置高的双重特质,财产犯罪、毒品犯罪是其适例。例如,刑法分则在侵犯财产罪中将所有毁弃型、取得型的侵财行为纳入治理对象体系,并针对抢劫、盗窃、诈骗、抢夺、敲诈勒索等常见犯罪广泛设置了十年以上有期徒刑。

面,毒品犯罪刑事治理泛化表现为预备行为与共犯行为的双重正犯化。就前者而言,例如,对于枪支、淫秽物品、假币等违禁品,立法并未将诸如制造枪支零部件、制造假币版样等有形预备行为正犯化。毒品犯罪刑事立法则将种植毒品原植物,运输、买卖制毒原材料等制造毒品的典型预备行为正犯化。结合实践中预备犯处罚的稀薄化取向和办案考核制度,借由制毒预备行为正犯化实现毒品(犯罪)"斩草除根"的立法意图已不言自明。再如,最高人民法院《关于执行〈全国人民代表大会常务委员会关于禁毒的决定〉的若干问题的解释》规定,贩卖毒品是指明知是毒品而非法销售或者以贩卖为目的而非法收买毒品的行为。然而,"以贩卖为目的而非法收买毒品"的行为因并未产生对本罪的法益即公众健康、生命的抽象危险,而本质上是贩卖毒品的预备行为。就后者而言,一般认为,处罚教唆、帮助等共犯行为是刑罚扩张事由,作为刑罚扩张的边际,被处罚者必须"诱使、促成了正犯实施符合客观构成要件的法益侵害行为"①。既然吸毒行为因自损而无法益侵害,从属于吸毒行为的容留、引诱、教唆吸毒行为也就不可罚。可见,刑事立法将容留、引诱、教唆吸毒行为犯罪化的设计显然突破了上述共犯从属性原理。另一方面,证据裁判原则要求"认定案件事实需要根据证据加以证明"②,主观内容的认定以证明为原则,推定为例外。然而,相关准司法解释文件规定的故意认定范式,一定程度上软化乃至消解了证据裁判原则。例如,根据《全国部分法院审理毒品犯罪案件工作座谈会纪要》(以下简称《大连会议纪要》)的规定,只要查证属实"行程路线故意绕开检查站点,在其携带、运输的物品中查获毒品""以虚假身份或者地址办理托运手续,在其托运的物品中查获毒品"等基础事实,被告人不能做出合理解释时,即可推定而无须证明行为人明知持有的是毒品。

刑事法网之"厉"呈现为以走私、贩卖、制造、运输毒品罪死刑配置为代表的重刑化取向。在同为危害人体组织机能活动正常性的犯罪中,立法只是对杀人、绑架、伤害致死等危及生命法益的行为配置了死

---

① 张明楷:《刑法学》,法律出版社 2007 年版,第 336 页。

② 陈瑞华:《刑事证据法》,北京大学出版社 2018 年版,第 504 页。

刑，而走私、贩卖、运输、制造毒品行为的不法程度显然轻于上述行为。在比较法视野中，这一法定刑配置也颇显严厉。例如，同为东亚文化圈的日本，立法对输入、制造、贩卖毒品的行为也只是设定了六个月以上七年以下有期徒刑。①

（二）制度安排

当下，毒品犯罪治理在制度安排上立足分治毒品供需的二元框架，突出注重刑事治理的功能优势，并模糊设定禁毒法制内部要素的“势力范围”。一方面，或许有感于毒品泛滥引发的治理压力，禁毒法制径直打破“行政法优先”的规范位阶关系，刑法强势介入毒品供销网络，并成为打击毒品供给市场的“主力军”。绵密的罪刑规范将毒品的种、制、运、售流程中的各个要素一网打尽；极具特色的毒品再犯制度力图最大化刑罚的积极预防功能；非法提供麻醉药品、精神药品罪划定了特种行业主体的行为禁区。在“严厉治毒”的刑事政策、高频率的严打整治行动、高复吸率等因素综合作用下，当下的毒品“黑市”交易基本处于卖方市场即供不应求的状态。② 另一方面，治理毒品消费市场的任务主要由行政法分担，其涵括抑制吸毒者增量与减少吸毒者存量两个区间，致力于强化公众尤其是吸毒人员的防毒、拒毒意识。随着吸毒成瘾是一种精神科疾病的观点被普遍认同，立法者对吸毒者的态度也经历了由“处罚为主”到“矫治为主”的转变。最初，《治安管理处罚法》以拘留、罚款处罚吸毒者，之后的《禁毒法》选择以宽容态度免罚主动戒毒者。此外，立法还搭建了多元主体参与的以“社区戒毒为原则，强制戒毒为补充，社区康复为辅助”的多层、综合禁戒体系，并赋予城市街道办事处、乡镇人民政府以社区戒毒主导权。

至少在以下两点，毒品犯罪治理在制度安排上呈现出部门法功能

① 参见《日本刑法典》，张明楷译，法律出版社2006年版，第52页。

② 参见任娇娇：《我国禁毒刑事政策调整依据与路径探讨》，载《政法论丛》2018年第3期。

区间的模糊化。其一,基于刑法补充性的理论言说与“行政处罚——刑罚二元分立”的立法模式,刑法一般以处罚严重违法行为为标准厘定“势力范围”。诸如盗窃、诈骗、伤害等只有在情节严重时才会招致刑罚。然而,立法却未对作为毒品犯罪核心罪状的走私、贩卖、运输、制造毒品行为设置构罪门槛。其二,《禁毒法》规定非法持有毒品、涉毒品原植物的行为、引诱吸毒等制贩毒周边行为尚不构成犯罪的,依法给予治安管理处罚。这就为刑法借由司法解释厘定构罪标准,并侵蚀行政法的功能区间提供了空间。一言以蔽之,毒品犯罪供给侧的综合治理呈现出“刑先行后”框架下部门法功能区间的模糊化。

(三)方法选择

毒品犯罪治理模式在方法选择上立足“一过性”的运动式打击,辅之以“恒久性”的常态化整治。“一过性”的运动式打击经历了从“严打”到各类“专项整治”的演进过程。毒品犯罪“严打整治”行动借鉴“乱世重典”的权力逻辑,旨在通过短时间内“疾风暴雨”式的打击有效遏制毒品不法行为,重塑民众的规范与秩序信赖,是一种排挤常态化治理的运动式治罪。“继 2001 年第三次全面‘严打’活动结束之后,国家及各省市公安机关开始改用专项治理的方式应对毒品问题”①。专项治理主要包括区域性、阶段性、特定性整治三种类型,“百城禁毒会战”“百日禁毒攻坚战”“娱乐场所涉毒专项整治活动”分别是其典型代表。毒品犯罪专项治理在一定程度上具备法治视野下的规范化品质,但在政策驱力支配下仍隐约可见“短促突击”的色彩。

以 2008 年施行的《禁毒法》为标志,常态化治理开始影响禁毒官方话语。较之于运动式打击所蕴含的价值否定意味,常态化治理以相对中性的态度,致力于从技术层面解构作为一种社会经济现象的毒品(犯罪),在方法论上注重以客观、务实的姿态完成犯罪归因,并以之作

① 揭萍、王利荣:《毒品治理模式:运动式应服务于制度化》,载《中国人民公安大学学报(社会科学版)》2016 年第 3 期。

为犯罪治理的基础。其一,吸毒者不再被刻画为颓废、堕落的形象,也不再被视为因误入歧途无力自救的“病人”。鉴于谴责并处罚“病人”在价值上舍本逐末,在技术上招致吸毒者抵制,以柔性家长主义理念为主导,“治疗以期生理脱毒+善后服务力求心理脱毒”的戒毒模式颇受青睐。其二,以市场运作视角审视毒品犯罪,供需主导下的价格机制成为重要的施策着眼点。官方层面的禁毒宣传致力于消解毒贩有关毒品的误导性言辞,争夺禁毒舆论阵地的话语权。另一方面,通过全要素监管法定制毒物品、原材料,在资源配置层面打压毒品产能。毒品犯罪的常态化治理以对毒品及其市场机理的妥当认知为基础,隐含“减需降供”的治理取向。较之于运动式打击的雷霆万钧,常态化整治因手段上浓重的柔性色彩(矫正而非处罚)、施策主体的强制性阙如(非公安机关)、资金支持力度孱弱等原因而始终处于弱势地位。

三、毒品犯罪治理模式的衍生逻辑

纵向检视改革开放以来的禁毒立法,横向审视其相应的时代背景与社会结构,可以将毒品犯罪治理模式的演变逻辑归结如下:“控制为本”的权力逻辑与权力运行环境的错位引致对涉毒行为的严重敌视。针对毒品犯罪的运动式打击既是“控制为本”逻辑的自然延伸,又是因应治理资源总量有限与繁杂的治理需求之间紧张关系的“无奈之举”。

(一)禁绝毒品的价值理念延续了“控制为本”的管理惯性

改革开放之初,“控制为本”的管理逻辑借由城乡二元模式,决定并相对固定地型构着就业、阶层与家庭结构。社会结构固化、社会阶层定型化从根本上抑制着人口的流动与商品的流通。农民和工人作为基本阶层,分别被吸附于土地与单位之上。与之相对,功能交叉、高效能动的城乡基层组织又最大程度地保证了社会治理触角的灵敏性。一些大型国企集生产、销售、治安、后勤、生活等功能于一身,对于多数矛盾纠纷都可以及时发现、自行消解。多维的治理资源、极致的管控能力、新中国成立后几十年“无毒国”的历史积淀与毒品犯罪零星化的态势,令立法者在毒情面前抱持过往几十年禁绝毒品的价值理念。1979年《刑法》妨害社会管理秩序罪一章中以有期徒刑处罚贩卖、制造、运输与毒品的行为。至于将走私毒品行为作为经济犯罪,并科处最高三年有期徒刑的立法例,则清晰地反映了立法者在票证制度背景下,将走私毒品视为经济运行而非社会运行过程中的偶发现象,因而不必配置重刑的权力逻辑。

(二)禁绝毒品的目标失落与犯罪治理刑罚路径依赖

改革开放之后的十余年间,在“金三角”毒贩受国际联合打击转而全力经营“中国通道”、新型毒品制毒技术提升等多种因素的综合作用下,毒祸再次肆虐。据统计,1992年我国吸毒人数近15万人,这一数据是1982年的数百倍,1995年的吸毒人数是1992年的3.5倍。[①] 这不禁引发了一个疑问:为什么1979年《刑法》对越发猖獗的毒情日渐乏力?单向审视禁毒立法,会认为“刑法尚未用尽一切手段”。于是,完善禁毒刑事法体系并大规模升级法定刑,似乎成为合乎逻辑的选择。1990年全国人民代表大会常务委员会《关于禁毒的决定》(已失效)(以下简称《关于禁毒的决定》)构建了以走私、贩卖、运输、制造毒品罪为核心,以非法持有毒品、毒品原材料、引起他人吸毒等犯罪为辅助的禁毒刑事法律体系,并将走私、贩卖、运输、制造毒品犯罪纳入死刑罪名体系。此外,《关于禁毒的决定》为吸毒者打造的“行政处罚+强制戒毒+劳动教养”的处置体系也颇具惩罚色彩。由于“治安”与“秩序”分别对应着“管理”与“控制”,《关于禁毒的决定》中关于“维护社会治安秩序,保障社会主义现代化建设的顺利进行”的目的表述,就生动揭示了社会治理仍旧秉持“稳定”价值取向下“控制为本”的权力逻辑。

① 参见苏智良:《中国毒品史》,上海人民出版社2017年版,第398页。

《关于禁毒的决定》借由突破共犯从属性原理、行政处罚与刑罚的位阶关系等方式极力扩张治理触角,力求对毒品犯罪的上下游行为“沾边就管”,同时为吸毒成瘾者打造了颇具惩罚色彩的法律后果体系,但未能在根本上有效抑制日益严峻的毒情。20世纪90年代,在“金三角”“金新月”等境外贩毒势力的多头、持续渗透下,我国逐步由“毒品过境国”转变为“毒品过境+消费国”。以四川为例,实证研究表明,1990年以后“大量毒品途经四川贩运到沿海地区,流向国际毒品市场,也有部分毒品集散省内外各地和流往大西北。……由于境外毒品大量在四川中转,部分毒品也随之扩散,地下毒品消费市场逐渐扩大,吸毒现象蔓延快,吸毒人员有增无减。”①实践中禁毒举措严厉化与毒情严峻化呈现出的二律背反关系,促使控制逻辑下的毒品治理模式在程序法、治理方式等方面不断“加码”。一方面,为有效应对日益严峻的毒情,彰显刑罚的严厉性与确定性,最高人民法院在1991年之后的五年间,陆续将毒品犯罪的死刑案件核准权下放给云南、广东、广西、四川、甘肃等省高级人民法院。另一方面,鉴于上述“一揽子”措施的禁毒效果不尽如人意,在《关于禁毒的决定》实施六年之后的1996年,第二次“严打”首次将毒品犯罪纳入整治范围。

(三)运动式打击既是禁绝毒品价值目标的自然延伸,又是因应治理资源总量有限与繁杂的治理需求之间紧张关系

作为管控毒品犯罪的举措,如果说严密禁毒实体法、下放毒品案件死刑核准权着眼于强化毒品犯罪的治理依据,运动式打击则是对实现禁绝毒品价值目标在路径方法上的尝试,是对“禁毒行动刑罚路径依赖”的进一步强化。目前,权力运行面临着治理资源总量与治理需求之间的紧张关系。一方面,警力资源匮乏。在我国,平均每名警察的管

① 唐明德、徐晋熙、罗振寰:《四川当前毒品犯罪形势与对策》,载《现代法学》1994年第2期。

理人数是1100人,而刑警占警察比重仅为3%。[①] 加之早年间警力时而被用于非警务活动,且当时尚未有规划地招录警务辅助人员,因此能够用于打击(毒品)犯罪的警力资源就更为匮乏。另一方面,缉毒警务专业化程度有限。时至今日,为数不少的基层公安局的禁毒部门也只是刑警大队的附属,往往承担着禁毒外其他案件的办案职责。派出所的一线民警往往也只有治安与刑案之分,设置专职缉毒岗位的情形并不多见。毒品犯罪是典型的无被害人犯罪,犯罪嫌疑人的供述往往变动不居,这就导致言词证据价值有限,诉讼证明更加依赖实物证据。鉴于实物证据如指纹、DNA信息绝大多数都是间接证据,以间接证据体系还原案情、佐证言词证据高度考验侦查人员的专业能力与责任心。受限于警力资源与缉毒警务的专业化程度,常态性治理面对"零包贩售"尚且吃力,因此也就只能寄希望于通过"严打整治""专项治理"集中力量深挖大毒枭了。毒品犯罪的运动式治理借由打击个案形成的威慑效应在短期内塑造出一种压制型秩序,以"实用理性"缓和着治理资源总量与治理需求之间的紧张关系,故而不能否认其逻辑自洽性。然而,由于表面化治理并不关心衍生犯罪的原因,因而难收预防犯罪之效。"疾风暴雨"式的打击过后,毒情反弹并不令人意外。有学者指出:"就短期效果而言,严打行动在一定程度上遏制了特定区域的毒品犯罪;就长期效果而言,毒品供应市场与消费市场日益扩大,毒品犯罪愈加猖獗。"[②]

与此同时,制毒活动日趋小型化、作坊化、专业化,普通人很难从袅袅炊烟中辨识化工生产与制造毒品。"放管服"的大背景下也无法期待工商、质监、安监部门面面俱到地检查各类生产单位。村委会、居委会等基层组织在繁杂的日常工作任务面前对戒毒者更加青睐"台账式"管理。一言以蔽之,公安机关之外的其他机关在日常治理中难于

① 参见唐皇凤:《常态社会与运动式治理——中国社会治安治理中的"严打"政策研究》,载《开放时代》2007年第3期。

② 莫洪宪、任娇娇:《毒品犯罪严打整治行动理论反思与对策革新》,载《政法论丛》2015年第5期。

发现制毒犯罪,毒品犯罪综合治理难以实现。

四、毒品犯罪治理模式的系统优化

毒品犯罪治理模式的演变逻辑隐含着型构其调整方向的方法论。既然禁绝毒品的价值理念所倡导的以刑为主的制度安排与运动式打击为核心的治理方法已然用尽一切手段,却未能根本扭转猖獗的毒情。[①]那么,立足时代背景与毒情现状,更新毒品犯罪治理思维,有针对性地设计治理策略并型构制度安排,实现有限司法、执法资源的优化配置就成为不二之选。

(一)思维更新:从管理化到治理化

禁绝毒品的价值理念旨在以高压态势治理毒品犯罪,体现出管制者本位思想。在其指引下,当下的毒品犯罪治理实践中,执法资源投入不可谓不多,刑事司法怠惰、公职人员腐化也极为罕见,然而,禁毒实践在效果上却与“无毒国”的期望仍有距离,造成这一落差的原因复杂多元。

第一,毒情及其衍生原因复杂,境外传统毒源地渗透不减与国内制贩毒方式日趋隐秘导致毒源难控。根据《2018 年中国毒品形势报告》,“金三角”“金新月”和南美等境外毒源地对中国“多头入境、全线渗透”的复杂态势仍未改变。[②] 新型合成毒品相对不挑剔原材料的特质,导致制毒物品管控条目的扩张落后于制毒原料品种的更新速度。在一系列的专项整治过后,为逃避打击,制毒活动日趋小型化、作坊化。较

---

① 《2019 年中国毒品形势报告》指出:尽管中国减少毒品需求工作成效明显,治理毒品滥用问题取得一定成效,但滥用人数规模依然较大,吸毒活动隐蔽性增强,新类型毒品增多,治理巩固难度加大。

② 参见《2018 年度毒品形势报告》,载中华人民共和国公安部网站 2019 年 6 月 18 日,http://www.mps.gov.cn/n6557558/c6535096/content.html。

之于杀人、伤害等典型的刑事犯罪,毒品犯罪本质上是一种社会问题,其衍生受社会、经济等多重因素影响,需要在发展中找寻完美的解决方案,单纯着眼于严厉打击毒品犯罪而忽视犯罪诱因可能会事倍功半。

第二,根本原因在于"控制为本"的权力逻辑据以运行的社会与规范基础已然不同。改革开放四十多年来,随着市场在资源配置中逐渐起到更大的作用,社会结构与社会治理资源悄然发生着改变。在传统的工人、农民阶层之外,形成了各类自由职业者群体;自由职业意味着人口流动,"人口流动直接造成家庭结构缺损","家庭结构缺损极大地影响了家庭功能"。[①] 基层治理资源渐趋匮乏,居委会、村委会等基层治理单元依赖传统的邻里、亲属、个人权威等纽带,已无法有效实现对毒品供销的管控,传统方式的禁毒宣传鼓动效果不彰。既然毒品犯罪诱因与形态日趋多元复杂,而"控制为本"的权力逻辑据以运行的社会基础已然被削弱,毒品犯罪治理模式与其秉持"零容忍"的价值目标,不如转而以脚踏实地的态度致力于减轻毒品犯罪的危害。另外,通过法律的社会治理更强调国家权力的谦抑性,诸如罪刑法定、司法证明等若干技术性因素在一定程度上影响着毒品犯罪治理的及时性与确定性。可见,有效治理毒品犯罪,既离不开传统上基于国家公权力自上而下的打处,也应重视多元主体自下而上的协作共治。毒品犯罪的治理思维由"控制为本"向"治理压舱"的转向势所必然。

根据马斯洛的人类需要阶梯理论,随着物质生活水平的不断提高,在满足了生理、安全等基本需要之后,人会争取尊重、自我实现等价值。当无法通过正当途径满足自我实现需要,而吸毒又可以塑造出令人无所不能的假象时,毒品就可能成为有些人逃避现实的手段。然而,"一日吸毒,终身戒毒"。基于吸毒成瘾的病态本质,即便吸毒是非理性的选择,对吸毒成瘾者也只能矫治。遗憾的是,毒品高复吸率一直是世界性难题。由于生理脱毒主要是时间问题,戒毒矫治的关键在于心理脱毒。与管理思维有别,治理思维主要借由协商、合作、确立认同的和共

① 李俊:《我国改革开放以来的人口流动与农村社会结构变迁》,载《兰州学刊》2011年第10期。

同的目标等方式上下互动式地打理公共事务,[①]在戒毒者认同、治理增效等方面有其独特价值。

其一,实践证明,有效的心理脱毒离不开"精神赋能"与"关系重建"两个要素。前者致力于通过心理治疗、认知更新、权利保障等方式填补吸毒者的精神空虚,改变其负面标签的自我认知,重塑吸毒者的道德观感。后者直面"才出戒所,又入毒窝"的现实风险,致力于打破涉毒亚文化圈,助力吸毒者重返社会。应当通过入户调查、单位座谈等方式了解吸毒者的社会关系,并采取复归家庭、社会关系网络重构、就业服务等方式助力其重返社会。较之于司法控制戒毒模式自上而下的管控,社会组织在"精神赋能"与家庭在"关系重建"中可以扮演更为柔性的角色,矫治方式也更容易为戒毒者所接受。

其二,发达地区的社会工作者在戒毒实践中进行了一些有价值的探索。例如,珠三角地区形成了包括"充权使能模式""综合健康医疗模式""社区戒毒与康复模式""心理社会康复模式""魔方模式"在内的多种戒毒社工运作模式,并在不同程度上提升了戒毒效能。[②] 然而,戒毒社工模式并未引起足够重视。为切实提升戒毒效益,缓和社工戒毒工作中若隐若现的强制色彩,政府可以遵循"社工画路线,政府选方案"的逻辑,择优采购戒毒社工服务,吸纳社会力量参与毒瘾戒断工作。一言以蔽之,毒品犯罪治理模式在组织安排调整层面,应由官方化调整为以科层化为主的多方参与机制。

(二)导向纠偏:从敌视化到现象化

刑事政策应克制对毒品犯罪的敌视情绪,将其视为一种立法与社会现象并理性辨析。

其一,作为一种社会现象,与其敌视并聚焦于毒品供销产业链,

① 参见俞可平:《治理和善治引论》,载《马克思主义与现实》1999年第5期。

② 参见李晓凤、马瑞民:《我国戒毒社会工作的发展历史及实务运作模式初探》,载《社会工作与管理》2014年第6期。

不如“环顾左右”清洁滋生毒品犯罪的社会环境。历史学研究表明，新中国成立初期的禁毒运动之所以能够取得巨大成功，非常重要的原因在于将禁毒与禁娼、剿匪、土改等社会改革相结合。① 当下的毒品犯罪诱因渐趋多元，较之于聚焦下大力气打击毒品犯罪，彻底清除诸如相对贫困、以贩养吸、毒品亚文化圈等越轨行为的诱因才是“治本之策”。

其二，合理区别对待吸毒者与非吸毒者的涉毒行为。例如，对于以贩养吸行为，《全国法院毒品犯罪审判工作座谈会纪要》（以下简称《武汉会议纪要》）的处置方式是，“按照其购买的毒品数量认定其贩卖毒品的数量，量刑时酌情考虑其吸食毒品的情节”。司法解释之所以没有明确将吸食毒品的量扣除，其苦衷或许在于忧心贩毒者借机夸大吸食次数、吸食量以逃避处罚。然而，应当将吸毒、贩毒作为一种社会现象而非极端敌视的对象看待，进而不能因证明困难而废弃事实认定的规则。“存疑时有利于被告”原则是事实认定中的基本规则之一，也是刑法人权保障机能的重要基础，认定以贩养吸行为人的贩毒数量时必须贯彻该原则。在无法认定行为人关于吸食毒品的数量时，应当根据“存疑时有利于被告”原则，从轻认定贩毒数量。

（三）制度优化：由严厉性到适正性、确定性

较之于严厉性，毒品犯罪治理手段更应当强调适正性与确定性。

1. 毒品犯罪治理手段的适正性

其一，合理划定刑法与行政法的功能区间，充分发挥行政法的治理效能。例如，可以将容留吸毒行为除罪化。既然吸毒行为刑法不予处罚，那么，处罚容留吸毒行为就只是基于行政管理的需要，间接抑制毒品消费端的拉力。贩毒者有容留他人吸毒行为的，贩卖毒品罪吸收容留他人吸毒行为。非贩毒者容留他人吸毒的，较之于刑罚处罚，科处行政罚款效率更高、针对性更强。旅馆业从业人员容留他人吸毒的，给予

① 参见齐霁：《新中国成立初期西北区对毒品问题的治理》，载《兰州学刊》2015年第12期。

禁业处罚的预防效果更好。再如,严格落实快递实名制,压实快递行业的审慎核实义务。快递公司怠于履行实名审核义务是对竞争者的“降维打击”。对于这种典型的“劣币驱逐良币”现象,行政法应当强化处罚措施,甚至不惜令涉事公司停业整顿。一旦成功切断毒品的第三方运输途径,运输毒品行为就回归为街头犯罪,缉毒部门长期积累的查缉经验也就能派上用场。

其二,废除运输毒品罪的死刑设置并厘定其构成要件的涵摄范围。一方面,运输毒品在实践中有贩毒者运输、从属于吸毒者的运输以及作为贩毒行为共犯的毒品运输三种类型。其中,贩毒者的运输行为可以被贩卖毒品罪吸收。由于吸食毒品行为系属自损行为,从属于吸毒者的运输毒品行为,因未产生侵害国民健康的危险而本质上不具有刑事可罚性。至于作为贩卖毒品共犯的运输毒品,鉴于共犯在不法与罪责程度上都轻于正犯,对二者设置同样的法定刑有违罪刑相适应原则。另一方面,并非所有的运送毒品行为都是运输毒品罪。将运送行为认定为运输毒品罪的关键在于该行为与走私、贩卖、制造毒品犯罪类似,创设或延续了危害公众健康、生命的风险。鉴于只有在投入流通意图支配下实施的行为才能创设或延续该风险,因此,行为人以投入流通的意图实施了毒品位移的行为,就符合运输毒品罪的构成要件。于是,吸毒者为吸食“运送”毒品、第三人受吸毒者委托为其“运送”毒品的行为,因不具有投入流通意图而不成立运输毒品罪。毒品数量达到非法持有毒品罪的标准时,成立非法持有毒品罪。代购者为吸食者购买并“运送”毒品,因其有通过运输行为将毒品投入流通的意图,不论是否牟利,都成立运输毒品罪。

其三,矫正毒品犯罪诉讼程序的偏颇。例如,诱惑侦查在理论上有犯意引诱与机会提供两种类型。前者区别于后者的特征在于引发不具有犯罪意图的人产生犯罪意图。容许犯意引诱的规定,导致特情介入在实践中有可能被侦查机关滥用。① 虽然实践中侦查诱惑的对象往往

---

① 参见薛培、郑家明:《贩卖毒品案件中的诱惑侦查:默认现实抑或法律规制——以四川省成都市 W 区、X 区及 J 县为研究样本》,载《中国刑事法杂志》2012 年第 3 期。

有重大嫌疑,然而,允许犯意引诱的确消解了刑事诉讼法“不得诱使他人犯罪”的规定,有抵触法治国基本立场的危险。

其四,重视非正式控制手段。国外实证研究发现,毒品预防教育每投入1美元,就等于为戒毒治疗节省了7美元。[①] 禁毒宣传应当通过细化并格式化“台账”要素,避免“不接地气”。此外,在法治成为基本治理方式的当下,在非正式社会控制手段仍有权威的区域,为强化治理效果,可以将禁毒法治精神转化为乡规民约,充分挖掘以德治国的治理效能。

其五,妥当处置毒品犯罪中的参与行为。例如,为吸毒者代购毒品并“蹭吸”行为的处置一直是理论与实务的争议问题。无论是一律认定为贩卖毒品罪,抑或是一概做无罪处理均失之偏颇,应当区别不同情形做个别化处置。在代购者接受托购者的毒资后代购毒品的情况中,无论是代购者主动提出蹭吸,还是托购者主动提出可以让代购者分吸,代购行为都是托购者行为的延伸,不存在向托购者贩卖毒品的行为。代购者相当于接受了托购者的赠与吸食毒品,行为不成立贩卖毒品罪。在代购者在收到托购者的委托后代购毒品(托购者事后付款)的情况中,一方面,如果代购者主动提出蹭吸,无论是在代购前还是在代购后,实质上都是低买高卖的贩卖毒品行为。另一方面,如果托购者主动提出可以让代购者蹭吸,由于有出售行为,故而代购者成立贩卖毒品罪。[②]

2. 毒品犯罪治理手段的确定性

“严厉治毒”的刑事政策效果不彰的另一个原因在于,毒品犯罪发现难、证明难以及处罚难。然而,“刑罚的威慑力不在于刑罚的严酷

① 参见李宪辉:《中国禁毒工作面临的问题》,载任惠华主编:《公安学讲演录》第6卷,群众出版社2017年版。

② 《武汉会议纪要》规定,代购者“以贩卖为目的收取部分毒品作为酬劳的”,应视为“从中牟利”。其中,“以贩卖为目的”的表述有歧义。这是因为,贩卖是对行为的描述,贩卖行为在日常含义上与“牟利”对应。因此,就贩卖毒品罪的构成要件而言,至少在文义解释的视野中,与其规定代购者“以贩卖为目的收取部分毒品作为酬劳的”视为“从中牟利”,不如规定代购者“收取部分毒品作为酬劳的”,属于贩卖毒品。

性,而在于其不可避免性[①]。"保障刑罚的确定性,以下四点值得特别重视。

其一,由于非列管化学品也能够制造出新型毒品,而制毒原材料列管清单的更新总是落后于毒品类型的变化。为避免上述处罚漏洞,司法政策上应改变预备犯几乎不处罚的倾向,对利用非列管化学品制毒的行为,虽因坚守罪刑法定原则的底线不能以制造毒品罪既遂论处,却能够以制造毒品罪的预备犯处罚。

其二,供求及价格规律主导着毒品交易市场,在"重刑治毒+专项整治"的复合打击之下,近年来的毒品价格一直高位震荡。司法政策上深挖并严厉打击地下钱庄等非法融资机构,以大数据分析精准打击毒品犯罪洗钱行为,可以兼收稳定金融与斩断毒资的双重功效。更为重要的是,侦破地下钱庄关联的刑事犯罪,遵从"从供到证"的逻辑进路,较之于毒品犯罪"从证到供"[②]的逻辑进路,因有成熟系统的侦查经验,可收事半功倍之效。

其三,越来越多的毒贩雇用有"免死金牌"的孕妇实施毒品犯罪。由于怀孕妇女一般人身危险性比较低,更容易因满足改造中的指标化要求而获得减刑、假释,因此,为强化刑罚的预防功能,刑事立法应当对怀孕妇女实施毒品犯罪做出针对性的制度设计。例如,为走私、贩卖、运输、制造毒品数量巨大的怀孕妇女设置不得减刑及假释的终身监禁刑。

其四,毒品犯罪网络呈现为金字塔结构,只有削除居于塔尖的犯罪集团首要分子才能将制、贩毒网络连根拔起。因此,侦查政策上应当注重深挖余罪,司法政策方面通过刑罚激励,促使下层"马仔"指认居于毒品组织网络顶端的制毒者,力争"擒贼擒王"。例如,司法解释可以根据毒品犯罪"下游"参与者在协助抓捕"上家"过程中的作用大小,有

① [意]切萨雷·贝卡里亚:《论犯罪与刑罚》,黄风译,中国方正出版社2004年版,第91页。

② 由于没有被害人提供信息勾勒案情,毒品犯罪侦查只能是"由证到供"。这影响了侦查效率,也可能会间接弱化刑罚的及时性与确定性。

针对性地设计刑罚优遇阶梯。

(四)方法再造:由运动化到常态化

正如上文所述,较之于运动式打击,实践中毒品犯罪常态化整治目前作用还不显著。毒品犯罪的常态化治理应当以整体法律制度为基础依据,以结构化的科层制为基本保障,广泛发掘官方与非官方的各类资源,并用刚性(如刑罚、强制隔离戒毒)与柔性(如宣传教育)、显性(如程式化的处罚机制)与隐性(如毒品原植物的替代种植)等手段,致力于多措并举持续消融引发制、贩、吸毒的各项因子。以常态化整治替代运动式打击,需要综合配置各类资源,找准以下发力点:第一,以社会学视角审视毒品犯罪的发生机制,鉴于理性的行为人会在面临刑罚风险时做利弊分析,因此,应当建立健全弱势群体的社会保障制度,以制度手段压制可能的犯罪动机。第二,以经济学视角洞悉毒品犯罪的供销关系,刑法前置其治理重心,打压毒品制造及其上游行为。第三,以人类学视角关爱吸毒成瘾者的日常生活,通过入户调查、单位座谈等方式了解吸毒者的社会关系,并采取复归家庭、社会关系网络重构、就业服务等方式助力其重返社会。第四,以医学视角剖析不同类型毒品成瘾机制,探索通过"接种疫苗、运用基因信息工程开发药物等医学措施预防成瘾"①。第五,从法学视角反思禁毒措施,以法治国思想、正义原则规范制裁手段与程序,以理性主义限制功利主义。

五、结　语

我国是典型的后发外生型发展中国家,其现代化进程具有快速、动荡的特征,这就要求在发展经济的同时,必须有效解决与之伴生的社会问题,为现代化扫清障碍。鉴于时代背景的剧烈变动,解决经济、社会发展中的问题往往只能遵从"摸着石头过河"的方法论逻辑,毒品犯罪

① 罗钢:《毒品犯罪刑事治理去敌人刑法化》,载《政法论丛》2018年第1期。

治理也不例外。毒品犯罪治理模式现代化的历程,也是不断探索犯罪诱因、调整治理资源配比、系统优化治理路径的过程。禁毒模式的权力及其运行逻辑应当是"格物致知",限于有限的治理资源、有待改善的治理效果,优化当下的毒品犯罪治理模式应当坚持四个着力点:治理思维更新、价值导向纠偏、制度设计调整、治理方法再造。

Systematic Reflection and Structural Optimization of Drug Crime Governance Model

ZHANG Jianyi

[**内容摘要**]当下毒品犯罪治理模式在价值理念上基于家长主义的立场,敌视毒品供给并力求禁绝毒品;在制度安排上突出刑事法律体系的功能优势,并模糊设定禁毒法制内部要素的"势力范围";在方法选择上立足"一过性"的运动式打击,辅之以"恒久性"的常态化整治。实践中,因循"控制为本"的管理惯性,在愈禁愈烈的毒情面前,施政者秉持禁绝毒品的价值理念,在治理路径与刑事治理手段上不断加码,然而治理效果却不尽如人意。针对毒品犯罪的运动式打击既是管控逻辑的自然延伸,又是因应治理资源总量有限与繁杂的治理需求之间紧张关系的"无奈之举"。优化毒品犯罪治理模式,应当在思维层面上以治理化替代管理化,在价值导向层面由敌视化转向现象化,在制度设计层面上以适正性、确定性为核心,在治理方法层面上以常态化整治为主、运动式打击为辅。

[**关键词**]控制为本;禁绝毒品;减轻危害;综合治理

Abstract: The current mode of drug-related crime governance is based on paternalism, hostile to the supply of drugs and striving to ban drugs; in the institutional arrangement, it highlights the functional advantages of the criminal law and vaguely sets the "sphere of influence" of the internal elements of the anti drug legal system; in the method selection, it is based on the "transient" campaign strike, supplemented by the "permanent" normalization. In practice, following the management inertia of "control oriented", the value concept of banning drugs, in the face of the increasingly serious drug situation, we choose to increase the weight on the governance path and criminal governance means, but the effect is not obvious. The campaign against drug crimes is not only a natural extension of the control logic, but also a "helpless move" to deal with the tension between the limited total amount of governance resources and complex governance needs. To optimize the drug crime governance model, we should replace management with governance in the thinking level; turn from hostility to phenomenalization in the value orientation level; take appropriateness and certainty as the core in the system design level; take normalization as the main and sports strike as the auxiliary in the governance method level.

Keywords: contvol oriented; drug prohibition; harm reduction; comprehensive treatment

常态化治理视角下扫黑除恶专项斗争的检视与完善

李　鲤*

目　次

一、引　言

2021 年 5 月，中共中央办公厅、国务院办公厅印发了《关于常态化开展扫黑除恶斗争巩固专项斗争成果的意见》（以下简称《常态化扫黑除恶意见》），对常态化开展扫黑除恶斗争作出部署。《常态化扫黑除恶意见》的颁发，意味着扫黑除恶由阶段性战役转变为一项常态化的工作。扫黑除恶工作进入常态化有以下含义：一是由于扫黑除恶专项斗争成效显著，一些社会危害性大、影响恶劣的黑恶势力已经在专项斗争中被清除，没有必要再进行专项治理工作。二是黑恶势力滋生蔓延

* 中国人民公安大学法学院博士研究生。

速度较快,且前期发展具有一定的隐蔽性,为了遏制黑恶势力的反弹,需要将扫黑除恶列为一项经常性的工作。在工作的方式方法上,也应作适当调整,不仅要形成对黑恶势力的常态遏制,也要及时教育、挽救那些误入歧途的人员。三是常态化扫黑除恶意味着我国对涉黑涉恶犯罪的打击更加注重长远效果。实证犯罪学派代表人物菲利认为,每一个社会都有与其相适应的犯罪,这些犯罪是当时的自然和社会原因引发的。在特定的社会中,犯罪是恒定的,就像在一定的液体里、一定的温度下,只能溶解一定的溶质,所以在一定的社会中犯罪不多也不少。除非当社会环境发生激烈的变化和冲突,犯罪才可能暴增。[①] 从世界范围内看,与涉黑涉恶犯罪斗争是各国家一直在研究的课题,目前还没有一个国家能够彻底消灭涉黑涉恶犯罪。我国将对涉黑涉恶犯罪的打击政策由短频快的专项治理转为常态化治理是根据社会治安状况的好转作出的理性抉择。

二、扫黑除恶专项斗争成果显著

我国社会制度的优越性是集中力量办大事,涉黑涉恶犯罪严重影响民生,侵蚀我国执政根基,民众反响强烈,有必要对黑社会性质组织犯罪或黑恶势力犯罪进行专项治理。从治理效果看,有效地遏制了黑社会性质组织犯罪或黑恶势力犯罪的态势,基层人民的生活更加美好,社会更加安定,政治更加清明,民众对政府的向心力更加凝聚。

(一)有力打击了黑恶势力犯罪

自2018年开展扫黑除恶行动以来,已逾三年。三年专项斗争成效显著,全国共打掉涉黑组织3644个,涉恶犯罪集团11,675个,抓获犯罪嫌疑人23.7万人,缉拿目标逃犯5768人,全国公安机关共破获涉黑

① 参见王焱:《犯罪学的一般理论与中国犯罪趋势研究——以“犯罪饱和理论”为切入点》,载《青少年犯罪问题》2018年第3期。

涉恶刑事案件 24.6 万起，缴获枪支 3114 支，带动破获 2015 年以前陈年积案 8.08 万起，其中命案积案 2669 起。①

新中国成立后，“黑社会”一词在我国内地逐渐消失，但是近代中国黑社会的影响并未消失。一方面，黑社会亚文化和帮会文化仍潜移默化地影响着我国，特别是在农村地区及矿山、码头、运输等行业有一定的基础；另一方面，近代社会黑社会势力在我国港澳台地区仍持续存在。改革开放初期，我国社会经济虽然快速发展，但社会管理相对滞后，导致违法犯罪高发，流氓团伙、犯罪集团滋生，黑社会的亚文化一度死灰复燃。诸如在 20 世纪 80 年代税收征收改革后，一些基层单位为了完成税收的征收任务，甚至将征税的任务外包给“混混”，“混混”因此介入税收的征收事宜。一些村干部利用“混混”来收税，一些“混混”也通过帮助征税的机会迅速崛起。② 一些黑恶势力的头目，在发家致富后，摇身一变成为“民营企业家”，披上了“合法”的外衣，犯罪的隐蔽性增强，对其打击的难度也随之提升。通过三年的专项斗争，黑恶势力犯罪得到了根本遏制，社会治安环境得到显著改善。

（二）净化了政治生态

在重大涉黑涉恶案件中，往往存在公职人员充当黑恶势力的“保护伞”，公职人员通过自身的职权影响为黑恶势力提供“保护”和“照顾”，以换取非法利益。由于保护伞在当地都具有一定的权势，依靠当地的自查自纠，很难有实际效果，严重伤害了基层民众对政法机关的信心。例如，山东枣庄的李××涉黑案中，李及其犯罪集团在当地盘踞 20 多年，甚至公然持枪械斗，犯罪集团之所以如此嚣张，其背后就隐藏

① 参见《全国扫黑除恶专项斗争总结表彰大会在京召开　部署常态化开展扫黑除恶斗争》，载中国长安网 2021 年 3 月 30 日，http://www.chinapeace.gov.cn/chinapeace/c100007/2021-03/30/content_12468913.shtml。

② 参见陈柏峰：《乡村江湖、基层政权与“扫黑除恶”》，载《中国法律评论》2018 年第 4 期。

着诸如原山东省委政法委副书记惠××这样的“保护伞”。同时,一些黑恶势力在发展到一定阶段后,往往在政治上寻求“华丽转身”,通过获取政治身份,实现“黑白通吃”。一些黑恶势力长期把持基层政权,在基层政权里培植自己的势力,为害一方。① 在黑龙江鸡西,黑恶势力头目翟××通过拉票贿选,不仅当上了“全国劳动模范”,甚至还被选举为全国人大代表。以上黑恶势力的保护伞都是在上级党委政府的统一领导下,整合政法、纪检、组织等部门的力量,通过专项斗争中,对于涉黑涉恶公职人员,采取了雷霆打击的态势,才得以打伞破网的。在扫黑除恶的初期阶段,只有通过专项治理,从顶层发力,在上级党委、政法委的统一领导下,多部门合力攻坚,才能够打伞破网,才能振奋民心。据统计,三年时间内,全国纪检监察机关共立案查处涉黑涉恶腐败和“保护伞”案件 89,742 件,立案处理 115,913 人,给予党纪政务处分 80,649 人,移送司法机关 10,342 人。②

(三)夯实了执政根基

我国的根基在农村,农村稳定,则全国稳定,我们党始终重视农村与农民工作。在三年扫黑除恶的专项治理中,将农村作为扫黑除恶的重点领域,全国共打掉农村涉黑组织 1289 个,农村涉恶犯罪集团 4095 个,依法严惩“村霸”3727 名。全国组织系统会同有关部门排查清理受过刑事处罚,存在“村霸”、涉黑涉恶等问题的村干部 4.27 万名,补齐配强了一批村干部。通过专项斗争,加强基层组织建设的环境明显优化,基层治理能力明显提升,党的执政根基更加巩固。根据国家统计局调查显示,2020 年下半年全国群众安全感为 98.4%,有 95.7% 的群众

① 参见《长期把控村基层政权,这个黑社会性质组织被公诉》,载《人民法治》杂志社澎湃账号 2020 年 5 月 26 日,https://m.thepaper.cn/newsDetail_forward_7568655。

② 参见《全国扫黑除恶专项斗争总结表彰大会在京召开　部署常态化开展扫黑除恶斗争》,载中国长安网 2021 年 3 月 30 日,http://www.chinapeace.gov.cn/chinapeace/c100007/2021-03/30/content_12468913.shtml。

对专项斗争成效表示“满意”或“比较满意”;关于对全面从严治党、党风廉政建设和反腐败印象深刻的工作,有84.1%的群众选择了“打伞破网”,位居第一。在2020年对当前主要民生领域现状的满意度调查中,群众对社会治安的满意度位列第一。通过三年扫黑除恶的专项斗争,党和政府赢得了民心,体现了“江山就是人民,人民就是江山”的执政理念。

三、扫黑除恶专项斗争实务工作检视

为了更好推进对黑社会性质组织犯罪及黑恶势力犯罪的常态化治理工作,首先要精准理解《常态化扫黑除恶意见》的精神内涵,其次是要对为期三年的扫黑除恶的专项治理工作进行合理的检视,为常态化治理工作提供借鉴。

根据全国扫黑办有关负责人对《常态化扫黑除恶意见》的权威解读,该意见出台的背景是:通过为期三年的扫黑除恶专项斗争,沉重打击了黑恶势力。但是,由于当前国际环境错综复杂,我国社会主要矛盾发生变化,黑恶势力违法犯罪组织形态、方式手段呈现新变化、新特征,有的黑恶势力隐身蛰伏、变异升级,彻底铲除黑恶势力是一项长期艰巨的任务。[①]《常态化扫黑除恶意见》的颁发,意味着扫黑除恶进入常态化工作阶段。常态化工作阶段与三年专项斗争期间相比,呈现新的特征:一是三年专项斗争期间,工作重点侧重于对发现的黑恶势力的打击,而扫黑除恶进入常态化后,工作的重点应是对黑恶势力滋生蔓延的控制和防范。二是此阶段的扫黑除恶专项斗争更注重工作开展的法治化,目的是使对黑社会性质组织犯罪及涉黑涉恶犯罪的治理能够行稳致远,打准打深。三是更加重视专业化打击,特别是通过大数据、云计算等技术手段深入分析研究涉黑涉恶犯罪新动向,实现发现在早、处置

① 参见《〈关于常态化开展扫黑除恶斗争巩固专项斗争成果的意见〉印发》,载中国长安网2021年5月20日,http://www.chinapeace.gov.cn/chinapeace/c100007/2021-05/20/content_12490562.shtml。

在小,避免黑恶势力犯罪坐大成势。

根据辩证唯物主义认识论,认识运动具有反复性和无限性,对真理的追求是一种波浪式的前进或螺旋式的上升。扫黑除恶专项斗争是中央根据社会治安状况制定的专项行动,无先例可供参考,从认识论的角度来看,是属于一项新事物,根据认识论的一般规律,在扫黑除恶的实践过程中,对真理的认识过程也不是一蹴而就的。

从扫黑除恶三年专项斗争的实践中,可以发现在中央顶层设计层面一直是方向清晰且要求明确的,但在具体操作层面,一些办案机关在落实中央意图上,出现了一些误差,具体表现如下。

(一)将一般违法行为拔高为涉黑涉恶问题

根据全国扫黑办有关负责人的介绍,针对有的地方将一般违法犯罪拔高为涉黑涉恶问题,将个别利益诉求群体贴上黑恶势力犯罪嫌疑标签,全国扫黑办发现一起通报一起,并列为中央督导的重要内容,促进举一反三。充分发挥公检法机关互相配合、互相制约的制度优势,全国检察院、法院分别对5700多件涉黑涉恶案件在定性上提出了变更意见,确保不枉不纵。[①] 黑恶势力犯罪是由具体的犯罪行为组成的,如寻衅滋事、聚众斗殴、组织卖淫、容留卖淫等,但要认定为黑恶势力犯罪,必须具有组织行为层面的犯罪。对于一些零星的、未形成组织的犯罪行为,仅仅根据一些基本的犯罪行为,拔高认定为黑恶势力犯罪,加重了量刑,这是不公平的。

例如,2005年11月和2017年11月,肖某与他人先后于深圳市、井冈山市,实施了两次斗殴行为。法院据此认定肖某构成聚众斗殴罪、故意伤害罪,并与另一起违法犯罪事实一起,认定其属恶势力犯罪。[②] 在

---

① 参见《扫黑除恶如何实现行稳致远?全国扫黑办权威解读》,载中国长安网2020年11月26日,http://www.chinapeace.gov.cn/chinapeace/c100007/2020-11/26/content_12419180.shtml。

② 参见永新县人民法院刑事判决书,(2018)赣0830刑初166号。

这起案例中,公诉机关指控被告人实施的两起犯罪事实时间跨度12年,地点相隔上千里,两起斗殴行为并无关联、相互独立,涉案人员仅有肖某一人相同。时间、地点等细节充分表明,肖某等人的犯罪行为既不符合"经常纠集在一起",也不具备"纠集者相对固定""组织结构相对稳定"等要件,更不存在"一定行业或区域内"的条件。从现行的法律规定看,肖某的犯罪行为不符合黑恶势力犯罪的"组织稳定性、成员固定性、行为经常性、地区危害性"四个特征,不应当构成黑恶势力犯罪,但是,在扫黑除恶的专项行动中,肖某被司法机关认定构成恶势力犯罪,给予从重处理。

长久以来,我们对于错案的关注,主要集中在事实认定的方面,即是否发生了错误追诉的情况。对于量刑的均衡,还未引起足够的关注。在扫黑除恶专项斗争中,若不当地将被告人列为黑恶势力,则在量刑上也会相应有所加重,从罪责刑相适应的角度看,不当的重判是不公正的,客观上会影响扫黑除恶的正面效果。

(二)指标化推进可能影响扫黑除恶的准确性

扫黑除恶专项斗争是由党中央根据我国社会发展中存在的问题有针对性作出的重大决策部署,对于地方而言,扫黑除恶专项斗争的推进落实,地方党委负有政治责任。① 从工作推动的角度来看,我国长久以来的一般做法是,以考核为抓手,通过数字形成量化指标,以指标的完成率来评估工作开展的情况。在扫黑除恶专项斗争的推进过程中,也存在这种以指标化的方式来督导推进的情况。例如,2018年2月6日,山东召开全省检察长会议,部署"扫黑除恶"行动。根据会议安排,2018年全省每个基层检察院至少要办理1起涉嫌黑社会性质组织犯罪案件或恶势力犯罪集团案件,完不成的基层检察院年终考核一

① 参见《林铎:坚决扛起扫黑除恶专项斗争政治责任 确保中央督导反馈问题整改见底清零》,载中国共产党新闻网2019年6月7日,http://cpc.people.com.cn/n1/2019/0607/c64102-31125199.html。

票否决。①

在开展扫黑除恶工作中,需要具体问题具体分析,不宜一概而论。例如,有的地方社会治安整体形势良好,连斗殴都很少发生,公安机关在治安管理方面处置及时,辖区内没有黑恶势力团伙,这是有可能的。如果以指标化的方式,下达考核任务,采用一刀切的方式,会违背实事求是的精神,容易造成对普通犯罪拔高认定为黑恶势力犯罪进行打击的问题。

想问题、作决策、办事情必须从实际出发,调查研究是从实际出发的中心一环。在尚未进行调查研究的情况下,对地方的治安状况以及黑恶势力潜伏情况预设结论,是违背实事求是精神的。

(三)社会公众情绪容易造成对涉黑涉恶犯罪的拔高打击

2018年,中央部署实施扫黑除恶专项斗争以来,不仅获得政府机关从上到下的支持,也获得民众的广泛支持。不过,在社会公众展现出对扫黑除恶专项斗争的高度热情的同时,我们也要冷静地看到,由于社会公众并未亲历案件的办理过程,其对案件的认识往往不够深入。不仅如此,刑事司法是一门相对专业的技术工作,在对黑恶势力进行打击的过程中,强调不拔高、不降格,在法律的制度框架内进行打击。但涉黑涉恶案件中的被告人,其自身往往存在一定的"劣迹",社会风评往往不好,民众对其也常常是"敢怒不敢言"。一般而言,当这些人员被司法机关追诉后,民众在感情上往往会期待司法机关对这些人员追究较重的刑罚。在这些案件的办理中,若对这些人员科以较重的刑罚,往往会获得公众的热烈支持,若在这些案件的办理中,办案机关综合各种因素,对相关人员科处了较轻缓的刑罚或者依法纠正了这些案件中的

---

① 参见《山东今年每个基层检察院至少要办理1起扫黑除恶专案,举报最高奖五万》,载闪电新闻齐鲁网账号2018年2月7日,http://sd.iqilu.com/share/article/4553271。

不当之处,往往会引起较大的质疑。

(四)相关规范性文件的颁布降低了入罪的门槛

在扫黑除恶专项斗争推进过程中,最高人民法院、最高人民检察院、公安部以及司法部先后联合发布了《关于办理黑恶势力犯罪案件若干问题的指导意见》(以下简称《黑恶势力犯罪指导意见》)、《关于办理恶势力刑事案件若干问题的意见》(以下简称《恶势力意见》)以及《关于办理实施"软暴力"的刑事案件若干问题的意见》(以下简称《"软暴力"意见》)。在这些规范性文件中,存在黑恶势力犯罪中个别具体类型犯罪门槛降低或变相降低、司法认定标准放宽或降低等问题。①

在实务操作中,个别办案机关将普通的讨债行为、寻衅滋事行为拔高为涉黑犯罪,例如,2014年至2016年,张某某等5人以乡镇建房占用本组土地为由,纠集本村村民阻挠施工,数次索要建房者财物。2018年,L县人民法院以寻衅滋事罪判处5名被告人6~8年不等的有期徒刑,同时认定被告人属恶势力犯罪集团。本案被L县法院"扫黑除恶"树立为标杆案件,开庭当日县相关领导、人大代表、政协委员等百人列席旁听。② 然而,案件经媒体报道后引发争议。对于是否构成恶势力犯罪集团,还存在不同的认识。

该案中的5名被告基本符合"三人三次"的最低标准,也在一定区域内造成了较恶劣的社会影响,将其认定为恶势力似乎于法有据。但是需要注意的是,本案5名被告人平均年龄60岁,主要的行为表现是在居民建房时,以占用本组土地为由,纠集村民阻挠施工、威胁,多次强行索要建房者的财物,行为恶性以及组织架构是否足够达到"恶势力

① 参见何荣功:《避免黑恶犯罪的过度拔高认定:问题、路径与方法》,载《法学》2019年第6期。

② 参见《河南罗山"五人恶势力集团"涉案调查》,载《新京报》2018年8月28日,第A16版。

集团”的标准,存在争议。

结合《恶势力意见》中关于恶势力、恶势力犯罪集团的认定标准的相关内容来看,其表述具有一定的抽象性,从刑法谦抑性的立场来看,应审慎对其表述进行解释。并且《恶势力意见》中关于案件办理的总体要求中明确指出,要准确认定恶势力和恶势力集团,坚决防止人为拔高或降低认定标准。但由于相关规定对于恶势力的认定表述仍有待进一步明确,实务操作中可能出现黑恶势力犯罪认定的扩张。

四、扫黑除恶专项斗争实务问题分析

(一)个别地方误读“打早打小”刑事政策

我国对黑恶势力一贯坚持“打早打小”“露头就打”的刑事政策。“打早打小”的刑事政策诞生于20 世纪90 年代初,其主要内容有:一是对影响群众安全感、多发性、区域性的严重案件,要予以坚决打击,决不让其形成气候;二是对刚冒头的犯罪活动或一些新型犯罪行为,即苗头性的案件,要及早发现,趁其还未成势,未形成严重、大范围危害时,及早予以打击,将其遏制于萌芽状态之中;三是对一般治安问题也要采取措施予以整治,不让其长大,形成顽症。[①] 2010 年 6 月,中央政法委员会要求各地、各有关部门对黑社会性质的犯罪要始终坚持“打早打小、露头就打、除恶务尽”的原则,完善长效机制,健全法律武器,全面提高打黑除恶工作的专业化水平。

应当说,“打早打小”“露头就打”刑事政策的本意是不让黑恶势力做大,不让其造成更大的社会危害性,核心在于防、在于治,要综合运用法律、政策、教育、文化等多种手段,充分发挥社会主义制度的优越性将黑恶势力犯罪消灭于萌芽状态。而不是说打击黑恶势力犯罪可以不坚持法定标准,相反,中央始终强调对黑恶势力犯罪的打击要

① 参见莫晓宇、刘畅:《黑社会性质组织犯罪视角下的“打早打小”刑事政策解读》,载《唯实》2011 年第 5 期。

坚持证据标准与法律标准，不准拔高，不准降低，要将黑恶势力的案件办成铁案，所谓“铁案”就是强调证据标准要铁，法律定性要铁，要经得起历史的检验。但是，具体到实际操作中，一些地方在对“打早打小”政策的理解上存在偏差，忽略了“打早打小”对于手段要求的灵活性与轻缓性，没有做到实事求是，在“打早打小”政策的解读上具有随意化、任性化的问题，没有本着具体问题具体分析的态度，对于一些黑恶势力的苗头性问题，采用“一刀切”的方式均纳入刑事追诉的范围。也有个别地方在开展扫黑除恶专项斗争时，只注重工作留痕，没有考虑到打击的黑恶势力犯罪是否符合实际情况，是否符合法律规定的标准。

（二）黑恶案件中案件办理机制的完善

在以往重特大案件的办理中，会在案件办理前期，即侦查阶段召开公检法“三长”联席会议，公安机关、检察机关以及法院共同对案件的走向以及侦办的思路进行商议，达成共识。这种颇具特色的办案模式，可以有效提升侦查阶段事实认定的效率，以及提升侦查环节的法律规范化水平。

但是，“三长”联席会商的方式，可能在案件侦办的前期形成对案件定性的判断。同时，根据我国《刑事诉讼法》的规定，公检法三机关在刑事诉讼中应该是相互配合相互制约，这种“三长”联席会商的办案模式，虽然提升了公检法三机关的配合水平，但却存在弱化内部相互制约的可能性。另外，公检法三机关配合程度上的提升，对律师的有效辩护提出更大的挑战，辩护对侦查、审查起诉以及审判环节的有效制约，特别是辩方与控方的平等对抗会受到相当程度的削弱。而黑恶势力犯罪一直以来都是我国打击犯罪的重点，在黑恶势力犯罪案件的办理过程中，为了提升办案效果，通过举行“三长”联席会议对案件进行探讨的情况较为多见。在黑恶案件的办理中，由于公检法人员已经对相关争议问题交流过意见并达成了共识，此时，律师的辩护行为就难以产生实质性的影响。

通过联席会议的方式讨论达成的意见,也许是最稳妥的,但并不一定是最正确的。一方面,由于这种集体讨论的方式稀释了案件的司法责任。另一方面,从民主集中制实施的角度来看,这种联席会议也可能在执行民主集中制上出现异化。在"三长"联席会议中,其决策权往往不掌握在作为案件亲历者的侦查人员、检察官或法官手中,决策者不亲历办理案件,其对事实的掌握不够全面深入,其决策的科学性就可能受到影响。

(三)对口供的依赖

在黑恶势力犯罪案件的办理中,对于犯罪组织的组成结构以及大量犯罪事实经过,需要倚重于被告人的口供。主要体现为两点:一是由于黑恶势力实质上是一种组织型的犯罪,但其组织形式一般没有类似公司章程或架构设置这样的书面的证据材料。其组织架构是依靠头目在组织中的"威信"搭建起来的,因此,如何准确识别黑恶势力内部的组织分工,需要通过比对各被告人的口供和相关证人证言来完成。二是犯罪的表现形式主要是暴力、威胁等手段,其实施犯罪时常常人数众多,现场的情况具有一定的复杂性,例如,群殴或围殴中,仅凭现场的痕迹物证以及监控录像,无法准确还原案发的情况,必须依靠被告人的供述以及相关证人证言。

对口供以及证人证言等言辞类证据的相对依赖,会使得案件的侦办一定程度形成"口供中心主义"。在我国古代司法实践中,口供被称为"证据之王",《资治通鉴》中记载"狱辞之于囚口为款,款者,诚也,言所吐者皆诚实也"。虽然根据我国《刑事诉讼法》第55条的规定,只有被告人供述,没有其他证据的,不能认定被告人有罪和处以刑罚。但结合目前的认罪认罚从宽制度以及逮捕的相关实务操作来看,若嫌疑人不"如实"供述自己的罪行,一方面可能因为认罪态度不好,而被逮捕,另一方面,也会错失认罪认罚从宽制度的红利。对于办案机关而言,口供在黑恶势力犯罪中具有重大的证明价值。同时,从审讯策略上看,在审讯黑恶团伙时,利用团伙成员之间信息掌握的不同步,更容易实现对某个成员的突破,击溃其心理防线,获得关于团伙犯罪过程的供述。这增加了办案机关以口供为案件突破口的权重,并且,根据一般认识,黑恶案件中的嫌疑人在生活中往往是嚣张跋扈、欺压百姓的形象,在审讯开始前即被刻上"顽劣分子"的标签,这会一定程度上影响侦查人员审讯时的判断,形成先入为主的印象。在其影响下,可能有冤假错案发生的风险。

(四)个别办案机关对刑法谦抑性把握不够

刑罚是维护社会秩序的最后手段,刑法必须具有谦抑性,能够通过教育解决的,就不用行政处罚,能够用行政处罚解决的,就不用刑事手段去解决,坚持刑法的谦抑性,不仅能够节省司法成本,而且有利于和谐社会的构建。一个人被判处刑罚至少牵扯到其身后的2~3个家庭,若其被错误或不当处罚,这无疑会激发其背后的家庭的不满情绪甚至是报复情绪。

在实践中,个别办案机关未能一分为二地看待问题,对于一些已经改过自新的人员,仍然纳入扫黑除恶专项斗争的打击范围。例如,S市公安局于2018年4月10日对"高某等人组织、领导、参加黑社会性质组织案"立案侦查,其中犯罪嫌疑人曲某涉黑和开设赌场,为一般参加者。曲某参与的开设赌场案(达到情节严重)发生于2007年至2012年,赌场关闭后曲某即离开S市回老家H市照顾患病妻子,偶尔返回S市,其于2012年后没有再参与涉案组织的任何违法犯罪行为。①

该案中,曲某已经于2012年离开高某的组织,从事正当的职业,从空间、时间上已经离开高某的犯罪组织,可以认为曲某已经

① 参见陈岑、林峰:《组织、领导、参加黑社会性质组织罪追诉时效问题探析》,载《人民检察》2020年第13期。

脱离高某的指挥与控制。2018年对曲某的追诉已经超过追诉时效。对曲某的再次追诉,违背了诉讼时效的规定。对罪犯进行刑罚制裁,目的是预防犯罪、减少犯罪,而不是为了增加犯罪,更不为制造不和谐因素。本案中的曲某已经改恶从善,对其再进行追诉,无法实现刑罚预防犯罪的目的,客观上也增加了社会矛盾,对曲某的刑罚已为多余。

(五)律师辩护权的保障需进一步加强

扫黑除恶专项斗争的落实,是需要通过具体的案件办理完成的。需要公安机关、检察机关、法院以及辩护人在刑事司法程序中各尽其职,才能确保扫黑除恶专项斗争始终在法治的轨道上运行。如果上述四方有一方履职尽责不到位,则会使原本精密设置的刑事司法机器运转不畅,导致在事实认定、法律适用上不够精准,提升错案发生的风险。

需要看到的是,虽然扫黑除恶案件中的被告人在平常的生活中往往气焰嚣张、张牙舞爪,但是,在刑事诉讼程序中,作为追诉对象其人身被羁押、相关财产被扣押,其在刑事诉讼程序中处于相对弱势的地位,面对侦查人员、检察官的强势,其反抗的手段有限。为了保证案件办理的公正,需要辩护律师积极地行使辩护权,通过控辩双方的有效对抗,可以有效提高事实认定以及法律适用的准确性。但是,在扫黑除恶的案件中,由于各方面的原因,对律师辩护权的保障还存在差距。

第一,律师会见难依旧存在。按照我国《刑事诉讼法》第39条规定,只有危害国家安全犯罪、恐怖活动犯罪案件,在侦查期间辩护律师会见在押的犯罪嫌疑人,应当经侦查机关许可。其他案件应当不受限制。但是,实践中关于黑恶势力犯罪的案件中,会见难还不同程度地存在,特别是在扫黑除恶等所谓敏感性案件中更是如此。会见难的原因,有客观方面的,如羁押场所的要求,以及供律师会见的场所偏少,甚至发生过律师为会见排队而互殴的闹剧。① 就主观方面看,个别办案机关的执法办案理念未能与时俱进,还是将律师看成是对案件侦办潜在的破坏性力量,特别是律师会见后,犯罪嫌疑人的认罪态度以及供述会有所变化,从而影响诉讼程序的顺利推进,因此,一些侦查人员不希望有律师介入案件的辩护工作。

第二,律师有效辩护的能力参差不齐。黑恶势力犯罪的团伙成员较多,除主犯外,从犯很少有足够的经济实力委托律师参加诉讼,大多是由法律援助律师提供帮助。由于黑恶势力案件庭审周期长,法律援助律师的报酬很低,一些法律援助律师对此缺少工作热情,只是应付出庭而已,达不到辩护的效果。

第三,律师合理的意见法庭无法采纳。如前所述,由于黑恶势力犯罪是我国刑法重点打击的犯罪行为,在案件办理过程中,对于案件的疑难点以及分歧,往往习惯通过联席会议的方式来讨论并达成共识。若辩护律师的意见超出了讨论结果或会议纪要的范围,即使其具有一定的合理性,但也不足以推翻先前集体讨论的结果。

(六)舆论对司法的不当影响

司法办案追求政治效果、法律效果、社会效果的有机统一。人民法院在案件办理过程中,对于社会舆论是要关注的。虽然,舆论能够一定程度反映多数人的意见,但是,舆论不等于众意,更不等于公意,特别是在互联网时代,舆论会在群体心理影响下被“带偏”。

经济性是黑社会性质的组织主要的特征之一,黑恶势力为了获得不法利益,就会用各种违法行为伤害普通民众,普通民众是黑恶势力获得不法利益的直接受害人,普通民众对黑恶势力犯罪有切肤之痛。中央提出扫黑除恶是顺应民心之举。为了保证扫黑除恶的质量,提出“不拔高、不降低”以及“宽严相济”的要求,目的是将黑恶势力案件办

① 参见《北京一律师因看守所会见排队与同行互殴,被判9个月徒刑,吊销律师证》,载律成网2021年3月14日,https://www.lvchenglawyer.com/h-nd-1807.html。

成铁案。不过,基于我国重刑主义的法律文化传统,普通民众对黑恶势力犯罪大多主张重判,希望对黑恶势力从重从快处理,不自觉地忽略了从宽从轻的内容。舆论对法院的独立公正审判,有时会产生积极作用,有时又会产生消极影响。

在扫黑除恶的案件中,舆论对案件的负面影响主要是主张对黑恶势力犯罪分子一律重判的主观情绪。当司法的公正价值与社会舆情产生冲突时,个别单位可能为了追求案件办理的社会效果而有所妥协,对涉黑犯罪分子重判重惩。相反,一旦法院的判决偏离了舆论的期待,案件的审判者就会经历各种审查,特别是廉政方面的审查,以及可能的网络负面舆情的影响,为了避免不必要的麻烦,个别法官在审理黑恶势力案件中也往往倾向于在定罪量刑上"从严"把握。

五、扫黑除恶斗争常态化开展视野下相关工作的完善

黑恶势力具有较强的生长张力,对于那些政府管控不严的区域,往往成为其蔓延生长的"据点"。但在其发展早期,往往还形不成"气候",若及时对相关团伙进行打击,辅之以教育引导,可以有效防止黑恶势力的增长。2021年3月份召开的全国扫黑除恶专项斗争总结表彰大会,对常态化开展扫黑除恶斗争也作了相应部署,从六个方面提出了相应工作要求。[①] 本文以扫黑除恶专项斗争的常态化开展为立足点,结合前述分析的相关问题,拟从提升工作开展的规范化、法治化角度,提出完善建议。

(一)"打早打小"与"打准打实"相结合

在扫黑除恶专项斗争的常态化开展中,工作的重心与重点必定与

① 参见《全国扫黑除恶专项斗争总结表彰大会在京召开　部署常态化开展扫黑除恶斗争》,载中国长安网2021年3月30日,http://www.chinapeace.gov.cn/chinapeace/c100007/2021-03/30/content_12468913.shtml。

三年专项斗争时期有所不同。一些重大的、人民群众反映强烈的黑恶势力已经在专项斗争中被清除,整体社会治安形势向好。常态化开展,其主要目的是遏制黑恶势力的反弹,对于还在萌芽成长阶段的黑恶势力,采用多种方式及时消除其隐患。此时强调的"打早打小"是对黑恶势力犯罪的提前预警,提前治理,将其消灭在萌芽状态,不让其产生社会危害性。"打早打小"的"打"绝对不是简单地打击,而是含有综合治理,提前预防的内涵。"打早打小"针对的是尚处于黑社会性质组织萌芽状态的团伙型势力,由于其尚未完全具备黑社会性质组织的四大特征,不宜拔高认定为黑社会性质组织。

"打准打实"强调扫黑除恶中的准确性,打准针对的是犯罪主体,对黑恶势力犯罪目标要精准,不扩大、不缩小,打实是针对证据标准,无论是确认黑恶势力的犯罪主体,还是排除黑恶势力的主体,都必须有证据支持,坚持罪刑法定原则和证据裁判原则,依法办案,不枉不纵。"打早打小"和"打准打实"分别从政策层面和司法层面上防止"扫黑"扩大化,确保"扫黑"斗争不拔高,不降格。

笔者认为,三年专项斗争时期追求的是"当下治",以集中、高压的打击为主,而常态化开展阶段,追求的是"长久立",工作以预防、教育为主。对于一些苗头性、危害性不大、尚未实施犯罪行为的团伙,可以综合采用教育引导、行政处罚等方式对其进行教导,对于构成犯罪的,也应将教育与惩戒相结合,以治病救人的态度办理相关案件,对于其中确有悔改表现的,可以对其在量刑上宽缓处理,甚至作出不起诉处理。在黑恶势力的认定上,也应本着审慎的原则,不宜将其拔高认定为黑恶势力。

另外,由于整体治安形势已经有了较大的改善,在常态化推动扫黑除恶工作过程中,也不宜再采用下指标的方式来推动工作开展。

(二)进一步完善常态化案件的办理机制

在扫黑除恶专项斗争进入常态化开展后,公检法三机关在案件办理过程中的协作程度应该有所降低。减少不必要的"三长"联席会议,防止集体的意志裹挟。对于那些确有必要召开的“三长”联席会议的案件,应该明确将会议的内容限定在类案的事实认定、法律适用上。同时,律师作为法律共同体的重要一员,其执业能力的提升对于我国整体司法环境的提升有着直接的正相关关系。不仅如此,律师作为辩方,也可以给公检法提供一个不同的视角,有益于法律共同体的共同进步。因此,笔者认为,对于类案的研讨,可以邀请律师参与,听取其意见,这样的讨论更彻底、更全面,因为有时真理需要在争辩中经受检验。

在侦查过程中,要减少对口供的依赖。笔者认为,要排除涉黑恶案件侦查中“口供中心主义”的影响,应当将组织黑社会等组织行为的犯罪放在寻衅滋事等暴力性行为的侦查之后,即应当采取由暴力性行为的侦查开始,从中发现黑恶势力的线索,进而展开侦查的办案逻辑。

(三)完善律师有效辩护制度保障

在黑恶案件的办理过程中,要依法保障辩护律师辩护权的有效行使。首先无论是公安机关、检察机关还是法院都应当在思想认识上将律师视作法律共同体的一部分。律师在黑恶案件办理中的有效参与,不仅是保护嫌疑人合法权益的要求,也有益于事实真相的发现。其次,应当保障辩护律师的会见权、阅卷权等正当权益的有效行使。在黑恶案件办理过程中,不少嫌疑人人身处于羁押状态,其心理上处于孤立无援的状态,容易引发过度的心理压力。律师的及时介入,一方面可以有效缓解被告人因人身羁押而引发的心理焦虑,另一方面,也可以对办案机关形成一定程度的监督制约,防止胁迫认罪等情形的发生。

(四)进一步完善非法证据排除制度

如前所述,黑恶案件办理中需要大量依靠嫌疑人的口供,对于口供的倚重,容易导致案件办理的过程中出现强迫取证的情况。从实践情况来看,在黑恶案件的办理中,不合法的取证行为还不同程度地存在。一些通过非法手段获取的口供,甚至成为指控犯罪的关键证据。这些不合法的取证行为中,通过暴力方式逼供的较少,采用不易察觉的逼供方式较多,一般不会留下明显的痕迹,证明上具有一定的难度,这给非法证据排除的开启带来了一定的挑战。

笔者认为,在扫黑除恶专项斗争进入常态化后,其工作重点转向预防,在犯罪的追诉率上应有所缓和。在案件办理过程中,要更加注重对于非法取证行为的预防,有必要采取更有效的保障措施。可以考虑赋予辩护律师讯问时的在场权,嫌疑人在讯问时可以向律师征求意见,再决定是否作出有罪供述,这可以有效保障嫌疑人有罪供述的自愿性。另外,可以赋予律师调取讯问时录音录像的权利,从目前的实务操作来看,虽然律师可以阅览、复印讯问笔录,但讯问时的录音录像,办案部门一般不会提供给辩护律师,这就导致即使讯问中存在强迫取证行为,嫌疑人及律师无法进行证明。赋予律师调阅讯问录音录像的权利,既可以便于其对非法取证行为进行举证,又能对侦查机关形成有效震慑,促使其规范讯问行为。

(五)媒体与司法的平衡

媒体在舆论监督、确保司法公正等方面发挥过重大的作用,在一些有影响的冤假错案的平反过程中,媒体都是极其重要的因素。但是,媒体过度炒作,也会对司法审判造成不当干扰,甚至酿成错案。特别是在社会关注广泛的案件中,传媒与司法的关系也时常发生一定的冲突。根据相关学者的调查研究,司法系统与媒介,尤其是新闻媒介之间的关系长期以来一直充满着紧张、不信任和误解,这是一个独一无二的法律问题。这一点在备受社会关注的审判中变得尤为明显。从我国的实践情况来看,新闻报道会对司法工作产生一定的影响,主要表现是:相关案件经媒体报道后,会引发广泛的群众讨论,讨论聚焦后形成舆情,而根据司法机关办案的要求,案件办理不仅需要追求法律效果,还要追求政治效果以及社会效果。如果案件判决的结果与社会公众的期待相去甚远,就很难说案件办理取得了较好的社会效果。因此,在案件办理中,承办人员以及相关承办单位很难有效排除网络舆情的不当影响。

笔者认为,从当下来看,由于社会公众整体法律素养还在提升期,社会公众对于公平正义的期待,可以督促司法机关更客观公正、尽心尽责地办理案件。但社会公众对法律的运作过程并不十分了解,其朴素正义感与法律的相关规定并不总是十分契合,因此就会造成刑事司法程序“局内人”与“局外人”的信息误差,对于司法机关按照法律程序作出的裁判结果,由于较其心理预判有差距,便会滋生对司法公正的质疑。从长久来看,司法权威的树立不是一蹴而就的,当前社会公众对于司法机关中存在的质疑主要集中在廉政风险方面,而这正是政法队伍教育整顿以及政法机关日常工作的重点。笔者相信,随着教育整顿的开展,可以进一步提升政法机关的公信力,进而提升司法的公信力。随着司法公信力的提升,案件判决的认同度也会同步提升。因此,媒体对舆论监督也应在不影响司法公正的前提下进行。

Inspection and Improvement of Crackdown on Gang Crimes from the Perspective of Normalization

LI Li

[**内容摘要**]2021年5月,中央对扫黑除恶专项斗争作出部署,扫黑除恶工作进入常态化开展阶段。常态化开展意味着要更注重工作开展的常态、长效,在手段上,要更加注重教育与惩戒的结合,在坚持罪责相适应的基础上,尽量通过教育的方式来挽救涉案人员,修补受损的社会关系,实现社会的和谐发展。通过为期三年的专项斗争,有效打击了黑恶势力,提升了治安管理水平。在常态化开展阶段,也要积极吸取专项斗争期间的相关经验以及部分单位在落实上存在的一些不足,通过准确把握入罪的标准,完善涉黑涉恶案件的办理机制,保障律师辩护权的行使,完善非法证据排除制度等,做到不凑数、不放过,确保扫黑除恶专项斗争的常态、长效。

[**关键词**]扫黑除恶;常态化;检视与完善

Abstract:In May 2021, the CPC Central Committee announced that the work of Crackdown on Gang Crimes has entered normalization stage. Normalization means to pay more attention to normalization and long-term effect. More attention should be paid to the combination of education and punishment. Keep the crime and punishment to adapt, at the same time through the way of education to save the people involved, repair the damaged social relations, to achieve the harmonious development of society. In the past three years, We have effectively cracked down on gang crimes and improved public security level. In the normalization stage, previous experience and deficiencies should be learned. By strictly abiding the standards of conviction, improve the mechanism, enhance the protection of lawyers' effective exercise of the right to defense and improve the exclusion of illegal evidence, we can achieve accuracy and ensure the normality and long-term effect.

Keywords: crackdown on gang crimes; normalization; inspection and improvement